Collection Les fondamentaux du Web et du Marketing - Dirigée par Henri Kaufman

LA COMMUNICATION DIGITALE EXPLIQUÉE À MON BOSS

Préface de
Pierre GATTAZ
Président du MEDEF

Hervé Kabla &
Yann Gourvennec

Media aces

EDITIONS kawa
www.editions-kawa.com

http://amonboss.com

“ Nous allons vous faire aimer le Marketing et le Digital !

Les Éditions Kawa sont devenues en quelques années l’éditeur de référence pour les livres de Marketing, du e-commerce ou de la vie pratique grâce à une recette simple : des auteurs « stars » dans leurs domaines, des livres innovants, des thèmes éditoriaux originaux et actuels.

Tous nos livres sont directement exploitables car nos auteurs sont tous des spécialistes et des experts qui connaissent parfaitement leurs domaines. Chez Editions Kawa, pas de théories mais des retours d’expériences et de la matière !

Depuis 2012, nos ouvrages bénéficient d’un service de mise à jour permanente grâce aux éditions sans cesse actualisées par nos auteurs. Ainsi, lorsque qu’un lecteur commande un livre des Editions Kawa, il a la garantie de lire la toute dernière version !

Pour la promotion des ouvrages, nous organisons ou participons à de multiples événements : dédicaces chez les libraires, salons professionnels,...

Les Editions Kawa, c’est toute une équipe motivée pour partager le meilleur des contenus !

Merci de votre confiance et bonne lecture. ”

Xavier Wargnier
Directeur fondateur des Editions Kawa

Retrouvez moi sur : www.facebook.com/xavierwargnier - http://twitter.com/xavierwargnier
http://fr.linkedin.com/in/xavierwargnier - **Suivez la chaîne vidéo YouTube des Editions Kawa : http://www.youtube.com/user/KawaEditions**

EDITIONS
kawa
www.editions-kawa.com

Table des matières

Préface

Pierre Gattaz

Pierre Gattaz est diplômé de l'Ecole Nationale Supérieure des Télécommunications de Bretagne et titulaire d'un « Certificate in Administrative Management » à Georges Washington University (USA)

D'abord ingénieur d'affaires et chef de projet export chez Dassault Electronique de 1984 à 1989, il est ensuite directeur général de Fontaine Electronique, puis de Convergie.

Il devient directeur général de Radiall en décembre 1992 et en est le président du Directoire depuis janvier 1994.

Président du GIXEL (Groupement des Industries de l'Interconnexion, des composants et des sous-ensembles électroniques) de 1999 à 2003, il est élu président de la FIEEC (Fédération des Industries Electriques, Electroniques, et de Communication) en 2007, date à laquelle il intègre le Conseil Exécutif du MEDEF. De juillet 2010 à juillet 2013, il est également Président du GFI.

Il est élu président du Medef le 3 juillet 2013.

Je suis très proche, par mon activité de chef d'entreprise, du « phénomène numérique ». Toute la stratégie de développement de ma société a d'ailleurs été guidée par l'innovation et une exigence visant à optimiser les apports des technologies numériques. Mais le numérique n'est pas qu'une technologie, c'est devenu une culture, un environnement, un mode de vie, un moyen de communication… un champ infini de possibles !

Pour l'entreprise le numérique est un vecteur indéniable de renouvellement des modèles existants, qui a fait la preuve de son efficacité via la transformation des process de conception, de production, de logistique, de gestion… Mais la rupture numérique dans nos entreprises se ressent bien plus encore lorsqu'on l'adapte à des problématiques ayant trait à l'humain : salariés, fournisseurs et bien sûr clients. Le mix marketing place désormais la personne au centre, pour en faire un acteur de la déclinaison des éléments du mix, le rendant co-créateur et partie prenante de l'innovation, de la commercialisation comme de la communication.

La communication digitale est pensée, conçue, déclinée comme un lien entre l'entreprise et ses clients, plus généralement, un lien entre l'organisation et ses publics. Grâce à elle, le client s'intègre naturellement dans le process de la création de valeur de l'entreprise alors qu'il n'était jusque-là que le destinataire passif d'informations susceptibles d'influencer son comportement. Cette évolution implique pour l'entreprise une exigence accrue d'écoute, de décodage et de réactions face aux signaux émis par le client. Cela implique aussi, dans un environnement de plus en plus concurrentiel, une agilité et une adaptation inédites pour répondre à ces multiples stimuli.

Les enjeux pour le dirigeant d'entreprise sont de taille et l'incitent plus que jamais à positionner le facteur humain au centre de la stratégie numérique qu'il se doit dorénavant de définir. Le numérique, on le sait, n'est plus une option pour l'entreprise et transforme peu à peu toutes ses activités en les numérisant. Il remet en cause les modes de management et devient un puissant levier de création collective.

S'approprier la communication digitale participe pour l'entreprise, à cette nécessité de métamorphose pour déployer sa stratégie de conquêtes : conquête de nouveaux clients, conquête de nouveaux marchés, conquêtes des meilleurs talents...

Voilà pourquoi « La communication digitale expliquée à mon boss » est un ouvrage indispensable : il décortique avec précision et bon sens la complexité de la communication renouvelée par les technologies, en démontre l'efficacité avec force exemples et conduit le lecteur à une appropriation intelligente de l'expérience des autres. C'est un livre qui met en musique l'intelligence collective et en exprime toute la fulgurance. C'est un livre à mettre entre toutes les mains et certainement, et avant tout, entre celles des « boss » ! Non pour éviter que quelqu'un d'autre le leur explique, mais pour qu'ils s'approprient sans hésitation la richesse d'expériences, qu'ils adapteront alors aux organisations qu'ils dirigent.

Espérons donc que l'on retrouve rapidement sur les étagères de chaque chef d'entreprise un exemplaire de « la communication digitale expliquée à mon boss » aux côtés des trop nombreux codes que l'on y retrouve déjà par la force des choses.

Pierre Gattaz
Président du MEDEF

2020
Faire gagner la France

Avant-propos

Pierre-Philippe Cormeraie

« si vous avez acheté ce livre, vous devriez vous le faire rembourser ! »

J'aimerais démarrer cette préface par une bonne nouvelle, la poursuivre avec quelques fondamentaux, et la finir par une cerise sur le gâteau.

La bonne nouvelle ? Si vous avez acheté ce livre, vous méritez de vous faire rembourser. Non pas par les auteurs ou l'éditeur de cet ouvrage, mais par votre entreprise. Pourquoi ? Parce que vous avez entre les mains l'ouvrage qui va vous permettre, de manière très concrète, de contribuer significativement à la réussite de votre entreprise en matière de communication digitale.

Quelques fondamentaux

- Pensez stratégie de Communication avec un grand C

Si vous voulez réussir en communication digitale, évitez de penser communication digitale. Pensez d'abord stratégie de communication. Oubliez le digital pour encore mieux l'intégrer dans votre stratégie de communication. Le meilleur moyen pour cela ? Maîtriser l'art du digital pour pouvoir vous concentrer sur le cœur même de votre problématique de communication. Autrement dit, forgez-vous une culture et une pratique digitales en béton (ce livre regorge d'exemples, de témoignages et de conseils pragmatiques) et restez en permanence connecté personnellement avec toutes les opportunités offertes par le digital. Il ne vous restera plus qu'à réfléchir systématiquement au « comment utiliser cela au service de mon entreprise, de ses clients et de leurs problématiques ? ».

- Pensez en permanence : conduite et management du changement

La véritable révolution du digital réside en ce qu'il bouscule les lignes établies. Et devinez quoi ? Les principales difficultés que vous rencontrerez se trouvent au sein même de votre entreprise. À vous d'imaginer et de mettre en place la démarche de conduite du changement adaptée à votre contexte. Armé des nombreux témoignages et conseils figurant dans cet ouvrage, vous avez de très bonnes cartes en main pour réussir la transformation digitale nécessaire à votre entreprise.

- Sachez vous entourer

Comme j'ai coutume de le dire, un annonceur travaille avec les agences de communication qu'il mérite et un manager avec les collaborateurs qu'il mérite. À vous de mériter de travailler avec les meilleurs. Donc pas d'excuses pour ne pas réussir votre communication digitale.

La cerise sur le gâteau ?

Ce livre pourrait bien marquer un tournant dans vos rapports avec votre boss. Pourquoi ? Parce que les éléments que vous allez y trouver constitueront pour vous une belle opportunité de « management up », le management de ses patrons. Il y a ici trois possibilités qui vont se présenter. Soit votre patron ne veut rien entendre au sujet, soit il écoute de manière molle vos propos et joue la montre pour que cela ne bouge pas, soit il est votre plus fervent supporter dans l'entreprise.

Et s'il est trop obtus ? Changez de patron, vous perdez votre temps. Devinez quoi ? On a les patrons que l'on mérite. J'ai eu personnellement la chance d'avoir des patrons qui ont su me faire confiance. Mais je suis aussi allé la chercher, cette confiance de mes patrons. Confiance quand, dès 2006, j'ai commencé mon aventure perso sur Internet en mode 2.0 pour me faire la main, pour comprendre par l'usage ce que cette nouvelle révolution Internet allait apporter à mon entreprise. Confiance pour lancer la marque qui m'employait dans la grande aventure de la communication digitale. Confiance pour multiplier les initiatives en mode « test and learn » et permettre à l'entreprise et ses collaborateurs de mieux comprendre les droits (il y en a peu) et surtout les devoirs (ils sont très nombreux) pour une marque qui veut vivre de plain-pied à l'heure du digital. Confiance pour aller à chaque fois un cran plus loin et intégrer les outils du digital à bien plus que de la communication. Ce que vous allez rencontrer sur votre parcours ? Si vous vous accrochez un peu, vous allez voir que votre métier autour de la communication digitale est formidable. Vous allez certes rencontrer des moments parfois difficiles, mais au final le nombre de victoires l'emportera et vous apportera beaucoup de plaisir professionnel.

Encore une bonne nouvelle ? Oui, encore une bonne nouvelle. Toute l'entreprise est concernée par la révolution digitale. C'est inéluctable et cela touche dès maintenant tous les métiers dans votre entreprise, bien au-delà de la seule communication digitale. Bref, voici un boulevard d'opportunités pour vous qui aurez lu ce livre. Bien sûr, qui dit conduite du changement dit que cela ne sera pas simple. Encore heureux, sinon cela enlèverait du piment à votre job, non ?

Je vous souhaite une bonne lecture et des échanges très fructueux avec votre boss.

Pierre-Philippe Cormeraie
Directeur de l'Innovation BPCE
Blogueur depuis 2006 http://pierre-philippe.blogspot.com

@PPC sur Twitter

Co-Créateur des Vidéos du Succès (8 millions de vues sur YouTube) :
http://www.youtube.com/user/VideoPeps#g/u

Mot du Directeur de Collection

Henri Kaufman

Je ne résiste pas à la tentation de paraphraser notre ex Président Nicolas qui disait le 8 Janvier 2008 au cours d'une conférence de presse : *avec Carla et moi, c'est du sérieux*... Tout simplement parce que le livre de Yann et Hervé « La Communication digitale expliquée à mon Boss », c'est aussi du sérieux. Ce n'est pas par hasard si ce livre figure dans la Collections des fondamentaux du Web et du Marketing. Ce livre est une somme, il fait le tour complet de la question, et plutôt deux fois qu'une.

Vaste sujet auquel nos deux amis se sont attelés : la Communication est un thème qui tient à peine dans une constellation, le digital aussi ; quant à la manière d'expliquer à son Boss qui a plein de sujets de préoccupation dans la tête, c'est évidemment loin d'être simple.

Yann et Hervé ont réussi le tour de force, avec clarté et souvent avec passion, à décrire cette communication digitale qui a si vite envahi notre environnement et tant changé nos habitudes qu'on ne saurait désormais s'en passer. Et l'on peut se demander comment il est possible que des dirigeants (des Bosss !) puissent encore ignorer ce que décrit et explique ce livre en détail. Non seulement ils devraient tous acheter ce livre (et le témoignage de Pierre Gattaz, Président du MEDEF est un bon signe qui va dans ce sens), mais ils devraient aussi le rembourser à leurs collaborateurs comme le suggère malicieusement mon ami Pierre-Philippe Cormeraie dans son avant-propos.

Je ne vais pas trop prendre trop de votre temps avec ce mot, cher lecteur des Editions Kawa, car il est essentiel que vous commenciez dès maintenant à lire ce livre. D'une part pour mettre en place cette communication digitale dans votre entreprise, et d'autre part pour que vous sachiez répondre aux questions que votre Boss ne manquera pas de vous poser.

Et aussi, last but not the least, dépêchez vous car ce sujet évolue tellement rapidement... que vous risquez de rater une marche.

Bonne lecture !

Henri Kaufman

Directeur de la Collection Les Fondamentaux du Web et du Marketing

Synopsis

Hervé Kabla & Yann Gourvennec

Comment lire ce livre

Deux ans et quelques mois après notre premier ouvrage[1], qui connut un franc succès auprès de tous ceux qui se sentaient concernés par l'arrivée des médias sociaux en entreprise, voici donc un nouveau, sur un sujet bien plus vaste que le précédent : la communication digitale. Ces quelques centaines de pages ont nécessité autant d'heures passées à rassembler nos idées, nous remémorer nos expériences du terrain, relater les anecdotes qui permettent de les illustrer, écrire nos articles de fond, affûter nos visions, compiler informations et témoignages. Avant de vous lancer à la découverte des nombreux chapitres qui composent ce livre, voici quelques mots pour vous aider à en tirer le meilleur parti.

Ce livre se veut un *guide pratique* de la communication digitale en entreprise, expliquée par ceux qui la pratiquent réellement tous les jours sur le terrain. Il ne s'agit pas d'un ouvrage spéculatif sur la question du numérique, même si pourrez trouver, çà et là, des développements plus généraux destinés à éclairer la méthodologie ou la réflexion sur la communication digitale. Ces développements plus théoriques sont le résultat de l'expérience des praticiens interviewés ou de la nôtre, remise en forme et ordonnée de façon à la rendre utilisable et accessible à tous.

Puisque nous en sommes aux préliminaires, évacuons tout de suite un problème qui nous a bien ennuyés lors du lancement de l'ouvrage : doit-on dire « digital » ou « numérique » ? Le problème n'est pas si trivial à un moment où la langue française doit intégrer de plus en plus de termes technologiques d'origine anglophone. « Digital » est un anglicisme, bien-sûr, et nous sentons venir les critiques, partiellement justifiées, qui nous fustigeront pour ne pas avoir utilisé son équivalent français. Mais, sa présence dans le dictionnaire *Le trésor de la langue française informatisé*[2] d'une part, et d'autre part, le fait que la pratique s'oriente vers l'utilisation systématique du vocable « communication digitale » nous a fait pencher pour ce terme. Nous utiliserons donc

1 *Les médias sociaux expliqués à mon boss, éditions Kawa, 2011* http://amonboss.com
2 *Voir* http://bit.ly/amonboss-digital *pour les détails de la définition et le rappel de l'étymologie anglaise.*

« digital » la plupart du temps et plus rarement le terme « numérique », plus souvent utilisé dans un contexte technologique que dans l'univers de la communication.

Nous avons donc conçu ce livre en nous basant sur notre propre expérience de professionnels de la mise en œuvre de la communication digitale au sein des entreprises. Dans ces pages, vous trouverez donc uniquement du concret et du réel, éprouvés sur le terrain, avec une forte dose de conduite du changement. Le responsable – ou futur responsable – de la communication digitale en entreprise doit être capable d'aller au-delà de la simple session de « brainstorming » et de diagnostic / recommandations : il doit aussi et surtout mener une conduite du changement et enfin, vivre avec ce changement, afin de le porter et de l'inscrire dans la durée.

Il n'est pas question de cacher que de nombreuses inconnues sont encore présentes, surtout en cette période où les médias sociaux, composante importante de la communication digitale, sont en pleine révolution. L'avenir de la communication digitale n'est plus en question, même si sa place, sa synergie avec le cœur de métier de l'entreprise et aussi le rôle que joueront les médias sociaux au sein de cet ensemble font encore l'objet de nombreuses conjectures et débats.

En 2013, on peut considérer que le digital s'est déjà répandu dans la quasi-totalité des entreprises du monde entier ; il serait cependant faux de croire que tous en maîtrisent le langage et l'alchimie, complexe mélange de savoir-faire stratégique, de communication, de création (et de co-création) de contenus, de marketing du bouche-à-oreille, également de maîtrise d'ouvrage, de conduite de changement et de vision technologique. Les difficultés sont donc nombreuses sur le chemin du responsable digital, et de ses managers, et c'est pour cela que la mission de ce livre est à nos yeux importante; il permet en effet de remettre en perspective les obstacles qui se présentent dans le cadre de cette conduite du changement, et de trouver les clés pour arriver à résoudre les défis de ce Web qui évolue sans cesse, plus global (ou *glocal*[3]), plus social, plus mobile et de plus en plus lié au cœur de métier de l'entreprise.

Le temps et la durée de cette évolution est d'ailleurs un sujet intéressant, car les choses vont vite dans le Web. Alors que nous initiions ce projet de livre à la fin 2012, le moment où le grand public et aussi les professionnels découvraient l'existence des *médias sociaux* nous paraissait déjà bien loin. En 2013, LinkedIn a fêté son dixième anniversaire, et Facebook, malgré les critiques nombreuses dont il fait l'objet – et un prix de l'action divisé par 2 en 7 mois à peine, puis remonté pour accuser encore un déficit net par action plus d'un an après son introduction en Bourse[4] – serait la sixième capitalisation boursière du CAC40 si son siège social était basé à Paris[5] !

---

3 *Le terme de glocal est une contraction de Global et Local. Il désigne le fait qu'on pense mondialement, mais qu'on adapte son offre à chaque marché spécifique. Ce thème a fait l'objet d'une conférence entière de Media Aces le 25 octobre 2012 (*http://bit.ly/acesglocal*).*

4 *Soit plus de 11$ par action au moment où nous figeons le manuscrit de ce livre en juillet 2013, par rapport au 35,52$ du cours initial, soit une baisse de 30 % et ce, malgré une remontée spectaculaire. Cf.* http://finance.yahoo.com/q?s=FB *pour suivre le cours de l'action Facebook.*

5 *Calcul effectué dans le premier semestre 2013.*

En 3 ans, le vocabulaire de ce nouveau Web s'est installé dans le grand public, à tel point que plus personne ne se pose la question de savoir pourquoi on appelle cela média *social*, ni du caractère décalé de cette terminologie. Et pourtant, il y a beaucoup à retirer d'une réflexion de fond sur ce sujet : à quoi cela sert-il vraiment ? Quel est le bilan des actions passées ? À quoi cela va-t-il me servir demain ? Les outils sont-ils *si* importants ? Au-delà des outils, ai-je véritablement fait évoluer ma pratique marketing ? Ces outils seront-ils remplacés par d'autres, un jour ? Voici quelques-unes des questions auxquelles nous avons tenté de répondre en apportant un éclairage aussi pratique que visionnaire, si tant est que cela soit possible, et basé sur l'expérience de certains des meilleurs praticiens du domaine, en France et en Europe.

La communication digitale expliquée à mon boss

Ces trois dernières années, l'intérêt pour les médias sociaux s'est généralisé à la plupart des entreprises et c'est pour cela que, lorsque s'est posée la question d'écrire une suite à *Les médias sociaux expliqués à mon boss*, nous n'avons pas hésité à changer le périmètre de notre travail et à élargir largement cette nouvelle édition à l'ensemble de la communication digitale. C'est que les enjeux qui s'imposent aux entreprises et aux responsables digitaux dans les entreprises vont bien au-delà des seuls médias sociaux.

D'une part, il n'y a plus lieu d'écrire un livre de sensibilisation à des outils dont nous sommes désormais tous utilisateurs[6] et auxquels la plupart des entreprises se sont intéressées de manière plus ou moins approfondies. Il y a à peine trois ans, la pratique des médias sociaux en entreprise était à peine naissante, mais ce n'est plus le cas aujourd'hui ; la phase de structuration de ces pratiques est véritablement entamée depuis au moins un an, soit une éternité dans le contexte digital.

D'autre part, le travail de transformation digitale des entreprises est loin d'être terminé. La communication digitale est en pleine révolution et nous ressentons un besoin très fort dans les entreprises d'accompagnement sur ces sujets. Cela va au-delà des médias sociaux et inclut les problématiques de contenu (« brand content », stratégies de bouche à oreille, techniques hybrides de « street marketing » et de marketing en ligne, etc.), les problématiques de médias, le domaine du marketing direct en ligne (fortement malmené en ce moment, aussi bien par les utilisateurs que les autorités réglementaires), et les évolutions technologiques (Internet mobile, réalité virtuelle, géolocalisation).

En 2013, nous sommes à la croisée des chemins, avec des changements technologiques forts, mais aussi des défis de plus en plus complexes en termes de conduite du changement ainsi qu'une place croissante du digital dans la stratégie des entreprises.

---

6 *Voir la croissance fulgurante de l'évolution de l'utilisation des médias sociaux B2B par les étudiants en juin 2013 (80 % ont un compte Viadeo ou LinkedIn contre 53 % il y a 2 ans à peine !) dans cet article du Figaro :* http://bit.ly/figms13

Le paradoxe d'une pratique indispensable mais pas toujours comprise

Toutefois, le paradoxe de l'adoption des technologies, déjà décrit succinctement dans notre précédent ouvrage, est tel que nous sommes loin d'être arrivés à un niveau de compréhension et d'intégration totales de ces nouvelles composantes dans la stratégie de l'entreprise. Trop souvent, le digital est annoncé comme stratégique, mais sa mise en œuvre est éloignée du cœur de métier, voire contredit totalement cette promesse de changement et de modernité.

En conséquence, ce que ce livre va tenter de faire, c'est de remettre la discipline du digital dans cette mouvance stratégique, en fournissant aux responsables digitaux, aux praticiens du digital, à leurs interlocuteurs et aux responsables d'entreprise un prisme pour décoder les évolutions technologiques en cours, leurs conséquences et les manières les plus efficaces de mettre en œuvre le changement.

Ce que cet ouvrage n'est pas

Il est aussi utile de dire ce que ce livre n'est pas, afin de permettre au lecteur de s'orienter dans sa lecture. Ce livre n'est pas un livre d'initiation, sur le B.A.-BA du digital. Ce n'est pas non plus un ouvrage d'explication du fonctionnement des outils du Web digital et social, car il y a suffisamment d'ouvrages sur ce thème. Il ne s'agit pas non plus d'un zoom plus détaillé ou remis au goût du jour du paysage français des médias sociaux.

Il s'agit plutôt d'un manuel de management, lisible aussi bien par les experts du Web que les professionnels non experts qui désirent comprendre les enjeux de la communication digitale, ses problématiques, son historique, et le champ des possibles. Il s'agit d'un ouvrage qui va bien au-delà d'une simple suite à notre précédent ouvrage.

Les médias sociaux occupent toujours une place de choix dans l'ouvrage, mais nous ne remplirions pas notre mission si l'ensemble du livre était pris par ceux-ci. Les enjeux du digital vont au-delà.

Par ailleurs, nous avons voulu éviter les incantations au changement pour le changement, sur l'air de l'antienne bien connue qui veut que si l'entreprise ne change pas et n'embrasse pas immédiatement les modes technologiques, elle disparaît immédiatement. Celles-ci sont en fait contre-productives, tendant à décrédibiliser la high-tech aux yeux des hommes d'affaires. Notre point de vue est différent, car nous ne sommes pas des technologues, encore moins des technolâtres, et notre expérience conjointe couvre de nombreux aspects de l'entreprise : vente, marketing, organisation, stratégie, gestion, SI, développement, management de l'innovation, entrepreneuriat, intrapreneuriat[7], maîtrise d'œuvre, maîtrise d'ouvrage ... et communication.

---

7 *Voir* http://fr.wikipedia.org/wiki/Entrepreneuriat *et* http://fr.wikipedia.org/wiki/Intrapreneuriat

C'est un livre de management que vous tenez entre les mains (ou sur votre liseuse), et non une compilation de considérations technologiques. Attendez-vous donc à ce que nous y remettions en cause les poncifs, redressions les idées reçues, analysions les chiffres et les études, étudions les impacts réels et avérés, fassions des hypothèses (clairement indiquées) lorsque nous avons des doutes, et enfin que nous y parlions ROI, pas seulement pour vous expliquer qu'il n'est pas possible de le mesurer, mais pour vous donner des pistes concrètes, chiffrées et circonstanciées.

Apprendre pour adapter

À ce sujet, une autre précision s'impose ; il n'est pas conseillé d'appliquer les recettes qui ont fonctionné ailleurs sans les adapter à son propre contexte. Il est rare que les recettes des autres fonctionnent bien chez soi quand elles sont appliquées telles quelles. En revanche, il est toujours possible d'adapter les bonnes idées, et de faire en sorte que ces bonnes idées en déclenchent d'autres, plus originales et plus adaptées à votre business. N'oubliez pas que le but du marketing est de se *démarquer*, pas seulement de faire, mais de faire « autrement » que ses concurrents. Il faut donc savoir apprendre des autres, puis prendre du recul, et enfin fabriquer ses propres recettes maison. En matière de communication digitale encore plus qu'ailleurs, c'est le terrain qui vous fera remarquer parmi vos pairs.

Il conviendra également d'apprendre des *mauvaises pratiques*, que nous avons également décrites ici et qui doivent servir de garde-fou. Il est en effet plus aisé de se souvenir de ce qu'il ne faut pas faire que de ce qu'il faut faire.

Lorsque vous aurez appliqué ces quelques principes et que vous aurez des résultats satisfaisants, alors pourrez-vous aussi rejoindre les membres de Media Aces[8] et même, qui sait, ajouter votre témoignage à la prochaine édition de cet ouvrage.

Un ouvrage pratique

Pratique est donc le maître mot de ce livre et nous l'avons conçu de façon à ce qu'il soit le plus facile à utiliser. Soit cursivement en le prenant de la première page à la dernière page, soit en le feuilletant, en utilisant l'index et la table des matières, et en allant d'un bout à l'autre du document au gré de vos envies ou de vos besoins.

Vous pouvez donc décider vous-même de la façon dont vous désirez y recourir, c'est vous le rédacteur en chef, vous êtes libre de picorer ici et là et – en fonction de votre propre cheminement – d'emprunter à tel ou tel de ces témoignages, ou à telle ou telle de ces méthodologies.

---

8 http://media-aces.org, *notre association, le groupement français des professionnels de la communication digitale.*

Remerciements

Media Aces, l'association française des professionnels des médias sociaux en entreprise, existe depuis fin 2009. Elle est donc dans sa cinquième année d'exercice, elle fait presque figure d'institution dans une industrie aussi jeune. L'association s'est rapidement imposée dans le monde des médias et de la communication comme étant une référence aussi bien en termes de contenu, de conférences, mais aussi et surtout d'évangélisation autour de cette jeune discipline et dans le partage des connaissances et des pratiques. De nombreux boss ont déjà lu notre le précédent ouvrage, *Les médias sociaux expliqués à mon boss*, qui a reçu le prix du livre digital influent de l'année 2012 lors du Hub Forum de l'an dernier, pour son effort de pédagogie et l'impact qu'il a eu sur le développement des médias sociaux en France. Nous ne sommes pas peu fiers de ce résultat, car beaucoup d'efforts ont été mis dans cette association, ses événements et l'animation de l'association elle-même, avec l'aide de ses membres.

Car sans nos membres, cette association ne serait rien. Media Aces regroupe désormais une cinquantaine d'entreprises petites et grandes qui se sont lancées dans les médias sociaux et qui ont su chacune convaincre leurs patrons. Nos remerciements leur vont donc, en tout premier lieu, pour avoir accepté de nous suivre dans cette aventure, et nous permettre d'utiliser leurs expériences pour à notre tour, vous aider à convaincre vos propres patrons. Il faut d'ailleurs remercier ces chefs d'entreprises pour avoir compris, avant tout le monde, l'intérêt de ces innovations et d'avoir laissé leurs intrapreneurs tenter leur chance et montrer la voie. Tous nos membres sont cités en fin d'ouvrage, un grand merci à chacun d'entre eux.

Remerciements également à nos confrères américains de Socialmedia.org qui nous ont soutenus et inspirés à l'origine de la création de notre association. Ils nous ont donné envie de les suivre et nous leur en sommes reconnaissants. Ils sont aussi - indirectement - responsables de notre rencontre en mars 2009, lors d'une interview réalisée pour DecideursTV[1] par Hervé Kabla, qui interviewait Yann Gourvennec en tant que membre du SMBC (le nom de Socialmedia.org d'alors) : de là sont nées l'association ainsi qu'une belle et fructueuse complicité.

Merci donc à tous ceux et à toutes celles qui sont venus grossir les rangs de Medias Aces au fil de ces années, qui ont rendu possible cette aventure, et notamment Jean-Paul Chapon, Olivier Cimelière, Yves Landoyer, Alexandre Commergnat, Stéphane Daeschner, Natacha Heurtault, Patrick Hope, Mohamed Khodja, Stéphane Lapeyrade,

1 *La vidéo de la première interview se trouve ici:* http://bit.ly/amonboss-digital-genese

Jérôme Colombe, Franck La Pinta, Virginie Masson, Jean-Marc Goachet, Sophie Mahéo, Nicolas Le Hérissier, Ana Sedes, Thierry Crahes et tous les autres qui sont trop nombreux pour qu'on puisse les citer toutes et tous.

Mention spéciale à Hervé Pillaud et Cynthia Kari, qui ont été moteurs dans l'association depuis qu'ils l'ont rejointe. Merci de votre enthousiasme et de votre soutien. Une petite note en passant au veau « hashtag »[2], membre du cheptel d'Hervé, qui fait désormais un peu partie de la famille Media Aces et qui en est même quasiment devenu la mascotte.

Merci à Xavier Wargnier et Henri Kaufman, qui nous ont fait confiance pour ce deuxième projet mené en commun, nous ont soutenus et fait progresser par leurs conseils et leurs recommandations. Merci également à Ferréole Lespinasse, patiente et consciencieuse relectrice, qui nous a fait passer à un stade supérieur de qualité rédactionnelle. Mention plus que spéciale à Serge-Henri Saint-Michel, auteur et relecteur impartial, et à Pierre-Olivier Desmurs, relecteur par voie électronique, qui nous ont grandement aidés dans la mise en forme finale de ce texte.

Merci à Mathias Bergeaud, artiste talentueux, dont les illustrations agrémentent la plupart des chapitres de ce livre.

Merci aux contributeurs et aux experts interviewés, François Pétavy, Michaël Tartar, Alban Fournier, Catherine Headley, David Parkinson, Olivier Hublau, Hervé Bloch, François Laurent, Frédéric Canevet, Bruno Fridlansky, Denis Fagès, Daniel Laury, Pierre Vallet, Jérôme Deiss, Arnaud Bouchard, Jacques Froissant, Didier Perraudin, Timo Elliott, et Dominique Delport.

Merci aussi à tous nos amis de la blogosphère française et étrangère qui nous ont inspirés, stimulés et encouragés. Remerciements particuliers, dans le désordre et sans hiérarchie à Richard Menneveux, Émilie Ogez, Fadhila Brahimi, Vincent Berthelot, Emmanuel Fraysse, Pierre-Philippe Cormeraie, Bertrand Duperrin, Cédric Deniaud, Frédéric Cavazza et Jean-François Ruiz, Philippe Niewbourg... Et nos excuses pour ceux que nous aurions oubliés, ils sont trop nombreux pour être cités.

Merci aussi à nos partenaires et notamment Evenium créé par Avner Cohen Solal et Eric Amram qui nous suivent avec amitié et dévouement dans chacun de nos événements, et qui nous offrent leur solution logicielle et le service associé, ainsi qu'à Eric Tenin de Poll2go qui nous fournit la solution de sondages que nous utilisons pour animer nos conférences. Merci aussi à Catherine Headley et à Jean-Marc Goachet, à l'ESG et à MINES ParisTech, qui ont accueilli avec enthousiasme nos conférences ces dernières années ; nous leur en sommes reconnaissants à jamais.

Merci enfin au Deloren Café[3] et au Zeyer, deux brasseries parisiennes qui ont forgé l'esprit Media Aces.

---

2 *Malheureusement décédé en 2013* http://bit.ly/amonboss-digital-veau

3 *Qui a fermé ses portes depuis avril 2013.*

Un dernier mot d'importance pour nos familles qui ont supporté des week-ends et des soirées amputés de loisirs, ainsi que des nuits parfois très courtes, pour que nous puissions écrire ce long livre ; leur soutien et leur affection nous sont indispensables.

Le mot de la fin pour les ingénieurs de Nuance qui ont mis au point le logiciel *Dragon Naturally Speaking* qui a permis l'écriture d'une partie de cet ouvrage en un temps record, condition indispensable pour un livre dédié à un sujet aussi mouvant.

Chapitre I
Importance du digital, historique, caractéristiques et évolution

Cet ouvrage sur la communication digitale, deuxième de la série « ... expliqué à mon boss »[1], est abordé d'une manière différente de ce qui s'est fait pour le premier exemplaire de la série.

D'une part, le thème en a été considérablement élargi : des simples médias sociaux, nous avons étendu notre propos à l'ensemble de la communication digitale. Ceci nous semblait légitime à une époque où les médias sociaux font naturellement partie du mix digital. D'autre part, il n'est plus question ici de s'appesantir sur la phase de déclenchement, propre aux innovations qui n'ont pas encore été reconnues. Le Web a vingt-trois ans[2], même si les entreprises ne le pratiquent que depuis dix-neuf ans (1994 pour les pionnières, 1992 pour quelques visionnaires rarissimes ou les organisations scientifiques et leurs filières), et donc il n'est plus question de présenter cela comme une nouveauté. Le Web social, en cette année où LinkedIn vient de fêter ses dix ans et Facebook aussi rentre dans sa dixième année, n'en est plus à ses prémices non plus.

Et pourtant... la compréhension de l'Internet, qui est encore trop souvent, dans les entreprises, considéré comme une chose à part et non comme un prolongement de la vie économique, est perturbante pour les professionnels du secteur qui en connaissent l'importance. Force est de constater que le travail de pédagogie destiné à la prise de conscience du poids du Web et de l'économie numérique en France et dans le reste de l'Europe est loin d'être terminé.

C'est pour cela, d'une part pour démontrer cette importance aux managers, et d'autre part pour donner des éléments aux professionnels du Web, que nous avons décidé de dédier l'intégralité de cette première section aux explications liminaires de l'importance de l'Internet et du Web dans la vie économique.

1 *Les médias sociaux expliqués à mon boss, chez Kawa édition, 2011, voir* http://amonboss.com, *élu livre digital influent de l'année 2012 au Hub Forum.*

2 *L'invention du World Wide Web par Tim Berners Lee et Robert Cailliau (ce dernier étant souvent occulté des manuels), date effectivement de 1989-1990. Le WWW fut versé dans le domaine public le 30 avril 1993, soit il y a un peu plus de vingt ans.*

I.1 Le poids du digital dans le monde et dans l'économie

Il n'est pas rare d'entendre certains experts de la communication annoncer, de manière péremptoire, que l'avenir du monde, du marketing et de la communication notamment, est digital. Loin de nous l'envie de dire qu'ils ont tort, bien entendu, mais la démonstration n'est pas toujours probante. Il s'agit, en effet, de s'adresser à une population qui, majoritairement, n'est pas convaincue par cet énoncé. En cela, les journées nationales du marketing 2012 de l'Adetem[3] ont été particulièrement évocatrices. « Le monde de l'entreprise a 7 ans de retard sur les consommateurs », déclarait Marco Tinelli[4] lors de cette conférence, devant une salle médusée, remplie de directeurs et responsables marketing qui, et ce fut le résultat d'un sondage à main levée, n'étaient qu' à 10-15 % utilisateurs de tablettes et d'Internet mobile. Marco Tinelli a parfaitement raison. Pourtant, et c'est là que le bât blesse, faire peur aux managers en leur disant qu'ils sont dépassés ne fait pas véritablement avancer le digital à l'intérieur des entreprises, ni augmenter sa popularité auprès des managers qui n'en sont pas familiers. Alors, penchons-nous sur les chiffres et montrons ensemble l'importance économique véritable du digital, actuellement, en France, en Europe et dans le monde.

Si vous voulez prouver l'importance du digital à un béotien, ne lui parlez donc pas le langage des techniciens et des gourous. Que lui importe qu'il y ait plus de 100 000 « likes » sur votre dernière publication sur Facebook, s'il n'y comprend goutte ? Il y a des façons bien plus simples de montrer que le digital est important. C'est ce que nous avons vérifié, il y a peu, en demandant au directeur commercial de Whirlpool, le fabricant américain d'électroménager, de nous expliquer en quelques chiffres l'importance du numérique pour lui : 15 % de ses ventes annuelles de cette société sont en effet réalisées par ce canal, alors qu'il y a à peine 3 ans, cette proportion était à peine de 8 %. Les projections pour 2015 ? 22 % des ventes, ce qui inclut les ventes en ligne, mais surtout le « click and mortar[5] », un élément de plus en plus important de l'évolution du e-commerce.

Toujours pas convaincu ? François Mare, directeur CRM chez Pierre & Vacances, communiquait ses chiffres le 14 décembre lors de la première conférence des directeurs de

---

3 *Voir à ce sujet la présentation de Yann Gourvennec donnée dans le cadre des journées nationales du marketing 2012 qui décrit les différents scénarios du futur des médias sociaux :* http://bit.ly/bossjnmyag

4 *Marco Tinelli est un de nos grands experts du numérique, patron de l'agence Fullsix et auteur du livre Le Marketing Synchronisé, publié en 2012 aux éditions Eyrolles :* http://www.marketing-synchronise.com/

5 *Expression anglaise basée sur une autre : « brick and mortar » désigne le commerce traditionnel (littéralement, les briques et le mortier, donc le commerce en magasin), alors que « click and mortar » désigne le fait de relier l'Internet et les magasins. Exemple : acheter en ligne et se faire livrer en magasin. Pour des exemples de technologies mêlant le monde réel et l'Internet, voir* http://slidesha.re/Ul8KvP

la stratégie digitale qui s'est tenue à Paris[6] : 30 % des ventes du leader européen des résidences de tourisme sont, en effet, réalisées en ligne ! Cependant, s'il y a bien quelques acteurs du tourisme qui sont très avancés dans ce domaine, le secteur dans son ensemble est très largement perturbé par les changements en cours qui bousculent ses modèles d'affaires et ses marges, notamment pour les acteurs plus traditionnels qui ont raté la révolution numérique[7]. En fin de compte, aucun secteur n'est désormais épargné par la montée en charge du digital.

L'e-commerce bientôt plus gros que les services de télécoms

Encore un peu sceptique ? Alors regardons le dernier rapport de l'Idate, intitulé *Digiworld 2012*, qui nous livre les chiffres du e-commerce à fin 2011[8], tout en comparant les taux de croissance des différents segments.

L'e-commerce pour commencer. À la fin de l'année 2011, il est désormais, en termes de chiffre d'affaires, presqu'aussi important que la totalité du marché des services télécoms : 244 milliards d'euros de chiffre d'affaires pour l'e-commerce européen à comparer avec 248 milliards d'euros pour les services télécoms... mais avec un taux de croissance de 19 % pour le premier, à comparer aux – 1,9 % du deuxième . Nous ne tarderons donc pas observer un basculement certain des hiérarchies dans ce domaine, comme cela a déjà été le cas avec les services informatiques et logiciels (« seulement » 217 milliards d'euros et plus de 2,3 % de croissance à fin 2011).

En effet, derrière l'e-commerce (déjà vieux de 17 ans[9] et assimilable à un marché largement mature), notons pêle-mêle : le livre électronique (e-book, à lire sur tablette ou sur liseuse) naissant mais prometteur, la vidéo à la demande, en forte croissance, mais encore petite (1,4 milliard d'euros tout de même et ce avec plus de 63 % de croissance), le cloud computing, déjà fort de 7,4 milliards d'euros et en croissance de plus 39 %.

Vainqueurs et perdants ...

Inutile de continuer à croire que vous pouvez y échapper : le digital est partout et dans tout ce que nous faisons. Certaines marques le ressentent plus que d'autres. Les acteurs de la photographie ont été parmi les premiers à le comprendre... à leurs dépens : Ilford, Kodak ou Polaroïd[10] sont désormais morts. Les voyagistes, comme nous l'avons vu ci-dessus, souffrent aussi énormément de la concurrence numérique qui change les comportements d'achat et l'expérience client.

6 *Voir la présentation de Yann Gourvennec à l'adresse :* http://bit.ly/bossdiiconf

7 *Citons en premier lieu, Thomas Cook (*http://bit.ly/bosscookcostcutting*) et Nouvelles Frontières.*

8 *Pour la version 2013, à partir de mars 2013, voir* http://bit.ly/bossidate2013

9 *En 1996, Yann Gourvennec a démontré à Saint-Tropez pour le compte de la DSI d'une grande banque française, l'achat en ligne d'un CD depuis le site, aujourd'hui disparu,* www.musicblvd.com*, un pionnier de l'e-commerce (voir l'archive du site ici :* http://bit.ly/bossmblvd*).*

10 *Désormais relancé, après sa mise au chapitre 11, comme une start-up via les Pays-Bas :* http://bit.ly/bosspolaroid

Il ne s'agit cependant pas que d'opposer le digital au monde réel ; le digital montre aussi son importance au travers des bonnes pratiques, y compris dans le tourisme, comme celle de Pierre & Vacances, qui intègre le principe de recommandation dans un cercle vertueux (réputation/achat/recommandations/réputation, etc.). Ce principe est clé : « le moindre commentaire négatif dans TripAdvisor et nous voyons notre chiffre d'affaires immédiatement décliner ! » déclarait François Mare lors de la conférence annuelle des directeurs de la stratégie digitale 2012[11].

Cartographie des bouleversements dus au numérique

La filiale australienne du cabinet de consulting Deloitte[12] a développé une approche fort intéressante dans ce domaine qu'elle a intitulée « *digital disruption map* », soit la cartographie des bouleversements dus au numérique.

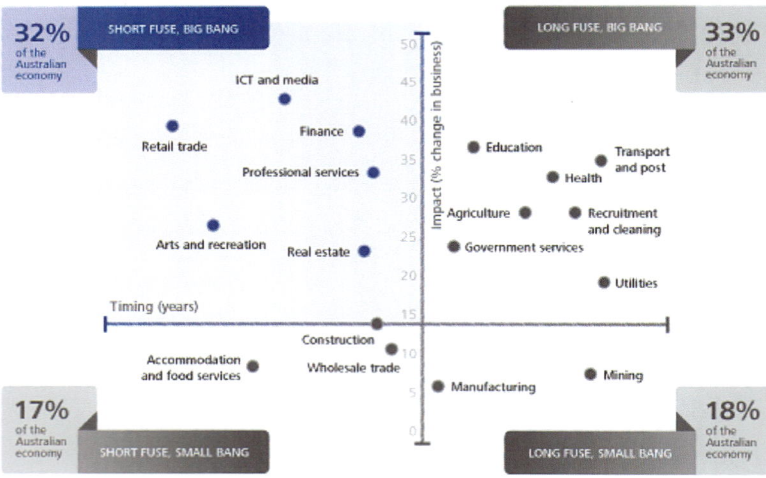

La cartographie des bouleversements numériques de Deloitte en Australie[13]

Cette carte permet d'introduire un élément de nuance assez utile d'un point de vue stratégique. De la même façon que nous avions remarqué des différences entre les secteurs dans le cadre des stratégies numériques[14], Deloitte a détecté que tous les secteurs économiques n'étaient pas touchés de la même manière par les bouleversements dus au numérique. Voilà qui confirme bien une intuition que chacun a pu avoir, mais l'approche du cabinet australien a le mérite de donner un peu de profondeur à ce sentiment :

---

11 *Voir* http://bit.ly/bossdiistrat *pour le programme de la conférence annuelle de décembre 2012 sur la stratégie digitale. François Mare est directeur Marketing à Pierre & Vacances Center Parcs :* http://www.linkedin.com/in/francoismare

12 http://bit.ly/bossdeloitteau *pour leur page d'accueil australienne.*

13 *Source : Deloitte,* http://bit.ly/bossdisruption

14 *Voir Les médias sociaux expliqués à mon boss, Ibid, page 71, chapitre I.6.*

- par l'analogie du « fusible » Deloitte fait la différence entre les secteurs qui sont touchés plus vite que les autres par ces changements. Sans surprise, on y trouvera les secteurs de la haute technologie et des médias eux-mêmes, ainsi que la finance, probablement le meilleur secteur pour l'utilisation des technologies numériques ;
- par analogie au « big bang », nos consultants des antipodes déterminent la taille de l'impact de ce bouleversement.

L'intérêt de cette approche est également de comparer l'impact du digital sur l'économie réelle australienne, en ramenant la cartographie en pourcentage de cette économie. Selon Deloitte, c'est 65 % de l'économie australienne qui est fortement touchée par le digital (big bang). Restent 17 % qui seront impactés rapidement (*short fuse*) mais de façon limitée, comme l'hôtellerie et la restauration, car il est difficile de remplacer une prestation de service physique ; mais le service lui-même, via réservations en ligne et commentaires, est néanmoins fortement touché par l'apport du numérique[15].

Quant aux 18 % qui restent, hors industrie manufacturière qui ne représente plus grand chose dans nos économies occidentales en pourcentage des PIB, on y compte surtout l'industrie minière, dont on connaît l'importance en Australie[16]. Là encore, difficile d'apporter une disruption sur ce marché au travers du digital, et cela est aisément compréhensible, même si des cas exceptionnels existent aussi dans ce secteur[17].

Bref, il ne reste plus beaucoup de secteurs non touchés. Qu'en est-il, alors, de la disparité géographique ? Le digital touche-t-il tous les pays de la même façon ?

La France et l'Europe

Il serait faux de croire que tous les pays se valent, surtout en Europe. Notre vue des marchés du numérique est souvent déformée par l'expérience américaine qui n'est pas représentative de la réalité mondiale. Les États-Unis représentent en effet à eux seuls, et malgré l'importante croissance des nations émergentes, une part prépondérante du marché mondial[18]. Ensuite, les États-Unis constituent un immense marché qui se suffit à lui-même, et dont l'unité linguistique, fiscale et monétaire est parfaite : ce qui est loin d'être le cas de l'Europe. D'autre part, les disparités culturelles sont très grandes dans l'Union.

---

15 *Il y a bien sûr des start-ups innovantes comme AirBnB qui apportent un élément de disruption non négligeable sur le marché de l'hébergement, mais on voit mal cette disruption, pour l'instant, prendre autre chose qu'une niche du marché global de ce secteur.*

16 *Pour les lecteurs moins familiers avec l'économie des antipodes, voici un résumé fort bien fait qui liste les principales compagnies minières, toutes ou presque des géants mondiaux :* http://bit.ly/bossminingoz *(Wikipedia).*

17 *Lire ou relire à ce sujet, Wikinomics, de Don Tapscott, pour l'exemple de Rob Mc Ewen de Gold Corp, qui a réussi à utiliser l'intelligence collective pour redresser sa mine d'or au Canada (*http://www.wikinomics.com/book/*). L'exemple de Mc Ewen reste un cas isolé.*

18 *Voir le poids économique des États-Unis qui reste incroyablement élevé (*http://bit.ly/bosspnb*). Le montant des dépenses informatiques des USA représente en effet environ 30 % du total mondial (voir chiffres précis Global ICT Score Card Yankee Group sur* http://bit.ly/amonboss-digital-yankeegroup*).*

Si la France est loin d'être un nain digital, son poids en matière de e-commerce est encore loin d'être comparable à celui du Royaume-Uni par exemple : environ 38 milliards d'euros pour la France, contre 80 milliards d'euros pour le Royaume-Uni, en sachant que l'Allemagne se situe, quant à elle, à environ 30 milliards d'euros annuels en 2011[19]. On le voit donc, le développement du digital dans différents pays n'est pas entièrement fonction de leur population, mais bien d'un indice de maturité, difficilement mesurable, fort différent d'un bout à l'autre de l'Europe ; sans oublier la performance de ses circuits de distribution, pour le coup, assez semblables dans les trois pays européens évoqués.

Et si l'on reprend l'exemple de Whirlpool cité en tête de ce chapitre, la surprise est encore plus saisissante : la part du e-commerce (« click & mortar » et pure players) des ventes du fabricant d'électroménager en Italie est de… 0 % ![20]

Un secteur qui bouscule toute l'économie

En conclusion, quelle est l'importance d'un secteur qui pèse plus que certains métiers traditionnels, révolutionne des pans entiers de l'économie, change le travail de tous les départements de l'entreprise et amène des clients dans vos magasins ?

Afin d'éviter de devoir répondre à cette question rhétorique, réfléchissez-y donc à deux fois la prochaine fois que vous considérez les membres de votre département digital comme une équipe de techniciens incompréhensibles !

---

19 *Les chiffres comparatifs de l'e-commerce sont soit difficiles à trouver, soit très chers. Il est possible cependant de télécharger gratuitement le rapport de la FEVAD qui fournit tous les ans ces chiffres gratuitement :* http://bit.ly/fevadnumbers2012 *pour le rapport 2012.*

20 *Source : Whirlpool*

I.2 Maturité et ADN des marques sur le Web (précisions et approfondissements)[21]

Notre précédent ouvrage comportait un chapitre essentiel, qui expliquait notre conclusion quant à la nature de la communication sur les médias sociaux et des stratégies numériques adaptées. Les américains ont un terme pour cela, ils appellent cela le « Linchpin », la goupille[22] en français, c'est-à-dire le point pivot à partir duquel tout se déclenche. Chapitre fondamental donc, et qui méritait qu'on y revienne de façon exceptionnelle. Retour donc sur ces points fondamentaux de stratégie digitale en apportant des points de vue complémentaires

Le chapitre dédié aux différents types de marque sur Internet était un point de passage obligé du livre précédent, mais aussi de nombreuses conférences qui nous ont amenés devant des publics variés, et notamment beaucoup de responsables de marque, que nous avons vus, successivement, opiner du chef à chaque énoncé de ces catégories et des tactiques de communication associées. Et il est vrai que ces quelques pages ont animé bon nombre de présentations, à tel point que Yann Gourvennec eut ce retour en mars 2013 via un ancien élève d'une école de commerce lilloise à la fin d'un séminaire : « *j'ai déjà vu votre slide dans mon école, mais le livre n'était pas cité !* ».

Dans un sens, c'est un compliment, même si nos licences Creative Commons[23] autorisent la reprise de tous nos contenus en les citant[24]. (Inutile donc de voler ce que nous vous avons donné, les règles du Creative Commons sont faites pour cela). Le fait que ces planches soient réutilisées, même dans ces conditions, est donc une bonne chose, cela montre bien que nous avons fait mouche. Le travail effectué en 2011 avec Synthesio[25] était fondateur ; il mettait l'accent sur un aspect fondamental des médias sociaux – mais aussi de la stratégie digitale et des politiques de marque en général – qui reposait les bonnes questions et obligeait nos lecteurs, ou les participants aux conférences Media Aces, à se remettre dans le contexte de leur marque, d'analyser leurs forces et leurs faiblesses, d'éviter de partir sans réflexion préalable, ou encore pire, de croire qu'un outil pouvait faire office de stratégie. Témoin cette entreprise qui nous a

21 *Ce chapitre est la prolongation et l'approfondissement du travail effectué lors de la sortie de notre premier ouvrage, les médias sociaux expliqués à mon boss, au chapitre I.6 à la page 71*

22 *Ou clavette, terme moins militaire, mais aussi moins clair. L'analogie avec la goupille ayant le mérite d'être très explicite.*

23 *Pour en savoir plus sur les Creative Commons :* http://bit.ly/amonbossdigitalcc

24 *Les planches de présentation du livre précédent étaient disponibles à l'adresse* http://amonboss.com/slides *et celles du présent ouvrage le sont via* http://amonboss.com/slides2013 *comme indiqué sur la quatrième de couverture.*

25 *Synthesio est un éditeur français de logiciels et une société de services axée sur la veille sur le Web et les médias sociaux.*

invités pour entendre notre conseil, puis pour prendre le contre-pied immédiatement de ce qu'on lui disait.

- *« Pensez-vous que notre décision d'ouvrir une page Facebook est une bonne idée ? »*
- *« Euh... ! (Embarrassés) Nous ne sommes pas sûrs en fait. Euh ... ! Tout porte à croire, en regardant un tant soit peu sur les moteurs de recherche et en analysant votre marque à grosses mailles, que vous soyez sur le terrain de jeu des activistes hostiles à votre marque, sans que nous jugions de la justesse de leur combat. Votre marque est, selon notre classification, une marque dite « sensible », vous devez rassurer, éduquer, expliquer et éviter les dialogues avec les zélotes, car vous ne pouvez gagner sur ce terrain. Notre recommandation serait de repousser cette décision et de faire autrement. Vous n'avez pas, dans votre cas, de véritable nécessité à vous mettre sur Facebook uniquement parce que c'est à la mode. Euh... ! Si vous nous permettez... (re-embarrassés) »*
- *« Oui, mais nous avons déjà décidé de faire notre page Facebook ! »*
- *« Certes, nous entendons parfaitement ce que vous nous dites et comprenons votre déception, mais vous ne pouvez ignorer votre ADN de marque, qui n'est pas de votre fait mais le résultat de votre histoire et de la perception du public (bonne ou mauvaise), et qui plus est, vous n'avez pas préparé les réponses aux objections et aux attaques, vous ne semblez pas prêts à répondre à une attaque en règle. Notre recommandation serait de réfléchir à votre stratégie digitale en amont avant de penser à cet outil, même s'il est fort sympathique... »*
- *« Oui, mais nous avons déjà décidé de faire notre page Facebook ! »*

... etc. pas la peine d'aller plus loin ; quelques semaines plus tard, et quelques attaques d'activistes plus loin, il est dur de faire face à des ONG bien mieux préparées à la guérilla sur le Web social, et de courir plus vite qu'eux, la page en question fut fermée : CQFD. Les groupes de pression, ne relâchent leur effort qu'après avoir obtenu des garanties, le moyen de « communication » sympathique et ouvert s'étant transformé en tribune d'activistes, il était difficile de se faire entendre, et l'expérience tourna court. Il est difficile d'avoir raison face à quelqu'un qui ne veut pas entendre les conseils, même des gens qu'il a requis pour les donner. C'est ainsi, regrettable mais vrai.

Cette anecdote montre bien la validité du modèle déjà exposé dans le premier ouvrage sur les médias sociaux, sur les descriptions de ces catégories décrites dans notre « matrice des marques ». Rappelons ici quelles sont ces catégories de marques, et les stratégies associées.

4 sortes de marques sur Internet & les médias sociaux selon Synthesio

marques	sous le radar	fonctionnelles	aimées	sensibles
caractéristiques	pas ou peu de buzz	fonctionnement & fonctionnalités	clients aiment et défendent la marque	santé, sécurité, enfance
réponses	sortir du cadre	community management (forums/social media)	répondre aux sollicitations des communautés	rassurer

Les 4 types de marques sur Internet (et ailleurs),
la matrice Synthesio issue de notre précédent livre

Dans ce travail, nous distinguions :

1. Les marques sous le radar

Les marques sous le radar sont les marques dont on ne parle pas, ou pas beaucoup. On les reconnaît à ce qu'elles tentent des initiatives sur les médias sociaux et qu'il ne s'y passe pas grand-chose, car spontanément, elles ne sont pas assez connues ou visibles. Il n'y a pas que des obscurs dans cette catégorie, mais il peut y avoir des marques qui n'évoquent pas grand-chose dans l'imaginaire du grand public.

Sur ces marques, peu ou pas de buzz ; elles sont donc sous perfusion des relations publiques, sans cesse chargées de raviver l'intérêt sur elles. On peut aussi ajouter les PME et les marques qui n'ont pas accès aux médias traditionnels pour cette catégorie, qui finalement est, de loin, la plus peuplée. Si vous ne trouvez pas votre place dans aucune des autres catégories, c'est que probablement, vous faites partie de celle-ci. Les petits acteurs du marché, les start-ups, les TPE et les PME même moyennes, mais aux ressources en communication limitées, sans oublier la quasi-totalité des marques B2B font partie de cette première catégorie[26].

Depuis peu, un nombre croissant de marques B2B ou mineures obtiennent des accès à la publicité télévisuelle au travers des chaînes d'information continues, grâce à l'essor de la TNT, ce qui permet de répartir les budgets publicitaires sur des cibles plus restreintes, mais n'est probablement pas suffisant pour gagner en notoriété et encore moins sortir de la catégorie des marques sous le radar. En prendre conscience, pour une marque connue, fière de son histoire et de son travail, est un moment de vérité qui n'est pas forcément agréable, voire peut être pris comme une critique, mais ce n'est en fait pas une mauvaise nouvelle pour le digital, les médias sociaux et le Web, bien au contraire. En tant que praticiens, nous voyons même cette catégorie comme

26 Hormis peut-être – en fonction des campagnes et des budgets – les 4 leaders de la high-tech qui arrivent à accéder au grand public (IBM, Microsoft, IBM et Cisco).

la plus intéressante, celle où la créativité peut s'exercer le plus efficacement, avec des résultats parfois spectaculaires, de marques qu'on n'attend pas sur ces terrains et qui font un tabac.

Dans cette catégorie on trouve pêle-mêle les produits de commodité comme les liquides vaisselle et quelques marques B2B - deux exemples de sociétés qui ont su « sortir du cadre » (la bonne méthode pour raviver l'intérêt sur sa marque). La même marque peut être sous le radar dans un pays et au premier plan dans un autre. Barclays est une banque grand public de premier plan au Royaume-Uni et une banque B2B assez discrète en France ; pour ne citer qu'un exemple. L'avantage complémentaire de se trouver dans cette case est de permettre d'échapper, sauf exception, au mauvais buzz, car on ne parle pas, même en mal, de ce qu'on connaît peu et qui n'évoque rien au grand public.

2. Les marques fonctionnelles

La deuxième catégorie de marques est celle qualifiée de « marques fonctionnelles » et il s'agit encore d'une catégorie de marques qui ne génèrent pas la passion. Il faut, en effet, relativiser bon nombre de discours sur les médias sociaux. Alors que de nombreux écrits sur le Web et le papier aiment à simplifier la situation à l'extrême en pointant du doigt les entreprises aimées ou détestées (les unes pour glorifier la participation des « super-fans », les autres pour agiter le chiffon rouge d'un Internet libertaire critique et soi-disant entièrement opposé au monde des affaires), la réalité du terrain est tout autre.

Il est bon nombre de marques en effet, et de secteurs entiers, qui n'appartiennent pas aux classes des marques aimées ni détestées. Cela peut paraître frustrant, mais quoi qu'elles fassent pour se faire aimer, leurs tentatives sont vaines et vouées à l'échec. De temps en temps, un acteur en rupture parvient à s'extraire de la masse et à projeter une image différente de ses concurrents, mais – s'il appartient à cette catégorie – il est fort à parier que la balance reviendra dans sa position initiale au bout d'un moment, et la caractéristique sectorielle prédominera.

Les low costs sont ainsi. Prenons par exemple Easyjet, une marque véritablement aimée au départ dans le milieu des années 90, notamment au Royaume-Uni où son image de « maverick » lui a permis de bousculer le marché et de se ranger du côté du consommateur. Elle est désormais sous le feu des critiques dès que son service est remis en cause, ou qu'un comportement est jugé déviant, notamment vis-à-vis des personnes handicapées par exemple. Sans parler de Ryanair. Rien à faire, ces entreprises fonctionnelles, sous le feu roulant des plaintes clients, sont soumises aux critiques et les médias sociaux n'ont pas amélioré la situation, bien au contraire.

À ces marques fonctionnelles, les clients ne demandent qu'une chose : que le service offert marche - d'où le nom de la catégorie -, un point c'est tout. Ces marques ne laissent pas indifférent, sinon nous les rangerions dans la case « sous le radar ». Leur notoriété est bonne, voire excellente, et leur image est même sans doute de bonne qualité, cela n'y change rien. Elles ne provoquent pas de réactions affectives, mais gare aux ruptures de service, celles-ci peuvent se révéler extrêmement sévères dans l'esprit des utilisateurs qui n'hésiteront pas, dans certain cas, à utiliser un langage assez cru et direct.

Un grand opérateur de télécom au Royaume-Uni reçoit ainsi jusqu'à 25 % de tweets d'insulte « f...k [nom de la marque] ». Certes, il doit y avoir des gens de mauvaise foi et de mauvaise éducation parmi eux, mais aussi beaucoup de consommateurs excédés par ce qu'ils jugent être un service dégradé, à juste ou à mauvais titre.

Dans cette classification de marques, le buzz est élevé, à l'opposé de ce qui se passe dans la première, mais assez centré sur les fonctionnalités du produit ou du service, les prix et la qualité du service client ; le niveau de mécontentement y est souvent élevé. Dans cette catégorie, on trouve : les sites de e-commerce (comme Pixmania, C-discount[27]), les ventes de produits blancs (machines à laver, électroménager etc.), la high-tech grand public (sauf Apple[28]) et tous les opérateurs de télécoms grand public. La réponse dans ce domaine, est dans le *community management* sur ses sites propres (FAQ[29], support, réponses aux questions) mais aussi sur les forums tiers. C'est le domaine de ce qu'on appelle le *Social CRM*, la relation client sur les médias sociaux, avec une nouvelle exigence qui veut que lorsqu'un utilisateur se plaint, le monde entier peut l'entendre ; une situation nouvelle pour beaucoup de marques de services, habituées à jouer la montre pour amortir le niveau et les coûts croissants de leur service clients.

L'objectif est donc de rassurer ses clients sur la capacité de la marque à les soutenir dans l'utilisation, notamment lorsqu'ils rencontrent des difficultés. Mais, ne nous y trompons pas, les résultats ne sont pas toujours à la hauteur des espérances car, nous l'avons vécu suffisamment sur le terrain pour pouvoir en parler en première main, il est des consommateurs qui ont passé le point de non retour de l'insatisfaction et qui ne désirent pas entendre de paroles rassurantes ou lénifiantes ; ils ne veulent même plus rien entendre, ils désirent simplement râler et laisser libre cours à leurs frustrations. À moins qu'ils ne veuillent, tout simplement, une compensation.

Cette frustration devient vite un nouveau boulet à traîner pour les responsables social media de la société « fonctionnelle » en question et l'épuisement des équipes peut rapidement se produire[30].

3. Les marques aimées

Ce segment est, bien sûr, le nirvana des marques, mais bien peu y parviennent. Dans ce domaine, on sort complètement du rationnel. À ce segment correspondent des secteurs plus proches des fantasmes des consommateurs, qui déclenchent un enthousiasme parfois incompris – et incompréhensible – au vu des acteurs professionnels du B2B.

27 *Respectivement* http://pixmania.com *et* http://www.cdiscount.com.

28 http://apple.com

29 *FAQ : frequently asked questions en anglais ou foire aux questions en français.*

30 *Voir la section IV-11, du présent ouvrage, dédiée au métier du community manager et notamment le paragraphe intitulé « le blues du community manager ».*

Les secteurs de l'art, de la mode et de la beauté déclenchent de véritables passions, qui échappent aux applications logiques, et qui trouvent leurs racines dans l'affectif pur.

Les marques sont peu nombreuses dans ces secteurs, et il arrive que les places soient assez difficiles à garder, témoin les récentes polémiques sur le fait qu'Apple – pour citer une marque aimée emblématique – ne soit plus aussi cool qu'avant. De même, Nutella, la marque phare et aimée de Ferrero a été – et est encore dans une large mesure – sur un piédestal dont il est difficile de descendre. Elle est parfois mise à mal, par des consommateurs un peu plus critiques et un peu plus partageurs, et qui n'aiment pas le côté diététique et écolo de Nutella !

Une vidéo saignante sur la composition du Nutella ...
mais pas complètement neutre pour autant[31]

Citons aussi parmi les marques aimées, la marque d'automobiles de luxe Audi, qui déclenche de véritables passions parmi les possesseurs de la « marque aux anneaux », comme ils aiment à la surnommer. On reconnaît ces marques aimées au fait que, souvent, leurs communautés sont des plus vivaces, autogénérées et autogérées par leurs fans. Ce sont probablement d'ailleurs les seules marques pour lesquelles les vocables de fans et de communautés affinitaires sont appropriés.

La première catégorie (sous le radar) peut éventuellement avoir des communautés d'expertise ou techniques (en général, assez restreintes, si on omet des géants comme

31 *Un petit clic sur le lien placé au début de cette vidéo, vue 2 millions de fois (pas forcément par 2 millions d'utilisateurs, mais quand même !), et vous atterrissez sur un site de vente de T-shirts en coton bio, 100 % organique. Voilà des verts du Sud qui ne perdent pas le Nord ...*

SAP[32]), la deuxième (les marques fonctionnelles), peut être à l'origine de communautés d'entraide, où les utilisateurs essaient de se dépanner mutuellement (ce genre de communautés peut se trouver aussi dans la première catégorie, un des meilleurs exemples étant la communauté de Amazon Web Services, l'entité B2B dédiée au cloud computing du géant mondial du e-commerce) ; mais aucune de ces deux catégories, sauf exception ne se voit être l'objet de blogs de passionnés de la marque.

Une véritable tour de Babel où le monde entier partage ses photos d'Audi. L'engagement y est, selon son animateur, un possesseur d'Audi australien, supérieur à l'ensemble des pages officielles de la marque.

Les marques aimées sont donc celles qui sont toujours citées en exemple, ce qui peut même finir par devenir quasi irritant... Leur popularité est trop forte, on ne peut rien contre elles. Ce sont des marques qui ont su faire que « le lien importe plus que le bien » selon l'expression de Bernard Cova[33]. Il n'est pas donné à tous d'arriver là. Le plus souvent, une marque aimée, comme Apple par exemple, n'a aucun blog et intervient assez peu sur les médias sociaux[34], hormis pour faire la police (ce que certains pourront trouver choquant) sans que cela entame l'enthousiasme des fans. Nous verrons dans le futur si la marque de Cupertino pâtit de son manque d'innovation et si elle finit par devoir prendre la parole de façon plus volontariste en conséquence.

La bonne attitude sur ce segment est l'accompagnement des communautés : répondre aux questions, informer les fans, les encourager, parfois leur donner des cadeaux pour les remercier de leur fidélité.

32 *Voir l'article dédié à SAP et sa stratégie digitale, section II-8.1*

33 *Cf. le livre de Bernard Cova Au-delà du marché : Quand le lien importe plus que le bien* http://bit.ly/bosscovaaudela. *Éditions L'Harmattan, 1995.*

34 *Apple possède néanmoins une chaîne YouTube et quelques pages sur Facebook.*

4. Les marques sensibles

Ce sont les marques qui craignent pour leur réputation, mais aussi celles qui sont très étroitement surveillées, comme c'est le cas, par exemple, dans les industries fortement réglementées. On a tendance à y être plus prudent que la moyenne, voire même légèrement paranoïaque, mais à juste titre, force est de le reconnaître. Les banques sont ainsi souvent décriées par les experts autoproclamés des médias sociaux. La gestion de la prise de parole est délicate dans ce secteur fortement réglementé, où le principe de conformité (qu'on entend souvent nommé par son vocable britannique de « compliance ») n'est pas une plaisanterie, notamment pour celles qui ont été confrontées à des scandales de portée nationale ou internationale.

La tension y est donc à son comble et cela est compréhensible. On ne fait pas n'importe quoi dans cet environnement. De même, dans le domaine de l'industrie pharmaceutique, où non seulement le poids réglementaire, mais aussi la pression sociale à l'issue de nombre de scandales récents et à fort impact médiatique, y sont très fortes ; et la participation sur des plateformes de partage n'est peut-être pas la première des priorités, ce qui est là aussi compréhensible. Comme dans le cas de l'entreprise citée au début de ce chapitre, les risques dépassent les bénéfices potentiels, il est urgent donc de faire « scroller » sept fois sa souris avant de cliquer sur un lien.

Quelques secteurs phares sont à la tête de cette catégorie : santé, sécurité et enfance, auxquels on peut adjoindre les industries réglementées comme la banque et l'assurance, mais aussi les industries spécifiques ayant un lien avec des activités fortement en proie à la contestation, comme les activités de la filière nucléaire par exemple.

Dans ce segment, le public a peur, la marque effraie, elle devient une menace ; les angoisses sont fortes et « il faut rassurer ». C'est la seule chose qui puisse être faite : admettre ses erreurs, montrer qu'on les corrige, réparer les torts, rassurer le plus objectivement possible, même si la plupart du temps, si l'opinion est contraire, la tentative de démonstration est vouée à l'échec. Devenir une marque sensible, c'est risquer de devenir une marque honnie.

Cette catégorie n'est pas étanche car bon nombre de secteurs et d'entreprises viennent y faire un tour dès qu'un scandale majeur s'est déclaré, sur Internet ou, la plupart du temps, hors de l'Internet, que ce soit sur un sujet comme le scandale de la viande de cheval en 2013 (vendue sous l'appellation de viande de bœuf[35]), ou temporairement quand des polémiques naissent autour de sujets sensibles comme la nocivité des ondes et les atteintes à la « neutralité du net » (pour la filière des télécommunications), un scandale ou un problème social qui dégénère, lorsque celui-ci a l'assentiment du public. Citons le cas de la révolte estudiantine au Québec en 2012[36], où l'ex premier ministre, Jean Charest, fut comparé à un mouton, du fait de sa « crinière »[37].

---

35 *Le Figaro nous a gratifiés d'une description de l'affaire en 5 points, particulièrement synthétique :* http://bit.ly/bosscheval

36 *Voir l'article du Figaro pour une rétrospective :* http://bit.ly/bossmoutonca

37 *Selon une professionnelle québécoise du référencement naturel (SEO) rencontrée début 2013, sa photo apparaissait en première ligne de Google au Canada dès qu'on tapait le mot « mouton » dans la barre de recherche. Impossible de vérifier à ce jour, on lui fera confiance, car cela est parfaitement crédible.*

L'ex premier ministre canadien Jean Charest, dans ses habits de mouton

Le fameux scandale de la viande de cheval de 2013 et un de ses nombreux « memes » Internet

Vers une classification dynamique des marques

À tout instant, une marque peut passer d'un segment à l'autre. Citons Apple, au moment des rumeurs sur le danger supposé des iPhones (2009)[38] qui étaient censés exploser, Toyota avec ses problèmes techniques en 2010[39], Nestlé avec le scandale sur l'huile de palme, Cora et Monoprix confrontés en 2012 à des affaires de licenciements jugés par le public comme étant abusifs. N'oublions pas la quasi-totalité des opérateurs de télécoms dès qu'une attaque sur les tarifs se déclenche, ou qu'une crise majeure se révèle, comme la vague de suicides de France Telecom Orange ou chez Renault, particulièrement mise en exergue par la presse et le public à partir de septembre 2009, et ravivée régulièrement en fonction des événements.

La plupart du temps, ces attaques ne durent pas et la mauvaise perception ne survit pas à la crise ; mais les community managers se trouvent placés sous le feu nourri des critiques – et même parfois des insultes – sans pour autant qu'ils reçoivent le soutien du management de l'entreprise, pas toujours conscient de la violence de ces invectives et de l'impact sur le moral des équipes. Fort heureusement, ces crises sont souvent circonscrites en quelques semaines, rarement plus que deux.

Cette classification s'est révélée, au fil du temps, particulièrement utile car elle donne une vue différente des poncifs ordinairement entendus sur les marques et permet aux responsables du Web et des relations presse de prendre du recul et de savoir quelles décisions et orientations il faut prendre pour leurs marques. Ceci étant, il est nécessaire, deux ans après, de l'affiner, car elle peut paraître encore un peu schématique. C'est ce que nous avons fait au travers de plusieurs cartouches, afin d'apporter nuances et précisions, ainsi que des anecdotes supplémentaires, qui permettront aux responsables marketing et Web de prendre les bonnes décisions et de parfaire leurs stratégies.

38 *Cf.* http://bit.ly/amonbossdigitalipodsafe
39 *Cf.* http://bit.ly/amonbossdigitaltoyota

Quels enseignements pratiques pour les entreprises ?

Quels sont les enseignements que nous pouvons tirer de cette typologie de marques sur Internet ?

D'une part, qu'il ne faut pas partir avec des idées préconçues et essayer d'appliquer des recettes toutes faites qui ne sont pas forcément compatibles ni avec votre marque, ni avec votre notoriété et encore moins avec votre image.

D'autre part, que tout le monde n'a pas besoin des médias sociaux de la même manière, voire même, que certains n'en ont pas besoin du tout. Prenons par exemple, Apple, que l'on classe habituellement dans les marques dites « aimées », et qui n'éprouve aucunement le besoin d'avoir des blogs ni de prendre position directement sur les médias sociaux. Ils n'en ont pas besoin car le reste de la blogosphère le fait pour eux. En revanche, ils passent un temps non négligeable à scruter et tenter de contrôler ce qui se dit sur eux dans les réseaux[40]. Une marque dite « sous le radar » tend à réagir différemment.

Troisièmement, on conclura également que les marques qui bénéficient le plus des médias sociaux ne sont pas forcément celles que l'on croit, notamment les marques sous le radar et les marques en B2B plus particulièrement. Ces dernières peuvent y trouver un intérêt indéniable pour se faire connaître et parler d'elles-mêmes en des termes plus directs et crédibles qu'elles ne le feraient au travers des annonces de presse traditionnelles, ou qui peuvent agrémenter ces annonces avec de nombreux contenus multimédias sur une grande variété de supports.

Enfin, dernière observation, les marques dites « fonctionnelles » ont parfois plus intérêt à investir les médias sociaux des autres plutôt qu'à créer leurs propres plate-formes, il leur faut être présent là où ont déjà débuté les conversations. C'est ce qu'on peut aussi appeler le syndrome de la boîte de nuit : pour rencontrer du monde, plutôt que de créer la sienne, mieux vaut aller fréquenter celles des autres, car elles ont déjà été plébiscitées...

---

40 *Bien qu'il soit difficile de chiffrer, en proportion et en valeur, ce temps de veille permanente est crucial et emploie des équipes à temps plein dans des command centers à l'image du produit de Salesforce.com, qui rencontre un succès très important. C'est le cas notamment de Nestlé qui a investi considérablement dans cette veille à la suite de l'affaire KitKat (cf.* http://bit.ly/bossnestle*).*

I.3. Une approche sectorielle qui corrobore nos hypothèses

Les données sectorielles et chiffrées sont difficiles à obtenir, mais le SNCD[41] s'en charge tous les ans, au travers de son étude « Social Media Attitude » disponible depuis 2011[42]. Cette étude est un panorama de ce que ce syndicat appelle bien joliment les « socionautes », et même un échantillon représentatif de ceux-ci (10 934 répondants en 2012, « majeurs, représentatifs des internautes[43] inscrits à au moins un réseau social parmi Facebook, Twitter, Google+, LinkedIn, Viadeo, Pinterest ou Foursquare » via un questionnaire en ligne).

Cette étude, dans sa version membre dont nous reproduisons ci-dessous une des planches avec l'aimable autorisation du SNCD[44], corrobore largement nos hypothèses de travail de la première version de notre travail, en ayant le mérite d'apporter des éléments chiffrés à rapprocher de la classification proposée.

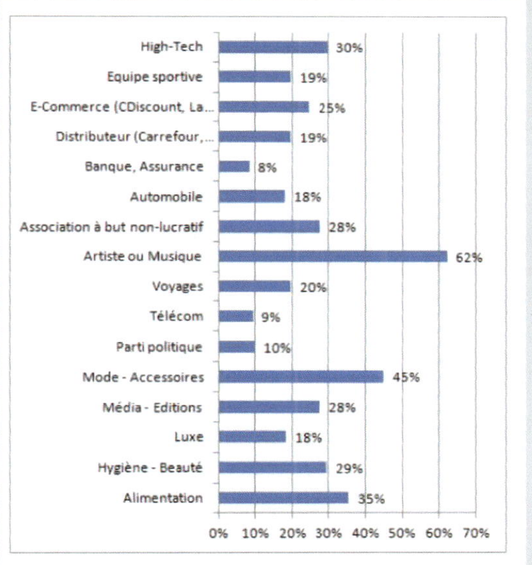

Les socionautes français ne sont pas fans de tous les secteurs de la même façon (source SNCD).

En mesurant les secteurs dont sont fans les socionautes représentatifs de la population utilisatrice des réseaux sociaux en France, le SNCD permet un classement en différentes catégories chiffrables. Voici une tentative de regroupement par rapport aux chiffres fournis par le syndicat :

41 *C'est-à-dire le syndicat national du commerce à distance.*
42 http://bit.ly/bosssmasncd *pour télécharger la version publique de cette étude dans sa version 2012.*
43 *Entendre ici, dans ce contexte, internautes français.*
44 *Pour la version publique téléchargeable, voir* http://www.sncd.org/documentation/etude-marche_tpm.php

Jusqu'à 10 %	10 à 20 %	20 à 30 %	35 % ou plus
Banque-assurance (8 %), télécom (9 %), partis politiques (10 %)	Automobile (18 %), luxe (18 %), distributeurs (19 %), sport (19 %), voyages (20 %)	E-commerce (25 %), associations à but non lucratif (28 %), médias-éditions (28 %), hygiène-beauté (29 %), high tech (30 %)	Alimentation (35 %), mode et accessoires (45 %), artiste ou musique (62 %)

Les socionautes français placent l'art, la musique, la mode et les accessoires au sommet des secteurs aimés, mais aussi, plus étonnamment, l'alimentaire.

Plusieurs conclusions intéressantes et parfois contre-intuitives peuvent être tirées de ce classement et de ce tableau :

- Certains secteurs, de façon surprenante, semblent ne bénéficier que de peu de faveurs des socionautes : c'est notamment le cas des produits de luxe, du sport et des voyages, qui sont pourtant souvent cités comme étant des secteurs privilégiés ;
- Les secteurs les moins prisés sont ceux qui exercent le plus de pression publicitaire (télécoms, banque et automobile sont les 3 secteurs qui trustent les 10 premières places des budgets publicitaires en France selon le classement donné par *Stratégies* début 2013[45]). De là à en déduire que la pression publicitaire a un impact sur la propension à devenir fan d'une marque, il y a un pas qui ne peut sans doute pas être franchi sans danger (il s'agit juste d'une corrélation, la relation de cause à effet doit être établie). Il faudra néanmoins faire une exception pour les marques alimentaires qui figurent aussi parmi les champions de la publicité ;
- Troisièmement, on retrouve bien les marques fonctionnelles dans le bas du tableau, et qui plus est, ce sont elles aussi qui génèrent le plus de pression publicitaire (ceci expliquant sans doute cela) ;
- On ne voit pas de secteur « sous le radar » à citer, avec un flou sur la catégorie « high-tech » dans laquelle on retrouve des sociétés finalement assez différentes. Partons de l'hypothèse que cette catégorie représente ici les marques de high-tech connues et aimées du grand public.

45 *Pour un regard approfondi sur les chiffres des annonceurs, lancer la page des chiffres clés de Stratégies* http://bit.ly/bossannonceurs2012, *puis sélectionner le tableau interactif (indissociable de sa page mère) intitulé « Les 100 premiers annonceurs en 2012 ».*

I.3.1 Capgemini consulting décrit les approches des marques et leur maturité

Il est cependant nécessaire d'apporter à nos conclusions précédentes une nuance de taille. Il ne suffit pas d'être aimé pour être un bon utilisateur du digital (médias sociaux compris), ni d'être détesté pour être au contraire immature, c'est ce qu'a démontré Capgemini dans une étude en anglais dont le titre est, en français, « Avantage au digital : comment les entreprises leaders dans le digital surclassent leurs homologues dans chaque secteur[46] ».

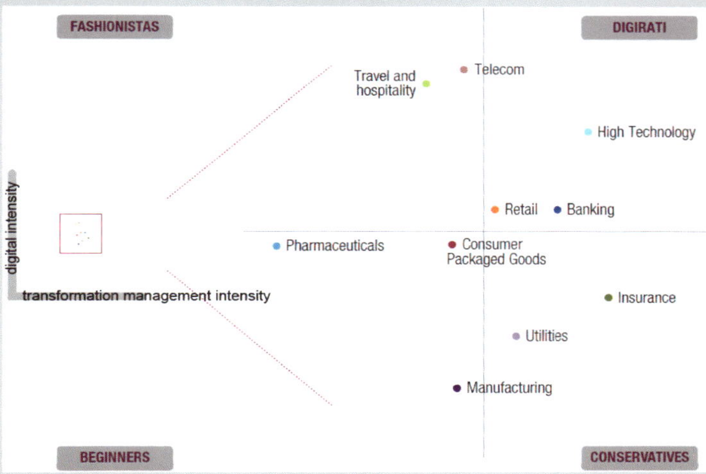

La classification des secteurs en fonction de leur maturité selon Capgemini Consulting

I.3.2 Interview d'expert : Arnaud Bouchard, la maturité digitale des entreprises

Quel est le panorama de l'étude menée par Capgemini Consulting?

On a interviewé, tout d'abord qualitativement, plus de 150 entreprises en 2011. Ensuite en 2012, 400 entreprises au travers d'un questionnaire très élaboré, qui demandait une trentaine de minutes pour y répondre. Des entreprises réparties sur tous les continents, majoritairement en Europe et en Amérique du Nord, mais également un peu les BRICS (Brésil, Russie, Indre, Chine, Afrique du Sud).

L'étude a couvert plusieurs secteurs, allant du high-tech au secteur pharmaceutique, en passant par le manufacturing, la grande distribution, les produits de grande consommation, etc. Bref, presque tous les secteurs d'activité sont représentés.

46 *The digital Advantage : how digital leaders outperfom their peers in every industry, Capgemini Consulting et MIT Sloan management* http://bit.ly/amonbossdigitaletudecapgemini

Nous nous sommes intéressés à l'importance du dispositif digital allant de la marque, à la partie communication, aux processus, au système d'information, et à tout ce qui est lié au multicanal c'est-à-dire tous les canaux possibles et imaginables en termes de digital (fixe, mobiles, tablettes, etc.).

Quels sont les principaux profils d'entreprises ?

Nous en avons distingué quatre. Nous avons, en effet, déterminé une matrice selon deux axes. Le premier axe mesure l'intensité digitale opérée par les entreprises, le second axe mesure l'intensité de management et de gouvernance de cette transformation digitale. On détermine ainsi quatre blocs de façon assez simple.

1. Le premier bloc, ce sont les « beginners », des entreprises qui sont encore aux prémices du digital.
2. Le second bloc, ce sont les « fashionistas », des entreprises qui avancent très rapidement, mais sans avoir toujours une gouvernance affirmée ou un management approprié du digital, et on verra plus loin les impacts qui en découlent.
3. Le troisième bloc, ce sont les « conservatives », les entreprises qui procèdent par étapes, tranquillement, et l'exemple type, c'est celui des entreprises du secteur de l'assurance
4. Le quatrième bloc, ce sont les « digerati », les entreprises qui vont vraiment à fond, qui utilisent le digital comme un axe de différenciation, et qui ont mis en place la gouvernance et le management au regard de cette volonté de se différencier au travers du digital. À ce stade, on est plutôt chez de grandes entreprises, mais cela reste réplicable chez des PME.

Y a-t-il un groupe dominant ?

La réponse est clairement oui, sous un angle financier. Les entreprises du groupe des « digerati » ont une performance financière, en termes de profitabilité, de plus de 26 % par rapport aux pairs de leur secteur, et de plus de 12 % en termes de valorisation boursière. Ces entreprises ont été comparées à plus de 15 000 entreprises au niveau mondial, pour disposer d'une base de comparaison assez large.

Certaines entreprises se situaient plutôt dans le rouge, et ont vu le digital comme un axe de différenciation puis comme un axe fort de transformation. Par opposition à d'autres entreprises du même secteur, elles ont vu cette vague du digital arriver et l'ont plutôt bien apprivoisée.

Où se trouve la masse ?

Il y a énormément de « beginners ». L'étude de Capgemini n'est pas la seule à montrer d'ailleurs que les chefs d'entreprise sont persuadés que le digital va permettre ou provoquer une transformation de leur business model dans les cinq années à venir. Et toutes ces études mettent en évidence le fait que la plupart des entreprises sont à la traîne, ou ont encore de nombreux progrès à faire pour sauter le pas.

Qui sont les fashionistas ?

Ces entreprises sont dans la logique du « test & learn ». Elles ont entendu parler du digital, elles y vont, elles se lancent, et au final, ce n'est pas tant la méthodologie qui est remise en cause, mais la gouvernance. On voit des marques qui y vont, des business units qui y vont, mais sans forcément se coordonner par rapport à une logique globale, au niveau de l'entreprise. Résultat des courses : ça foisonne d'idées à droite et à gauche, mais tout cela n'est pas centralisé : en découle une perte d'efficacité montrée par notre étude. Il ne s'agit pas de perdre cet élan, mais de le structurer.

Les conservatives sont-ils entièrement réfractaires ?

Non, ces entreprises y vont, mais de façon très mesurée. Si on prend l'exemple des réseaux sociaux, ces entreprises les adoptent, mais au préalable se posent plusieurs questions : quels réseaux, pourquoi, comment, de manière à se structurer de façon très pragmatique.

Qui sont les digirati ?

On y trouve toutes sortes d'entreprises : les banques, mais surtout les américaines ; le retail, mais plutôt en dehors de l'Europe ; et toutes les entreprises high-tech. Parmi les exemples que nous citons dans notre étude, Burberry avait des marges plutôt faibles par rapport à ses pairs, de l'ordre de 11 % en 2006, ce qui n'est rien par rapport à des PPR ou des LVMH, mais Burberry a fait le choix du digital pour transformer son entreprise, et arrive maintenant à des résultats qui se situent plutôt dans les standards du marché du haut de gamme ou du luxe.

Nous avons observé cinq piliers qui définissent les « digirati ».

1. La vision : un sponsorship très clair permet de savoir où on va et pourquoi.
2. La gouvernance : se structurer et s'organiser pour moduler l'intensité digitale vers laquelle l'entreprise veut tendre, et le fait que tous les collaborateurs se sentent concernés et comprennent l'intérêt du digital.
3. Les « capabilities » en interne : c'est un point clé pour réussir la transformation digitale, et qui peut aller jusqu'à un renouvellement complet de certaines équipes en interne, ~~pour~~ afin qu'elles incarnent complètement le produit. Cela ne veut pas dire qu'il ne faut que des jeunes, loin de là, mais l'incarnation du digital doit se réaliser aussi en interne.
4. La vitesse : le digital se caractérise par une accélération très forte : on n'a plus le temps d'attendre, et il faut plus qu'une porosité entre l'IT et le business. On travaille côte à côte, main dans la main, et on n'est plus dans les schémas classiques d'expression du besoin et de délais de réalisation de plusieurs semaines ou mois.
5. La focalisation : il faut choisir un angle d'attaque bien précis et se focaliser dessus, plutôt que de viser large : connaissance clients, processus collaboratifs, etc.

Y a-t-il des différences de maturité culturelles et nationales ?

L'étude n'a pas démontré de réelles différences entre les pays étudiés, mais plutôt des différences de maturité entre les secteurs d'activité. On dénombre plus de « digirati » dans certains secteurs d'activité que dans d'autres, mais chaque secteur d'activité a ses propres « digirati ».

Y a-t-il un pays qui sort du lot ?

On ne le perçoit pas dans les usages, et ce n'est pas ce que reflète cette étude. Ce que l'on perçoit, c'est que les infrastructures techniques actuelles permettent très largement de s'y mettre, quels que soient l'entreprise, le secteur, le groupe ou la taille. Il n'y a pas de barrière à l'entrée, loin de là.

Le digital convient-il aux PME ?

Bien sûr. On peut apporter le digital de façon assez simple. On a parlé du besoin de proximité entre les différentes entités, et justement, les PME ont un avantage compétitif non négligeable sur ce plan. Les PME sont plus petites, normalement plus flexibles : elles sont donc structurellement et dans un état d'esprit plus à même d'utiliser le digital pour être encore plus fortes et aller plus vite. C'est encore une belle opportunité qui se présente devant elles[47].

Web & médias sociaux, des différences de maturité ?

En fait, ce que l'on perçoit aujourd'hui quand on parle du digital, c'est l'ampleur non seulement des processus, comme la dématérialisation, ou dans le domaine de la communication. Mais surtout, ce qui est rentré dans les habitudes au sein des entreprises, c'est cette notion de relation avec le client. C'est de se dire qu'on peut utiliser tout cela pour interagir différemment avec le client, que ce soit dans la communication – avec les médias sociaux ou tout autre forme de communication digitale –, dans la co-construction avec le client ; l'utiliser en interne dans la collaboration, dans la dématérialisation de certains processus, et on peut même aller encore plus loin, mais en ayant pris conscience que le digital ouvrait un champ de possibilités non négligeables pour le client, alors qu'auparavant, on voyait le digital de façon très cloisonnée.

En réalité, c'est le client qui s'est « digitalisé », et de ce fait, l'entreprise est obligée de se réorganiser, parce que le client ne voit pas une entreprise mais une marque.

---

47 *Voir à ce sujet la cinquième section de cet ouvrage.*

I.3.3 Thierry Spencer apporte 7 critères de précision supplémentaires

Votre vision de l'ADN des marques dans la sphère digitale et au-delà s'est certainement bien affinée à la lecture des quelques chapitres précédents. Dans un désir de gradation de nos explications, allant du plus simple plus complexe, voici certainement le degré le plus élevé d'analyse des différents composants de la marque, et de leur influence sur la stratégie digitale. Pour ce faire, nous recourons à l'analyse de notre confrère Thierry Spencer. Au-delà des 4 catégories[48] que nous avons décrites maintes et maintes fois, il existe des éléments supplémentaires qui permettent d'apporter des nuances importantes quant à l'approche stratégie digitale des marques.

Thierry Spencer, auteur du site sensduclient.blogspot.fr[49]

1. **Culture de l'entreprise :** l'entreprise est-elle culturellement mûre, et accepte-t-elle la contradiction ? Dans le cas contraire, il est inutile voire même contre-indiqué de vouloir créer des communautés et de se lancer dans une démarche participative ;
2. **Positionnement de la marque** : la marque est-elle compatible avec les médias choisis ? Une marque ringarde aura-t-elle intérêt à se montrer sur Facebook pour paraître « plus jeune » ? Si c'est le cas, il faudra jouer véritablement le jeu, et aller au fond de la démarche, et rajeunir la marque dans son ensemble. Facebook ne suffit pas à lui seul à rajeunir une marque ;
3. **Notoriété de l'entreprise** : l'entreprise est-elle connue ou est-elle confidentielle ? Auquel cas ma stratégie de marque ne sera pas la même ; Nutella n'attend pas la même chose et ne peut prétendre aux mêmes résultats que General Electric ;

48 *Voir la section I-3, sur l'ADN des marques.*

49 *Pour l'article dont nous faisons un résumé ici, lire l'intégralité de l'argument à cette adresse :* http://sensduclient.blogspot.fr/2011/02/marques-et-medias-sociaux-7-criteres.html

4. **Volume de clients et de l'écosystème** : le B2B va se focaliser sur des niches ; le caritatif sur le très grand public et les très grandes masses. Aucun de ces modes de travail n'est meilleur ou plus favorable ; ils requièrent simplement des approches très différentes. Dans l'un ou l'autre des cas, les métriques des communautés vont varier grandement : 350 000 fans en très grand public ne représentent véritablement pas grand-chose, mais 12 000 abonnés Twitter en B2B, c'est énorme ! Il faut donc nuancer ;
5. **Fréquence d'achat et de visites** : si un consommateur achète un produit tous les jours ou une fois par an, le rapport à la marque en sera radicalement différent : les donations au Téléthon par exemple se font annuellement ; certains services ne s'achètent qu'à l'occasion d'un événement exceptionnel (un déménagement ou un mariage, par exemple) comme l'abonnement au gaz et à l'électricité ; dans ce dernier cas, à moins d'avoir des difficultés à boucler vos fins de mois et de ne pas pouvoir payer vos factures, le rapport au service sera bien faible et très distant ;
6. **Intensité de la relation** : suis-je très proche de mon produit ou service ? Par exemple, la téléphonie mobile a en général un impact très important sur la satisfaction des utilisateurs car on l'utilise en quasi permanence, surtout maintenant, depuis que le Smartphone est devenu un outil privilégié des utilisateurs : on n'hésite pas à le consulter entre deux coups de fil et sa fonction première de téléphonie devient même quasi accessoire ;
7. **Le niveau d'expérience** : certains produits ou services sont par nature plus ou moins transparents. Votre abonnement électrique ou Internet n'est véritablement visible que lorsqu'il tombe en panne. L'expérience avec le produit ou le service y est faible ; il n'y a donc pas de véritable expérience client sauf quand celle-ci est mauvaise ou que le service est en panne.

I.4 Panorama international

Le digital dans son ensemble, et la communication digitale en particulier, sont universels. Il suffit de faire quelques voyages à l'étranger pour s'en rendre compte : ce n'est plus l'apanage d'une poignée de pays occidentaux, mais bien un savoir et une compétence distribués sur l'ensemble de la planète. Les événements politiques de ces dernières années, comme les révolutions du « printemps arabe », suffiraient d'ailleurs à servir d'exemple à un tel universalisme. Il ne saurait donc être question d'une vision purement hexagonale de la communication digitale. Alors, comment cela se passe-t-il réellement au-delà de nos frontières ?

Qu'est-ce qui différencie un internaute brésilien d'un internaute sénégalais ? Pas grand-chose, bien évidemment, si ce n'est leur lieu de résidence ou leur nationalité. Tous deux utilisent un ordinateur ou une tablette pour naviguer sur Internet et ont accès à un réseau Internet mobile, dont les performances et les tarifs peuvent certes différer, mais dont les spécificités techniques sont les mêmes, à peu de choses près. Tous deux peuvent ouvrir leur blog, discuter sur Twitter, émettre ou recevoir des emails, se géolocaliser, partager des photos ou tout autre type de contenu avec leurs amis. Bref, tous deux font partie de l'immense marmite dans laquelle bouillonne la communication digitale.

Une telle remise à niveau des compétences, des savoirs, des possibilités, ne s'est probablement jamais vue de toute l'histoire de l'humanité. L'Internet est universel et s'est propagé en très peu d'années à presque toute la population mondiale. La révolution digitale que nous traversons n'est donc pas limitée aux quelques pays occidentaux habitués des grandes transformations économiques, mais concerne l'ensemble des états de la planète. Les réseaux sociaux, par exemple, sont présents partout, du Vatican à la Chine.

Mais cette universalité des concepts s'accompagne de différences et de disparités locales, dues à des conditions géopolitiques variées, à des développements économiques plus ou moins accélérés. N'oublions pas que derrière chaque réseau social se cache une entreprise, assez souvent américaine.

Comment cela se traduit-il au quotidien, pour les entreprises et les marques qui ont décidé de s'intéresser à la communication digitale ? C'est ce que nous vous proposons de découvrir au travers des quatre exemples qui suivent : de la Chine à l'Inde, en passant par le Royaume-Uni et l'exemplaire expérience des blogs d'Ubifrance.

I.4.1 Interview d'expert : Alban Fournier, zoom sur l'Internet chinois

Formé à Harvard en stratégie et diplômé de l'ESSEC, Alban Fournier a travaillé dans de grands groupes internationaux. Ses points d'intérêts incluent la Chine et les stratégies d'expansion et de monétisation du secteur Internet.

Les services chinois sont souvent ignorés dans les panoramas du digital, qui restent très souvent centrés sur les services américains. Et pourtant, avec plus d'un internaute sur quatre, est-il possible d'ignorer ce que l'empire du milieu représente dans ce domaine, et ce qu'il représentera dans le futur ? Afin d'éclairer le lecteur de La communication digitale expliquée à mon boss, nous avons demandé à Alban Fournier, l'expert en stratégie Chine de Média Aces[50] de nous donner les tendances actuelles et futures de l'Internet chinois.

Pas de Google en Chine ! Qu'utilisent donc les Chinois pour rechercher de l'information sur Internet ?

Les Chinois utilisent beaucoup Bǎidù[51] (百度), qui est le moteur de recherche dominant en Chine (73 % du marché en octobre 2012)[52]. Ce moteur de recherche reste le préféré des Chinois pour différentes raisons dont une des principales est la qualité de référencement du contenu en Mandarin[53]. Après Bǎidù, un second moteur de recherche appelé Qihoo[54] est de plus en plus utilisé. Avec cinq millions d'articles, l'encyclopédie en ligne ayant le plus de succès, le Wikipedia chinois, se nomme Bǎidù Baike[55].

Pas de Twitter ni de Facebook non plus, interdits également. Quels outils du Web et du Web social trouve-t-on dans le pays le plus peuplé du monde et quel est leur poids par rapport aux géants mondiaux ?

Le service de chat QQ est le plus populaire avec plus de 500 millions de comptes actifs. Qzone est le premier réseau social[56]. Ces deux services sont proposés par Tencent[57] (腾讯). Les équivalents de Twitter sont les outils Wēibó (micro-blogging en langue vernaculaire). Le plus populaire est SinaWeibo[58] (新浪微博) avec plus de 300 millions d'utilisateurs actifs : ce média influent en Chine est utilisé par les diplômés chinois

50 *Alban Fournier est intervenu sur ce thème lors de la conférence Media Aces du 25 octobre 2012 ; sa présentation intitulée « dansez avec le dragon : médias sociaux en Chine » est disponible en ligne à l'adresse :* http://bit.ly/bossdragon12

51 *On trouve Baidù à l'adresse :* http://www.baidu.com/

52 *Qihoo became the second search engine in China :* http://bit.ly/bossbaidu

53 *Le Mandarin est la langue officielle et dominante en Chine. Pour une explication du complexe paysage linguistique de la Chine, voir :* http://bit.ly/bossmandarin

54 *Qihoo est consultable à l'adresse :* http://www.qihoo.com

55 *Pour l'encyclopédie en ligne chinoise, voir :* http://baike.baidu.com/

56 *Pour le top du Web social chinois, voir :* http://bit.ly/bosstopsocialchina

57 http://bit.ly/boss10cent *pour la version anglaise.*

58 http://weibo.com

et la classe montante. TencentWeibo[59] a, quant à lui, une audience presque aussi importante bien qu'il soit plus jeune. Actuellement et depuis le début de l'année 2012, l'application mobile Wēixìn[60] (微信) connaît une croissance comparable à celle de SinaWeibo en 2011 et du réseau social Kāixīn[61] (开心) en 2010. D'ailleurs, certains utilisateurs délaissent d'autres services pour Wēixìn (nommé WeChat à l'international) qui a officiellement dépassé 300 millions d'utilisateurs dans le monde le 15 janvier 2013[62]. Selon le cabinet Value2020, ce nombre pourrait dépasser les cinq cents millions d'utilisateurs dans le monde au 31 décembre 2013[63].

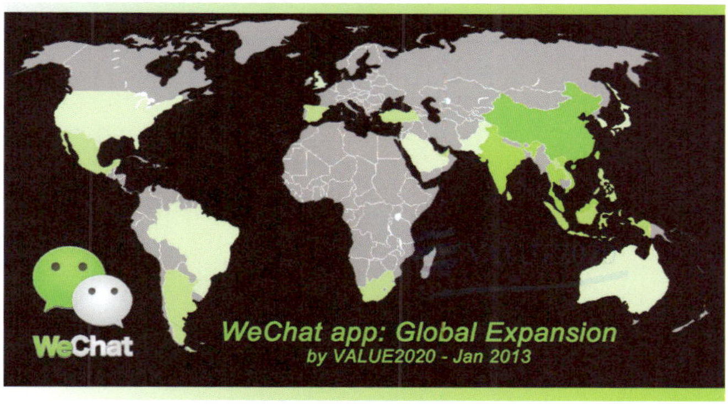

La forte expansion de WeChat, même hors de Chine. Source : Value2020

Le nombre d'utilisateurs des services chinois est impressionnant car ils sont d'abord focalisés sur un seul pays contrairement aux services américains. En revanche, en termes de chiffre d'affaires et de capitalisation, les Chinois sont encore derrière les Américains, même si la capitalisation de Tencent est, en février 2013, presque équivalente à celle de Facebook (96 % de la valeur de Facebook Inc. à cette date).

Quid de l'e-commerce ?

Avec plus de dix millions de fournisseurs et un chiffre d'affaires de 995,7 millions de dollars en 2011[64], Alibaba.com est un site très performant en Chine et à l'international. Il règne en maître sur le B2B dans le monde. En matière d'e-commerce B2C et C2C, le groupe Alibaba est aussi le premier en Chine : le site C2C Taobao[65] représente 75 % du commerce sur mobile en Chine et T-Mall[66] 39 % du marché B2C[67]. Au niveau mondial, Alibaba est encore loin d'égaler un Amazon en matière de chiffre d'affaires

59 http://t.qq.com/
60 *Appelé Wechat en Anglais. Le service de Tencent pour mobile est décrit sur Wikipedia :* http://bit.ly/bosswechat
61 *Voir le top du Web social chinois, sur* http://bit.ly/bosstopsocialchina
62 *The Next Web, voir :* http://bit.ly/amonboss-digital-tencent *& Tencent Weibo* http://t.qq.com/
63 *VALUE2020, voir :* http://bit.ly/amonboss-digital-2020
64 http://bit.ly/amonboss-digital-alibaba-2011q4
65 http://www.taobao.com/index_global.php
66 http://www.tmall.com/
67 http://bit.ly/amonboss-digital-china-top10-ecommerce

en 2012 (48 milliards de dollars en 2011)[68]. Cependant, le potentiel de l'e-commerce chinois est énorme puisqu'il y a maintenant plus d'acheteurs sur Internet qu'aux États-Unis et que selon McKinsey, le marché va être triplé d'ici 2016[69]. De plus, les acteurs chinois offrent davantage de produits et sont plus rapides en proposant des livraisons le lendemain et même parfois le jour même !

Les Chinois auraient-ils la volonté d'attaquer le marché international ? Si oui, à quelle échéance ?

Les groupes chinois ont une stratégie d'expansion qui leur est propre et qui est de culture chinoise : elle est silencieuse. Il y a eu d'abord des investissements importants en 2010, puis des traductions de services en Anglais en 2011, il y a maintenant une stratégie *glocale*[70] avec un seul produit mondial et des adaptations de la stratégie marketing en local. Tencent avec WeChat et Baidu avec l'entité *China Search International*[71] illustrent au mieux cette expansion. C'est donc *en ce moment* que ces services chinois s'étendent dans le monde, avec d'abord une priorité sur l'Asie, puis une ouverture sur des pays émergents comme le Brésil et l'Égypte. L'Europe et les États-Unis ne sont pas prioritaires pour différentes raisons, dont au premier chef, leur taux de croissance. Cependant, par ses usages, la communauté chinoise expatriée participe aussi au développement des géants de l'Empire du milieu dans ces régions.

Si la levée de l'interdiction de Google, Twitter, Facebook etc. était effective en Chine aujourd'hui, quelle serait la chance de survie des services chinois de l'Internet ?

Cette question est difficile : personne ne sait vraiment ce qui se passerait. Mon pronostic est le suivant : Facebook gagnerait très vite des millions d'utilisateurs et Rénrén et Kāixīn disparaitraient presque totalement. Twitter connaîtrait un pic d'utilisateurs en quelques semaines, mais cela serait temporaire, les services chinois comme SinaWeibo étant plus pratiques et gérant mieux le multimédia. WeChat ne serait pas menacé. Google pourrait gagner des parts de marché sur le long terme seulement, Bǎidù étant très bien installé et répondant déjà aux besoins des utilisateurs. Contrairement à ce que des gens pourraient penser sans connaitre le pays, la Chine est une terre d'innovation avec de nombreux entrepreneurs et une concurrence extrêmement forte.

---

68 *Pour le chiffre d'affaires d'Amazon, voir la page Wikipedia, régulièrement mise à jour :* http://bit.ly/bossamazonrev

69 *McKinsey, juillet 2012,* http://bit.ly/amonboss-digital-mckinsey-china

70 *C'est-à-dire Globale-locale, d'adaptation locale d'un concept international ; cf. conférence Media Aces du 25 octobre 2012* http://bit.ly/bossdragon12

71 http://www.chinasearchint.com/en/

I.4.2 Se lancer à l'international

Agence française pour le développement international des entreprises, UBIFRANCE a pour clients des entreprises françaises, qu'elle accompagne dans le développement d'offres à l'export. UBIFRANCE s'est lancée depuis trois ans sur les médias sociaux, sous la houlette de Mohamed Khodja, responsable du marketing digital au sein d'UBIFRANCE.

Pourquoi la communication digitale est-elle utile pour une entreprise à l'international ?

Le Web est de très loin le support de communication le plus approprié pour communiquer à l'international. En quelques clics, il permet d'évaluer le type et le niveau de présence de ses concurrents sur des marchés donnés et d'établir les bons objectifs et les stratégies appropriées. Il est, à mon sens, le meilleur outil de veille, de visibilité et de prospection.

Quels outils privilégier ? Médias sociaux, publicité ou marketing direct ?

Grâce au digital, de nombreuses solutions s'offrent aux TPE/PME pour communiquer à l'international de façon pertinente avec, pour objectif final de générer des leads, voire directement des ventes. Mais cette opportunité impose des prérequis : l'efficacité d'une présence online repose d'abord sur un référencement dans des annuaires professionnels à vocation internationale (généralistes ou spécialisés) tels que youbuyfrance.com[72], europages, etc. pour valoriser son savoir-faire. Dans le même ordre d'idée, il est recommandé de s'inscrire à une ou plusieurs « MarketPlace » (places de marché) permettant de vendre en ligne ses produits : eBay, TradeBoss, Alibaba[73], etc. Cette approche permet de juger de l'intérêt de ses produits et services par zone géographique.

---

72 *Respectivement* http://youbuyfrance.com, *et* http://europages.com
73 *Respectivement* http://e-bay.com, http://tradeboss.com *et* http://alibaba.com

Mais, cette présence ne sera jamais suffisamment optimisée sans de vrais objectifs et une vraie stratégie digitale pour l'accompagner. En effet, le premier réflexe d'un acheteur ou potentiel partenaire, sera d'aller voir ce qui se dit sur le Web au sujet du fournisseur ; son premier frein restera donc la crédibilité de ce dernier. Un acheteur aura effectivement besoin, en plus de garantie financière, d'être rassuré. Ce réflexe est d'autant plus important à prendre en compte qu'il est accentué dans un contexte international. C'est pourquoi l'un des objectifs premiers à privilégier sera de légitimer sa société et ses produits en maîtrisant sa visibilité. Il est donc nécessaire de définir en premier lieu une stratégie de communication à travers une présence « social media » où l'entreprise valorisera son savoir-faire et l'expertise de ses collaborateurs dans un blog, des forums, des communautés, etc.

Les réseaux sociaux s'avèrent d'autant plus intéressants qu'ils peuvent, s'ils sont bien utilisés, largement se substituer à des pratiques plus traditionnelles de marketing direct.

Ces dernières peuvent rapidement s'avérer coûteuses et être soumises à certaines contraintes réglementaires en fonction des pays ciblés.

Doit-on privilégier des outils locaux ou publics (Google+, Facebook) ?

L'idéal est d'utiliser les réseaux sociaux locaux existants, et encore mieux les réseaux sociaux locaux verticaux (de niche) ; cependant, la barrière de la langue peut rapidement nous ramener à la dure réalité des affaires à moins de faire appel à des agences de communication locales. C'est pourquoi il est conseillé d'opter, au moins dans un premier temps, pour l'anglais, langue d'affaire la plus répandue, et d'utiliser les réseaux sociaux les plus populaires : LinkedIn, Facebook, Google+, Twitter, etc. Le choix parmi ces réseaux sociaux se faisant, bien entendu, en fonction de la présence de ses prospects et partenaires potentiels.

Y a-t-il des exemples de choses à faire et de choses à ne pas faire ?

Dans la pratique, il n'existe pas vraiment de grosses différences d'usage, si ce n'est de tenir compte et de s'adapter aux contraintes induites par les comportements multiculturels. Pour le reste, la constance en matière d'engagement, de mise en ligne des contenus, de mise à jour des supports, la réactivité aux demandes de contacts et le monitoring restent les prérequis d'une présence digitale réussie.

Comment se positionnent les entreprises françaises en général ?

Les entreprises françaises découvrent en général le digital, comme dans la majorité des pays. Très peu d'entre elles ont encore une réelle présence, avec de véritables objectifs. Elles suivent généralement quelques mois après (voire quelques années pour certaines) le tempo insufflé par leurs homologues anglo-saxonnes qui sont très en avance dans la pratique. Par ailleurs, il semble important de noter que l'utilisation du digital dans les pays émergents, même si elle est beaucoup moins structurée, est en très forte progression.

I.4.3 Interview David Parkinson Nissan EMEA & Inde réinvente le social media

Avec son siège situé au Japon, Nissan est le sixième plus grand constructeur automobile au monde. Nous avons interviewé David Parkinson, Directeur des Médias Sociaux et de l'Engagement Digital chez Nissan EMEA & Inde (@David_Nissan), afin de connaître la façon dont il gère les médias sociaux, au sein d'une entreprise aussi grande que culturellement variée.

Parkinson a débuté son activité dans les médias sociaux et l'engagement chez Nissan EMEA & Inde en 2011. Il a travaillé dans tous les domaines de l'entreprise pendant plus de 20 ans et apporté son expertise d'ingénieur informatique et d'entrepreneur à son poste actuel.

Avant sa nomination, Nissan avait une approche très traditionnelle en ce qui concerne les médias sociaux : ils étaient gérés sporadiquement par le marketing, principalement en support de campagnes bien précises. Inévitablement, cela a conduit la compagnie à avoir de nombreuses pages Facebook et des comptes Twitter différents, liés à des campagnes, plutôt que centrés sur un message de marque cohérent.

Indices de réputation sociale

Le premier but de Parkinson était d'avoir un aperçu général de l'activité de Nissan sur les médias sociaux et de savoir qui faisait quoi et dans quelle optique. Après six mois passés à analyser les tendances des médias sociaux à travers l'EMEA et l'Inde, Parkinson a commencé à s'intéresser aux indices de réputation sociale : une version pour médias sociaux du traditionnel Net Promoter Score, qui doit être réglé pour obtenir des informations pertinentes.

Par exemple, on trouve sur Twitter de nombreux retweets qui ne sont en fin de compte que du bruit – des « confettis sociaux », selon lui. Ils ont dû déterminer combien de sentiments réciproques ils doivent prendre en compte pour mettre une note. Cela implique certaines actions simples, telles que d'ignorer des retweets qui n'ont pas été modifiés.

David nous explique que, plus on s'immerge dans le social, plus on réalise que les activités sociales de base comme les tweets n'ont pas de véritable impact sur la base de données clients. Elles ont un impact sur les gens avec qui vous engagez la conversation, mais pas comme la télévision, qui vous offre une énorme portée quasi instantanément.

En plus de mesurer l'impact des médias sociaux sur l'entreprise, Parkinson était également motivé à l'idée d'étendre son utilisation du simple domaine du marketing et de la communication traditionnels à toute l'entreprise. Cela implique d'apporter un soutien à d'autres départements, comme le service clients par exemple.

Surveillance transverse

Pour réaliser ceci, Parkinson a mis sur pied une organisation transverse dédiée aux médias sociaux, qui prend la forme d'un Centre d'Excellence, où sont promus les médias sociaux à travers l'entreprise, et qui aide les salariés à les utiliser de la bonne façon. Le Centre montre aux différents départements comment utiliser les médias sociaux en soutien de leur activité : quels réseaux utiliser, comment poster sur Facebook, à quoi doit ressembler la page et où accéder à l'analytique. Toutes ces informations sont rendues disponibles aux différentes entités sous la forme d'un « Social Media Playbook » (guide des médias sociaux).

Afin d'apporter un soutien sur le terrain, Parkinson a recruté un social media manager pour chacun des pays sous sa responsabilité. Ils feront à peu près le même travail que lui mais à plus petite échelle, avec l'assistance de plusieurs community managers. Une de leurs tâches principales sera de s'assurer que toutes les communications via les réseaux sociaux soient en phase avec l'environnement local, tout en maintenant le même ton propre à l'entreprise.

La formation est la clé pour que les salariés adhèrent aux directives : Parkinson propose un programme de formation aux médias sociaux pour toute l'entreprise. Ceci démontre pourquoi il est important de protéger la réputation de l'entreprise sur les médias sociaux.

Parkinson effectue également un audit de l'activité des pays sur les médias sociaux chaque trimestre pour s'assurer que le ton est le même pour toute l'entreprise. Une page Facebook en Afrique doit avoir le même ton, la même apparence et les mêmes sensations qu'une page en Europe, même si elles sont légèrement différentes, dû aux spécificités des marchés.

Les données que récolte ce Centre d'Excellence permettent également à l'entreprise de définir sa stratégie. Par exemple, le Centre a étudié l'impact de la vidéo virale et a découvert que si elle générait un buzz pendant un certain temps, elle était insignifiante en termes de retombées, comparée aux mentions globales.

À l'écart du cœur de l'entreprise, Nissan possède aussi 3 000 concessionnaires à travers l'Europe et les trois quarts d'entre eux utilisent les médias sociaux d'une façon ou d'une autre. Ils opèrent comme une version réduite de la maison mère, avec leurs propres départements marketing et communication. Parkinson travaille avec ces concessionnaires pour leur indiquer les meilleures pratiques concernant l'utilisation des médias sociaux afin qu'il n'y ait pas de conflit avec le message de marque global.

Plusieurs langues

La gestion des médias sociaux à travers une zone aussi diverse que l'Europe, l'Afrique et l'Inde exige que la stratégie soit capable de supporter un gros volume de langues. Par exemple, l'outil d'analytique devait être capable de gérer plusieurs langues et alphabets, tels que l'Arabe ou le Cyrillique.

« Star of India », une super production collaborative et bollywoodienne pour Nissan

Mais au-delà des outils, l'autre vrai challenge concernant les langues se situe dans les pays où plusieurs idiomes sont utilisés, comme en Belgique, en Suisse ou en Inde. Twitter est plus facile à gérer car vous pouvez poster des messages dans des langues différentes à 10 minutes d'intervalle sans problème. Mais sur Facebook, si vous postez un message dans trois langues différentes, tous les utilisateurs qui sont fans de votre page le verront.

Nissan commence à utiliser Facebook Global afin de créer des pages uniques avec des versions locales, plutôt que plusieurs pages. Cela a commencé avec la page Nissan Juke, qui comptait avant 20 pages à travers le monde, avec des versions locales gérées par les managers pays. Parkinson a pensé qu'il y aurait un risque de rejet de la part des gens qui voulaient récupérer l'ancienne page, mais il n'y en a pas eu. Et pour cause, la plupart du contenu reste local ; il y a finalement peu de différences en termes d'expérience client.

La mobilité est l'un des secteurs où Parkinson estime que les vendeurs doivent être plus attractifs au niveau de l'offre. Même si Facebook compte, il est dit, 680 millions d'utilisateurs mobiles par mois, Parkinson affirme que la plateforme a besoin de fonctionnalités au-delà des posts sur les murs, comme l'interactivité ou les applications. L'objectif est de s'assurer d'avoir une campagne 360°, afin que le consommateur puisse interagir avec la marque n'importe où et depuis n'importe quel terminal.

Intégrer le service client au social

Si le service client fait forcément partie de l'expérience client, ce n'est pas aussi simple que ça. Les gens qui appellent la hotline, le canal principal de Nissan, sont évidemment déjà engagés. Parkinson explique que certaines personnes utilisent les réseaux sociaux uniquement pour se plaindre. D'autres seront des utilisateurs assidus et utiliseront les réseaux sociaux au lieu du téléphone. Les salariés du service client prendront contact avec eux, via les médias sociaux pour leur demander d'utiliser les canaux traditionnels pour obtenir une solution.

Les 5 conseils de David Parkinson : comment gérer une stratégie globale social media.

1. **Écoutez** : soyez attentifs à votre communauté, à vos consommateurs et aux exigences du marché. Vous devez savoir ce que vous voulez faire avec les médias sociaux dans différents pays.
2. **Sensibilité locale** : soyez conscients de l'environnement local. La façon dont on gère un consommateur indien est différente de celle effectuée pour un consommateur italien. Ils ont différentes attentes de ce que vous leur proposez et de comment vous les interpellez.
3. **Transverse** : le social media doit être transverse. Au fur et à mesure que les entreprises évoluent, les modèles économiques évoluent aussi, donc d'avoir cette division fonctionnelle entre marketing, produit et communication pourrait ne plus être d'actualité.
4. **Consommable** : assurez-vous que tout ce que vous faites est consommable sur toutes les plateformes, et partageable.
5. **Soyez réalistes** : n'attendez pas de miracle avec le social. Même si vous avez un million de fans, seuls 16 % d'entre eux verront ce que vous dites et seulement 5 % de ceux-là en auront quelque chose à faire. Vous devez utiliser le social d'une manière beaucoup plus intelligente et engager vos clients.

I.5 L'avenir du Web est-il le Web social ?

En 2013, il est encore fréquent qu'on nous pose la question de savoir quel est l'avenir du Web social. Nul doute que cette tendance se poursuivra un peu au cours de 2014, voire même au-delà pour les entreprises de taille plus modeste, comme nous l'expliquons dans le chapitre dédié aux PME, dans la dernière partie de cet ouvrage. La question peut paraître évidente, voire décalée et pourtant, elle est, selon nous, loin d'être dénuée d'intérêt.

D'une part, le Web a toujours été social. Il a même commencé par là, avec les Internet Relay Chats[74] et les forums, les sites communautaires comme Craigslist[75], et les fameux Webrings[76] qui permettaient aux sites de se relier entre eux (une sorte de « like » avant l'heure). Ces espaces plus ou moins collaboratifs et plus ou moins esthétiques montraient bien, cependant, que la fonction première du Web est de favoriser le rapprochement social, sur et même en dehors de l'Internet. Selon Jean-François Fogel et Bruno Patino dans leur dernier essai[77], « *être social et numérique ou ne pas être numérique, telle est désormais la question pour tout internaute* ». Pour nous, le Web *est* social, il n'y a pas de débat sur ce sujet. La véritable interrogation consisterait plutôt à savoir à quoi ressemblera, durablement, le Web social.

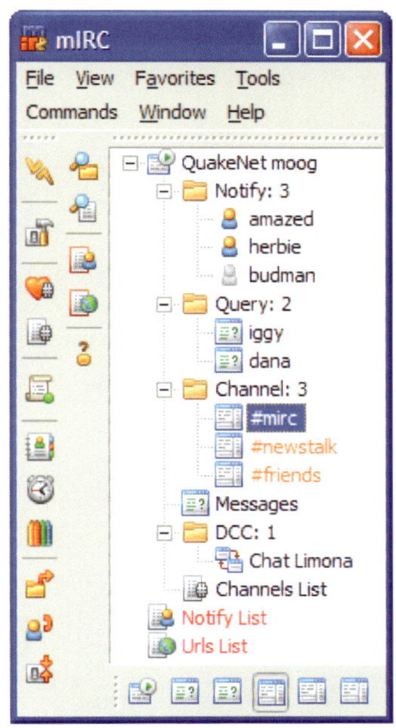

Le client MIRC est toujours disponible en téléchargement depuis http://mirc.com ... pour les nostalgiques !

---

74 *Le protocole IRC est un protocole de messagerie (http://bit.ly/bossmirc) qui fût développé en 1988, soit 2 ans avant que Sir Tim Berners-Lee et son compère belge Robert Cailliau proposent d'utiliser le protocole http (hyper text transfer protocol) afin de naviguer sur l'Internet !*

75 http://craigslist.org *et* http://sfbay.craigslist.org/ *pour la version de San Francisco du célèbre site de petites annonces.*

76 *Relancés en 2012 avec un succès plus que mitigé :* http://dir.Webring.com/rw *pour le répertoire des sites Webring.*

77 *p.51, La condition numérique, Éditions Grasset, 2013.*

Justement, les outils vont et viennent, mais tout cela n'est pas très important. Même si le monde entier ne se lasse pas de dire l'inverse et de commenter *ad nauseam* les turpitudes de Facebook ou d'Instagram afin de savoir s'ils vont ou non se tirer une balle dans le pied. La mercantilisation de certaines plateformes comme Facebook et Twitter ne va cependant pas tuer l'envie de partage entre les utilisateurs, et nous ne croyons pas non plus à la disparition de Facebook... même si les principes philosophiques initiaux de cette plateforme de partage, basés sur l'ouverture, la confiance et l'amitié, sont quelque peu écornés et remis en cause par une démarche de plus en plus mercantile.

Ensuite, si nous nous projetons la courbe de maturité sur celle de Geoffrey Moore (*La traversée du gouffre*[78], un texte fondateur du marketing des TIC, qui offre encore aujourd'hui des clés de lecture intéressantes), il nous semble clair que nous rentrons dans la phase avancée de la maturité du Web social. Probablement à la charnière des adopteurs de masse et des retardataires (« *laggards* »).

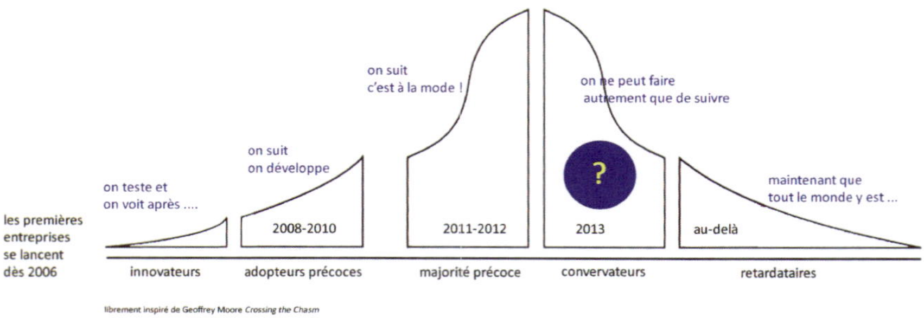

Maturation et adoption du Web social par les entreprises.
Il est devenu un véhicule publicitaire, il faut l'admettre.

Le paradoxe réside dans ce moment précis où plus personne ou presque ne se pose la question (hormis les retardataires) de savoir pourquoi il faudrait ou non se lancer sur les médias sociaux et surtout pourquoi le faire : c'est précisément le meilleur moment pour se la poser. Le risque n'est pas nul de voir le « cyber babillage » s'installer, au point de pratiquer les réseaux sociaux, et juste les réseaux sociaux, sans plus trop savoir à quoi ils servent, ni les recentrer sur son métier. Il est donc urgent de casser la routine et d'en revenir aux fondamentaux.

Le futur du Web : le Web social, pas les réseaux sociaux

C'est bien là que nous voulons en venir, car le futur du Web doit être recadré autour du contenu, du signifiant, du métier, centre des échanges, et non des partages vides de sens hormis celui d'entretenir un poste de community manager durement négocié il y a quelques années, et auquel on cherche désespérément à trouver une mission.

78 *À découvrir ou redécouvrir ici* http://en.wikipedia.org/wiki/Crossing_the_Chasm, *un texte fondateur du marketing de la high-tech, sorti au tout début des années 90.*

Le Web social, et c'est ce que nous annoncions déjà dans la conclusion de notre livre précédent[79], c'est savoir se poser les bonnes questions et en 2013 plus que jamais, l'enjeu n'est plus (voire pas) de faire des médias sociaux, mais d'en faire mieux. Pour cela, posez-vous donc les questions suivantes :

- En quoi cette activité sert-elle mon cœur de métier ? ;
- Les « likes » sont-ils des likes pour les likes, ou mènent-ils à une association à la marque, aux produits ou à l'activité (... et à la vente ? Mais ne rêvons pas trop, le web social n'est pas directement fait pour la vente) ;
- Augmenter le taux d'engagement, certes, mais pour faire quoi ? ;
- Comment puis-je concilier, lorsque c'est nécessaire, l'aspect ludique et le rapport à la marque ?

Autant de questions qui peuvent vous paraître rébarbatives, mais que nous vous conseillons de vous poser à vous-même, avant que votre boss ne s'en charge.

I.6 État de l'art du réseau social d'entreprise en 2013

Quand on parle de médias sociaux, on évoque surtout les réseaux sociaux ouverts et tous les autres outils annexes (voir le chapitre introductif de notre précédent livre I.1, page 32) mais on oublie sans doute un peu vite l'élément interne du Web social, dénommé communément RSE (Réseau Social d'Entreprise[80]).

Début 2013, la société Lecko[81] publiait son étude annuelle[82], comme elle le fait régulièrement depuis cinq ans : un travail titanesque qui correspond à un véritable investissement de la part de cette société de conseil, avec plus de 151 planches, bourrées de comparatifs, de matrices, de verbatim et d'analyses, qui sont autant d'outils précieux pour les responsables RH ou de la communication interne qui désirent s'équiper, mettre en œuvre ou faire évoluer leur système d'information collaboratif. Ce chapitre reprend certains des concepts et des idées exposés lors de la publication de cette étude.

79 *Les médias sociaux expliqués à mon boss, Ibid.*

80 *À ne pas confondre avec Responsabilité Sociale d'Entreprise, elle aussi abrégée de la même manière. Pour les explications sur le terme RSE, se référer à l'article de Wikipedia :* http://bit.ly/bossrse

81 http://lecko.fr

82 *La version complète de cette étude est ici :* http://bit.ly/amonbossleckorse2013

Lecko s'est imposé sur le marché du conseil
en RSE en France ; ici son patron, Arnaud Rayrole

Les réseaux sociaux d'entreprise (RSE) ont 5 ans... sauf que cela n'est pas tout à fait exact

Oui, cela fait cinq ans que nous parlons des réseaux sociaux d'entreprise, mais il serait faux de croire que le travail sur la collaboration d'entreprise a commencé si tard. Dès 1994, des applications comme Lotus Notes (plus tard rachetée par IBM), ont permis, au travers d'un terme barbare censé désigner à peu près la même idée à l'époque : le « *groupware* ». Il s'agissait alors d'inciter la collaboration entre les équipes, de créer des communautés, de bâtir des référentiels partagés, y compris avec les clients ... bref, comme disait Alphonse Karr[83], « plus ça change ... »

Cela pourrait paraître anecdotique, mais ne l'est pas. Si cela fait vingt ans que nous tentons par tous les moyens, technologiques, humains, organisationnels et autres de faire fonctionner la collaboration d'entreprise et que cela est toujours aussi difficile, cela doit bien vouloir dire quelque chose dont on ne peut pas faire abstraction. Et de fait, nombreuses sont les entreprises qui ont tenté l'aventure, même si au final, beaucoup d'entre elles se sont contentées d'efforts de façade.

Les solutions techniques, moins importantes que l'aspect humain et organisationnel

C'est un poncif de toutes les approches conseil, un leitmotiv de la maîtrise d'ouvrage en systèmes d'information répété *ad nauseam*. Sauf que cela n'est pas tout à fait vrai non plus. Certes, l'aspect organisationnel, humain et éducationnel est primordial. C'est un truisme. Ceci étant, démarrer un projet collaboratif avec un logiciel bancal, faire un mauvais choix technique, personnaliser un bon logiciel de façon à le rendre inutilisable etc. revient à se tirer une balle dans le pied. L'approche humaine peut toujours être bonne, il n'y a *pas* de partie émergée de l'iceberg, il y a deux parties égales d'un yin et d'un yang qui sont aussi importantes l'une que l'autre et se nourrissent.

83 Paradoxalement l'épigramme de Karr est plus connue au Royaume-Uni qu'en France ; nul n'est prophète...

Le bénéfice utilisateur au cœur de la réponse et de l'usage

Le point central dans toute démarche de RSE, c'est le bénéfice de l'utilisateur. C'est là véritablement que se situe le point de bascule de la démarche de collaboration réussie ou non. Trop de projets de RSE partent de l'entreprise elle-même, en oubliant l'utilisateur, et ce malgré les incantations.

Mieux lier les activités métiers

C'est le deuxième aspect fondamental, et nous le soulignons chaque fois que nous en avons l'occasion. Les systèmes de collaboration internes destinés uniquement à faire du « cyber babillage », n'apportent pas grand-chose à l'entreprise et lui font même perdre du temps. Autant laisser jouer les employés sur Facebook pendant les heures de travail.

Mieux lier les outils entre eux

La nécessité de créer des ponts entre les outils nous paraît essentielle, à l'heure où naturellement, les éditeurs tentent d'intégrer les différentes facettes de la collaboration sur les mêmes plateformes. C'est notamment le cas du leader incontesté Microsoft, qui possède 70 % de part de marché ou plus avec SharePoint, et qui vient de racheter Yammer[84] pour son module de discussion. Les deux plateformes s'intègrent parfaitement, semble-t-il. Autre tendance remarquable, le fait que le SaaS[85] ne fait plus peur aux directions informatiques.

Les utilisateurs sont toujours un frein

De nombreux projets de RSE sont en cours ou déjà réalisés : près de 70 % des entreprises du CAC40, selon Lecko[86]. Mais il ne faut pas sous-estimer les difficultés liées à l'adoption par les utilisateurs. Sur le terrain, cette difficulté paraît criante. Tenter de démontrer que les outils de collaboration permettent de remplacer avantageusement, dans beaucoup de situations, le mail jusqu'à le faire (presque) disparaître, est toujours une croisade en 2013 ! La soi-disant génération Y n'y peut mais, et hélas la situation ne s'améliore guère.

De nombreuses choses ont évolué durant les cinq dernières années. Le développement du BYOD (*Bring your own device*, ce qui signifie « amenez votre propre appareil » sur votre lieu de travail) est un des faits les plus remarquables : les DSI sont sorties d'un mode cloisonné où l'environnement informatique était rigide, pour s'approprier un modèle fait de diversité des appareils et des machines : l'envol des accès en mode

---

84 http://yammer.com

85 *« Software as a Service », soit les logiciels directement utilisables depuis l'Internet, sans avoir besoin d'une installation locale, un simple navigateur suffisant. Parmi les logiciels en SaaS, citons, dans deux domaines différents, Salesforce.com pour les grands acteurs, et Surveymonkey.com pour un acteur plus modeste.*

86 *Pour le 5ᵉ rapport Lecko à télécharger, et une analyse critique de ce rapport, voir le blog de Yann à l'adresse* http://bit.ly/bosslecko

SaaS y est certainement pour beaucoup, ainsi que les gains substantiels réalisés en renonçant enfin à acheter des matériels qui deviennent rapidement obsolètes.

L'introduction du RSE, ou plutôt, devrait-on dire, des RSE, est vécue comme un véritable projet de conduite du changement en interne. Ce n'est plus le fait du stagiaire à qui l'on confie un improbable projet sur Microsoft SharePoint, mais c'est désormais le projet d'une équipe de professionnels, de chefs de projet, au fait des outils et des technologies, capable d'engager l'entreprise avec le support des métiers et des collaborateurs.

Au niveau des usages, on distingue désormais trois grandes familles de RSE :

1. Les **espaces de diffusion** avec un mode de réaction minimum, voire même une consommation complètement passive des contenus ;
2. Les **espaces de communautés**, avec des réactions en ligne ;
3. Les **usages en réseau**, où les utilisateurs sont autonomes, et pas seulement dans des communautés.

Les difficultés dans l'adoption d'un RSE sont désormais connues, et assez similaires d'une entreprise à l'autre. Différentes formes d'obstacles peuvent se dresser. De la part du management d'abord, car nombre de managers se conçoivent comme une courroie de transmission entre le top management et les équipes. La crainte de divulguer des informations sensibles y côtoie la difficile acceptation des points de vue contradictoires en "public". De la part des collaborateurs, ensuite, qui craignent de s'exprimer en public, pour certains ; qui ne comprennent pas toujours le contenu proposé, et interprètent le RSE comme un système de notation des collègues ; qui renâclent à offrir une trop grande transparence à leur activité, à afficher leur photo ou à gérer leur identité numérique. Bref, l'effort d'accompagnement, qui peut durer d'un à deux ans, est nécessaire avant de constater des changements durables de pratique.

Les communautés sont difficiles à mettre en place, ainsi qu'à répliquer. Ce qui marche pour les uns ne fonctionnera pas forcément pour les autres. Pire, on peut parfois se fourvoyer en visant des bénéfices à long terme basés sur le résultat collectif : on privilégiera plutôt des projets à court terme – des « quick wins[87] » – qui permettent, au travers d'un noyau dur, d'atteindre la masse critique. Cette notion de bénéfices est cruciale car c'est elle qui permet d'amorcer la collaboration, de faire accepter aux collaborateurs de donner afin de recevoir.

87 *Littéralement, des « victoires rapides », soit des actions qui procurent des résultats immédiats.*

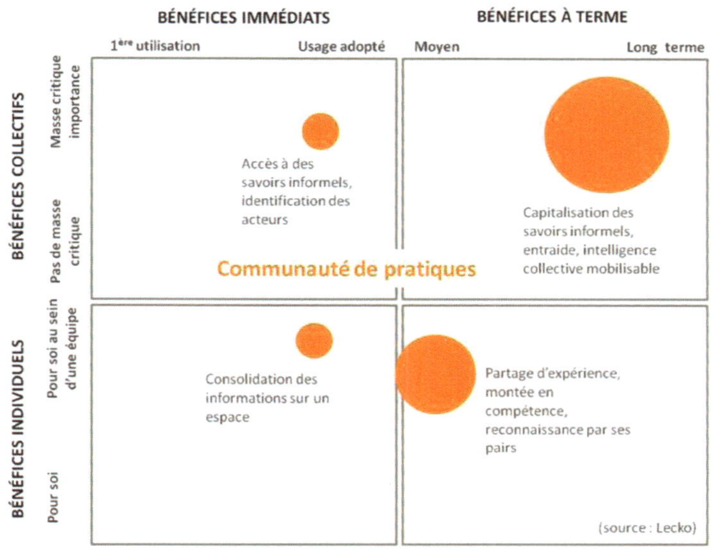

La compréhension des mécanismes de bénéfices mutuels est fondamentale[88]

Enfin, les travers des plateformes sociales externes se retrouvent aussi en interne : l'infobésité guette aussi l'entreprise, où les salariés sont exposés à la surinformation, à la redondance des informations, à la multiplication des messages d'alertes et de notification des systèmes, à la multiplicité des boîtes aux lettres (email + LinkedIn + Viadeo + mentions + abonnements + alertes intelligentes...). Les RSE multiplient et améliorent les conversations et la communication, mais la simplifient rarement...

Bref, les RSE deviennent certes des incontournables de la communication digitale en entreprise, mais rares sont celles qui en maîtrisent toutes les facettes pour faire un véritable outil de productivité. Ce marché, certes en fort développement (26 millions d'euros en 2012 contre à peine 11 millions l'année précédente selon les chiffres donnés par Lecko) va continuer de générer de l'intérêt et des investissements, mais force est de constater que sa maturité est loin d'être aboutie.

88 *Visuel Lecko avec l'aimable autorisation d'Arnaud Rayrole, fondateur de ce cabinet de conseil.*

I.7 Interview de membre : Jean Marc Goachet, responsable de la communication de Mines Paris Tech, digitalisation des établissements d'enseignement supérieur, une nécessaire (r)évolution culturelle

Il y a à peine trois ans, les établissements d'enseignement supérieur se demandaient encore s'il fallait ou non se rendre sur les réseaux sociaux. Depuis, les choses ont bien évolué. Avec une présence assurée sur plus de 4 réseaux par les universités et écoles et 95 % de la population étudiante présente sur les réseaux sociaux[89], tout converge pour dire qu'aujourd'hui, une présence sur ces médias est résolument incontournable. Une présence autant pour répondre aux centres d'intérêt de ces publics que pour accompagner une communication, souvent à leur initiative. On « like » une université comme on « like » une nouvelle crème de beauté ou une photo prise à l'occasion d'une remise de diplômes. Pour autant, est-ce bien sérieux de consacrer du temps pour ces « likes » qui, somme toute, sont assez loin de la mission de formation de l'université ? Chargé de la communication numérique au sein de MINES Paris Tech, Jean-Marc Goachet nous apporte un témoignage sur le vif de la révolution qui s'opère.

C'est que ces « likes » sont l'expression de nouveaux usages, de nouvelles pratiques qui dépassent largement les mentions sur Facebook. Ils sont l'expression d'un mouvement de fond plus large, à prendre au sérieux et qui devrait engendrer des évolutions dans les façons d'enseigner, d'apprendre, de collaborer et de faire de la recherche. Comment être aussi affirmatif ?

Une évolution culturelle

Les diagnostics que nous menons au sein des directions de communication pour identifier les besoins de nos communautés et leur activité en ligne révèlent des attentes qui dépassent le simple besoin d'information. Les résultats de ces travaux recoupent les tendances commentées par d'autres études ou baromètres. Par exemple, 56 % des 9 à 16 ans (nos futurs étudiants) affirment utiliser Internet pour leurs devoirs ou travaux scolaires alors qu'ils n'étaient que 38 % en août 2011[90]. Les vidéos en ligne (69 %)

---

89 *Sondage 71Signe (*http://71signe.com*) / ARCES (*http://www.arces.com*) - mai 2012* http://www.letudiant.fr/educpros/actualite/premier-barometre-sur-les-reseaux-sociaux-dans-le-superieur-lage-de-la-maturite.html

90 *Sondage Viavoice de janvier 2013 réalisé pour trendmicro téléchargeable en PDF sur* http://bit.ly/bossviavoice

et les recherches pour l'école et/ou pour s'amuser (68 %) restent les deux principales activités menées en ligne.

Mais, les réseaux sociaux deviennent aussi un outil de travail pour 46 % des jeunes de 25 à 30 ans[91], dont 70 % se connectent essentiellement avec un ordinateur portable et 55 % avec un Smartphone. Il se dessine un panorama témoignant d'une généralisation des usages sociaux du Web et d'une tendance à la mobilité, qui vont très certainement bouleverser les habitudes de tous les secteurs des établissements d'enseignement, de la formation à la recherche en passant par les services rendus aux étudiants.

Les attentes en termes d'agilité et d'indépendance, permises par le numérique (« distanciel »[92], mobilité, asynchrone...), l'omniprésence des terminaux (Smartphones, tablettes, Webcams), la généralisation de technologies de travail à distance (visioconférence, partage d'écrans[93], cloud computing, applications collaboratives...) facilitent l'acquisition et la pratique de nouveaux usages par nos publics qui sont parfois mieux équipés que nos établissements et mieux formés que nos personnels.

Preuve en est, un étudiant se connectera dans une même journée en moyenne plus de 6 fois à des réseaux sociaux[94], et pas seulement pour dialoguer (dépôt de fichiers numériques sur un espace partagé, visioconférence personnelle, jeu en ligne, veille sur Twitter...).

Ce phénomène ne devrait aller qu'en s'amplifiant avec les générations étudiantes qui arrivent. Les 13-21 ans (dite « génération Z »[95]), est une génération très informée, hyper-sensibilisée au monde qui l'entoure et à ses réalités, au travers du Web et des réseaux sociaux omniprésents dans son quotidien. On note chez ses représentants ce que l'on percevait déjà chez leurs prédécesseurs de la génération Y : quête de sens, goût de l'autonomie, rejet de l'autorité verticale et de toutes les formes de management l'accompagnant.

Ce rejet qu'ils expriment pour l'autorité verticale tient à leur culture d'Internet. Une culture qui repose sur une logique égalitaire et horizontale, héritage de Facebook et des réseaux sociaux où tout est sujet à discussion. Ce qui explique que pour eux, l'ordre imposé de façon verticale est généralement mal reçu. Ils ont du mal à s'épanouir dans un cadre figé et imposé. Cela sous- entend qu'ils ne sont vraiment impliqués en classe et y prennent part activement qu'à condition de les rendre co-acteurs.

---

91 *Étude Kaspersky Lab France et Opinion Way sur les Français de 25 - 30 ans « Connectivité permanente et nouvelles pratiques : quelles conséquences sur l'attractivité de l'entreprise ? » février 2013, voir en ligne sur* http://bit.ly/bossetudekasper

92 *Soit formation à distance, en opposition à « présentiel »*

93 *Skype et Google Hangouts sont régulièrement utilisés par les établissements d'enseignement supérieur afin de permettre des interventions distantes d'experts et de professionnels.*

94 *Étude Kaspersky Lab France et Opinion Way, Ibid.*

95 *Pour définir la génération Z : Wikipedia (*http://bit.ly/bossgensilence*), « La Génération Silencieuse est une génération sociologique ; un terme apparu le 5 novembre 1951 en couverture du Time se référant à la génération atteignant l'âge adulte à ce moment. Cette génération est née entre la grande dépression et la deuxième guerre mondiale. Elle est réputée travailler dur et ne pas être revendicative, d'où son nom ».*

Un état d'esprit pas forcément en phase avec les modes d'enseignement plutôt classiques où les élèves sont censés écouter "benoîtement" leur professeur. Les élèves qui vont entrer dans l'enseignement supérieur seront sans doute plus dans une relation donnant-donnant et de réciprocité basée sur une logique de confiance, demandant à être impliqués et consultés. Gage aux enseignants d'admettre qu'ils peuvent autant apprendre de leurs élèves qu'ils ne vont leur enseigner. À eux de céder une place d'acteurs et pourquoi pas d'auteurs aux élèves présents en salle de cours et à distance.

Ces élèves qui arrivent dans nos établissements vont renforcer l'impérieuse nécessité d'adaptation de nos établissements, non pas à de nouveaux outils puisqu'ils sont déjà là, mais à de nouveaux modes de fonctionnement intégrant ces nouveaux usages.

En effet, c'est bien de nouveaux modes de fonctionnement dont il est question et malgré le descriptif donné de la « nouvelle » génération, on doit prendre en compte un bouleversement dans les façons d'être et de faire plutôt qu'un quelconque conflit de générations. Il ne faut pas s'y méprendre. Cette lame de fond ne touche pas exclusivement la jeune génération. Toutes les tranches de la population sont concernées, chacun pouvant (selon ses besoins, ses motivations, son contexte de travail et de vie...) maîtriser aussi bien les codes des médias sociaux que les plus jeunes. Ils les utilisent aussi bien ou aussi mal car l'on ne naît pas digital native, on le devient. Ce qui est donc nouveau et à retenir, ce sont ces nouvelles façons d'agir et d'interagir nées de la pratique des médias sociaux : plus ouvertes à une démarche collaborative, à une mobilisation collective, à un travail en mobilité...

Autre marqueur de cette évolution culturelle, la relation au savoir et à l'information qui change de forme. Il faut se rendre là où se trouvent nos publics. Les élèves présents dans les amphis en 2013 ne sont plus les élèves de 1990. Idem pour le corps enseignant qui, lui aussi, a évolué. On n'apprendra plus comme avant. Les plus grandes universités américaines et anglaises proposent des cours accessibles en ligne, les MOOC (Massive Open Online Course[96]), ces cours « ouverts et massifs » gratuits dont l'objectif est de réunir le maximum possible d'apprenants en les incitant à coopérer et s'entraider. Les serious games sont de plus en plus utilisés pour des formations continues de haut niveau en entreprise.

L'auto-formation prend une place de plus en plus importante en se renseignant sur le Web via des plateformes telles que SlideShare, iTunes U, YouTube. Les professeurs ont même leurs propres réseaux sociaux (Sésamath, APSES, Géoconfluences...[97]) et les chercheurs ne sont pas en reste avec de très nombreux réseaux sociaux réunissant pour certains plus d'un million d'utilisateurs (ResearchGate, MyScienceWork, Academia, MyExperiment...).

---

96 *cf.* http://mooc-explorer.tumblr.com/post/36671377796/des-chiffres-et-des-moocs, http://fr.SlideShare.net/jm.gilliot/supports-pdagogiques-mooc-souvrir-pour-exister, http://fr.wikipedia.org/wiki/Cours_en_ligne_ouvert_et_massif, http://orientation.blog.lemonde.fr/2013/02/27/bientot-des-cours-de-lecole-polytechnique-gratuitement-sur-Internet-lenseignement-superieur-de-demain-se-fera-t-il-a-distance

97 *cf.* http://geoconfluences.ens-lyon.fr, http://www.sesamath.net, http://www.apses.org, http://www.researchgate.net, http://www.mysciencework.com, http://academia.edu, http://www.myexperiment.org

Un changement de dimension

On constate que le phénomène du Web social, et plus largement de la digitalisation, dépasse largement l'action du service communication d'un établissement, bien qu'il fût l'initiateur d'une communication 2.0 du fait de la dimension relationnelle (la relation, l'échange, distinguant précisément l'information de la communication).

Un phénomène qui n'est pas non plus à limiter à la communication puisque l'enseignement et la recherche sont « sociaux » et sociétaux par nature, et à l'origine de plusieurs pratiques Web sociales (wiki, blogs, partages de documents,...). Les enseignants-chercheurs n'ont pas attendu les « nouvelles » générations. Être geek ne date pas d'hier. Pour certaines, ces pratiques préexistaient au Web social et donc aux individus qui les animent.

Les besoins exprimés par les publics dépassent très largement les compétences propres des services de communication. Les scolarisés, les bibliothèques, les services communs, les ressources humaines... Tous prennent déjà la parole, sont au contact de publics et devront se rendre dans les espaces où se trouvent ces mêmes publics, c'est-à-dire en ligne, là où nos publics posent des questions sans forcément recevoir de réponse en retour. C'est l'ensemble de l'établissement qui doit muter, à son rythme, certes, mais en profondeur. Il doit s'agir en effet d'une véritable digitalisation plus globale engendrée par le Web.

Voici, au détour de quelques exemples, comment certaines missions intègrent d'ores et déjà le numérique. À noter, qu'à chaque fois, les médias sociaux jouent un rôle d'intermédiaire, de relais, mais ne représentent absolument pas une fin en soi.

Recrutement d'élèves

Les actions de recrutement, qu'elles concernent les élèves ou les salariés de nos établissements répondent à une logique similaire : identifier les lieux d'échanges où se discutent les sujets liés au recrutement (orientation, débouchés, jobs, compétences...) et y prendre la parole. Les forums, les réseaux sociaux grand public type Facebook ou Twitter, mais également les réseaux pros type LinkedIn ou Viadeo sont des lieux sur lesquels il faut participer pour gagner en lisibilité, être acteur des échanges et répondre aux questions que se posent vos cibles. Un moyen de s'insérer dans cette logique « horizontale ».

Formation

De plus en plus de cours, et pas seulement des MOOC (Massive Open Online Course), répondent aux attributs des nouvelles générations.

Même l'École Polytechnique arrive sur Coursera

Par exemple, en réponse au caractère zappeur et à une plus faible concentration, les séances de cours sont réduites et proposent un même contenu sous différents formats (vidéo, PDF, hangouts...).

Au goût de travailler en réseaux, certaines formations mêlent présentiel et distanciel et intègrent les plateformes de partage de documents, d'hébergement en ligne, d'échange en visioconférence type Hangout et les podcasts.

En fonction des pratiques des enseignants et de leurs usages du Web, certains proposent des leçons en vidéo de format court qui peuvent porter sur un concept, téléchargeables et accompagnées de planches de présentation au format PDF et de quiz pour vérifier la compréhension des cours.

En réponse au goût du collectif, d'autres ouvrent des forums pour leurs étudiants apprentis pour leur permettre d'échanger sur la façon dont ils comprennent les problèmes posés, en leur laissant la possibilité de voter pour mettre en avant les contributions les plus pertinentes. Une démarche clairement orientée « social learning ».

Cette dimension « à la carte » de l'enseignement s'explique par l'héritage Internet encore plus omniprésent dans la génération Z que la génération Y.

Bien qu'il s'agisse souvent d'initiatives personnelles ou propres à un groupe d'enseignants, ces expériences montrent que le numérique ou les plateformes sociales ne remplacent en rien les enseignants et qu'elles ne jouent qu'un rôle d'intermédiation. De toute façon, la crainte de l'altérité identifiée chez les 13-21 ans engendre un besoin permanent de réassurance et de contact. Il faut y voir la poursuite et le gage d'une relation en direct avec l'équipe enseignante.

Les réseaux d'anciens (alumni)

Avec le développement des réseaux sociaux professionnels (type LinkedIn), la (re) constitution des réseaux d'anciens s'en trouve facilitée. Fini le temps où la force du réseau résidait uniquement dans l'annuaire papier. Sa force se distingue plutôt dans sa capacité à rayonner auprès d'alumni expatriés, à diffuser en dehors du sacro-saint site Web fermé à double tour. L'association d'alumni peut informer ses adhérents et non adhérents via Twitter qui y sont de plus en plus nombreux. En mutant dans les espaces où se trouvent les alumni, l'association est en mesure de se (re)donner de la valeur. À elle de se rendre indispensable en diffusant des infos uniques, en faisant connaître les services qu'elle offre, en réussissant un mix avantageux entre services réservés uniquement à ses adhérents et séduction par le faire-savoir de ces services. La mise en place de réseaux sociaux d'entreprise (RSE) devrait pouvoir répondre à cette problématique.

Diffusion du savoir

Bousculées par l'arrivée des éditions numériques, les bibliothèques sont probablement les premiers services à avoir engagé une mue digitale en raison de la multiplication des abonnements aux revues en ligne et de la diminution des impressions papier.

Il n'est pas rare de les voir échanger avec leur public lecteur sur les médias sociaux. C'est que ces derniers sont particulièrement vertueux pour annoncer les dernières partitions, échanger des commentaires, recommander, diffuser et bien sûr, fidéliser.

Les défis à relever

Le Web social a d'abord répondu à des besoins individuels et progressivement, ces pratiques d'amateurs sont venues bousculer nos établissements. Entre réseaux « horizontaux » et institutions « verticales », ce sont deux modes d'organisation qui se rencontrent, qui se croisent plus qu'ils ne communiquent. Le premier demandant une certaine réactivité, l'autre cédant à la quadruple validation avant toute prise de décision. Le premier tentant une certaine forme de partage et de collaboration quand le second privilégie un mode descendant brutal et inhibiteur de toute initiative créatrice.

Nous allons tous devoir nous adapter et la pratique montre aujourd'hui qu'il ne s'agit pas de digitaliser pour digitaliser mais que la nécessité de s'adapter est rendue impérieuse par l'import dans nos établissements de nouvelles pratiques permises par le numérique, par des publics plutôt équipés et aux modes d'apprentissage plutôt changeants.

Nous n'enseignerons pas avec Facebook !

On note aussi que ces plateformes ne sont que des outils qui engendrent de nouvelles pratiques, certes, mais qui ne sont à considérer que dans le sens premier de l'outil, c'est-à-dire d'un « intermédiaire ». Les expériences observées jusqu'à présent le montrent. Non, nous n'enseignerons pas avec Facebook, mais nous l'utiliserons en raison de la présence de nos cibles sur ce réseau et d'autres plateformes (le Web social ne se résume pas à Facebook).

Vers une (r)évolution managériale

Tout ceci est signe d'une digitalisation déjà en place, qui va aller grandissante. Il se présente alors aux établissements plusieurs défis : la formation des personnes les moins avancées (administratifs et enseignants) en leur apprenant à travailler en réseaux avec leurs élèves : travail à distance, éviter les espaces dédiés qui réduisent la potentialité des échanges et des rencontres, l'ingénierie pédagogique et les contenus conceptualisés en introduisant l'usage dans la pratique et la consommation des contenus, l'équipement informatique, les plateformes sociales, les états d'esprit...

La digitalisation de nos établissements passera d'abord par une révolution managériale. Une évolution du management à tous les niveaux : au sein des classes, dans les services généraux et communs, dans la façon d'apprendre. Un management capable de donner sa juste place à l'initiative, à la création, à la prise de risque et à l'ouverture. Un management doté d'une certaine souplesse et agilité pour s'adapter rapidement aux changements et aux pratiques de ses publics, à ses attentes.

Cette évolution nécessaire de nos structures pour être en phase avec ses publics passera par une posture qu'il faut dès à présent adopter. Une posture qui consiste :

- à ne pas rejeter en bloc les nouvelles technologies ;
- à s'ouvrir à la modernité ;
- à accepter que les modalités d'apprentissage ont évolué.

L'adoption de cette posture ne se réalisera que sous l'effet d'un élan général. Si on veut que les réseaux numériques pénètrent à l'intérieur de nos établissements, il faut que l'École s'en donne les moyens et que la société française soit acquise à la modernité car l'utilisation des réseaux sociaux est aujourd'hui confrontée à des blocages idéologiques, financiers et de maîtrise des outils.

MINES ParisTech, par son usage des nouvelles technologies, est ouvert vers la modernité

La connaissance venant avec l'usage, il faut inciter à pratiquer, former et accompagner à la fois enseignants et... étudiants. Eh oui, on ne naît pas digital native, on le devient. Le Web n'étant plus simplement un média mais un ensemble omniprésent (Internet des objets, géolocalisation, big data...), on a affaire à un Web qui se fait, qui s'entreprend, se programme, se consomme. Ce qui est vrai un jour, évolue rapidement les jours qui suivent et ce, pour toutes les franges des internautes. Une éducation au Web et à ses usages est donc plus que nécessaire.

Cette expansion devra également se faire en respectant certaines règles propres au milieu éducatif : sécurisation des données (notamment dans le cloud), confidentialité de certaines recherches (partage partiel), tiers de confiance... Mais il est certain que les actions d'accompagnement devront s'adapter aux cas particuliers, encourager les nouveaux pratiquants, féliciter et diffuser les bonnes pratiques, valoriser les progrès réalisés.

Avec 15,7 millions de personnes âgées entre 14 et 34 ans, soit 25 % de la population métropolitaine[98] et qui à l'horizon 2020 représenteront la moitié des actifs métropolitains, c'est à la performance de notre économie que participeront les établissements d'enseignement supérieur en réalisant cette mutation culturelle et digitale.

98 *Information délivrée par Quiterie Péribère & Jean-Hugues Matichard dans leur article intitulé "Les médias traditionnels sauront-ils parler aux Digital Natives ?" Paru dans ParisTechReview, le 26 février 2013* http://www.paristechreview.com/2013/02/26/media-digital-natives/

Chapitre II
Le contenu au cœur de votre stratégie de communication digitale

Après avoir consacré la première partie de ce livre à l'importance du digital, nous allons nous intéresser à ce qui en fait toute la valeur : le contenu. « L'important, c'est ce qu'il y a à l'intérieur » : jamais peut-être, depuis qu'une grande marque de produits alimentaires en avait fait son slogan, celui-ci n'avait pris une telle signification. Car la communication digitale est avant tout une question de contenus, plus que de contenants.

Un voyage dans le monde fantastique du contenu, c'est un peu ce que nous vous proposons dans les pages suivantes. Contenu de marque ou généré par les utilisateurs, sous la forme d'articles de blogs ou de vidéos partagées... vous y découvrirez les différentes méthodes qui vous permettront de vous différencier par un contenu attrayant et déterminant.

II.1 Stratégie de contenus ou de médias sociaux ? Le retour aux sources

Le terme de stratégie, comme celui d'innovation[1] d'ailleurs, est souvent utilisé dans des situations très variées. Visible et valorisant, il permet d'englober dans un concept valise à peu près tout et n'importe quoi. Pour avoir déjà officié dans des « départements de la stratégie » nous pouvons en témoigner : ce n'est pas toujours là que la stratégie se décide et encore moins qu'elle s'exécute. De même, nous avions souligné dans notre précédent ouvrage[2], le manque de sens de l'expression « stratégie de médias sociaux ». Les médias sociaux sont des outils, ils sont tactiques et sont les instruments au service d'une stratégie et non l'inverse.

La stratégie est cependant une discipline importante, et pour paraphraser Clémenceau, peut-être même trop grave pour être laissée entre les mains des stratèges[3]! Comment, donc, le responsable digital et ses équipes peuvent-ils contribuer réellement, par leurs actions, à la mise en œuvre d'une stratégie ? Une présence sur les médias sociaux est-elle une stratégie ? Une campagne est-elle une stratégie ? Autant de questions que nous aborderons dans ce chapitre, intimement liées à notre ouvrage précédent.

À la fin des années 90, Yann Gourvennec travaillait dans le conseil en marketing au sein d'une Société de Services Informatiques. Il se vit demander par le directeur du conseil de ladite société : « qu'est-ce que le marketing ? » La réponse pouvant provoquer des développements théoriques assez longs, il décida de couper au plus court, et de s'en tenir aux leçons bien apprises des quatre P[4] et de quelques techniques marketing associées, fier ainsi de montrer son savoir scolaire. « Vous n'avez rien compris ! » se vit-il rétorquer : « Le marketing, c'est savoir apprendre à marcher en marchant. »

Cette affirmation péremptoire et paradoxale a pourtant agi sur nous comme un véritable révélateur. Force est de reconnaître, qu'il s'agisse de Media Aces[5] ou d'autres projets, que notre devise est bien devenue celle-là... et que nous la répétons à l'envi sur Twitter et dans nos blogs, comme une boutade, mais également comme une provocation créatrice, responsable d'une révolution culturelle à la base de nos projets et de nos réussites. C'est cela la stratégie réelle (lire cet article de Forbes pour finir de

1 *Voir de Scott Berkun, The Myths of Innovation, résumé par Yann Gourvennec sur son blog* http://bit.ly/innovmyths

2 *Les médias sociaux expliqués à mon boss, chez Kawa édition, 2011, voir* http://amonboss.com, *élu livre digital influent de l'année 2012 au Hub Forum.*

3 *La véritable citation est : « La guerre ! C'est une chose trop grave pour la confier à des militaires » -* http://bit.ly/gclemenceau

4 *Inutile de répéter cette théorie rabâchée à l'infini depuis des décennies. Pour les détails, si vous les voulez, reportez-vous au cours de marketing fondamental de Visionary Marketing à l'adresse :* http://bit.ly/bossfondamental

5 http://media-aces.org

s'en convaincre : la fin des experts ou pourquoi aucun marketeur ne comprend ce qu'il fait[6]).

C'est ce même pragmatisme qui nous a amenés à découvrir l'importance du contenu, véritable « carburant » du marketing, et a fortiori du marketing sur Internet. Quiconque a exercé une activité dans les métiers du Web connaît ce phénomène qui veut que tout responsable Web, y compris dans le commerce, passe son temps à chercher du contenu pour animer sa présence en ligne.

Pourquoi cela ?

L'explication est somme toute assez simple. Deux méthodes principales existent pour accroître le trafic (et le maintenir) sur un site Web :

- La méthode payante, qui recourt elle-même à beaucoup de tactiques différentes (affichage publicitaire, rebaptisé « display » dans notre jargon, SEO, SEM, re-targeting, re-marketing, affiliation etc.). Ces techniques, à l'efficacité variable, certaines au rendement, d'autres à l'affichage, fournissent plus ou moins de visites sur le site sans nécessiter véritablement d'efforts, ni garantir de rémanence dans le futur. Une des caractéristiques de ces méthodes payantes est aussi et surtout de provoquer des pics de visites, qui s'estompent rapidement dès que les budgets s'amenuisent. C'est aussi une méthode pratique pour les marketeurs qui veulent pouvoir afficher une garantie de visites (sans garantie de qualité) afin de lever la pression qui pèse sur eux[7] ;
- La méthode gratuite, non exclusive de la première, consiste à se focaliser sur le contenu Web, qui va s'auto-référencer, se lier à d'autres contenus, être caractérisé par un certain nombre de mots-clés, certains naturels, d'autres au travers des étiquettes de référencement[8], qui amèneront des utilisateurs sur le site, ce dans la durée. Cette méthode, qui regroupe elle-même un grand nombre de techniques (référencement naturel, blogs dynamiques, référencement instantané au travers des flux RSS, liens croisés, etc.) ne présente pas non plus que des avantages. Elle est plus lente et plus durable, mais aussi plus ardue que la première méthode. Elle est aussi, et c'est souvent là que les entreprises pèchent, plus difficile à maintenir dans le temps, en raison notamment des fréquents changements des équipes.

Il n'est pas nécessaire ni justifié d'opposer les deux méthodes, il faut bien entendu les lier l'une à l'autre, tout en prenant conscience que la méthode « gratuite » est la seule qui permettra un référencement durable et de qualité. Le terme de gratuit n'est cependant pas tout à fait approprié, car il existe bien entendu des moyens d'acheter du contenu. Là encore, pas nécessaire d'être extrémiste, un mélange savant de contenu

---

6 *The End of the Expert: Why No One in Marketing Knows What They're Doing par Dorie Clarke* http://onforb.es/Twdj9x

7 *Voir à ce propos, l'article décapant de Denis Fages sur Visionary Marketing : Comment les marketeurs engraissent Google !* http://bit.ly/marketgoogle

8 *« meta tags » dans notre jargon.*

acheté et autofabriqué (le fameux UGC, pour *User Generated Content*, ou contenu généré par l'utilisateur, dont nous avons abondamment parlé dans notre premier ouvrage[9]) est probablement la meilleure solution.

Instagram est un formidable outil de collecte de contenu produit par les utilisateurs (ici, à l'occasion de la victoire de Jo-Wilfried Tsonga en quart de finale à Roland Garros en 2013)

Ceci posé, on comprend pourquoi les marketeurs et e-marketeurs suscités créent du contenu et sont obsédés par sa fraîcheur, sa mise à jour, son renouvellement. Dans un sens, tout ceci n'est pas très éloigné d'une rédaction en chef de magazine qui cherche à attirer des lecteurs. Imaginez-vous aller chercher tous les mois au kiosque, l'exemplaire mensuel de votre revue préférée qui répéterait la même histoire inlassablement ? Probablement pas. Il y a fort à parier que vous vous lasseriez.

Du contenu, du contenu, du contenu…

Qu'est-ce qui pousse donc à croire que les lecteurs d'un site Web seraient différents ? En fait, ceux-ci sont, à peu de chose près, représentatifs de l'ensemble de la population. Près de 75 % de la population totale en France[10] utilise ainsi le réseau des réseaux régulièrement, même si 25 % des foyers sont encore dépourvus d'accès à Internet[11]. Il n'y a donc pas de mystère : pour faire venir des visiteurs sur vos sites, blogs et autres plateformes, il vous faudra apporter un contenu original et frais… Ou il ne vous restera plus que la méthode payante, certes gratifiante de façon immédiate, mais peu rentable à long terme.

Voyons comment procéder, les astuces, les pièges et les bonnes pratiques que nous avons observées et pratiquées, au quotidien, pendant de nombreuses années, pour nous-mêmes, nos entreprises et nos clients.

---

9 *Cf. Les médias sociaux expliqués à mon boss, Ibid.*

10 *Source Idate, voir la présentation lors de la conférence sur le cyberespace de Budapest citée plus haut.*

11 *Voir pour plus de précisions, l'étude d'Havas sur la France des déconnectés résumée par Yann Gourvennec sur le blog de Visionarymarketing.com :* http://bit.ly/francedeconnectes *; il convient ainsi de faire la part des choses entre déconnectés de force et déconnectés par choix.*

II.2 Le contenu Web au cœur de la stratégie marketing

S'il ne fallait retenir qu'un concept de ce livre, ce serait peut-être celui-là : quoi que vous fassiez, quoi que vous pensiez, le contenu est à la base de toute stratégie marketing digitale que vous pourrez élaborer. Voici quelques raisons pour vous en convaincre.

Le contenu, c'est ce qui fait la force de votre discours

C'est pour nous le fondement de notre travail, et ce qui nous a amenés à pratiquer les médias sociaux dans un contexte professionnel : les usagers, les consommateurs, les clients en ont assez de ces messages marketing mille fois ressassés, qui répètent à longueur de journée que vos produits sont les meilleurs, les plus beaux, les plus efficaces ; le marketing à grand-papa en somme, celui où pour vous faire entendre de ceux qui évitent vos messages, vous élevez la voix ! Aujourd'hui, pour convaincre, il faut faire un peu plus d'efforts et accepter une plus forte dose de transparence.

Car l'internaute, le consommateur, le cyber acheteur, avant de passer à l'acte, aura eu tout le loisir de se faire une opinion et d'aller voir ce qu'en pensent ses amis ou des acheteurs anonymes qui auront laissé un avis sur un site d'achat en ligne ou ailleurs. Et souvent, la réalité est moins glorieuse que ce qu'on essaie de faire croire. Au lieu de ressasser les mêmes discours, nous vous conseillons de vous focaliser sur ce qui fait la force de votre entreprise : ses produits et services dans ce qu'ils ont de bon et d'universel, mais aussi et surtout vos visions, vos intuitions, vos conseils, vos mises en garde, vos passions et votre savoir-faire. Vous avez des secrets de fabrication ? Très bien ; expliquez-les ! Il n'y a rien de tel qu'un « secret » pour commencer à partager.

Mais surtout, ce savoir-faire, cette passion, ces conseils, il vous faudra apprendre à les exposer, en toute transparence, sans emphase (mais sans tomber dans l'auto-flagellation non plus), en un mot, avec sincérité et vérité. En effet, connaissez-vous un meilleur argument de vente que la passion pour ce que l'on fait ? Et quel est le meilleur réceptacle pour cela : le Web, bien évidemment, à votre disposition, de manière illimitée ou presque. En développant un contenu Web de qualité, qui expose votre offre dans toute sa simplicité, vous donnerez une autre perspective à vos clients, actuels ou futurs.

Le contenu Web contribue positivement au référencement

Apparaître bien classé sur les moteurs de recherche, c'est l'impératif de tout Web marketeur. Jusqu'à présent, deux stratégies complémentaires existaient : l'achat de mots-clés (ou référencement payant) et le référencement naturel.

Il n'y a rien de honteux à acheter des mots-clés, nous l'avons tous pratiqué un jour. C'est même indispensable dans les premières phases d'un projet Web, pour développer le trafic et la notoriété de son site. Là où cela devient problématique, c'est lorsque des sommes folles sont dépensées – plusieurs centaines de milliers d'euros, des dizaines de millions pour les plus gros annonceurs sur Google en France[12] – sur certains termes ou expressions, là où une stratégie axée contenu permettrait d'atteindre des résultats très honorables.

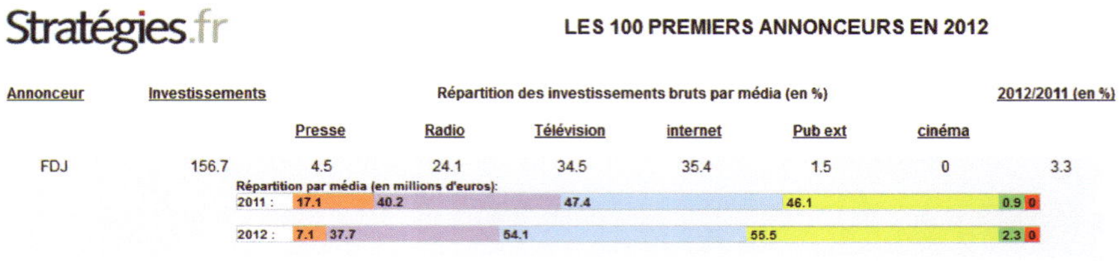

Un exemple pris dans la liste des plus gros annonceurs français de Stratégies 2012 (FDJ[13], 19e Français en 2012, avec à peine 40 % du budget du n°1, Renault)

Certes, le contenu ne suffira pas à atteindre les performances de l'achat de mots-clés. Mais, gardez en mémoire que ces derniers sont comme une drogue : lorsque vous arrêtez de payer, tout s'effondre. Avec une stratégie basée sur le développement de votre contenu, le trafic ne s'effondre pas aussi rapidement. Certes, Google tend désormais à privilégier les sites qui sont régulièrement mis à jour. Mais, des sites dotés de plusieurs milliers de pages peuvent encore bénéficier d'un excellent classement, si tant est que ce contenu soit correctement mis en valeur et référencé par d'autres sites.

De plus, un contenu Web riche, varié, facile à partager, contribuera à vous faire apparaître non seulement sur Google, mais également sur d'autres sites susceptibles d'amener du trafic : réseaux sociaux, sites de partage, sites partenaires apporteurs de trafic. Plus vous l'enrichirez avec qualité, plus il vous amènera de visiteurs.

Le contenu : plus facile et moins cher

À une époque où les tarifs des campagnes s'envolent et les restrictions budgétaires vont crescendo, il est utile, voire vital, de se focaliser sur ce qui est facile à produire et coûte relativement peu cher. Bonne nouvelle, cette matière est à portée de main. Car le contenu Web ne nécessite que de faibles investissements, quand on le compare à d'autres formes de communication plus traditionnelles (spots TV, affichage, presse, etc.).

En effet, de quoi avez-vous besoin pour élaborer un contenu Web d'un niveau suffisant ? Assez peu de ressources suffisent, en réalité : un rédacteur ou un commu-

12 *Reportez-vous aux chiffres de Stratégies pour connaître les étendues de ces budgets, qui dépassent souvent l'imagination des béotiens.*

13 *Cf.* http://bit.ly/bossfdj *pour les chiffres et les autres annonceurs, et des chiffres intéressants à plus d'un titre, notamment pour y voir progresser les investissements dans l'Internet au détriment, bien souvent, de la presse.*

nity manager, des ressources photographiques, éventuellement élaborées en interne (ou achetées, libres de droit et à bon compte à un fonds d'images en ligne, comme Fotolia[14] par exemple), et de quelques experts, que vous pourrez trouver au fin fond du couloir du 3e étage, ou au fond du 1er sous-sol, en cherchant bien. D'ailleurs, vous le connaissez bien, c'est votre collègue qui anime un blog sur Wordpress.com qui dénombre plus de visites que votre portail institutionnel !

Bien sûr, il vous faudra vous creuser quelque peu les méninges, pour que votre équipe ne raconte pas n'importe quoi, qu'une homogénéité s'installe, et que votre discours colle aux attentes des lecteurs qui vous attendent. Cela fait partie des risques du métier : élaborer un contenu qui plaît, c'est parfois aller à l'encontre de quelques directives internes. Mais, le jeu en vaut la chandelle, les nombreux exemples que fournissent les membres de Media Aces l'illustrent parfaitement, du blog de Yoplait à la page Facebook de l'assureur MMA[15].

Le contenu, base du bouche-à-oreille

Qui n'a pas rêvé un jour de réaliser la campagne de l'année, celle à 20 millions d'impressions qui fera grimper les ventes de plus de 75 % ? Dans la réalité, de telles occasions se présentent, hélas, assez peu souvent. Le lot quotidien du marketeur, c'est hélas, parfois, une succession de campagnes, plutôt moyennes que bonnes, construites sur des messages surannés, qui ne déclenchent pas vraiment l'enthousiasme des foules. Le contraire du rêve précédent, en somme.

À l'inverse, un contenu publié sur le Web est libre de vivre sa vie indépendamment de tout schéma préétabli. Un article sur un blog, une vidéo sur YouTube, à moins d'avoir été payés pour cela, ne répondent pas forcément à un schéma préétabli, préconçu, pour répondre à un cahier des charges très précis, et probablement peu addictif.

Le contenu, en constante évolution (et c'est pour cela qu'on l'apprécie)

Et que dire de ces entreprises, dont les messages marketing et les produits sont élaborés en début d'année, et qui, quelques mois plus tard, se retrouvent avec un décalage ostensible entre leurs nouvelles offres et ce qui est affiché sur leur site Web ? Un contenu Web évolue, sans arrêt, se met à jour et vit au rythme des saisons, des sorties de produits ainsi que des remarques des consommateurs.

C'est d'ailleurs ce qui fait sa force. Un contenu Web de qualité est constamment remis à jour. Vous n'avez aucune raison de craindre cette actualisation : c'est au contraire une preuve de dynamisme, une sorte de respiration qui prouve à vos lecteurs qu'il y a de la vie derrière vos discours, des êtres humains, capables de les écouter, de les comprendre, et qui sait, de les aider.

---

14 http://fotolia.fr *mais il y en a d'autres, comme* http://www.istockphoto.com, *à moins que vous ne préfèreriez le leader incontesté du domaine, mais aussi le plus cher, Getty Images :* http://www.gettyimages.fr/ *(le stock y est impressionnant, avec notamment 1,3 million de nouvelles images dans le fonds Photolibrary cf.* http://bit.ly/bossstock*).*

15 http://www.bravolapetitefleur.com/ *et* https://www.facebook.com/zerotracasmma *respectivement, deux espaces développés et maintenus par Hervé et ses équipes de Be Angels.*

Le contenu, ce qui vous différencie de vos concurrents

Comment se démarquer de nos concurrents ? Nous nous posons cette question tous les jours. Il ne faut pas les craindre : une bonne concurrence rend plus fort, car elle a valeur d'exemplarité, elle permet de progresser. Mais, comment se différencier du discours de la maison d'en face ? Ce n'est pas toujours facile, surtout quand les offres sont proches, voire très proches. Qu'est ce qui différencie deux berlines de luxe, deux Smartphones ou deux hôtels aux prestations similaires, de marques différentes ?

Au-delà des fonctionnalités, des caractéristiques techniques, des prix, se trouvent la perception des clients et des utilisateurs, ce qu'ils en disent. Il y a le discours direct, sans ambages, que vous pouvez développer de manière informelle, en allant au-delà des messages institutionnels ou promotionnels qu'on retrouve trop souvent.

Paradoxalement, c'est cette forme de discours informel qui vous permettra de vous différencier beaucoup plus fortement, de bénéficier d'autres regards, de conquérir d'autres clients ou d'autres marchés et de vous singulariser.

Le contenu, ça se mesure (ou presque)

Combien de passants ont observé votre dernière affiche puis changé de chemin pour acheter votre produit ? Combien de téléspectateurs ont décidé de passer à l'acte immédiatement après avoir vu votre dernier spot publicitaire ? Combien de lecteurs ont lu attentivement la pub pleine page que vous avez acheté dans une dizaine de quotidiens et de magazines et ont illico passé leur commande ? Combien de badauds sont passés devant votre magasin sans entrer ? Vous n'en savez probablement rien ! Le mieux que vous puissiez faire, pour l'instant, c'est bénéficier d'estimations plus ou moins approximatives[16].

Avec le Web, la démarche est complètement différente. La moindre action est détaillée, épluchée, analysée, à l'aune de la page précédente et de la page suivante. Les achats induits par une bannière sont immédiatement déterminés, les liens traversés par vos lecteurs sont suivis par ces cookies, au nom si mal choisi.

Ne vous leurrez pas, l'impact des médias traditionnels est peut-être encore immense, mais la fiabilité de leur mesure est à des années lumière de ce que vous pouvez faire via le Web et une démarche de contenu appropriée.

---

16 *Des techniques de tracking permettant de suivre le parcours des clients dans un magasin ont vu le jour récemment, mais leur diffusion est encore assez restreinte. Cf.* http://bit.ly/amonboss-digital-tracking

II.3 Exemple de tactiques de contenu pour la communication digitale

Nous avons décrit l'importance du contenu dans une stratégie digitale, voyons maintenant quelles tactiques sont à la disposition des marketeurs qui désirent tirer parti de la révolution numérique.

A. le blog thématique

- Idéal pour établir l'expertise, il est particulièrement adapté au B2B[17] où le marketing consiste essentiellement à faire connaître les compétences de son entreprise et de ses salariés. Vous pouvez sous-traiter la production de contenu à des agences spécialisées, mais rien ne vaut le contenu « maison » écrit par de vrais employés ou cadres de l'entreprise. Lire, plus loin, nos conseils pour démarrer votre blog d'entreprise[18] ;
- Les écueils à éviter : le blog unipersonnel qui met en valeur un « gourou » au détriment de son équipe. Notez cependant que lancer une initiative de blogs en interne requiert de vrais talents. Si ces talents manquent en interne ou qu'ils ont des difficultés à s'exprimer, vous pouvez également recourir à des techniques d'interview, confiées à des prestataires externes. La meilleure solution consistant sans doute à panacher les contenus internes et externes afin de limiter les difficultés. Cette tactique est également applicable au grand public, mais demande une adaptation et surtout un positionnement éditorial plus fin, afin de se démarquer du contenu des blogs concurrents.

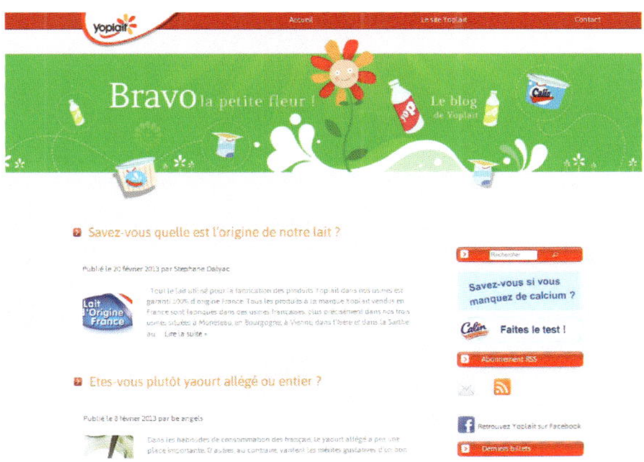

Le blog Yoplait, un précurseur parmi les initiatives de blogs d'entreprises françaises

---

17 *Cf. Médias sociaux et B2B : un mariage d'amour, par François Laurent et Hervé Kabla, Éditions Kawa, 2013.*

18 *Voir le chapitre 6 de cette section les 10 règles d'or pour lancer un blog d'entreprise.*

De nombreuses entreprises, membres de Media Aces ou non, se sont déjà lancées sur ce support :

- ALCATEL-LUCENT : http://www2.alcatel-lucent.com/blogs-fr/
- CEGOS : http://www.cegos.fr/nous-connaitre/Pages/blogs.aspx
- Highco Data : http://www.promoaffinity.com
- Orange : http://live.orange.com et Orange Business Services : http://blogs.orange-business.com
- UBIFRANCE : www.blog-export.com
- Yoplait : www.bravolapetitefleur.com

Nous vous invitons vivement à consulter ces blogs, lancés depuis plusieurs années : ils vous serviront certainement d'exemples pour lancer le vôtre.

B. Le livre blanc

- Le livre blanc[19] est une des tactiques les plus utilisées en B2B, mais sa transposition n'est pas impossible dans le monde du consommateur. En fait, les livres blancs sont parfois fustigés, critiqués, comme étant une sorte de marketing passe-partout. Ce reproche n'est que partiellement justifié. Un livre blanc est un outil essentiel (également pour les vendeurs et les business développeurs, en dehors de l'Internet) si tant est que son contenu soit riche, original et plus axé sur le fond que la forme ; et peut-être agrémenté de contenus numériques riches (vidéos, présentations, QR codes) ou couplé à un outil de « génération de leads[20] » comme SlideShare, lui-même adossé à LinkedIn[21] ;
- Écueils à éviter : le pensum que personne ne veut lire. Évitez également de distribuer votre livre blanc via trop de sources différentes. Il existe de nombreux sites en effet qui tentent de profiter du contenu des entreprises, et font même payer leurs clients pour un rendement mauvais ou nul. Le résultat ? Les sites en question vous font payer, vous prennent votre contenu, et en prime, améliorent leur propre référencement naturel au détriment du vôtre ;
- Transposition dans le grand public : il est possible d'utiliser cette méthode en direction du grand public, notamment dans les domaines où le consommateur recherche de l'information comme la santé, les services publics, etc.

Les entreprises du secteur technologique ainsi que les cabinets de conseil sont les plus grands adeptes des livres blancs. Ces derniers appartiennent véritablement à leur stratégie de communication globale, au service de leurs forces de vente.

- Alcatel-Lucent propose régulièrement des livres blancs en téléchargement, via son site ou son blog, comme celui concernant l'optimisation du déploiement du haut-débit en France, sur http://bit.ly/amonbossdigitalalcatel2011

19 *Ou Whitepaper en anglais.*

20 *« Lead » est le terme anglais pour désigner un prospect : « génération de leads » désigne en langage Internet, la tactique de recrutement de prospects ou de visiteurs.*

21 http://SlideShare.net *et* http://linkedin.com

- Le cabinet de conseil Bearing Point permet un accès à ses livres blancs les plus récents depuis cette page http://bit.ly/amonbossdigitalbearingpointwp2013

Des sites spécialisés, comme http://www.whitepapercentral.com/ (en anglais) ou http://www.leslivresblancs.fr/ (en français) permettent de télécharger des centaines de white papers : pensez à y référencer le vôtre, afin de lui donner une plus grande visibilité ; mais prenez garde à en maîtriser la distribution finale afin de capturer les adresses emails des personnes qui l'ont téléchargé, par exemple en le conditionnant au remplissage d'un formulaire. SlideShare permet d'ailleurs cela dans sa version payante (voir l'exemple de la page pro d'IBM ici http://www.SlideShare.net/ibm), une véritable caverne d'Ali Baba qui regorge de contenus.

C. Le multimédia : vidéo, photo et radio

Les trois composantes les plus communes du multimédia sont souvent sous-utilisées par les entreprises. Alors que la vidéo connaît une véritable explosion depuis 2008, date à laquelle son application en entreprise a littéralement décollé[22], son utilisation n'est toujours pas très aisée. La capture d'une vidéo – même en UGC – reste en effet un acte technique assez complexe. Une certaine régression est même à déplorer depuis notre dernier ouvrage écrit en 2011, car depuis lors, Kodak a cessé son activité et Cisco a cédé ses caméras Flip grand public. L'ère des caméras « pousse-boutons », qui nous avaient tant enthousiasmés il y a à peine deux ans, est révolue. La tendance est même, aujourd'hui, complètement inverse et porte sur l'utilisation d'appareils reflex très sophistiqués ou de smartphones incapables de restituer une image de qualité dès que la lumière se fait rare. Croyez-nous, même en étant calés en photographie, ils restent très difficiles à utiliser pour des amateurs ; sans mentionner le fait que le son doive souvent être enregistré à part, afin de préserver une qualité minimum... et ne parlons pas non plus des logiciels de montage comme Adobe Premiere, d'une complexité inouïe. Cependant, avec un peu de persévérance et de patience (les temps de chargement sur le web peuvent être longs), on peut obtenir d'excellents résultats, comme en témoignent les « Vidéos du Succès[23] » de nos amis Pierre-Philippe Cormeraie et Henri Kaufman, enregistrées avec un iPhone, et qui ont allègrement passé le cap des 8 millions de vues depuis leur premier épisode !

La vidéo d'entreprise n'est pourtant pas dans sa première jeunesse. Les plus expérimentés d'entre nous ont fait leurs premiers tests avec Realmedia[24] dès la fin des années 90, et le résultat n'était techniquement pas mauvais, même si les lecteurs manquaient à l'appel à cette époque.

Deux ans et demi à peine après le début de l'écriture de notre précédent ouvrage[25], le paysage multimédia a beaucoup évolué. Deux branches principales se sont créées :

---

22 *Nous vous renvoyons pour cela à notre premier ouvrage au chapitre 2 du livre Les médias sociaux expliqués à mon boss, Ibid.*

23 http://www.youtube.com/user/VideoPeps

24 http://realmedia.com *: cette technologie est tombée aujourd'hui en désuétude.*

25 *Les médias sociaux expliqués à mon boss, Ibid.*

d'une part, la vidéo professionnelle de qualité, du fait de la professionnalisation de la vidéo en ligne, et le renforcement des plateformes de partage spécialisées, où YouTube[26] règne quasiment sans partage[27]. D'autre part, l'UGC qui reste néanmoins affaire de spécialistes, notamment des blogueurs. La radio est, quant à elle, un média très puissant et extrêmement bien utilisé par certaines entreprises. Citons en exemple notre membre Ubifrance[28]. Mais, la radio reste un média professionnel, difficile à internaliser concrètement et correctement surtout en mode généré par l'utilisateur. De grands progrès sont encore possibles afin de tirer plus grande partie de ces outils multimédias.

De nombreuses entreprises membres de Media Aces ont expérimenté, très tôt, ces techniques innovantes : Ubifrance et sa Web radio dont nous avons déjà parlé, Orange et sa chaîne YouTube (ainsi que son compte Instagram). Les universités ont également entamé un effort important de mise en ligne de certains de leurs cours, sur YouTube ou sur iTunes University[29] depuis un peu plus de trois ans, aboutissant à ce qu'on appelle aujourd'hui les MOOC (*Massive Online Open Course*), évoqués au chapitre précédent. Cette évolution majeure des modes d'enseignement aura sans doute un impact significatif sur l'écosystème universitaire dans les prochaines années.

D. La tactique du baromètre

Le contenu de marque n'est pas seulement un moyen d'amener de la vie ou du vécu sur un site Web. Il peut également être conçu comme une pratique adoucie de « guérilla marketing[30] ». Imaginons une entreprise qui cherche à se positionner sur un domaine qu'elle veut préempter mais qui n'est ni connue ni reconnue dans ce domaine. Une manière, la plus commune, d'y parvenir est de créer un contenu original autour du sujet, mais d'autres méthodes existent... C'est ainsi qu'Unisys[31], à la fin des années 90, s'est lancée dans la banque sur Internet. Légitime dans le domaine financier mais pas sur le Web, la société de services informatiques américaine a créé alors un baromètre évaluant chacun des sites des banques du Royaume-Uni... en prenant soin de prévenir chaque Webmaster avant la mise en ligne. Le résultat fut immédiat : 48 heures après le début du projet, toutes les banques, y compris la banque centrale britannique (la BOE, alors dépendante directement du gouvernement du Royaume) avaient contacté les responsables du projet.

---

26 http://youtube.com *a vérifié la règle de la « loi de Zipf » décrite par Seth Godin dans son ouvrage Unleash the ideavirus qui est encore disponible sur le site de Yann Gourvennec (*http://bit.ly/bossvirus*).*

27 *Figurent aussi* http://vimeo.com *dans la sphère des vidéos de créateurs, encore plus professionnelle, et* http://vevo.com *pour les clips vidéo de musique. Chacune de ces plateformes se spécialise, et un champion émerge dans chaque catégorie.*

28 *Sur* http://bit.ly/amonbossdigitalubifranceradio

29 http://www.apple.com/fr/education/itunes-u/

30 *Voir* http://bit.ly/bossguerilla *pour la description du « guerila pintalla marketing ». Ici, il n'est pas question d'aller aussi loin, mais de trouver un moyen non conventionnel de promouvoir la marque.*

31 http://unisys.com *qui fut un des géants de l'informatique à sa création dans la deuxième moitié des années 1980.*

La version 1998 du site créé par Yann Gourvennec pour Unisys Internet-banking.com et son baromètre. Le design fait sourire aujourd'hui, mais l'idée, en 1996, était révolutionnaire. J

Les écueils à éviter dans ce type de technique sont cependant nombreux : outre le naturel respect qui est dû aux clients, il faut absolument éviter de « mettre à l'index » les entreprises que l'on évalue. Les conséquences négatives seraient dans ce cas trop flagrantes. L'autre écueil principal est celui de la pertinence. Nous avons notamment vu nombre de benchmarks et d'audits, qui souffrent de faiblesses méthodologiques et dont l'impact est très faible, le niveau de lecture et d'autorité du document étant minime.

Équipez-vous d'abord des compétences individuelles qui vous rendront crédibles aux yeux du marché, cherchez la caution de professionnels reconnus, avant de lancer un baromètre qui mesure tout et n'importe quoi, et joue en votre défaveur. Bien manipulé, cependant, cet outil est redoutable.

E. Les interviews d'experts et travaux collaboratifs

Une autre tactique de contournement consiste à inviter des experts reconnus dans un domaine et de les faire plancher sur un sujet. C'est, dans une certaine mesure, la tactique suivie par les sites de presse, en hébergeant des blogs : *Le Cercle Les Echos*, Le Plus du *Nouvel Obs*, etc.

Soyez vigilant à en maîtriser la distribution. En effet, demander à des tiers d'écrire dans un document collaboratif publié par d'autres tiers peut se faire au détriment de la marque. Il faut privilégier les techniques de partage, qui renvoient une référence à vos portails et à vos travaux. La plateforme SlideShare permet notamment l'hébergement de documents en libre partage sous licence Creative Commons[32].

F. Les « serious games » ou comment apprendre en amusant

Nous ne décrirons pas les jeux, loteries et autres tactiques habituelles que vous pouvez bien sûr utiliser. Notre propos ici est d'orienter le lecteur sur l'utilisation du jeu pour

32 *Voir* http://bit.ly/bosscco *pour les instructions qui vous permettront d'attacher une licence Creative Commons à une présentation sur SlideShare.*

illustrer, documenter et animer son cœur de métier. Concentrons-nous donc sur ce qu'il est convenu d'appeler « *serious games* », c'est-à-dire des jeux dont le fondement est sérieux, mais la présentation ludique, et qui permettent aux utilisateurs/joueurs de s'instruire tout en s'amusant. Il en existe de plusieurs sortes :

1. Les « serious games » RH, les plus répandus, souvent initiés par les départements des relations humaines et destinés aux employés, futurs embauchés ou candidats potentiels. La formation de commerciaux, par exemple, peut passer par ce type d'applications[33] ;
2. Les « serious games » externes, plus rares, qui permettent d'étendre cette possibilité aux clients et prospects et (sans exclure les employés pour autant) en développant une préférence de marque ;
3. Les « serious games » éducatifs, visant à informer leur public sur tel ou tel aspect de l'offre produit ou service de l'entreprise. Peu importe le mode opératoire (compétition, arcade, etc.), il s'agit avant tout de sortir de l'expérience de jeu plus riche d'une meilleure compréhension du domaine concerné.

Actuellement en plein boom, le secteur du « serious game » connait quelques évolutions majeures, comme la diffusion de la 3D ou l'apparition de magasins, comme celui de la société Daesign, qui proposent des « serious game » sur étagère.

Orange a connu deux expériences différentes de « serious game » en 2013. La première consistait en une formation à l'animation, au bien-être au travail : stress, risques de l'amiante et à la protection des TMS (troubles musculo-squelettiques) ; la seconde, nommée Hellopolys, était plus proche de l'ADN de la marque, puisqu'elle propose à des internautes de tout profil de se mettre dans la peau d'un opérateur télécom et de concevoir un véritable réseau de téléphonie, mêlant différentes technologies (filaires ou non), pour couvrir une zone géographique.

Hellopolys, un serious game qui vous met dans la peau d'un opérateur télécom

33 *Comme par exemple chez Ugitech* http://bit.ly/amonbossdigitalugitech *ou avec les solutions proposées par Serious Factory* http://www.seriousfactory.com/

G. Écrire chez les autres

Il n'est pas nécessaire de posséder toutes les plateformes pour se faire entendre. Au contraire, une autre astuce intéressante consiste justement à profiter du fait que tous les producteurs de contenus en recherchent et de proposer des articles de fond et de qualité ou des interviews de ses responsables à des blogueurs connus.

Les meilleurs exemples en la matière sont fort probablement les blogs collaboratifs qui ont explosé ces dernières années, en s'appuyant sur la compétence éditoriale de blogueurs intéressés par le sujet central porté par ces blogs : Locita, TechCrunch, SiliconWadi, pour n'en citer que quelques-uns.

H. Les bons produits

Quel meilleur contenu qu'un bon produit ? C'est-à-dire un produit qui sort de l'ordinaire, dont le design et la qualité sont supérieurs et/ou inégalés. Nul doute qu'il s'agit de la voie royale pour alimenter le marketing du bouche-à-oreille. Andy Sernovitz, dans son célèbre livre « le marketing du bouche-à-oreille », récemment adapté en français[34], cite l'exemple de Carnegie Deli[35], ce restaurant de New York, situé non loin du célèbre Carnegie Hall, qui vend les non moins célèbres sandwiches au Pastrami de 7 pouces (21 cm !). Les clients doivent réserver à l'avance et viennent du monde entier pour voir, sinon manger ou emporter chez eux, ces sandwiches énormes ... puis en parler autour d'eux et recommander le restaurant à leurs amis et ainsi de suite.

La photo du sandwich au pastrami de Carnegie Deli :
un véritable sport, le tableau des scores étant sur Google images

Vous aussi, vous pouvez transformer votre produit en une expérience extraordinaire, créer votre propre « sandwich au pastrami » ! Et si tel n'est pas le cas et que ce que vous vendez est banal, plutôt que de faire de la communication, essayez donc plutôt d'améliorer ce produit !

Il existe bien d'autres tactiques originales pour faire parler de vous. Ces quelques idées simples cependant, convenablement transposées à votre contexte, pourront vous emmener un cran plus loin dans votre expérience digitale. Et n'oubliez pas : on ne peut faire « buzzer » un produit rébarbatif, ordinaire et trop cher.

34 *Voir* http://bit.ly/bosswomm *pour le livre anglais,* http://bit.ly/bosswommcomic *pour sa version en bande dessinée que nous recommandons chaudement et* http://bit.ly/sernolivre *pour sa version française.*

35 http://bit.ly/bossdeli *pour le site du restaurant.*

II.4 Les blogs sont-ils morts ?

La mort des blogs, c'est peut-être le marronnier le plus récurrent du Web depuis quelque temps. Chaque année, on voit fleurir çà et là le nième article annonçant la mort du blog ou la mort des blogs. Sic transit gloria mundi, *ce format qu'on encensait il n'y a pas cinq ans serait-il devenu à ce point flageolant ? Le blog serait-il devenu has-been en si peu de temps ? Wordpress et Blogger / Blogspot auraient-ils du souci à se faire ? Et les quelques rares blogueurs qui continuent de bloguer ne seraient-ils que de doux rêveurs en train de perdre leur temps ?*

C'est chaque année la même chose. Entre janvier et mars, alors qu'un hiver pourtant doux flotte sur nos régions, quelques blogueurs ou journalistes jugent utiles de ressortir le nième article sur la « mort des blogs ». Ne leur jetons pas la pierre, nous avons nous-mêmes bu de cette eau là, il n'y a pas si longtemps, en publiant un article plutôt frondeur sur « la mort des médias sociaux » ....

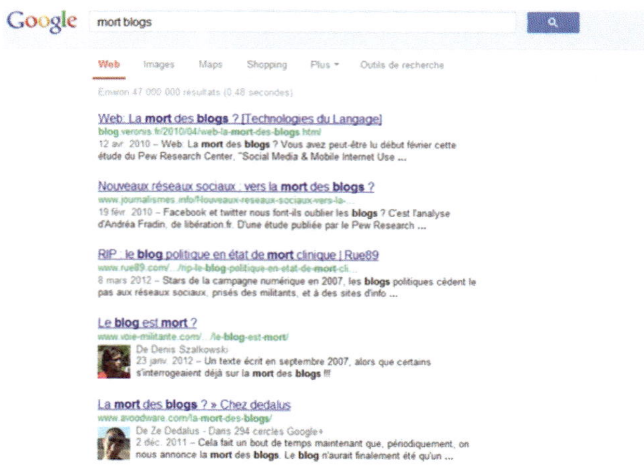

Figure 1: La mort des blogs[36]

Il faut dire qu'avec quelques dizaines, tout au mieux quelques centaines, de visites par jour, la plupart des blogs lassent vite leurs auteurs, qui une fois passée la période d'enthousiasme initiale, renoncent assez vite à poursuivre. Il est, en effet, difficile de devenir le site le plus lu en quelques semaines. L'acquisition d'une audience et d'un trafic soutenu mois après mois, année près année, requiert finalement bien plus de patience que de talent. En outre, aujourd'hui encore plus qu'il y a 5 ou 7 ans, la concurrence fait rage, et dans une très grande variété de secteurs, même si certains

36 *Le raccourci suivant vous amènera sur la dernière version de cette requête inépuisable :* http://bit.ly/mortdesblogs

sont surreprésentés... Il est de plus en difficile d'exister au milieu d'une offre de contenus pléthorique, et disons-le, dont le niveau devient de plus en plus élevé, même en français.

En réalité, rien n'a réellement changé depuis l'époque où Technorati[37] se flattait de classer plus de cent millions de blogs. Depuis qu'ils existent, les blogs ont été des moyens d'expression réservés à une intelligentsia, une classe à part, faite d'auteurs prolixes, à l'aise à l'écrit sur le papier comme sur le Web, capables de tenir leur ligne éditoriale pendant plusieurs années, ou d'infléchir celle-ci quand cela devient nécessaire. Les blogueurs talentueux sont rares et l'ont toujours été. Tenir dans la durée est aussi un défi important, et même les pionniers comme Robert Scoble sont pris en défaut[38]. Peu importe, certains s'arrêtent, d'autres reprennent, telle est la vie. Nous en sommes probablement aujourd'hui à la 5e ou 6e génération de blogueurs depuis la période d'initiation des années 2004-2005.

Ce qui a vraiment changé

Mais alors, qu'est ce qui a changé et pourquoi ce sentiment de mort des blogs est-il si largement diffusé ? Il y a plusieurs raisons à cela, et l'effervescence du Web social en est la principale raison :

- **Facebook, tout d'abord, a largement entamé le capital éditorial des blogs.** Il est en effet plus facile de diffuser un texte court et quelques photos sur Facebook, que de rédiger un article élaboré et bien documenté, c'est une question de temps, mais aussi d'impact. Car Facebook garantit une certaine forme de lectorat, quasi immédiat : les amis, les fans peuvent réagir immédiatement à une publication, via les différentes formes de notification existantes (sur la page Facebook, sur un mobile...). On publie plus et on interagit plus sur Facebook que sur un blog de moyenne envergure. Beaucoup de blogueurs sont donc passés sur Facebook et continuent d'y développer leur « influence » potentielle ;
- **Twitter, ensuite, a entamé le capital de discussion.** Quand autrefois on lançait un débat sur son blog, les échanges se déroulaient dans la zone des commentaires et pouvaient durer plusieurs jours. Désormais, c'est plutôt Twitter qui tient ce rôle de caisse de résonnance et de café du commerce La limitation à 140 caractères n'y fait rien, l'échange est beaucoup plus rapide et souvent plus galvanisant, sur Twitter, du fait de son instantanéité et de l'exposition à de multiples lecteurs. La plupart des blogueurs sont sur Twitter, et un nombre croissant de commentaires se sont déplacés là également ;

---

37 http://www.technorati.com *est un site de classement des blogs, principalement anglophones. Les classements donnés par ce site n'ont pas de valeur pour les blogs français. Pour ces derniers, se référer au classement e-buzzing, ex top blogs Wikio :* http://labs.ebuzzing.fr/top-blogs

38 *Robert Scoble, ex Microsoft, a sérieusement infléchi sa pratique en 2012. Le site* http://scobleizer.com/ *n'a par exemple recueilli aucun nouvel article entre le 9 novembre et le 9 décembre 2012. Retournez voir le site pour observer si un des blogueurs les plus connus, sinon le plus connu, de la planète a lui aussi été frappé par la lassitude de l'écrivain ...*

- **La « curation de contenu[39] »,** un des éléments du nouveau Web sémantique, qui se dessine aujourd'hui, contribue également à détourner les moins courageux de la création de contenus originaux. Si écrire tous les jours est un exercice difficile qui oblige à une discipline de fer, « curer » un contenu, c'est-à-dire effectuer une veille à partir de sites existants pour constituer une page d'informations renouvelée en quasi temps réel automatiquement ou manuellement est une tâche plus aisée. Si la plupart des blogueurs sont aussi de grands « curateurs » et utilisent ces outils pour leur veille et pour s'alimenter en sujets, les utilisateurs les moins prolixes ou les plus timides peuvent se réfugier derrière ces pages de veille et participer eux aussi à la grand-messe de l'information sur le Web, sans avoir à inventer l'eau tiède. Un des outils les plus dynamiques en ce moment est indéniablement Scoop'it[40], produit d'une start-up française installée à San Francisco. Un bon nombre des « rétro-liens[41] » se déplacent également vers les pages de curation ;
- **Le Web social n'est-il pas devenu une immense boîte à images ?** Plutôt que de disserter longuement, nous avons pris l'habitude de partager des contenus visuels : images, vidéos, photos, reçues de nos amis ou prises à longueur de journée. Facebook annonce recevoir 300 millions de photos par jour. Instagram[42] est ainsi devenu ce nouvel « eldorado » de la photographie sociale. Finalement, cette « diarrhée » photographique prend le pas sur le contenu éditorial, plus classique, et qui nécessitant plus de réflexion. On a souvent plus confiance dans sa capacité à prendre un bon cliché qu'à rédiger un bon article !

Ce qui ne change et ne changera pas

Les blogs sont donc menacés par les autres plateformes sociales, fortement virales, plus simples et plus rapides à mettre en œuvre, plus valorisantes car interactives et instantanées. Sont-ils morts pour autant ? Nous en doutons fort, et en voici nos raisons :

- Les blogs sont le socle le plus simple pour construire du contenu, à titre personnel ou professionnel. Ils ne nécessitent pas d'investissements publicitaires coûteux, ni de développements sophistiqués, et peuvent évoluer au gré des choix éditoriaux ou du positionnement de l'entreprise. Véritables couteaux suisses de la communication digitale, ils s'intègrent parfaitement au reste de l'écosystème digital de l'entreprise ;

---

39 http://bit.ly/curationcontenu *pour la définition de ce concept sur Wikipedia en français.*

40 http://scoop.it *pour le site principal,* http://www.scoop.it/u/ygourven *pour le Scoop'it de Yann Gourvennec.* http://actuduweb.orange.com/ *est un exemple d'utilisation de la curation pour la marque Orange.*

41 *Les rétro-liens, aussi appelés « trackbacks » en anglais, sont les liens faits à partir d'autres blogs ou sites sur vos articles. Ils viennent s'inscrire dans la rubrique commentaires de votre blog.*

42 *Instagram ayant été acheté par Facebook pour 1 milliard de dollars en avril 2012 (*http://bit.ly/fbacheteinstagram*), Google a quant à lui lancé son équivalent sur Android puis IOS, une nouvelle application nommée Snapseed (voir* http://www.snapseed.com/fr/*). L'avenir nous dira s'il y a de la place pour deux sur ce créneau, la lutte sera rude pour le géant du moteur de recherche.*

- Les blogs, et le contenu éditorial « riche » en général, restent à la base d'une stratégie de présence sur le Web et d'un bon référencement naturel[43]. Google reste la page d'accueil de nombreuses séquences de surf[44]. Un bon contenu, correctement classé, assure plus de trafic à ses auteurs sur le long terme, que les grandes plateformes sociales ;
- Si Facebook et Twitter sont formidables pour l'immédiateté, ils sont ~~nuls ou~~ inexistants pour la longue traîne. L'article publié en janvier et appelé à connaître son heure de gloire le mois de juin suivant ne le devra ni à Twitter, ni à Facebook, dont les contenus vieux de quelques heures à peine sont déjà engloutis dans le passé ;
- Dans certains secteurs, et notamment en B2B, le Web social « futile », le « cyber babillage » ne sont d'aucune utilité. Être présent, communiquer, interagir, pour de telles organisations, suppose de développer sa présence sur ses propres supports, et le blog en est un essentiel.

En réalité, cette érosion des blogs valorise les « vrais » blogs ou les « vrais » blogueurs, ceux capables de tenir la distance, de se distinguer par un contenu éditorial soigneusement élaboré, dont la qualité prime sur la quantité. La forte dépréciation des blogs n'est que le signe qu'il faut, au contraire, se lancer pour se distinguer. À condition, bien entendu, de tenir dans la durée, ou de monter une équipe éditoriale de taille respectable (quelques dizaines de collaborateurs suffisent). Ces derniers mois, de nombreux projets de blogs multi auteurs se sont développés avec succès, comme ceux de Locita ou de Silicon Wadi[45]. Leur capacité à diffuser un nombre élevé d'articles avec une certaine régularité les place au rang de véritables Webzines, des machines de guerre avec lesquels il est préférable de s'intégrer avec intelligence plus que de chercher à rivaliser. Les blogs sont-ils morts ? Assurément non et ils n'ont jamais été aussi vivants. À vous, auteurs futurs ou actuels, de bien comprendre quelles mutations sont en cours, pour en tirer parti.

---

43 *SEO en Anglais (Search Engine Optimisation, c'est-à dire littéralement, l'optimisation du site pour le référencement).*

44 *Voir* http://bit.ly/pmsearch *pour les parts de marché des moteurs de recherche en France en juillet 2012 et pour vérifier l'hégémonie de la firme de Mountain View sur le référencement naturel des sites Web et sociaux.*

45 http://locita.fr *et* http://siliconwadi.fr/

Interview

« les blogs ne sont pas morts, ce qui est mort ce sont les commentaires »

Afin d'enfoncer définitivement le clou, si tant est que quoi que ce soit puisse être définitif dans le domaine du digital, Yann Gourvennec a interviewé, fin 2012, deux experts du domaine, blogueurs et acteurs de l'Internet de longue date, à savoir Frédéric Canevet et Bruno Fridlansky[46].

Une interview riche en contenu même[47]

Les 10 points relevés par nos deux experts peuvent être résumés ainsi :

1. Les blogs ne sont pas morts mais de nouveaux formats comme les blogs collaboratifs ont vu le jour ;
2. Le blogueur solo peut difficilement survivre ;
3. Les blogs se professionnalisent, ce qui n'empêche pas d'avoir un blog personnel mais avec comme objectif de « se faire plaisir » ;
4. Tisser des partenariats est une méthode privilégiée pour faire vivre et développer son blog ;
5. La « dictature de la visite » n'est pas applicable aux blogs personnels ;
6. Il faut être en phase avec son lectorat sous peine de ne pas être lu ;
7. C'est peut-être céder à la facilité, mais publier un article sur la dernière fonctionnalité de Facebook permet d'être dans le top, même si ce n'est pas très intéressant, à la condition d'être le premier à l'annoncer. Deux manières de se positionner : soit vous entrez dans la compétition, soit vous vous moquez du nombre de visites ou de votre rang dans la compétition et vous cultivez votre jardin ... ;
8. Les blogs ne sont pas morts, c'est un écosystème qui se poursuit dans les médias sociaux ;
9. Ce qui est mort, ce sont les commentaires : très peu de blogs arrivent à en bénéficier ;
10. Facebook est, selon nos experts, moins important que les plateformes (web/mobiles) et ne peut prétendre à faire une OPA sur l'ensemble du web.

46 http://conseilsmarketing.com *pour Frédéric Canevet et* http://www.consonaute.fr/ *pour Bruno Fridlansky qui contribue également à* http://locita.fr

47 *Voir* http://bit.ly/bossblogsmortsitw *pour un accès à l'article complet sur le blog de Yann.*

II.5 10 règles d'or pour réussir son blog d'entreprise

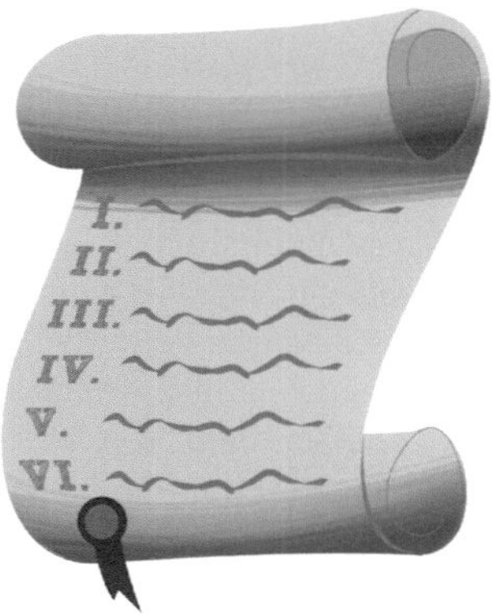

Non, les blogs ne sont pas morts ![48] *Toutefois, lancer, réussir et faire durer un blog d'entreprise requiert un certain savoir-faire, beaucoup de sérieux et de professionnalisme. Voici nos 10 conseils pour réussir votre blog d'entreprise, de la phase de réflexion (quel objectif, quel contenu...) à la phase de mise en place (quelle charte, quels participants et leurs rôles) et enfin quelques astuces pour sa tenue et la génération de trafic. Ces conseils ont été mis au goût du jour, par rapport à notre version publiée en 2011, afin de s'adapter à la période actuelle qui correspond à une phase de maturité du Web social. En effet, tout a évolué, le contenu de marque s'est répandu, un nombre croissant d'entreprises de tous les secteurs produit du contenu, et cela n'est pas neutre ni dans le lancement ni le mode opératoire d'un blog professionnel.*

1. Fixer l'objectif, positionner son blog et en cibler le contenu

Avant toute chose, posez-vous la question de son objectif. Si cela vous paraît un peu trop abstrait, créez la page « à propos de » de votre nouveau blog et mettez-vous devant la page blanche : vous vous poserez rapidement les bonnes questions et serez obligés d'y apporter une réponse.

Alors, pourquoi voulez-vous créer ce blog ? Est-ce pour vous faire connaître, démontrer votre expertise, valoriser vos produits, développer la notoriété de votre entreprise sur un secteur ou est-ce un simple outil de communication pour diffuser de l'information et développer votre égo ? En règle générale, il est fortement recommandé de tenir un blog par activité si votre entreprise a plusieurs métiers très différents. Vous attirerez des visiteurs ciblés et pourrez jouer sur un positionnement d'expert. Dans certains cas, cela n'est pas possible ou demanderait trop de temps ; il est alors conseillé de chercher un fil rouge pour recréer une logique au travers de tous ces contenus. C'est ce fil directeur qui déterminera votre ligne éditoriale ; comme pour une publication classique.

Une astuce pour débuter : regardez les blogs existants dans votre domaine, afin de savoir comment aborder différemment le sujet, d'identifier les « créneaux » qui restent à prendre, de cerner les manques de ces blogs... et surtout les angles de contenu non abordés par vos concurrents.

Ne faites pas un blog « pour gagner de l'argent » ou pour faire la simple promotion de vos produits, cela ne marche pas, nous ne le répéterons jamais assez. Les internautes sont à la recherche d'informations intéressantes et à valeur ajoutée, et non de publi-reportages. La qualité d'un blog vient en effet de son contenu, de la fréquence de ses

48 *Voir le chapitre 5 de cette section Les blogs sont-ils morts ?*

mises à jour, de son look et de la clarté de son positionnement. Il est donc essentiel de définir clairement ces 4 points au travers d'une « charte » qu'il faudra respecter. Pas besoin d'écrire des romans pour établir cette charte. Il suffit de mettre les points principaux dans une présentation PowerPoint sous forme de liste à puces, ce qui vous permettra de faire passer l'information aisément et rapidement.

Notez que, pour assurer un bon démarrage de son blog, il est nécessaire de prévoir dans les premières semaines un rythme de publication élevé (en préparant des articles en avance) : il permettra d'attirer des lecteurs et de favoriser votre référencement sur Google.

Un blog professionnel se distingue d'un blog personnel par le fait que l'image de l'entreprise y est rattachée. Il est donc important de se fixer une ligne directrice et se souvenir que l'on n'écrit pas uniquement en son nom (il vaut mieux ainsi éviter d'écrire des billets « à chaud »). De plus, un blog d'entreprise doit comporter une clause juridique (« *disclaimer* » en anglais) précisant que les opinions émises dans le blog sont celles de ses « experts-rédacteurs » et qu'ils n'engagent pas la responsabilité de l'entreprise. Même si cette mention ne peut pas suffire à protéger l'entreprise dans le cas d'un litige grave (diffamation par exemple), elle est largement suffisante pour protéger le rédacteur en chef du blog (c'est-à-dire vous-même !), sa hiérarchie et ses auteurs si les opinions exprimées dans le blog venaient à être contestées. Nous en avons déjà fait de nombreuses fois l'expérience, cette mention permet notamment d'éviter de se laisser polluer par des fournisseurs qui viennent « *faire la police* » chez vous, en prétendant que vous leur faites du tort. Si l'opinion exprimée n'est pas diffamatoire et qu'elle est étayée, vous ne courez aucun risque et pouvez aisément vous débarrasser du gêneur.

2. Évaluer le temps nécessaire

Concernant le temps nécessaire à consacrer à un blog d'entreprise et les responsabilités y afférant, la réponse est variable selon le projet et la taille de l'entreprise.

Pour estimer le temps nécessaire, constituez un groupe chargé de la vie du blog. Après la rédaction de quelques articles en version « béta », il estimera le temps requis pour réaliser le contenu nécessaire à l'animation. Généralement s'il s'agit de sujets pointus, comptez 3 à 4 heures par expert et par semaine pour réaliser 1 à 2 articles. Idéalement, le groupe de travail des blogueurs est constitué de 5 à 7 personnes ou plus. Il est nécessaire également d'envisager un recrutement régulier de nouveaux contributeurs, vous aurez à faire face à un turn-over important. En effet, comme pour un blog personnel, un blog d'entreprise repose sur la motivation, l'inspiration et la disponibilité de ses membres... Tous ces facteurs sont variables et évoluent en fonction du temps, également de l'organisation interne de l'entreprise.

3. Définir une organisation du blog

Dans ce groupe de travail, désignez un administrateur et des contributeurs, définissez le processus de soumission d'articles, de relecture (un point important dans le cadre professionnel) et de mise en ligne. Il est conseillé d'éviter la mise en ligne directe par les contributeurs. Croyez-nous, nous l'avons testé il y a longtemps, et nous avons décidé d'arrêter ; inutile, en effet, de prendre des risques.

Les billets du blog doivent être publiés régulièrement, c'est-à dire au moins deux ou trois fois par semaine, l'idéal étant un billet par jour (ou un tous les deux jours). Pour assurer un tel rythme de publication avec des articles de qualité et des sujets variés, il est donc essentiel de mettre en place un comité de rédaction avec des dates de publication, des sujets planifiés à l'avance... La maturité des blogs est telle qu'un article par jour devient la norme inférieure.

Si vous travaillez avec un groupe de blogueurs important et écrivant de manière discontinue pour votre blog, dressez une liste de tous les thèmes abordés, ceux qui seraient intéressants à traiter... avec éventuellement des articles à écrire selon des temps forts importants (salons, soldes, sorties de produits, etc.).

4. Soigner son contenu

Le contenu de vos articles peut être constitué d'articles de fonds, de sujets d'actualités, de listes de liens, de ressources et de modes d'emploi, de comptes-rendus de séminaires et de présentations (les vôtres ou celles de votre secteur)... Il faut noter que les comptes-rendus de salons fonctionnent particulièrement bien en B2B : c'est un bon moyen d'attirer ceux qui n'ont pu y assister. Un conseil : pour qu'un compte-rendu fonctionne bien, il faut être le premier à le faire afin d'attirer un maximum de lecteurs et éviter de faire le nième compte-rendu au milieu de dix blogueurs qui racontent tous la même chose ou à peu près.

Les articles de référence dans lesquels vos experts donnent leurs avis, conseils et retours d'expériences sont extrêmement valorisants : ils contribuent au sérieux de votre blog. Ce sont des billets qui garantissent, sur le moyen et le long terme, sa fréquentation. Cependant, ils sont très consommateurs en termes de temps de rédaction, de recherche et surtout d'amélioration par rapport à ce qui existe déjà sur Internet. Ceci étant dit, notez que les articles les moins sérieux et les commentaires d'actualités seront ceux qui vont attirer en un article un nombre maximal de visiteurs. Ils vous permettront, souvent, de récupérer un flot de nouveaux lecteurs. Le mieux est d'alterner les deux types de contenus.

Écrivez de la manière la plus naturelle possible : évitez les termes trop techniques ou marketing, sauf pour améliorer votre référencement naturel sur un terme spécifique. N'oubliez pas non plus d'être objectif lorsque vous parlez de vos produits (ce ne sont pas les meilleurs produits du monde ni les seuls sur ce marché). Vous devez donner des conseils pratiques et concrets, en particulier des exemples de réussites et des « success stories » tirées de cas réels chez vos clients. En règle générale, il vous faudra apprendre à développer vos compétences et celles de vos collaborateurs en termes de *storytelling*.

Évitez les fautes d'orthographe, les abréviations (infos pour information par exemple...), ainsi que les expressions trop familières ; c'est l'image de l'entreprise qui est véhiculée dans vos billets. Dans un contexte professionnel, il existe encore de nombreuses personnes pour qui certains sujets sont sensibles, voire qui peuvent être choqués par des expressions familières ou l'utilisation d'émoticônes ou d'abréviations trop courantes ou décalées (éviter les « lol » ou son équivalent français « mdr[49] » par exemple, sauf si votre blog s'adresse à des jeunes ou au grand public.).

N'oubliez pas que tout ce qui est écrit sur Internet reste sur Internet un certain temps. Il est donc toujours possible que ressurgisse un écrit publié sur votre blog, plusieurs années plus tard. Faites donc preuve de modération (!) et d'attention dans vos publications. Veillez également à citer vos sources, qu'il s'agisse d'études et de chiffres indiqués, mais aussi d'autres blogs ayant servi au travail de recherche documentaire.

5. Mettre en avant les auteurs

Pensez à mettre en avant vos experts : signatures, photographies et biographies sont les bienvenus. Pour cela, créez une page spécifique avec les fiches personnelles de chacun des rédacteurs. D'une part, vous les fidéliserez (ils se sentiront reconnus par l'entreprise qui les met en valeur sur une page officielle) et d'autre part, l'expert pourra défendre son point de vue en cas de sujet sensible (au lieu d'engager la responsabilité de l'entreprise tout entière).

6. Bien promouvoir ses articles

Il ne suffit pas d'écrire de bons articles pour assurer le succès de son blog. Il faut surtout les mettre en avant, que ce soit dans les sites professionnels, la newsletter interne, les sites de curation[50], les blogs ayant la même thématique...

Ajoutez les mots-clés essentiels de votre métier dans les titres de vos articles ainsi que dans les 10 premières lignes d'introduction (sans en saturer le texte, rappelez-vous que vous écrivez pour vos lecteurs, pas pour Google). Une bonne astuce consiste à écrire dans le titre de son article les mots-clés que taperait un prospect dans Google pour trouver vos produits.

La dimension de partage des contenus publiés sur un blog est essentielle. Mettez à disposition de vos lecteurs tous les moyens de réaliser ce partage : via un bouton « Envoyer à un ami » ou des boutons de partage sur les réseaux sociaux comme Facebook, Twitter, Viadeo ou LinkedIn. Les systèmes de vote sur les articles les plus appréciés, comme celui proposé par Wordpress, sont plutôt sur le déclin, nous vous conseillons de ne pas vous en embarrasser.

---

49 *Lol = laugh out loud en anglais et mdr = mort de rire, son équivalent français.*

50 *Comme Scoop'it (http://scoop.it) ou stumble upon (http://stumbleupon.com) ou encore digg.com (http://digg.com)*

Il est important de mettre à la disposition de vos lecteurs un flux RSS pour leur permettre de suivre les nouvelles de votre blog corporate. Néanmoins, l'utilisation des flux RSS est encore très loin d'être adoptée dans toutes les entreprises. C'est pourquoi, il nous parait plus important de proposer en priorité l'inscription à une newsletter "classique". C'est d'autant plus vrai qu'une newsletter vous permet de récupérer les adresses de vos abonnés, pour étoffer vos emailings.

Créez de l'interactivité avec vos lecteurs pour faire vivre votre blog : organisez des concours (en cas de dotation, n'oubliez pas le dépôt du règlement chez l'huissier qui coûte dans les 200 euros), posez des questions à vos lecteurs et demandez-leur de partager leurs avis et expériences...

7. Mesurer les résultats

Le succès d'un blog professionnel se mesure sur le long terme, il faut donc être patient et analyser les résultats après trois à six mois au minimum. Ensuite, ces résultats pourront être mesurés plus régulièrement. Une astuce consiste également à utiliser ces résultats comme outil de motivation des blogueurs, en créant une saine émulation entre eux. Éditer un classement des blogs chaque mois est une bonne idée par exemple, car cela permet de mettre en valeur les meilleurs contributeurs et de maintenir l'envie d'écrire, tout en prouvant le résultat. En effet, si un article est beaucoup lu et repris, c'est qu'il a trouvé son lectorat.

8. Conseils d'écriture

Placez en home page au maximum vos dix derniers articles, avec uniquement une demi-page de texte pour « donner envie », puis insérez un lien à cliquer pour « en savoir plus ». Une bonne astuce pour augmenter le taux d'abonnement à sa newsletter ou à ses flux RSS est de créer des séries d'articles.

Écrivez des articles courts, rappelez-vous que les internautes n'ont pas toujours le temps de lire vos articles supérieurs à 2.000 signes. Et si jamais votre texte est long, agrémentez la mise en page de listes à puces, aération, gras, couleur... sans oublier d'y glisser quelques illustrations, afin de proposer une lecture facile par un simple balayage rapide.

Alternez les articles longs et les articles courts, les articles de fonds et les news. Pour les « gros » articles, proposez-les également en téléchargement en PDF avec une mise en page « dossier spécial ».

Si vous travaillez à l'export, utilisez les services d'un traducteur pour adapter vos articles en différentes langues. En revanche, il est essentiel de prendre des exemples concrets de ces pays pour escompter le succès d'un article (ex: sites Internet locaux...).

9. Soigner les titres et les images

N'oubliez pas de soigner vos titres ; ceux-ci doivent être accrocheurs, comporter tous les mots-clés importants et résumer le sujet en sorte que d'un simple coup d'œil, les enjeux exposés dans l'article soient perçus. Pour cela, laissez le rédacteur en chef du blog finaliser le titre, sauf si le contributeur a déjà intégré cette dimension. Il n'est, en effet, pas rare de retrouver dans ces blogs d'entreprise, des contributeurs qui écrivent sur leurs espaces personnels et qui connaissent les bonnes astuces. Si vous vous interrogez sur ce qu'est un bon titre, achetez *Libération* et *Télérama* : ces deux publications sont passées maîtres dans l'art de ciseler un titre.

Ajoutez également des images de qualité sur votre site Internet pour illustrer vos articles. Pour cela vous pouvez acheter pour moins d'un euro des images sur www.fotolia.fr, www.dreamstime.com. Le mieux : proposer sur votre site de réelles photos d'événements, de produits ou de personnes (attention aux droits à l'image cependant !). Si ce n'est pas possible, proposez au moins des schémas originaux créés par vos experts par exemple et retouchés par un graphiste ; surtout si vous en avez en interne, il ne vous en coûtera qu'un café !

10. Coller à l'actualité

N'hésitez pas à adapter à votre univers des sujets d'actualités afin de rendre plus vivant votre blog, mais aussi pour générer du buzz auprès d'autres sites… Apportez toujours une attention à l'image que cela peut renvoyer. Il ne faut, en effet, pas sacrifier au sensationnalisme : c'est l'impératif du blogueur d'entreprise. Néanmoins, n'oubliez pas que sur un blog, une information est très vite enterrée et qu'il ne faut pas hésiter à évoquer le même sujet quelques semaines plus tard, en le traitant d'une autre manière ou sous un autre angle.

En conclusion

Notons que la tenue d'un blog d'entreprise est un véritable projet d'entreprise, avec un début de professionnalisation. Le métier de « rédacteurs Internet », qui rédige des articles pour des blogs professionnels, est en émergence, certains blogs personnels commençant même à être rachetés par des entreprises en raison de leur lectorat et de leur notoriété.

Comment bien récompenser les blogueurs dans une entreprise

Tout le monde apprend de ses erreurs autant que de ses bonnes expériences. Motiver une équipe de blogueurs en interne n'est pas si simple que cela, voici donc quelques conseils puisés à l'aune de notre expérience personnelle :

- **Ne pas leur mettre la pression** : vos blogueurs ne le sont pas à temps complet, ils ont d'autres tâches professionnelles à accomplir, et sur lesquelles ils sont mesurés. Ce ne sont pas des blogueurs professionnels, mais des professionnels qui font du blog : la nuance est importante. Leur ajouter une pression supplémentaire serait contre-productif : ils finiraient pas refuser de contribuer en arguant de leur emploi du temps déjà lourdement chargé, et à juste titre, et pourraient même démotiver d'autres contributeurs éventuels ;

- **Stimuler et encourager, mais ne pas monter les uns contre les autres** : l'émulation a toujours été un excellent stimulant au sein d'équipes impliquées dans des projets collaboratifs où chacun dispose d'une large part d'initiative. Alimenter cette émulation est donc relativement sain, à condition de ne pas la transformer en compétition ou en rivalité interne. À ce jeu là, vous risqueriez bien de perdre sur tous les tableaux ;

- **Éviter les récompenses inintéressantes** : une des manières courantes de motiver les équipes de blogueurs consiste à créer des concours occasionnels : article le plus lu sur un trimestre ou article le plus partagé / commenté. À la clé, un cadeau en relation avec l'activité de vos blogueurs peut faire sens. Évitez cependant les cadeaux inintéressants (qui voudrait de nos jours d'un netbook linux ?) ou contre-productifs ;

- **Éviter de dégoûter les contributeurs occasionnels :** tous les contributeurs ne participeront pas avec la même ardeur à votre projet de blog multi-auteurs, soyez-en convaincu. Pourtant, ce ne sont pas les contributeurs les plus réguliers qui auront le plus de succès. Certains auteurs occasionnels peuvent fort bien publier cet article qui attirera 10 ou 15 % du trafic sur l'année, de par leur compétence ou leur notoriété. Évitez donc de les décourager ou de les dégoûter, apprenez plutôt à les charmer et les convaincre de participer. Vous ne serez pas déçus.

- **Éviter de croire que les employés attendent de l'argent ou des cadeaux :** ils recherchent surtout de la reconnaissance. Croire que la perspective d'un gain financier motive les blogueurs est faux. La satisfaction du travail bien fait et d'une audience abondante sont largement plus valorisants, à titre personnel et professionnel. C'est cela qui constitue le nerf de l'activité des blogueurs dans un contexte professionnel.

II.6 Les spécificités du B2B dans la communication digitale

Dans le chapitre I.12 des Médias sociaux expliqués à mon boss[51], nous expliquions que les médias sociaux étaient utiles en B2B, voire même que le B2B était l'avenir des médias sociaux. La conférence Useful social media52 qui s'est tenue à Londres en juin 2012 a confirmé cette tendance, en accueillant plus de personnes dans la session B2B que dans celle du marketing social à destination des consommateurs, pourtant concomitante. Revenons ici sur ce sujet, en élargissant la question à la communication digitale dans son ensemble.

Le B2B, un environnement protégé

5 ans d'expérience de terrain dans les médias sociaux en entreprise, et bien plus de 10 ans dans le digital nous ont donné un bon recul sur les différences entre le B2B et le B2C. Prenons n'importe quel opérateur de services (dans la banque/assurance ou dans les télécoms par exemple). À de rares exceptions près, nous retrouverons ces marques selon le schéma suivant :

les opérateurs de services dans l'écosystème Internet

marques	sous le radar	fonctionnelles
opérateurs de services	B2B	B2C
caractéristiques	pas ou peu de buzz	fonctionnement & fonctionnalités
réponses	sortir du cadre, la marque peut prendre la parole	prépondérance du Social CRM et du community management (forums/social media)

inspiré de Les médias sociaux expliqués à mon boss, ibid. avec des insights de Synthesio

Les marques de service dans l'écosystème Internet

Les perceptions d'une marque de service en B2B et en B2C sont radicalement différentes. Ceci, même si nous parlions bien de la même marque et de la même entreprise,

51 *Ibid., chapitre 1.12, page 110.*

52 http://bit.ly/bossuseful *pour voir la présentation de Yann Gourvennec sur le sujet : what platform for what message réalisée pour le compte d'Orange.*

quels que soient les séparations entre unités d'affaires pouvant exister[53]. Le B2B n'est pas exposé aux mêmes problématiques de service client :

- le client bénéficie d'une interface commerciale dédiée, il sait qui appeler, il n'est pas un compte anonyme ;
- deuxièmement, plus le compte est important, plus il bénéficie d'un service client dédié ;
- enfin, résoudre un litige avec un fournisseur est une affaire privée, qui se règle par la négociation entre professionnels, non par Twitter et blogs interposés.

Dans le domaine du marketing au consommateur, depuis que ceux-ci ont découvert les médias sociaux, les critiques fusent[54]. Notre expérience nous a montré que pour les marques des secteurs exposés déjà cités (notamment les services télécoms grand public), 10 à 15 % de tweets étaient insultants, avec de fortes variations selon les pays, en fonction de la maturité locale de Twitter et des caractéristiques culturelles locales. Ceci n'est pas véritablement lié à telle ou telle marque, mais plus au secteur auquel la marque appartient. Nous avons rencontré ce genre de réactions dans le monde entier, en provenance de clients excédés, sur tous types de marques du même secteur ; aucun concurrent n'est épargné ou presque. Ceci s'explique également par le très grand nombre de clients acquis, dont une proportion infime, mais très volubile, est excessivement mécontente. En effet, très peu de clients envoient un tweet à chaque fois que leur téléphone fonctionne bien, c'est-à-dire la majeure partie du temps ; que survienne un problème, et l'envie de s'épancher en public est très spontanée.

En B2B, rien de cela ; si vous courez plus de risques dans le bas de marché (celui qui s'occupe des TPE), il est rare, hormis quelques exceptions, que vous soyez exposés à ce genre de problèmes. La négociation est la norme.

C'est cela qui contribue à faire du B2B, un environnement protégé.

Le B2B, un espace où le « Brand content[55] » est naturel

Un autre facteur de différenciation de ces deux secteurs en ce qui concerne le marketing digital, est qu'en marketing B2C, proposer du contenu au grand public est un luxe ou un artifice marketing, certes puissant et de plus en plus répandu, mais pas une nécessité vitale. Dans le marketing B2B, c'est exactement l'inverse : expliquer sa vision, sa philosophie de travail, son approche du marché, ses méthodes et ses secrets de mise en œuvre dans des sites Web, des fascicules, des Webzines, newsletters, WebTV, etc. est un passage obligé. La communication digitale a rendu ce travail beaucoup plus

53 *Yann Gourvennec a notamment vécu ce phénomène pendant 3 ans au sein d'Orange Business Services et 2 ans dans le cadre du groupe France Telecom Orange, permettant ainsi une comparaison sur le long terme de deux visions radicalement opposées de la même marque, au sein de la même entreprise.*

54 *Nous rappelons que ces remarques sont à nuancer en fonction du secteur de la marque en question, voir Les médias sociaux expliqués à mon boss (ibid.), consulter le schéma de la page 72 au chapitre 1.6.*

55 *Le terme américain consacré est « content marketing » soit « marketing de contenu » mais nous utilisons ici le barbarisme popularisé par Daniel Bô dans son fameux livre : Brand content ,aux Éditions Dunod : cf.* http://bit.ly/bossbrandcontent

puissant en le combinant à des techniques d'hameçonnage efficaces (génération de prospects). Les professionnels, toujours en recherche de solutions à leurs problèmes de business, s'abreuvent en effet d'informations spécialisées. Il leur est indispensable de s'en nourrir et Internet est, aussi bien en B2B qu'en B2C d'ailleurs, le terrain de jeu de prédilection du « content marketing ».

L'optimisation du référencement payant (SEM)

La génération de prospects (ou « lead generation ») est le Graal du marketing en B2B. Là où en marketing B2C, des budgets considérables[56] seront investis, notamment en achats de mots-clés (SEM[57]), les budgets n'auront pas besoin d'être aussi conséquents en B2B. En choisissant judicieusement vos combinaisons de mots-clés, vous garantirez l'optimisation de votre budget et la maximisation de votre efficacité. En B2B, le nombre de personnes recherchant des informations sur les sujets professionnels de niche sont, par définition, en faible nombre. Un budget modéré pourra donc être consacré à ces mots-clés, si vous évitez les mots valises[58]. Une bonne ingénierie marketing est donc nécessaire pour choisir les combinaisons pertinentes, comme expliqué dans le cartouche suivant.

La fusion entre journalisme et Internet

Dans le marketing au consommateur, l'emphase est encore mise sur la presse traditionnelle, surtout en France. Les débats sur son poids en termes d'influence et d'impact chiffré restent ouverts et passionnés. Une part croissante des journalistes de la presse grand-public migre vers l'Internet (*Rue89, Mediapart, Arrêt sur images, Atlantico*[59],...) C'est très peu en proportion et les grandes publications sont, elles aussi, en voie de migration, moins tardive qu'on le croit, elles-mêmes subventionnées par Google au terme d'un bras de fer épique[60].

Cette bataille est, quant à elle, finie dans le B2B. Blogueurs et journalistes se confondent et souvent, c'est notre cas, les premiers sont invités à des tours de presse, ou obtiennent facilement des entrées presse sur les salons et les événements internationaux ; il n'y a donc plus de guerre, mais des échanges. La presse, notamment

---

56 *Voir à ce sujet l'article de Denis Fages, sur le blog Visionarymarketing* http://bit.ly/marketgoogle *Adwords : comment les marketeurs engraissent Google (tribune libre).*

57 *Search Engine Marketing, ou référencement payant, à comparer à SEO (Search Engine Optimisation) ou référencement naturel.*

58 *C'est-à-dire les mots génériques qui sont ambigus. « Réseaux » par exemple, est un très mauvais mot-clé pour un opérateur télécom car une recherche rapide sur l'outil de statistique de Google (Google adwords keyword tool :* http://adwords.google.com *puis choisir « keyword tool » dans la section « tools and analysis ») vous montrera que le mot valise « réseaux » est majoritairement associé aux réseaux sociaux, alors que les mots-clés « réseaux d'entreprise » ou « réseaux IPVPN » sont d'une part plus appropriés et d'autre part moins chers. Le nombre de recherche sur ces mots-clés étant le fait d'un petit nombre, il est donc préférable de les privilégier car un budget très faible vous permettra d'atteindre aisément votre cible.*

59 *Rue89, fondé par d'anciens journalistes de Libération dont Pierre Haski, a par ailleurs été racheté par le Nouvel Obs le 21/12/2011 ... la boucle est presque bouclée.*

60 *Cf. Les Echos du 04/02/2013 Cessez-le-feu conclu entre Google et la presse sur la création d'un « fonds de 60 millions d'euros pour financer les projets numériques des journaux français ».*

informatique, a quasiment entièrement migré sur le Web. Et les journalistes B2B pour la plupart, écrivent pour les entreprises, qui à leur tour n'hésitent pas à travailler avec ces premiers pour promouvoir ou écrire leurs contenus de marque. Déplorons cet état de fait, ou au contraire, réjouissons-nous d'une mutation qui crée un environnement foisonnant et riche, où les cloisons s'abattent. C'est à vous de choisir.

Communautés et collaboration

Le B2B est affaire de niches de passionnés d'un métier, d'une technique ou d'une branche entière. Les « experts » sont capables de ferrailler pendant des heures sur des sujets qui, pour le marketeur lambda, paraissent complètement abscons ou tout au moins futiles. C'est exactement cela qui caractérise une communauté : un écosystème de personnes animées par des passions communes, qui s'expriment dans un dialecte particulier et qui s'entraident et collaborent.

Bâtir des communautés de clients ou de produits en public est un sport délicat et réservé à des entreprises déterminées ; l'allocation de budgets ou de moyens conséquents n'y est pas une option (Casino n'a pas hésité à ouvrir une entité à part pour www.cvous.com, qui va jusqu'à la coproduction de produits avec ses clients. Citons également dans le domaine de la collaboration clients, des entreprises comme Leroy Merlin ou SAS[61]). La co-création n'y est pas naturelle, et elle est soulignée, lorsqu'elle existe, comme étant une prouesse. Or, ce travail de co-création est banal dans le B2B. Les groupes d'utilisateurs produits ou les clubs de clients, par exemple, sont des classiques du marketing du B2B. Ils font partie du travail naturel de tout marketing manager de ces secteurs.

Ainsi, alors qu'il est d'usage de devoir accompagner des espaces communautaires pour éviter qu'ils ne s'essoufflent, même et surtout en interne, on a pu s'apercevoir du caractère spontané de ce genre de collaboration, lors de la mise en place d'espaces partagés sur SharePoint pour Orange Business Services, afin de permettre à ses clients et ses équipes de vente et marketing de collaborer, d'échanger et de capitaliser. Le succès fut immédiat : sans soutien ni formation, les différentes équipes clients se passaient le mot spontanément pour créer leurs espaces, ainsi que tous les groupes produits et utilisateurs. Rapidement, en à peine quelques mois, c'est près de 2.000 utilisateurs de la plate-forme SharePoint qui échangeaient en ligne, faisant de cet espace (pour lequel l'organisateur n'avait même pas jugé nécessaire de donner un nom) un succès reconnu dans l'entreprise et auprès de sa clientèle grands comptes internationaux.

On le voit, cette collaboration est spontanée dans le B2B : pas seulement entre clients et fournisseurs, mais aussi et surtout entre fournisseurs eux-mêmes au travers de partenariats et d'échanges, et même parfois entre concurrents, sous la forme de coopétition[62].

---

61 *Voir l'article en anglais SAS can't "buy" fans but knows how to attract customers #csmb2c « Marketing & Innovation »* http://bit.ly/bosssas

62 *Barbarisme formé des deux mots « compétition » et « coopération » et traduit littéralement de l'anglais.*

Le B2B, un terrain de jeu de prédilection pour le digital et les médias sociaux particuliers

Notre conclusion s'adresse aux professionnels du B2B qui, trop souvent, ont le sentiment que les médias sociaux et la communication digitale en général, « ce n'est pas pour moi », et qui se trompent. Ces outils qui leur donnent l'impression qu'ils vont perdre leur temps sont, en fait, là pour leur en faire gagner, pour peu qu'ils sachent les utiliser à bon escient.

C'est ce que nous démontrons plus en détail dans le chapitre suivant : il décrit la différence entre marketing direct et médias sociaux.

II.7 Comment Sarah Goodall a convaincu le boss des finances de SAP de l'importance des médias sociaux en B2B

En parlant d'adoption des médias sociaux dans le domaine B2B, s'il est un exemple à citer en Europe, c'est bien celui de SAP, le fameux éditeur de logiciels allemand. Sarah Goodall, responsable des médias sociaux pour EMEA a livré sa tactique de conduite du changement au cours de la conférence Useful social media en 2012 à Londres en répondant à la question « comment les médias sociaux peuvent-ils générer de la valeur ? ». Sarah a expliqué en toute honnêteté « qu'elle n'avait pas toutes les réponses », mais elle a partagé quelques secrets avec nous. Ils pourraient vous servir afin de pouvoir lancer ou développer vos initiatives de médias sociaux dans votre propre entreprise.

Sarah Goodall a travaillé pour des entreprises grandes et petites et elle sait « comment faire tourner son business avec un budget réduit ». SAP[63] vend des logiciels et des services aux entreprises et a 40 ans d'existence. En termes de marketing, son « orientation est très traditionnelle ». Si l'entreprise évolue aujourd'hui vers ce qu'elle appelle le « social business », cela représente pour elle « un véritable bouleversement culturel ». C'est ainsi que les médias sociaux sont arrivés comme « un choc de culture » : la grande entreprise allemande a alors modifié son approche marketing. Cela s'est traduit par une emphase accrue sur le contenu qui peut toucher le client autant là où il se situe déjà (marketing entrant) que sur la capacité à le bombarder d'information (marketing sortant). Ainsi, la transition au marketing entrant est elle en train de s'opérer, « même si nous ne sommes pas encore arrivés au bout du processus », rappelait Sarah en toute franchise. « Le marketing sortant représente encore deux fois le budget dépensé sur le marketing entrant » a-t-elle ajouté.

Comment prouver l'influence des médias sociaux sur les résultats de l'entreprise ?

Au cœur même du business, il y a les communautés de SAP : la communauté interne tout d'abord et surtout sa communauté externe avec ses clients. En plus

63 http://sap.com

de cela, citons tous les canaux qui ne sont pas propriétaires tels que LinkedIn, SlideShare, Facebook, Twitter, etc. Le *SAP Community network*[64] est bien connu en dehors de l'entreprise, car il compte désormais 3 millions d'utilisateurs. « Un grand nombre de blogueurs contribuent à cette communauté, la plupart d'entre eux n'ayant pas de liens directs avec l'entreprise d'ailleurs » a ajouté Sarah. Sur les plateformes externes, SAP possède suffisamment de fans pour remplir plusieurs stades de football, « mais cela ne suffit toujours pas à convaincre le boss des finances ! » a-t-elle ajouté. Ils ont besoin de chiffres et de faits, d'arguments plus solides. Alors quels sont les arguments qui vont vous permettre d'arriver à vos fins ? « Ce qui intéresse le directeur financier, c'est l'impact sur la valeur client, et sur la ligne de bas de bilan et ça, ce n'est pas facile, je ne vais pas m'en cacher » a précisé Sarah.

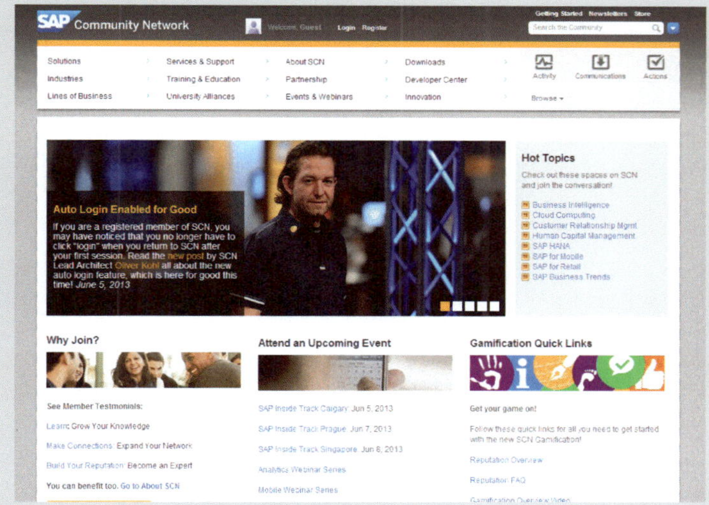

L'une des plus anciennes communautés professionnelles en ligne

6 recettes secrètes (mais qui ne le seront plus) de SAP pour mettre en œuvre les médias sociaux en B2B

1. **Économiser sur les dépenses de R&D :** si vous utilisez les commentaires et les systèmes de vote dans les médias sociaux et que vous les comparez à l'argent que vous économisez en termes de R&D, l'impact est fantastique. Il y a également un coût associé à la fidélité des clients et aux économies qui peuvent être ainsi générées au travers des médias sociaux ;

2. **Social commerce :** c'est un sujet un peu plus difficile, nous a confié Sarah Goodall car « le processus de vente de SAP ne marche pas tout à fait comme ça ». SAP a bien essayé d'insérer des liens dans LinkedIn et a conduit des expériences sur la manière dont Facebook pouvait amener à générer des pros-

64 http://www.sdn.sap.com/irj/scn

pects. Mais « ceci n'est pas suffisant pour générer un chiffre d'affaires conséquent » a-t-elle précisé, tout en ajoutant que « ce n'est pas une science exacte, mais c'est toutefois suffisant pour démontrer un peu la valeur ». Il y a également la possibilité de transformer parfois, et presque par chance, un prospect en client, et lorsque cela arrive, « c'est une grande réussite » nous a-t-elle confié ;

3. **La veille au travers des médias sociaux :** c'est un peu moins évident, mais au travers des médias sociaux, il est possible d'obtenir des insights clients et même de montrer des références de visite en provenance des plateformes de médias sociaux ;
4. **Médias sociaux et marque :** les médias sociaux peuvent également servir à mesurer la santé d'une marque selon la responsable des médias sociaux Europe Afrique de l'éditeur de logiciels allemand. SAP surveille en temps réel ce qui se dit sur sa marque et celle de ses concurrents. « Les commentaires ne viennent pas en nombre » a-t-elle précisé, « mais le peu que nous obtenons est utile » ;
5. **Sapphirenow**[65] : Une des plus grandes conférences en B2B est celle organisée par SAP tous les ans, à savoir *Sapphirenow*. À Orlando, lors de la version 2012, 15 % des noms Twitter des participants à la conférence ont été identifiés dont 25 % suivaient le compte Twitter @sapphirenow. « Nous en sommes encore à la préhistoire » a précisé Sarah Goodall, « mais il est intéressant de pouvoir lier ce que nous faisons à notre business car cela prouve que c'est utile » a déclaré la représentante de SAP ;
6. **Efficacité sociale :** les médias sociaux (NDLR : on inclut ici les forums dans la famille des médias sociaux) font économiser beaucoup d'argent en termes de support client et réduisent significativement le montant d'appels entrants reçus par SAP. Les « SAP mentors » sont les avocats de la marque SAP et « leur réseau est un média qui a une valeur inestimable ».

Les bonnes métriques

En conclusion, Sarah pense qu' « il faut communiquer sur les bonnes métriques au bon auditoire et ne pas montrer des taux de clic ou un nombre de « followers » à votre CEO ! Montrez au contraire comment les médias sociaux peuvent avoir un impact sur la productivité. « On ne peut pas véritablement parler de ROI Facebook » nous a-t-elle averti en guise de conclusion.

65 http://www.sapphirenow.com

II.8 Avis d'expert : Stéphane Lapeyrade, B2B et digital : « je te like », moi non plus ...

Stéphane Lapeyrade est en charge des médias sociaux et du community management au sein d'Alcatel-Lucent, société cotée et membre de Media Aces. En juillet 2011, Stéphane est déjà intervenu lors d'une conférence Media Aces sur cette problématique de présence d'une marque B2B sur les médias sociaux. Il nous livre ici son témoignage réactualisé.

Dans une entreprise B2B, on est souvent mal à l'aise par rapport à sa présence online. Confidentialité, technicité des sujets, distance vis-à-vis du grand public, audience limitée... Les arguments ne manquent pas pour garder le silence. Et si le digital était justement le meilleur ami du B2B ?

Brisons 5 clichés pour réconcilier B2B et digital :

1. « **Nos produits ne sont pas sexy** » : voici un des grands complexes du B2B par rapport au B2C. Mais en quoi vos outils, matériaux, composants, procédures seraient-ils moins intéressants que les produits grand public qu'ils servent à concevoir ? Inspirez-vous des émissions de vulgarisation qui expliquent comment un produit est fabriqué ou un bâtiment construit, vous y trouverez des idées pour votre contenu, afin de mettre en scène vos produits (ou vos salariés) en ligne et développer une histoire autour.
2. « **On n'a pas le droit d'en parler** » : peut-être ne pouvez-vous pas entrer dans le détail de la fabrication de vos produits ni mentionner vos références client. Parlez de vous, de vos salariés, de la manière dont vous innovez, donnez votre avis sur votre secteur, sur ses tendances... Un blog d'entreprise est idéal pour raconter la vie de son entreprise et ses activités sur un ton plus spontané, plus humain, plus varié.
3. « **On n'est pas connu** » : certes, votre présence en ligne ne générera peut-être pas des millions de vues, mais vous visez une audience d'experts. Vous êtes « entre vous » ! Vous lisez la même presse spécialisée, vous allez dans les mêmes conférences. Laissez vos experts s'exprimer, le Web social est l'endroit idéal pour prolonger et étendre vos relations clients qui se déroulent traditionnellement dans le monde « réel ». Et votre site Web constitue votre vitrine principale, votre premier point de contact avec vos parties prenantes.
4. « **Site Web, médias sociaux, e-mail... il y a trop de canaux** » : ne suivez pas la mode, choisissez vos batailles. Où sont vos clients et autres influenceurs en ligne? Parlent-ils de vous, de votre secteur ? Allez là où vous vous sentez à l'aise et pertinent (mais gardez un œil sur les tendances). L'accès au numérique, s'il n'est pas gratuit et prend du temps, vous permet de toucher une vaste audience pour un coût moindre que les supports offline traditionnels, ce avec une grande flexibilité. Et n'oubliez pas que votre site Web reste votre fondation.

5. « **On n'a pas le temps, ni les moyens** ». Le numérique est un complément, mais c'est aussi une alternative. Peut-être est-il temps d'arrêter vos supports papier... Commencez petit, simplement, en mode expérimental. Mettez vos experts à contribution. Ils vous diront qu'ils n'ont pas le temps non plus, mais certains se prêteront au jeu. Passez moins de temps à valider le contenu et plus de temps à le créer, le publier et le partager en ligne !

Exemples :

Corning, qui fabrique notamment le verre des écrans de nombreux Smartphones, n'est pas la plus connue des sociétés. Mais, cette vidéo a été vue plus de 20 millions de fois ! http://youtu.be/6Cf7IL_eZ38

Chaîne Youtube Lafarge http://www.youtube.com/user/LafargeGroup

II.9 La « curation » de contenus appliquée à un site institutionnel

Le Web fonctionne avec du contenu. Cette évidence pour quiconque travaille dans le Web (qu'il soit marchand ou non) est encore une découverte pour beaucoup. Les mentalités évoluent cependant, et le marketing basé sur le contenu (« content marketing », souvent appelé « brand content » en France, cf. le célèbre livre éponyme de Daniel Bô), au fil du temps, a fini par être accepté au sein des entreprises. Pour un département Web, dont le rôle est non seulement de produire du contenu mais aussi de coordonner et promouvoir les initiatives locales, la « curation » de contenus peut vite s'imposer comme une solution à un double dilemme qui se pose à nous.

A. Rassembler et promouvoir les contenus existants

Tout d'abord, abordons le dilemme, paradoxal, posé par la créativité. La « curation de contenus » est en effet un moyen imparable de profiter de l'incroyable créativité dans le Web et le Web social, telle qu'on peut l'observer dans un grand groupe international. On pourrait penser que dans les grandes organisations humaines, il n'y a que complexité et lenteur alors que la réalité est souvent très différente. Ces dernières années ont vu une explosion de contenus créés, en provenance de différents pays, et notamment les grands. Ces contenus ont rapidement trouvé dans les médias sociaux et l'expression directe qu'ils permettent, un moyen de renverser durablement la tendance du marketing et de converser différemment avec ses clients.

Ce contenu de marque a explosé dans tous les domaines où l'entreprise est susceptible de s'impliquer : sponsoring, fondation, événements, sites spécialisés, ... la liste peut parfois être bien plus longue qu'on ne l'imagine. Et ce, bien entendu, dans plus d'une langue, le français et l'anglais étant un minimum pour une marque française connue à l'international.

La « curation » de contenus s'est donc imposée comme un moyen de profiter à fond de cette incroyable richesse et créativité, tout en donnant la visibilité aux visiteurs des différents sites et contenus produits par l'entreprise. En un coup d'œil, il est possible de visualiser la variété des contenus et des actions du groupe, mais ce n'est pas tout.

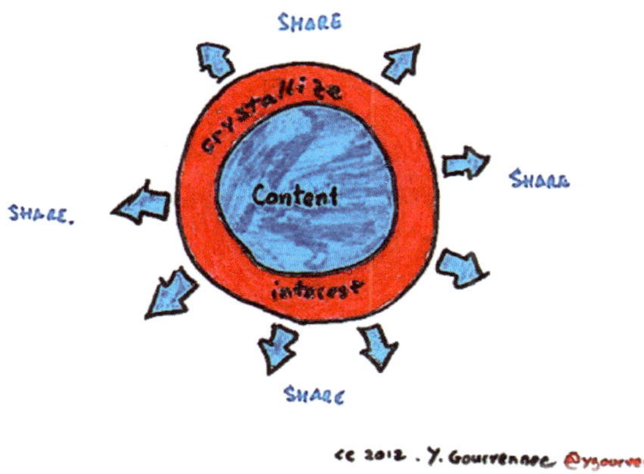

Le contenu au cœur du Web (du produit au contenu périphérique)

B. Fédérer en interne... et en externe

La création appliquée aux contenus non institutionnels ne permet pas uniquement de rassembler les différents contenus, elle rend possible également et surtout les apports de contenus « chauds » à l'intérieur du site institutionnel. C'est là, en effet, le dilemme principal auquel est confronté un responsable de site « corporate » dont les contenus, souvent rendus obligatoires par les normes et les contraintes légales, mais aussi par le devoir d'informer ses actionnaires et investisseurs n'est pas suffisant pour donner une vue à 360° de l'entreprise auprès de ses lecteurs.

Et pourtant, les nombreuses initiatives sur le terrain et les activités événementielles, de sponsoring et d'image sont indéniablement des points utiles dans la relation avec ses actionnaires et investisseurs, également avec une des populations privilégiées des sites institutionnels, les chercheurs d'emploi. C'est ce mélange de contenus chauds et froids que nous promouvons ; lui seul peut dynamiser l'intérêt autour des sites institutionnels, au-delà des simples astuces graphiques... Il est nécessaire, en effet, de fournir un contenu qui peut être partagé par les lecteurs, et pour cela, dépasser les sujets habituels.

C'est ce que permet la « curation » de contenus, grâce à l'agrégation, décrite ci-dessus, mais également par la sélection et mise en avant de contenus externes pertinents, des sujets de « content marketing ». Il peut s'agir de tweets, de publications sur Facebook ou de toute autre forme de contenus produit par des individus, en dehors des murs de l'entreprise. Libre à vous de choisir laquelle.

Cette fusion des contenus « chauds » internes et externes, avec la possibilité de dynamiser non seulement ses propres visites mais aussi et surtout celles des partenaires internes et externes, doit être au cœur de toute stratégie de contenus ; une stratégie ne figeant pas les blogs d'un côté, les médias sociaux de l'autre et un site institutionnel ailleurs. Cette « curation » de contenus est autant un outil d'aide à la conduite du changement qu'un outil technique, car il permet de cristalliser les intérêts autour d'un projet commun.

II.10 Avis d'expert : Franck La Pinta, stratégie de contenus et marque employeur

Franck La Pinta, manager Web marketing, RH 2.0 et e-réputation au sein de la Société Générale, avait déjà participé au précédent ouvrage, pour exposer la stratégie de cette grande banque française sur les médias sociaux. Nous le retrouvons ici pour aborder le sujet plus vaste de la relation entre stratégie de contenus et marque employeur. Comment celle-ci interagit avec la notion de responsabilité sociale ? C'est le point clé de cette interview d'un des premiers membres de Media Aces.

De quand date le travail sur la marque employeur au sein de la Société Générale ?

Le travail sur la marque employeur a commencé effectivement depuis 2008-2009. L'évolution a été progressive. Le point de départ a été la création d'un département dédié au marketing RH, à la fin de l'année 2007 : c'est un périmètre un peu plus large que la marque employeur *stricto sensu*. Il s'agissait d'intégrer les modes de raisonnement, les approches du marketing, appliqués aux RH, à la fois vis-à-vis de l'externe et de l'interne.

Vis-à-vis de l'externe, bien évidemment, il s'agit de développer l'attractivité de la marque - nous aurons l'occasion d'en reparler par la suite - et vis-à-vis de l'interne, il s'agit de développer le sentiment d'appartenance, la fidélisation et l'engagement des collaborateurs.

En résumé, nous voulions adapter les approches marketing, qui consistent par exemple à identifier une cible, à fixer des objectifs, à définir un plan d'action et à séquencer dans le temps, sur des thématiques RH, de la même manière qu'elles auraient été appliquées à des thématiques commerciales, des lancements de produits, etc. La matière première, ce sont les RH ; les clients, ce sont les collaborateurs ou les candidats. Ce qui sera mis en avant, ce ne sont pas des produits, mais des attributs de l'entreprise en tant qu'employeur.

La première étape, c'est de bien distinguer les cibles, de faire une analyse de son environnement. Analyser l'environnement en interne, c'est identifier les caractéristiques de l'entreprise : l'ambiance, le climat social, le ressenti des collaborateurs aussi bien sur des aspects positifs que négatifs. Analyser l'environnement en externe, c'est identifier les concurrents directs en matière de recrutements, quels sont les atouts de l'entreprise, quelle est sa réputation, etc. La synthèse entre ce qui est identifié en interne et en externe va servir de socle pour bâtir une stratégie.

Est-ce que les problématiques sur la marque employeur sont encore d'actualité ?

Le travail démarré en 2008-2009 correspond plus à l'actualité aujourd'hui, qu'à celle d'il y a 4 ou 5 ans, pour une seule et unique raison : la réputation des entreprises en tant qu'employeur revêt une plus grande importance aujourd'hui qu'à l'époque. Autrefois, le travail sur la marque employeur se focalisait sur la problématique du recrutement des candidats, à l'attractivité de l'entreprise ou au maintien de l'engagement des collaborateurs : les publics de la marque employeur étaient exclusivement les candidats et les salariés.

Mais aujourd'hui, la marque employeur occupe un espace beaucoup plus large, qui tourne autour de la réputation de l'employeur et devient un élément important de la dimension « corporate ». Les exemples en la matière sont nombreux : Apple qui se fait conspuer en raison des suicides chez son sous-traitant Foxconn ou la photo du ministre du redressement productif, Arnaud Montebourg, qui explique qu'on ne peut prétendre lutter contre le chômage et dans un même temps acheter dans des usines délocalisées dans les pays où la main d'œuvre est bon marché.

Il y a un retour très important au patriotisme économique. De la même manière qu'est exigé des entreprises du secteur agroalimentaire une responsabilité dans la chaîne de fabrication de leurs produits, la traçabilité, est requise désormais une forte dose de responsabilité sociale des entreprises, tous secteurs confondus[66]. Il est exigé de savoir dans quelles conditions ces produits ont été conçus puis fabriqués, si ce sont des mineurs qui l'ont fabriqué en Chine[67], si cette entreprise respecte les réglementa-

---

66 *Citons également les actions du collectif « éthique sur l'étiquette » :* http://www.ethique-sur-etiquette.org/

67 *Nike s'était fait épingler sur ce point au début des années 90. Plus récemment, l'effondrement d'un atelier de confection au Bangladesh a fait plus de 1 000 victimes. China Labor Watch dénonce chaque année les conditions de travail de certains sous-traitants ; l'impact sur la réputation des donneurs d'ordre en est durable. cf.* http://bit.ly/amonbossdigitalsstraitant

tions en vigueur, comment elle traite ses collaborateurs... Déjà dans les pays anglo-saxons nous assistons à des campagnes de boycott de produits commercialisés par des entreprises dont le comportement social n'est pas irréprochable. La dimension sociale de l'entreprise est encore plus importante aujourd'hui, elle est sortie du cadre RH et remonte dans les sujets corporate.

Y a-t-il des activités menées différemment aujourd'hui et quel est l'impact des médias sociaux sur ces activités ?

Oui, bien évidemment. Deux points ont particulièrement changé. Tout d'abord, le travail se réalise en proximité avec le département de la communication, c'est ainsi que la synthèse entre la marque corporate et la marque RH a été faite, à la Société Générale en tout cas : la signature corporate « Cultivons ensemble l'esprit d'équipe » est une signature en fait très « RH » tout en étant une promesse vers les clients. Ensuite, les médias sociaux ont produit un réel impact sur l'activité de communication autour de la marque, mais pas autant qu'on le pensait : aujourd'hui, ils sont utilisés comme des outils de communication avec une logique qui est encore celle des grands médias. La transformation qui doit être faite en interne, de modification des modes de travail, des compétences, ne s'est pas encore réalisée.

Pourquoi ? Parce que les entreprises sont organisées avant tout pour gérer des flux sortants : on bâtit une campagne, on est complètement maître de son calendrier, de ses supports de diffusion, en s'appuyant sur des médias traditionnels comme la télévision et la radio, basés sur la puissance et la répétition, pour diffuser un message auprès d'une cible connue, point final. Les messages sont organisés soit sur des thématiques, soit sur des cibles : on a des départements communication pour les produits, pour le sponsoring, pour le mécénat, pour la communication corporate. C'est l'organisation classique de la plupart des entreprises : je produis « en chambre » des messages, en interne, et je les diffuse en externe de façon puissante, sans chercher à recevoir un feedback.

L'utilisation des médias sociaux repose sur une inversion de ce système : j'ai des contacts à l'extérieur et ces derniers vont générer des messages vers mon entreprise : un internaute m'interpelle sur Twitter, sur Facebook, n'importe où ; je dois exploiter cette information pour répondre à ce client ou ce candidat dans un premier temps, et surtout diffuser cette information à l'intérieur de l'entreprise pour l'exploiter comme une opportunité commerciale ou de communication. Cette transformation d'une information en opportunité nécessite une organisation adaptée en interne, des outils, des compétences, des équipes aptes à intégrer ces nouveaux messages, qui savent auprès de qui les diffuser. L'entreprise est complètement poreuse, on ne sait pas par quel endroit de l'entreprise ce message va rentrer : un candidat peut interroger le service après-vente sur le processus de recrutement, comment intercepter cette opportunité, comment s'organiser en interne pour que le SAV sache que ce message-là doit rapidement être transmis aux bonnes personnes ?

Les médias sociaux obligent à l'interaction et créent un surplus d'activité : n'était-ce pas plus simple auparavant ?

Bien évidemment oui, c'était beaucoup plus simple auparavant : nous décidions du message, des supports, du lieu, du calendrier, etc. C'est beaucoup plus difficile de ne rien décider et de se placer uniquement dans une posture de réactivité. C'est beaucoup plus compliqué et déstabilisant, cela nécessite de nouvelles compétences, et il y a une dimension de changement important. Il faut expliquer aux équipes en charge de la communication que leur métier est en train d'évoluer avec le digital, et comme dans tout processus de changement, des freins apparaissent. Ils sont d'autant plus puissants que les méthodes précédentes continuent à marcher, et pour certaines très bien. Pourquoi remettre en cause des méthodes qui fonctionnent bien, en les substituant à d'autres qui n'ont pas encore fait leurs preuves sur le plan économique ?

Si c'est plus compliqué, quel en est finalement le bénéfice, et tout bien considéré ne devrait-on pas intégrer les médias sociaux dans un ensemble digital plus large mais un peu moins complexe ?

La question ne se pose pas ! Clients et candidats interpellent la marque employeur, pour se renseigner sur la politique de formation ou celle de mobilité interne. Il n'est pas possible de laisser ces questions sans réponse et nous oblige à mettre en place en interne les structures pour ce faire. Les messages sortants de l'entreprise bénéficient d'une légitimité amoindrie : un candidat qui navigue sur le site de l'entreprise est noyé par la masse d'information, il ne prendra pas le temps d'aller chercher de lui-même les réponses à la question qu'il veut nous poser. En revanche, il peut très facilement identifier un contact au sein de l'entreprise ou du département qui l'intéresse, et lui poser directement des questions bien précises, en attendant des réponses concrètes. Si nous ne sommes pas capables de répondre à ces questions émises par des candidats, tous nos efforts de communication annexes seront vains. Ces contacts entrants doivent être exploités. En effet, un client ou un candidat déjà intéressés par mon entreprise ou mes produits possèdent énormément de valeur et de richesse. - En B2B, il s'agit de prospects qualifiés dont nous devons être capables d'exploiter à notre avantage les informations qu'ils nous délivrent.

À la question de savoir si les médias sociaux vont se diluer dans un tout digital, la réponse est claire : ce processus a déjà commencé, il faut simplement prendre les médias sociaux comme des éléments qui font partie de la palette des communicants et des marketeurs, au même titre que les autres. Personnellement, je ne crois pas à des équipes dédiées au digital dans les entreprises, c'est plutôt une dynamique qui doit infuser dans les entreprises, et dans tous ses départements.

L'approche que j'ai adoptée à la Société Générale correspond exactement à cela : aux RH, il n'y a pas d'équipe véritablement et uniquement placée sur le digital. En revanche, nous avons formé les personnes qui travaillent sur l'alternance, celles qui travaillent sur le handicap ou sur tout autre sujet, à intégrer ces outils dans leur stratégie. Je les accompagne dans cette transformation et, comme lorsqu'on apprend à un jeune enfant à faire du vélo, je vais leur « tenir la selle », en espérant à un moment la lâcher et qu'ils se débrouillent, en maîtrisant leur sujet, leurs problématiques. Mon rôle consiste uniquement à leur apporter ces outils et ces règles du jeu un peu particulières, et ils doivent se les approprier puis les mettre en œuvre.

Ce qui est important, ce sont l'interaction et l'échange : personnellement, je ne suis pas spécialiste de l'alternance ou du handicap, mais des personnes qui travaillent sur ces sujets le sont. Ce qui va faire la valeur de l'échange et de la conversation avec le candidat ou le client, c'est la qualité du contenu qui aura été diffusé sur ma plateforme, quelle qu'elle soit. Nous avons, par exemple, créé une page Facebook sur l'alternance ; pourquoi cette page se développe-t-elle ? Parce qu'on y a déposé du contenu avec une forte valeur ajoutée, cette dernière provient du fait que ce sont les personnes expertes du sujet qui l'animent.

La page Facebook créée par la Société Générale sur le sujet de l'alternance

En période de crise, avec peu de postes et peu de candidats, ne serait-il pas naturel de fermer l'écoute plutôt que de l'ouvrir ?

Est-ce que les entreprises ont moins d'effort à faire en période de crise ? Poussons la question un peu plus loin : ont-elles intérêt à travailler leur attractivité quand le taux de chômage s'envole ? Le problème réside dans le fait que le marché de l'emploi ne s'équilibre pas naturellement entre l'offre et la demande. Le taux de chômage est très élevé, particulièrement celui des jeunes, mais en parallèle, on constate une grosse pénurie sur certains métiers : il manque à peu près 140 000 ingénieurs chaque année. Et cela ne se limite pas aux ingénieurs : sur les bac+2 commerciaux, le manque est identique. Les entreprises ont du mal à attirer ces personnes là, elles n'ont surtout pas intérêt à diminuer leurs actions, malgré le chômage et la diminution des volumes de recrutement.

De même que le travail du marketing RH porte au-delà du recrutement et de la fidélisation mais constitue une grosse partie de la communication Corporate, les entreprises sont obligées de continuer à communiquer sur ces sujets.

Pourquoi prennent-ils de plus en plus d'importance ? Prenons la question autrement : sur quoi l'entreprise peut-elle communiquer facilement ? Sur les résultats financiers ? Non, car c'est à double tranchant : s'ils sont mauvais, la responsabilité est attribuée aux dirigeants, et s'ils sont trop bons, c'est qu'ils ont été réalisés au détriment des salariés et des clients. Sur la responsabilité environnementale et l'écologie ? Non, parce qu'en réalité, le public n'y accorde pas une importance capitale. Sur les produits ? Non plus, les entreprises sont de plus en plus attaquées sur la communication produit, en étant accusées de programmer l'obsolescence et d'augmenter la pollution ou créent de la frustration en période de crise chez les personnes qui ne peuvent pas se les procurer. Que reste-t-il pour communiquer sereinement ? Parler de la réputation en tant que marque employeur !

Comment le digital a pu aider les banques et la Société Générale en particulier à traverser la crise actuelle, et est-ce que cela aurait été pire s'il n'y avait pas eu le digital ?

Que s'est-il passé pour le secteur bancaire en matière de réputation employeur ces dernières années ? En effectuant un petit retour en arrière, quelle était la promesse implicite du secteur bancaire ? C'était un secteur qui recrutait régulièrement, avec des rémunérations attractives, des évolutions de salaire régulières, des opportunités de carrière à l'international, etc. Toutes ces promesses induites ont été balayées par la crise : ces entreprises, considérées comme plutôt solides, ont connu des plans sociaux et des faillites, notamment aux États-Unis. Voilà un secteur qui ne licenciait pas ou peu, et qui soudain s'est mis à le faire ; un secteur qui s'est mis à proposer des salaires moins élevés parce que les résultats étaient moins bons ou que le régulateur a imposé de nouvelles règles ; un secteur autrefois considéré comme sérieux et très professionnel, qui a été attaqué sur son professionnalisme, puisqu'on lui a reproché d'être responsable de la crise. Les attributs jadis associés au secteur bancaire ont été d'un seul coup réduits à néant par la crise.

Il a donc fallu retravailler l'ensemble de ce territoire d'expression. C'est pour cela qu'un nouveau discours de marque RH a été élaboré, parce que les promesses formulées auparavant ne fonctionnent plus aujourd'hui. En quoi les médias sociaux et la communication digitale ont accompagné cette évolution ? Tout simplement parce que le secteur bancaire a connu sa première véritable transformation, et que cela s'est fait de façon assez simple, parce que le digital était déjà rentré au sein du secteur bancaire, au niveau de la relation client. Le métier de la banque, c'est de traiter de la donnée et de l'information : les sites de gestion des comptes existent depuis plus de quinze ans et cette culture de la communication digitale existait avant la crise.

C'est la culture de l'informatique qui a favorisé cette transformation digitale, en passant d'abord par les produits. Le principal écueil, qu'il a fallu lever, était de démontrer de nouveau la légitimité du secteur bancaire.

Quel est le ROI de la communication digitale ?

Doit-on parler de ROI ? Comment le définir, c'est un sujet très compliqué. La première chose à faire est de définir ce qu'on entend exactement par ROI, parce qu'on y met beaucoup de choses. La communication digitale doit-elle être plus respectueuse ou plus sensible à son ROI que d'autres formes de communication ? Sait-on calculer un ROI en matière de communication RH ? Si la mesure s'appuie sur le coût du recrutement, la réponse est négative; s'il s'appuie sur le bénéfice en termes d'image, la réponse est positive. Je ne sais pas forcément évaluer le ROI quantitatif, mais le ROI qualitatif plus facilement.

L'attractivité et la visibilité de mon entreprise sont peut-être plus importantes, en matière de RH, que le coût individuel du recrutement. Peut-on calculer le ROI du sponsoring de Roland-Garros par la BNP ? On ne le sait pas, mais ces éléments ont un impact sur la visibilité, l'attractivité, l'image de l'entreprise, tous ces éléments que je peux identifier avec des baromètres.

II.11 RSE, blogs, intranet ... comment partager vos contenus et avec qui ?

Pour clore cette section consacrée aux contenus, faisons un rapide retour sur les usages à l'intérieur des entreprises, avec Stéphane Lapeyrade, déjà intervenu précédemment sur les médias sociaux en B2B. La production de contenus à usage interne subit également sa propre mutation, et peut laisser les collaborateurs dans un état de confusion et de perplexité avancé. Voici donc quelques conseils que vous pourrez prodiguer à votre boss et même à vos collègues...

Ces derniers mois, ont fleuri des articles sensationnels sur la mort, au choix, de l'email, du réseau social d'entreprise, de l'Intranet, des blogs... Même si l'analyse développée est souvent plus nuancée, l'idée qu'un canal va forcément remplacer ses prédécesseurs est forte. Elle peut plonger le producteur de contenus (qu'il soit un « professionnel » ou un salarié) dans la confusion.

Commençons par rappeler que les nouveaux médias (si le numérique et le online doivent encore être qualifiés ainsi...) ne remplacent ni ne tuent forcément les précédents. Ils les questionnent, les remettent en cause, prennent (un peu de) leur place, les font évoluer – ou vieillir. Et ce phénomène observé tous les jours dans les mondes physiques et numériques, est également vrai à l'intérieur des entreprises.

Ce qui est sûr, c'est qu'en attendant que ce phénomène arrive à maturation, on assiste à une prolifération d'outils et de canaux : email, Intranet, commentaires, blogs, partage de vidéos… avec chacun leurs règles et usages : contrôlé, participatif, temps réel, documentaire, conversationnel…

Pour s'en sortir, il faut revenir à l'essentiel. L'outil universel et définitif qui fait tout pour tout le monde n'existe pas. Et aller à l'encontre de la nature d'un outil est une erreur : n'utilisez pas un blog s'il s'agit de publier des messages très formels sans jamais répondre aux commentaires. N'ouvrez pas un forum si vous n'êtes pas prêts à lâcher prise. Une fois qu'est assigné un rôle clair qui correspond à la nature de chaque plateforme, les complémentarités apparaissent, effaçant la confusion. Ainsi, une direction informatique pourra-t-elle informer ses utilisateurs d'un nouveau service par push mail (afin de toucher tout le monde), puis publier la documentation sur un Intranet (pour les plus curieux ou avertis), et en même temps recueillir les retours de ces utilisateurs sur une plateforme collaborative (pour les plus experts) – et y répondre ! Ceci permet d'aligner outil, usage et surtout audience[68].

Là aussi, un retour aux bases s'impose : quelles sont vos audiences internes ? Qu'attendent-elles du digital dans l'entreprise ? Ont-elles déjà un avis ?

1. Expérimentez !

Puisqu'on ne sait pas à quoi s'attendre avant de se lancer, commencez à petite échelle, testez des plateformes et des usages. Du microblogging ou un forum pour de la recherche d'expert ou du support technique informel, ou un blog d'expert ou de manager afin de voir si vos salariés sont prêts à commenter. Ceci permet aussi d'ajuster plus facilement le tir si le succès n'est pas au rendez-vous.

2. Les communautés : du réel au digital

Pas besoin du numérique pour se regrouper en communautés : elles existent déjà « IRL » (*In Real Life*, dans la vraie vie) et sont la clé d'une adoption réussie. Expérimentez avec elles, proposez de soutenir leur développement et leurs activités avec un espace numérique. Recueillez également l'opinion des salariés les plus motivés qui utilisent peut-être déjà le collaboratif, même à l'extérieur. Rien de tel que de travailler en mode participatif pour s'assurer du succès d'un service participatif !

3. Libérez votre esprit, le reste suivra

Un triple changement de mentalité s'impose pour les communicants et le management face au numérique et surtout au collaboratif. D'abord, le ton « traditionnel », formel, policé ne fonctionne plus – vos salariés sont aussi des citoyens et des consommateurs, ils connaissent les ficelles. Ensuite, il vous faut lâcher prise et ne plus vouloir tout contrôler ou modérer. Inutile de se lancer dans le collaboratif si la parole est verrouillée (ou si les salariés ont l'impression qu'elle l'est) dans l'entreprise. Là encore, l'expérimentation est de mise. Certains salariés deviendront même des communicants,

---

68 Rappelons d'ailleurs ce qui est devenu un cliché : il s'agit moins des outils que des usages et des utilisateurs. Mais encore faut-il disposer d'outils simples et agréables à utiliser !

parfois mieux que les spécialistes ! Enfin, la transparence est cruciale. Il s'agit dorénavant d'expliquer les choix de l'entreprise (bien que toutes les décisions ne prêtent pas à discussion), de répondre aux questions et commentaires et d'accepter le débat.

4. Ne forcez pas les choses

Toutefois, inutile de se lancer juste parce que c'est à la mode, ni d'aller à l'encontre de l'identité de l'entreprise. Ce n'est pas la peine d'ouvrir un blog pour le top management si c'est pour y publier des messages écrits par d'autres ou si les commentaires critiques n'y seront pas tolérés.

5. À quoi ça sert ?

Pour les salariés, à (re)créer du lien, à être plus visible, à gagner la reconnaissance de ses pairs, à faire connaître son expertise, à se sentir lié à l'entreprise et ses activités. Pour l'entreprise, à réduire les effets de silo, organisationnels ou géographiques, à éviter la duplication, à impliquer ses salariés, à s'ouvrir et à changer d'état d'esprit.

Voilà un programme tout prêt pour les managers audacieux qui sauront utiliser la puissance du digital. À vous de décider si vous en faites partie…

II.12 Grâce au numérique, le storytelling entre dans une dimension jamais atteinte

Par Olivier Cimelière, le blog du communicant 2.0[69]

Sans contenu, point de salut dans le digital ! La phrase est peut-être lapidaire mais elle est la condition sine qua non de la réussite ou non d'une stratégie de communication numérique. Or, s'il est bien une technique narrative capable de relever le défi du contenu avec brio et efficacité sur les médias sociaux, c'est effectivement le storytelling.

L'art de raconter une histoire pour transmettre un message a toujours été au cœur de la communication entre des individus ou entre des groupes. C'est particulièrement vrai dans les civilisations basées sur l'oral comme, par exemple, les Indiens d'Amérique ou les peuplades du Pacifique et d'Afrique. L'histoire sert à perpétuer l'héritage culturel et à transmettre tout en étant source d'enseignements pour ceux qui la reçoivent.

---

69 http://www.leblogducommunicant2-0.com/ ; *Olivier fut dès 2009 un des premiers membres de Media Aces et reste très proche de l'association.*

En tant que parent, nous ne faisons que répliquer ce mode d'échange avec nos enfants en leur lisant une histoire avant le coucher. Or, que trouve-t-on dans ces récits ? Des symboles, des valeurs, des règles qui vont aider l'enfant à développer son intellect, sa personnalité, sa perception du monde. Tous les psychologues s'accordent à dire que les contes de fées et les légendes visent à parler aux enfants de leurs conflits inconscients sous forme d'histoires symboliques, imagées et simples à comprendre.

Dans une entreprise ou une institution qui décide de recourir au digital pour mieux dialoguer avec ses publics, le storytelling est donc un formidable outil aux horizons multiples. Il peut rendre intelligibles et vivants des concepts ou des données complexes à comprendre, comme par exemple les nouvelles technologies de l'information et de la communication. Pour le quidam, il n'est pas toujours aisé de saisir le fonctionnement d'Internet, du paiement sans contact, de la téléphonie mobile, de la TV connectée. Plutôt que de se lancer dans une savante rhétorique explicative, le recours au témoignage d'un utilisateur, à un schéma animé et commenté rend les choses plus concrètes, plus proches et permet in fine une meilleure appréhension, voire une empathie accrue.

Dimensions multiples et richesse des contenus

Avec le numérique, l'art de raconter des histoires entre dans une dimension jamais atteinte auparavant. Aujourd'hui, le contenu peut indifféremment s'articuler autour du son, de l'image, de l'écrit et combiner à l'envie divers formats mixant des articles, des vidéos, de la « data visualisation », des podcasts, etc. Digital et storytelling ouvrent tous les champs du possible pour faire naître et vivre un incomparable canal d'information, de pédagogie et de proximité, pour rendre accessible des notions parfois complexes et pour dialoguer avec ses employées, ses usagers, ses clients et tout son écosystème.

Ceci est d'autant plus crucial qu'à l'ère des médias sociaux, la réputation d'une entreprise n'est plus constituée uniquement par le discours qu'elle émet dans les médias classiques. N'en déplaise aux dirigeants et aux communicants, l'image d'une entreprise s'imprègne désormais et surtout de ce que les publics perçoivent, disent et partagent entre eux ou avec d'autres communautés. Cultiver un storytelling de coopération et de dialogue devient à cet égard la clé de voûte essentielle d'une stratégie de communication digitale.

Attention aux dérives !

En revanche, le storytelling a encore un gros travail à effectuer pour s'affranchir de cette tentation communicante publicitaire qui affleure encore très fréquemment dans les contenus incantatoires tenus tant aux salariés qu'aux audiences externes. Si celui-ci ne repose que sur une réalité fantasmée ou bricolée, il est évident que la ligne jaune n'est plus très loin.

Le chercheur du CNRS Christian Salmon a d'ailleurs connu un grand succès de librairie en 2007 avec son virulent ouvrage à charge contre le storytelling. Pour lui, celui-ci n'est qu'un « hold-up sur l'imagination des humains »[70]. À ses yeux, les gens sont réduits à gober des histoires afin de se comporter comme l'entendent ceux qui les émettent et d'être ainsi formatés.

C'est une dérive périlleuse dont tout stratège communicant et éditeur de contenus doit être conscient. La tentation d'enjoliver (ou pire de manipuler) une réalité par celui qui la raconte n'est pas négligeable. Elle est au contraire d'autant plus forte que la viralité des médias sociaux ajoutée à l'impact discursif du storytelling procure une indéniable puissance de communication.

Pour ne pas sombrer dans ce néfaste côté « spin doctor[71] », il convient simplement de faire du storytelling honnête et fondé sur des faits et des expériences avérés. Sinon, c'est effectivement la porte ouverte à une communication malhonnête mais aussi le risque d'un terrible « bad buzz » digital, le jour où le baratin des contenus est éventé.

70 *Christian Salmon – Storytelling, la machine à fabriquer des histoires et formater les esprits - La Découverte – 2007. Voir aussi* http://bit.ly/bosssalmon *pour une analyse de cet ouvrage.*

71 *Littéralement, des experts capables de « lifter (spin the ball) » ou plutôt d'enjoliver n'importe quelle histoire afin de la faire passer auprès du public. Tony Blair en Grande Bretagne s'est rendu célèbre, et a beaucoup été critiqué, pour son utilisation intensive de « spin doctors » de 1997 à sa sortie de pouvoir (*http://bit.ly/bossspin*).*

Chapitre III
Développer sa communication digitale

Le plan de cet ouvrage, à l'instar de ce que nous avions proposé dans le précédent qui traitait des médias sociaux, suit une approche progressive du sujet de la communication digitale. Ainsi, après avoir parcouru les principaux aspects économiques de ce domaine, nous allons maintenant nous consacrer au développement des techniques et savoir-faire qui le composent. Nous n'avons pas choisi de vous présenter une liste de recettes prêtes à l'usage ; l'Internet en regorge, inutile de faire une compilation de panacées digitales, plus ou moins adaptables et reproductibles.

Fidèles à notre habitude, nous nous concentrons sur le fond et sur les aspects stratégiques de la communication digitale. Pour cela, dans la progression que nous évoquions ci-dessus, quoi de mieux qu'une approche holistique, avec pour point focal la donnée essentielle de toute la communication numérique, à savoir le contenu. Ici, nous évoquerons le contenu dans tous ses états, avec sa diversité et sa complexité. C'est pourquoi, nous aborderons ce thème aussi bien au travers du regard d'un producteur de contenus, que de celui qui doit les promouvoir, dans une démarche de conquête de l'audience.

Cette section s'achèvera enfin sur un très long chapitre dédié aux métiers de la communication digitale. C'est en effet un point également fondamental, car la communication digitale requiert beaucoup d'expérience et d'expertise, dans des domaines assez variés. Comment ces compétences s'intègrent-elles pour constituer un tout ? Telle est la question fondamentale que nous aborderons ici en vous donnant les pistes pour y répondre dans votre propre contexte.

III.1 Les médias sociaux sont morts, vivent les médias sociaux !

À la fin de l'année 2011, un article publié par Hervé Kabla dans le Cercle les Echos avait fait pas mal de bruit dans le petit Landerneau de la communication digitale[1]. Il s'y inquiétait des orientations que prenaient les médias sociaux et s'intitulait, de manière assez provocatrice, « 2012, la fin des médias sociaux ? ». Certains, comme Pierre Chappaz[2], l'avaient pris au premier degré : il ne s'agissait certainement pas de la fin des médias sociaux, mais plutôt de la fin d'un âge d'or, marqué par quatre tendances ; un article de Yann Gourvennec[3], paru immédiatement après, précisait ce point, annonçant une ère nouvelle.

Ces articles produisirent certes leur effet sur « le petit monde des blogueurs qui bloguent sur les blogueurs qui bloguent ». Ils prédisaient entre autres l'explosion des contenus, la saturation des utilisateurs, la convergence des plateformes et la socialisation du Web. Deux ans après, ces quatre prémonitions ont-elles été confirmées ?

Acte 1 : l'explosion des données

La première menace, celle de l'explosion des données, s'est effectivement bien confirmée. Un terme caractérise cette exubérance : l' « infobésité[4] », qui n'est pas sans corrélation avec cette autre expression apparue ces dernières années, le « big data ». Le Web est devenu un immense réservoir alimenté par de multiples sources. Les différentes études menées sur la taille de ce réservoir s'accordent sur sa croissance exponentielle. Le cabinet IDC donnait des ordres de grandeur vertigineux sur le rythme de cette croissance : 130 exaoctets (un exaoctet vaut un milliard de milliard de gigaoctets !) en 2005, 1 227 en 2010, 1 800 en 2011, et près de 8 000 exaoctets prévus à la fin de l'année 2015 ![5]

1 *2012, la fin des médias sociaux ?* http://bit.ly/amonbossdigital-finmediasociaux
2 *La réaction de Pierre Chappaz sur son blog* http://bit.ly/amonbossdigital-chappaz
3 *La fin des médias sociaux tels qu'ils sont pratiqués aujourd'hui sur Marketing & Innovation :* http://bit.ly/bossfinms
4 *Ou surcharge informationnelle* http://bit.ly/bossinfobesite *sur Wikipedia.*
5 *Cf. le rapport de IDC :* http://bit.ly/amonbossdigital-idc-bigdata

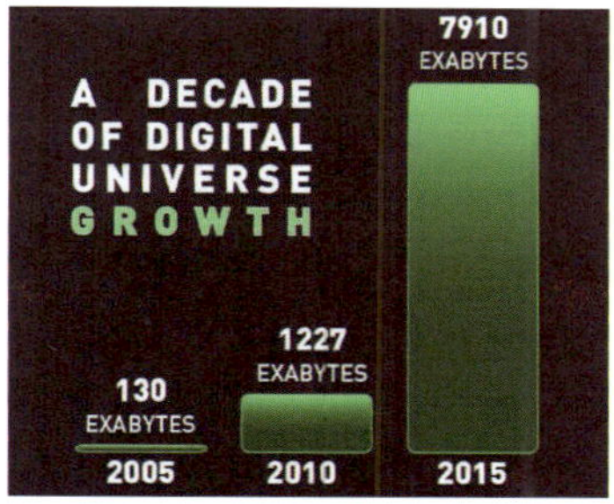

L'infobésité, une réalité dont il faut avoir conscience (source : IDC)

Le Web social n'est bien entendu pas le seul responsable de cette prolifération galopante. D'autres facteurs sont venus se greffer, comme l'essor du « cloud » et la migration des applications et de leurs données de nos ordinateurs personnels vers les fermes de serveurs des grands acteurs du Web comme SalesForce.com, Google ou Microsoft[6]. Mais, il est indéniable que la profusion de données produites par les internautes eux-mêmes est un élément clé de cette croissance. Les sites de partage et les réseaux sociaux facilitent le partage de données en ligne : Instagram, Facebook, Flickr[7], tout est fait pour nous inciter à consommer de la donnée hébergée.Flickr annonce plusieurs dizaines de millions de photos partagées chaque mois, Facebook en revendique près de 300 millions quotidiennement! De la photo de famille au souvenir de boîte de nuit en passant par le repas de la veille, le partage de photographies concerne tous les moments de la vie d'internautes lambda.

L'explosion des données graphiques peut prêter à sourire, si elle n'était affaire de gros sous

6 *Respectivement* http://salesforce.com, http://google.com *et* http://microsoft.com

7 *Bonus ! Une petite astuce en prime pour les lecteurs courageux qui consultent les notes de lecture et qui méritent bien une récompense : si vous voulez rassembler l'intégralité des photos que vous avez stockées sur tous les médias sociaux et plateformes d'images, vous pouvez utiliser un service qui s'appelle Pictarine (*http://pictarine.com*) et qui est conçu et développé par des Français. Un autre service, appelé Sharypic, vous permet de rassembler, quant à lui, toutes les photos relatives à un événement en se servant d'un hashtag (*http://bit.ly/bosssharypic *pour les photos du dernier événement Media Aces). Maintenant, vous ne vous demandez plus si ça vaut le coup de perdre du temps avec les notes de lecture ;-)*

L'impact sur les moteurs de recherche n'est pas à négliger. La majeure partie de nos accès à des contenus à valeur ajoutée se fait au travers de moteurs de recherche, dont le résultat a évolué, en partie en raison de cette infobésité. Google, par exemple, fait évoluer son moteur régulièrement pour conserver sa pertinence dans un flot de documents toujours plus important. La conséquence de ces évolutions n'est pas toujours favorable aux responsables de sites de contenus, qui voient leur classement évoluer en permanence, à la hausse ou à la baisse d'ailleurs[8], en fonction de paramètres non plus uniquement liés à la pertinence du contenu ou à leur notoriété, mais également en fonction du nombre de partages sur telle ou telle plateforme, et notamment Google+... Du côté des internautes, le résultat n'est pas plus convainquant : les résultats d'une même requête varient en fonction de l'adresse réseau, de l'historique de navigation ou de l'avis de nos amis sur les réseaux sociaux. C'est une évolution majeure du comportement des moteurs de recherche, à laquelle il va falloir s'habituer.

Acte 2 : la lassitude des utilisateurs

La seconde menace évoquée dans l'article précité, c'est la lassitude des utilisateurs. Certes, les usages sont rentrés dans les mœurs et les utilisateurs ne quitteront pas massivement Facebook du jour au lendemain. Mais, l'affaire Instagram a récemment montré comment certaines décisions pouvaient avoir un impact très négatif sur les utilisateurs et provoquer une remise en question massive, grâce d'ailleurs à la forte viralité que présentent Twitter et Facebook. Un changement arbitraire des droits des images publiées sur Instagram, décidé arbitrairement en décembre 2012, a provoqué une remise en question immédiate des utilisateurs et une possible action de masse auprès des tribunaux américains[9].

#	Country	Number of Users	Change	(± %)	Penetration
1	United States	168708840	13 092 440	7.76%	54.38%
2	Brazil	64690160	13 516 580	20.89%	32.17%
3	India	62761420	12 893 780	20.57%	5.35%
4	Indonesia	51528040	7 689 500	14.92%	21.21%
5	Mexico	40232740	4 582 580	11.39%	35.77%
6	United Kingdom	33156540	2 471 760	7.45%	53.18%
7	Turkey	32354900	1 108 440	3.45%	41.59%
8	Philippines	30059660	1 814 960	6.03%	30.09%
9	France	25654960	1 330 520	5.19%	39.61%
10	Germany	25350560	1 657 500	6.54%	30.99%
11	Italy	23123620	1 257 420	5.44%	38.32%
12	Argentina	20638940	1 584 140	7.66%	49.92%
13	Canada	18492920	789 740	4.28%	54.91%
14	Thailand	18338160	3 285 340	17.94%	27.33%
15	Spain	17587220	1 358 320	7.72%	37.82%
16	Colombia	17411160	722 500	4.12%	39.39%
17	Japan	16879340	7 064 120	41.25%	13.26%
18	Malaysia	13623680	1 117 280	8.20%	48.18%
19	Taiwan	13303940	1 040 600	7.83%	58.11%
20	Egypt	12467220	1 005 240	8.15%	15.49%

Entre juin et décembre 2012, selon Socialbakers[10], aucun des 50 premiers pays Facebook n'a vécu de baisse d'usage (ici, les 20 premiers)

8 *Voir à ce sujet l'article de La Tribune : le référencement est-il devenu surnaturel ?* http://bit.ly/bossseo

9 *Instagram est depuis revenu sur sa décision arbitraire et maladroite...* http://bit.ly/amonbossdigitalinstagram

10 http://socialbakers.com, *une des premières sources de statistiques sur les réseaux sociaux et principalement Facebook.*

Apparemment du moins, et pour l'instant, la lassitude qui s'exprime au travers de la saturation de ses utilisateurs et donc, de leur défection n'est pas au rendez-vous. Pierre Chappaz marque donc un point. Il a vu au travers de ces invocations de la « Facebook fatigue » un effet d'optique, mais ne soyons pas dupes. Les professionnels de la communication digitale se doivent d'expérimenter et de faire en sorte que leurs profils soient mis à jour sur chacune des plateformes, dès qu'elles sont visibles et à la mode ; cela fait partie de leur activité. Quiconque travaille dans les médias sociaux doit avoir un compte Pinterest, par exemple, au risque d'être frappé de ringardise. Et pourtant, beaucoup d'entre nous, professionnels du digital font profil bas sur certains services qui n'apportent pas, à chacun d'entre eux, le bénéfice espéré.

Mais qu'en est-il des chefs d'entreprise, patrons de PME, cadres et employés, dentistes, avocats ou boulangers, qui sont nos lecteurs d'aujourd'hui ? Ceux-ci ne peuvent se permettre de passer leur vie sur les réseaux sociaux. Un seul réseau social doté d'une assez large diffusion leur suffit amplement et Facebook tient parfaitement ce rôle jusqu'à preuve du contraire. Il suffit d'ailleurs à ce dernier de suivre d'assez près les modes et les nouveaux usages (partage de photos, de vidéos, géolocalisation, etc.), notamment sur sa déclinaison mobile pour éviter un exode massif vers des clones qui seront, sauf exceptions, bien moins complets.

La lassitude peut aussi s'exprimer sur Facebook ; nous avons tous rencontré des utilisateurs déçus, fatigués, se demandant à quoi bon leur servait, au final, ce temps passé à partager du futile au lieu de vivre leur « vraie vie ». Ce phénomène de lassitude, dénommé en Amérique « *Facebook fatigue* » est corroboré, malgré les chiffres cités ci-dessus, par de nombreux signaux faibles, comme cette étude du *Toronto Star*, au Canada. Le journal canadien décrit que « malgré l'intensité de leur usage, une faible majorité (51 %) des jeunes adultes [interrogés] prédisent que l'attrait de Facebook ira en s'amenuisant au fil du temps ; une minorité de 44 % pensant que le service survivra[11]. » Un signal faible intéressant, à prendre néanmoins avec les réserves d'usage, quant à la méthodologie de l'enquête dont la description fait défaut dans ce papier.

Quitter Facebook n'est pas une tare, c'est même un mouvement qui touche pas mal de monde, mais il paraît que la rechute est fréquente !

11 http://bit.ly/bossfacebookfatigue

Posons donc l'hypothèse qu'à force d'exposer sa vie, privée ou non, de nombreux utilisateurs se sont probablement également retrouvés dans des situations de conflit parfaitement prévisibles, car courantes dans la vie privée. Être ami ne signifie pas qu'on partage les mêmes opinions politiques, économiques ou sociales, et pour peu que ces thèmes apparaissent, la déception progresse. Tout ceci sans évoquer un des grands débats du moment, une sorte de mode en vogue dans la presse du moment, avec les rackets sur Facebook et les chantages qui selon certains titres sensationnalistes mènent parfois au suicide. Histoires, fort tristes au demeurant, de manipulation et de perversions narcissiques, fréquentes par le passé dans les cours d'école[12]. En fin de compte, cela ne veut pas dire que les utilisateurs quittent Facebook en masse, mais cela peut vouloir dire aussi qu'ils décident d'y passer moins de temps et/ou de changer leur comportement en ligne pour éviter de partager trop de choses à trop d' « amis ».

Par ailleurs, la tendance à monétiser les contenus des marques, voulue par Facebook pour des raisons purement financières, participe à cette lassitude grimpante : se divertir en lisant les aventures de mes amis, pourquoi pas, mais se faire « polluer » par des actualités sponsorisées, cela ne faisait pas partie du programme ! 57 % des personnes interrogées dans le cadre du sondage du *Toronto Star* de 2012 (voir ci-dessus) déclarent en effet ne jamais cliquer sur les publicités. Reste encore à prouver que ces déclarations correspondent bien à la traduction d'un comportement et non à une posture d'utilisateur qui désire paraître plus réfléchi qu'il ne l'est réellement.

Restons vigilants. Ceci étant, les mêmes voix s'élevaient dans les années 2000 pour dénoncer la publicité en ligne qui « ne marcherait jamais » et qui pourtant fait vivre de nombreux journalistes et professionnels du Web depuis des années. Prudence donc, les mouvements anti Facebook ne sont pas tous des réussites, la preuve sur http://www.quitfacebookday.com, pour n'en citer qu'un[13].

Acte 3 : la convergence des plateformes

La convergence, voire la consolidation des plateformes était la troisième menace évoquée dans l'article, et elle n'est pas la moindre : Facebook, Twitter, Foursquare, Google+, ont tous tendance à offrir le même type de fonctionnalités, à quelques bémols près : partager des contenus (textes ou images), commenter, partager et offrir aux entreprises et aux marques leur propre espace de diffusion. C'est un peu schématique, mais c'est le modèle sur lequel semblent converger tous ces acteurs. Ce modèle unique laisse peu de place à l'innovation de rupture et c'est normal. Les grands réseaux sociaux fonctionnent comme des « trous noirs » vis-à-vis des start-ups technologiques

12 *C'est un sujet récurrent dans les pays anglo-saxons, qui a même un nom « le school bullying » (*http://en.wikipedia.org/wiki/School_bullying*), qu'on peut traduire en français par « harcèlement scolaire » (*http://fr.wikipedia.org/wiki/School_bullying*), bien que ce thème soit moins connu et sensible en France, pour une raison que nous ignorons. Le déplacement de ce problème vers l'Internet, alors que c'est un sujet bien réel et non spécifique du Web, n'est pas en soi étonnant. Facebook agit ainsi à l'instar d'un véhicule supplémentaire qui s'offre aux pervers en tout genre.*

13 *En avril 2010, une association de défense des consommateurs allemande (VZBZ) avait appelé au boycott de Facebook, avec le soutien d'une ministre, Ilse Aigner : trois ans plus tard, l'Allemagne fait toujours partie du trio de tête des pays européens en termes de population sur Facebook...*

qui pourraient un jour rivaliser avec eux : que vaut-il mieux, pour un fondateur de start-up innovante, croître seul au risque de disparaître, ou faire la culbute en se revendant à Facebook avant qu'il ne soit trop tard ?[14]

Cette logique économique n'est pas sans rappeler celle d'autres secteurs économiques comme celui du logiciel. Il n'y a pas de place pour une segmentation trop fine, incompatible avec des rendements élevés : la concentration est la voie royale, comme l'ont connue les logiciels d'entreprise (le secteur des ERP[15] a deux acteurs dominants Oracle et SAP), l'informatique grand public (avec ses trois géants Microsoft, Google et Apple) : se hisser au niveau de ces grands noms demande de vraies ruptures finalement assez rares, comme celle introduite par Salesforce[16]. La même règle s'applique sur les médias sociaux, seule la grille d'évaluation change : dans un cas (le logiciel), c'est la base installée ou les revenus qu'on mesure, dans l'autre (les médias sociaux) la taille de la « communauté » des utilisateurs, et à cette aune, le deal Facebook-Instagram n'est pas l'un des plus fous[17]. À moyen terme, seuls quelques grands noms subsisteront, et nous avons même notre petite idée sur quelques disparitions probables du paysage dans les mois à venir[18]...

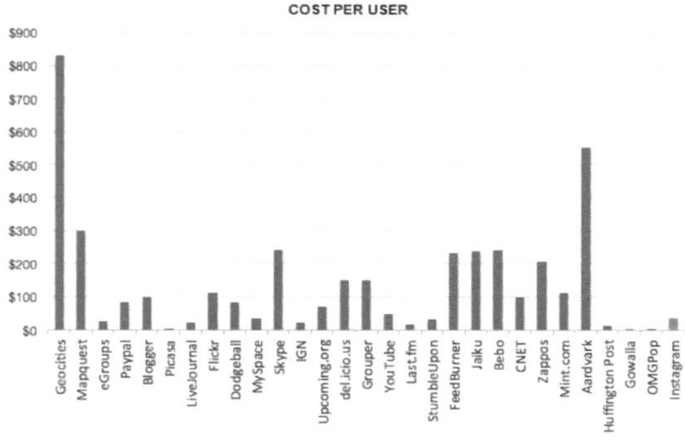

Le coût par utilisateur comparé de quelques acquisitions légendaires de la Silicon Valley (source: Wired octobre 2012)

Ceci explique pourquoi il n'est pas nécessaire, pour une entreprise de se jeter à corps perdu sur les médias sociaux les plus en vue, sans se poser la question de leur péren-

14 *Facebook a réalisé 11 acquisitions en 2011, et 9 en 2012, dont celle d'Instagram pour 1 milliard de dollars* http://bit.ly/amonbossdigital-fb-acquisitions *Les sociétés acquises interviennent dans des domaines aussi variés que la partage d'images, la publicité sur mobile ou la reconnaissance de visages.*

15 *ERP : Enterprise Resource Planning, soit les logiciels de gestion des ressources de l'entreprise (RH, paie, ventes, commandes, finance etc.)*

16 http://salesforce.com, *que le charismatique patron Marc Benioff (*http://bit.ly/bossbenioff*) a bâti sur la promesse de la « fin du logiciel » (The End of Software®* http://bit.ly/bosseos*) et ce faisant, a créé un géant des logiciels en ligne, qui a mis à mal les plus grands du domaine, dont Siebel Systems.*

17 *Cf. ce qu'en dit Andy Baio dans Wired d'octobre 2012* http://bit.ly/amonbossdigital-fb-instagram

18 *Voici d'ailleurs une liste de 12 sites dont nous prétendons la disparition possible en 2013...* http://bit.ly/amonbossdigital-12sites2012

nité et de leur légitimité. La mode Pinterest qui fit fureur en 2011-2012[19] en est une des plus flagrantes illustrations. Peu d'entreprises, finalement, ont poursuivi leur investissement sur cette plateforme, et pour cause : peu de secteurs se prêtent à ce réseau, qui s'est assez vite spécialisé dans la mode, et qui offre moins de possibilités aux marques à la recherche d'un réseau généraliste.

Acte 4 : la socialisation des sites Internet

Quatrième menace évoquée, celle finalement d'une socialisation des sites Internet, qui rendrait particulièrement inutile l'existence de médias sociaux plus globaux. C'est peut-être la préconisation la plus mal comprise. Il ne s'agissait pas de prévoir la disparition pure et simple, du jour au lendemain, d'un acteur comme Facebook, trop présent dans nos quotidiens pour connaître un aussi rapide déclin. Toutefois, l'attitude de Facebook, presque dix ans après sa création, pose quelques problèmes aux marques, c'est indéniable, surtout en ces temps de crise mondiale et de réductions budgétaires.

Confier la gestion de sa marque et de ses bases de données à un acteur étranger, imprévisible, assez capricieux et aux tarifs dont la hausse est exponentielle, alors que les rendements sont parfois difficilement mesurables, ne paraît pas une bonne stratégie pour les marques et les grandes entreprises. La course aux fans sur les pages Facebook connaîtra une limite, c'est certain, et ce d'autant plus que Facebook a récemment décidé de faire payer les entreprises pour parler à leurs fans ! Derrière ce mécanisme, pudiquement appelé « promoted posts », Facebook applique une sorte de double peine aux marques qui se retrouvent dans une situation ubuesque : payer pour parler aux fans qu'ils ont recrutés, soit patiemment au travers de contenus et de discussions, soit au travers de campagnes de recrutement déjà payantes. En calquant ce modèle sur la publicité télévisuelle par analogie, c'est comme si vous payiez votre publicité et que vous deviez en outre envoyer un chèque à la régie publicitaire pour qu'elle s'affiche sur les téléviseurs !

Tout cela est le résultat de la pression soutenue que mettent les actionnaires sur Facebook pour monétiser tout et n'importe quoi. Il est possible que cela fasse remonter le cours de bourse du fameux réseau social, mais aussi que cela lui soit dommageable à moyen ou long terme, et par voie de conséquence, aux marques qui leur ont fait confiance.

De quelle alternative disposent les marques ? Elles peuvent finalement fort bien décider de socialiser leur présence en ligne par elles-mêmes, au-delà du simple fait de proposer des boutons de partage vers les principaux réseaux sociaux (Twitter, Facebook ou LinkedIn), ou de disposer d'un espace dédié sur certains d'entre eux (page Facebook, groupe LinkedIn).

Elles peuvent également décider de compléter leurs dispositifs par un ou plusieurs blogs, nous l'évoquons suffisamment souvent dans cet ouvrage. Ce projet est facile à

---

19 *Voir cet article de mars 2012 : Pinterest Is The Web's Newest Darling disponible à l'adresse :* http://bit.ly/bosspinterestcraze

réaliser et sans doute plus performant dans bien des cas, car il attire le trafic vers les espaces propres à l'entreprise, et non vers des sites tiers incontrôlables. Construire sa propre communauté, son propre « réseau social » n'est pas totalement incongru, à condition de s'y prendre avec talent : des niches spécialisées par filière (infirmières, experts comptables, auto-entrepreneurs etc.) ou par intérêt (utilisateurs de tel ou tel logiciel) existaient déjà, bien avant que Facebook ne connaisse un tel succès, et continueront de prospérer. À terme, en réalité, les grands réseaux sociaux se comporteront comme des mécaniques d'identification ou des canaux de distribution, et ce sera déjà bien assez.

En conclusion

Alors est-ce la fin des médias sociaux ? Certainement pas. Mais, c'est la fin d'un âge d'or qui rappelle à nombre d'entre nous cette époque pas si lointaine où il suffisait d'avoir un site Internet pour lever des capitaux : une bulle mémorable mit fin à cette époque où l'insouciance se mêlait à la naïveté. Paradoxalement, c'est peut-être la fameuse levée de fonds historique de Facebook[20] en mai 2012 qui a sonné le glas de cette époque, qui est bel et bien révolue pour les médias sociaux dans leur ensemble.

III.2 Les médias sociaux : quels outils pour quels usages ?

Réseaux sociaux, blogs, sites de partage, curation, l'univers des médias sociaux est composé d'une multitude d'outils et de plateformes. Cette richesse peut parfois laisser, et l'on aurait tort de croire que tous ces outils s'utilisent de la même façon. Voici donc un petit chapitre pour avoir les idées claires sur les usages de quelques-uns, que nous avons considérés comme plus ou moins incontournables. Ces outils sont cités en vrac, sans ordre logique ni chronologique, sans non plus rentrer dans les détails techniques de leur mise en œuvre.

Les blogs

Bien qu'ils aient perdu de leur notoriété ces dernières années, les blogs restent à la base d'une communication digitale entièrement assumée. Ils offrent aux marketeurs qui décident de s'en doter une souplesse tant technique qu'éditoriale inégalable. De plus, les contenus qui y sont publiés restent sous votre contrôle total (contrairement à ce que vous publieriez, par exemple, sur Facebook) et participent au référencement et à la visibilité de votre entreprise depuis des requêtes émanant des moteurs de recherche.

20 *Voir le Wall Street Journal de février 2012 : Facebook Sets Historic IPO* http://bit.ly/bosshistoricipofb

À quoi peut bien servir un blog ? À tout ce que vous pourriez imaginer d'intéressant à dire à vos clients, à votre écosystème : communication produit, événementielle ou de crise, c'est à vous de décider ce que vous en ferez. Évitez cependant d'être trop nombriliste, et sachez explorer des horizons à la périphérie de votre domaine d'activité, pour séduire un lectorat important.

En B2B particulièrement, les blogs constituent un formidable support de communication pour du contenu de marque. Couplé à des outils de génération de leads, ils peuvent prendre une place capitale dans le dispositif à la fois marketing et commercial, notamment pour des PME aux moyens plus limités qu'un grand groupe industriel.

Twitter

Être présent sur Twitter, c'est accepter d'entrer dans des modes de communication digitale qui relèvent plus de la conversation que du communiqué de presse : hélas, encore trop d'entreprises n'ont pas saisi ce point et se contentent d'y publier lesdits communiqués, sans véritable engagement.

Votre présence sur Twitter doit donc se faire au quotidien, en variant les types de publication : du contenu qui vous est propre, et qui pointe vers vos sites, mais aussi des relais d'informations publiées par des « twittos »[21] de votre secteur, des réponses aux remarques de vos abonnés et toutes ces formes de participation, du #FF aux live-tweets.

Facebook

De nos jours, la présence d'une marque ou d'une entreprise sur Facebook est devenue un quasi standard, adopté par la plupart des marques B2C ou B2B2C. Il ne faut pas cependant s'attendre à des miracles, ce n'est pas votre page Facebook qui rajeunira votre marque ou la rapprochera de son public, mais ce que vous y ferez et direz.

Contrairement aux blogs, où le discours peut être élaboré et argumenté, la communication par Facebook se doit, de nos jours, d'être plus visuelle. Les statuts qui incluent des images génèrent un engagement 20 à 70 fois supérieur à ceux ne comportant que des textes ou des liens. De plus, Facebook n'expose vos contenus qu'à une fraction relativement modeste de vos fans, de l'ordre de 16 %.

Dès lors, il faut bien reconnaître, à contrecœur, que Facebook est devenu un média publicitaire plus qu'autre chose, et il faut bien en tenir compte dans votre stratégie de présence sur ce support. Sans pour autant négliger les risques de dérapage dus à un « bad buzz » mal contrôlé, comme en ont connu de nombreuses marques ces derniers mois, mais cela reste également vrai pour Twitter.

---

21 *Si ces termes ne vous disent rien, il est temps de faire un tour sur cet excellent glossaire Twitter :* http://bit.ly/amonbossdigital-glossairetwitter

LinkedIn / Viadeo

Les réseaux sociaux professionnels constituent une catégorie à part, car il s'agit au départ d'une présence individuelle plus que d'une présence de marque : chacun y crée un profil personnel, à partir de son CV et de ses multiples relations. Cette forme de présence permet déjà de réaliser des tâches primordiales pour le recrutement et la prospection commerciale ; l'utilisation de comptes premium sur ces plateformes nous semble impérative pour les individus appelés à en faire un usage quotidien. De nos jours, un commercial devrait non seulement disposer d'un téléphone et d'un ordinateur, mais aussi d'un compte premium LinkedIn ou Viadeo[22] !

Mais, ces plateformes ne se limitent pas uniquement à leurs fonctionnalités de mises en relations : ce sont également des outils qui permettent d'animer des communautés (groupes LinkedIn ou Viadeo), et également de créer des pages « entreprise » où l'on peut diffuser des informations, allant des offres d'emplois au contenu de marque.

En France, ces deux dernières années ont été marquées par trois phénomènes concomitants sur ce marché des réseaux sociaux professionnels : d'une part, le repli stratégique de Xing (ex OpenBC) sur la sphère germanophone de façon exclusive, d'autre part la montée en puissance fulgurante de LinkedIn en France qui a passé les 5 millions de membres en avril 2013[23], venant ainsi provoquer Viadeo sur son terrain ; et enfin Viadeo lui-même parti à la conquête de la Chine et de la Russie. Nul doute que de grandes surprises nous attendent encore dans ce domaine, mais il faut noter la concentration du paysage des réseaux sociaux professionnels entre quelques mains, ce qui n'est pas inhabituel pour le monde de l'Internet[24].

Évolution des différents réseaux sociaux professionnels et comparaison à Facebook

22 *Respectivement,* http://linkedin.com *et* http://viadeo.com

23 *Cf. ZDNet : LinkedIn : 5 millions de membres en France* http://bit.ly/linkedin5m *; nous n'évoquons pas ici le sujet de l'optimisation fiscale commentée dans cet article.*

24 *Phénomène décrit dès 1999 par Seth Godin comme la « loi de Zipf » ; voir cet article explicatif sur le blog de Yann Gourvennec :* http://bit.ly/bosszipf

Google Adresses

On l'oublie souvent dans le dispositif digital, mais « Google Adresses [25] » est un élément indispensable, surtout pour les entreprises disposant de points de vente : cinémas, banques, supermarchés, etc. Une fois intégrés dans Google Adresses, les emplacements de vos boutiques ou de vos points de vente apparaissent à la droite de l'écran, à chaque fois qu'une requête en ligne les concerne.

Apparu il y a quelques années, ce dispositif gratuit proposé par Google permet également aux internautes de laisser leur avis sur les commerces et points de vente indiqués, ce qui nécessite une certaine attention de votre part, au moins en termes de réponses aux éventuelles remarques qui y paraissent.

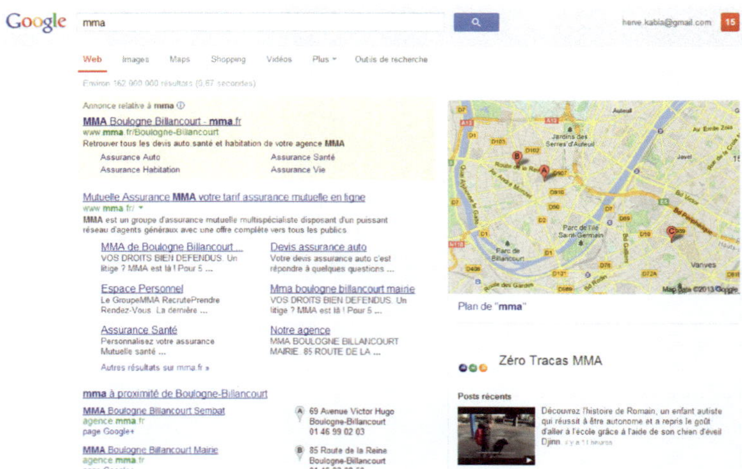

MMA a intégré l'ensemble de ses agents sur Google Adresses, découvrez ici leur emplacement depuis une requête Google effectuée chez Media Aces à Boulogne Billancourt.

SlideShare

À la recherche d'un outil de publication de documents ou de présentations? Pas la peine d'aller plus loin, SlideShare est l'outil qu'il vous faut. Avec plus de 10 millions de documents partagés, SlideShare s'est imposé internationalement. Le document le plus lu sur SlideShare, avec 14 millions de vues, est d'ailleurs une présentation en espagnol qui explique comment envoyer un courriel sur la messagerie en ligne Hotmail !

Racheté en 2012 par LinkedIn, SlideShare s'est imposé comme l'outil des professionnels pour les professionnels. Gratuit en version de base, et peu onéreux en version premium, il est le principal instrument de diffusion du savoir en mode partagé. Un compte entreprise vous permettra sans doute d'y agréger les contenus provenant des différentes organisations de l'entreprise.

---

25 http://www.google.fr/places/ *pour déclarer une entreprise, un magasin ou tout simplement référencer votre activité dans les cartes de Google (cliquer sur le bouton de droite pour retrouver Google Adresses).*

YouTube / DailyMotion / Vimeo

La diffusion de vidéos en ligne est devenue on ne peut plus simple grâce aux plateformes de partage de vidéos comme YouTube, DailyMotion ou Vimeo[26]. Ces outils permettent de créer des chaînes personnalisées, aux couleurs de l'entreprise. Les contenus qui y sont diffusés peuvent être repris par les internautes, partagés sur les réseaux sociaux ou sur les blogs, et vivre leur vie indépendamment du site institutionnel où vous les aurez peut-être intégrés.

N'oubliez pas, cependant, que diffuser une vidéo n'assure pas automatiquement un trafic abondant : l'acquisition d'une audience peut nécessiter des investissements publicitaires additionnels, soit par la plateforme elle-même, soir au travers de tiers qui vous assurent une exposition importante, mais payante, auprès de blogueurs rémunérés.

Pinterest

Difficile de passer à côté de cette plateforme de partage de contenus en mode « épinglage » : on peut y pointer tout ce qui nous plaît, des pages, des images, des vidéos, des infographies, au gré de notre navigation. Au travers de tableaux sur lesquels sont agencées d'élégantes photos issues des pages pointées, Pinterest[27] a séduit les marketeurs fans de communication visuelle. Cette caractéristique constitue néanmoins une limitation flagrante pour l'intérêt à accorder à cette plateforme, qui n'a pas séduit le grand public aussi largement que d'autres réseaux sociaux.

Instagram

Avec plusieurs millions d'utilisateurs, Instagram est certainement l'application photo la plus utilisée... après Facebook. Avec ses différents filtres et son mode photo légèrement rétro, Instagram[28] fait partie des codes de langage digitaux adoptés non seulement par de nombreux internautes, mais également par de plus en plus de marques.

Un compte Instagram entreprise est une excellente idée pour collecter des contenus photo originaux et créer une communauté « d'instagrammers » autour de vous. À l'occasion, n'hésitez pas à les solliciter pour alimenter votre compte en créations originales, toujours orientées vers les produits et l'actualité de la marque. Évitez cependant de tomber dans la promotion à outrance, aussi bien individuelle que produit.

Flickr

Difficile d'évoquer Instagram sans parler de Flickr[29]. Racheté par Yahoo!, le site de partage de photos est devenu le site privilégié des photographes professionnels. Mais, de nombreuses entreprises - et quelques gouvernements - l'utilisent aussi comme répertoire de photos officielles, dans différentes résolutions mises à disposition du public.

---

26 *Respectivement :* http://youtube.com, http://dailymotion.com *et* http://vimeo.com

27 http://pinterest.com

28 http://instagram.com *mais pour consulter tout Instagram si vous n'utilisez ni un mobile ni une tablette, il vous faudra aller sur* http://statigr.am/

29 http://flickr.com *; voir notamment le compte Flickr de Media Aces à l'adresse :* http://www.flickr.com/photos/mediaaces

Le rajeunissement effectué par Yahoo! en mai 2013, ainsi que l'espace absolument gigantesque offert gratuitement - 1 téraoctet de données -, prouve que Flickr n'est pas mort et restera un outil de choix dans la panoplie digitale à disposition des entreprises.

Foursquare

Cette plateforme de géolocalisation n'a pas encore séduit le grand public en France, plutôt réticent à exposer sur le Web ce pan de vie privée constitué de nos multiples déplacements. Rares sont les marques qui ont finalement tiré un véritable bénéfice de Foursquare[30].

Les marques qui souhaiteraient cependant tenter l'expérience, y trouveront un moyen fort original de toucher un public plutôt « geek[31] », avide de médias sociaux et fortement contributeur, au travers d'offres savamment distillées sur les emplacements dont elles auraient la charge. À privilégier, par exemple, pour les entreprises à réseau de franchises, présentes dans les grandes villes...

Tumblr

Cette plateforme de publication de contenus extrêmement populaire auprès des jeunes publics permet de lancer un blog en quelques minutes, sans nécessiter de compétence technique particulière. Photo, vidéo, texte, Tumblr[32] supporte tout, mais sous une forme dénuée de fioritures. Ne vous attendez pas à une personnalisation poussée sur la forme. Encore faut-il néanmoins penser à la ligne éditoriale et au contenu qu'on y publiera. Tumblr a été racheté par Yahoo! en mai 2013[33] (qui a promis de ne pas en modifier l'ADN si particulier).

Vine

Née en 2012, Vine[34] est un peu un extra-terrestre dans l'univers des médias sociaux. Cette application mobile permet en effet de concevoir des contenus vidéo ultracourts de 6 secondes, destinés à être diffusés sur d'autres réseaux sociaux. Le résultat peut être parfois déconcertant, plus proche du « gif » animé que du véritable contenu vidéo. Le lancement de la vidéo (limitée cette fois à 15s) sur Instagram a en tout cas marqué un net désintérêt pour Vine, qui reste un outil à réserver à quelques marques audacieuses, qui auront su s'associer à des experts de cet outil hors du commun.

Wikipedia

La présence d'une marque ou d'une entreprise sur Wikipedia[35] n'est pas forcément évidente. Il existe, en effet, des règles pour pouvoir apparaître et disposer de sa propre page, règles qui varient, semble-t-il, d'un pays à l'autre. Concernant la France, ces

30 http://foursquare.com
31 *C'est-à-dire « attiré par les technologies » pour les non-anglophones.*
32 http://tumblr.com
33 http://bit.ly/yahooblr *pour l'article du Monde décrivant l'officialisation du rachat.*
34 *Vine est une application mobile uniquement :* http://vine.co/
35 http://fr.wikipedia.org

règles sont documentées dans Wikipedia même[36] et disent ceci : seules les entreprises qui relèvent d'un des trois critères suivants sont admissibles :

1. Apparaître dans le calcul d'un indice boursier (ex : Vallourec présent au CAC 40) ;
2. Apparaître dans un classement d'entreprises indépendant (Fortune 500 ou top 100 des SSII en France ; ...)
3. Faire l'objet de travaux indépendants ou faire l'actualité (comme Clearstream par exemple).

Ne pas répondre à l'un de ces trois critères provoquera immanquablement le retrait de votre page, sous le motif d'une tentative de nuire à la qualité non publicitaire de l'encyclopédie.

Être présent sur Wikipedia ne signifie pas non plus n'y apparaître que dans une seule langue, le français. Une entreprise présente sur les marchés russes ou chinois aura tout intérêt à disposer d'une version de sa page dans les langues concernées. Car à l'heure de la mondialisation, lorsqu'on cherche à conquérir des marchés en Asie ou dans les pays en fort développement, qui peut se permettre de laisser des descriptions erronées sur sa page Wikipedia en chinois, en russe, en portugais ou en arabe ?

L'existence d'une page Wikipedia n'est pas une fin en soi, et peut être à l'origine de quelques désagréments, notamment quand l'entreprise traverse une actualité chahutée. On évitera, dans ces cas, de procéder à des modifications arbitraires et à sens unique, de manière à éviter un scandale comme celui qui a touché la DCRI en avril 2013[37]. De même, Wikipedia ne vous appartient pas, et vous n'êtes absolument pas maître de ce qui s'y dit. Tout au plus, pourrez-vous participez aux échanges sur votre entreprise, sans pouvoir influencer la tonalité des propos.

Amiando / EventBrite / Evenium

L'organisation d'événements fait partie intégrante de la vie des marques et des entreprises. La mise en valeur de ces événements et l'interaction avec les participants font partie des standards du Web social. Trois plateformes se distinguent dans ce domaine : l'allemand Amiando, l'américain EventBrite et le français Evenium. Ces plateformes très simples à utiliser permettent de créer des événements payants ou gratuits et de jouer sur l'interaction entre les participants : profils des inscrits, partage de photos ou même des présentations diffusées en direct...

Notons au passage l'apparition d'annuaires d'événements, comme Lanyrd[38], qui permettent de retrouver les événements prévus à proximité : l'inscription y est totalement gratuite et l'application existe sur mobile.

36 *Pour les retrouver dans leur intégralité, cf.* http://bit.ly/amonbossdigitalentreprise
37 *La DCRI avait réquisitionné un administrateur de l'encyclopédie Wikipedia pour retirer un article dans lequel apparaissaient des informations confidentielles. L'effet obtenu avait été l'inverse de celui visé – on parle alors d'effet Streisand - l'affaire ayant connu une formidable publicité sur le net.*
38 www.lanyrd.com

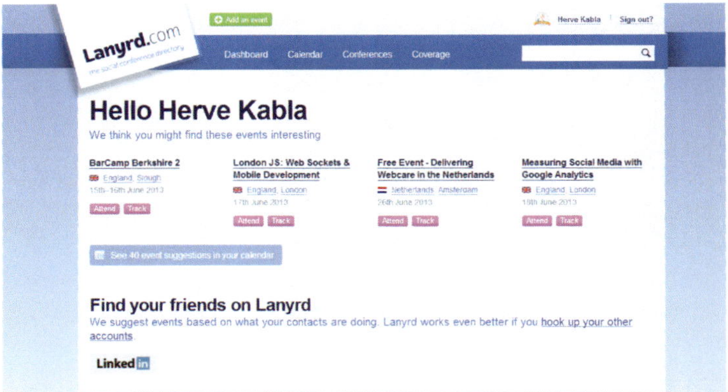

Pour trouver des événements à proximité, pourquoi ne pas utiliser Lanyrd

Google+[39]

Dernier avatar de Google en matière de réseaux sociaux, Google+ n'a cessé d'évoluer depuis son lancement. Si le nombre de profils qui y ont été créés ne cesse de croître et si l'intégration de Google+ avec les autres outils Google ne cesse de s'améliorer, nombre de marketeurs se posent la question de savoir si Google+, en réalité, ne serait pas une sorte de « ville fantôme » ? C'est à la réponse à cette question que nous consacrons le chapitre suivant…

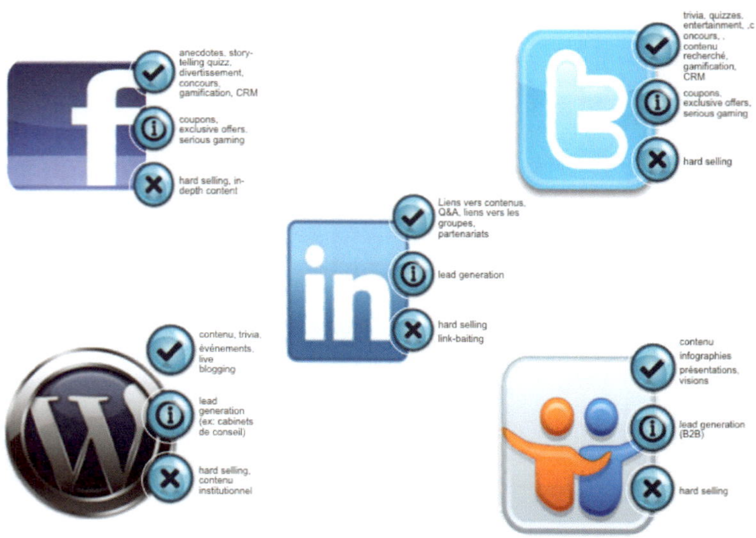

39 http://plus.google.com

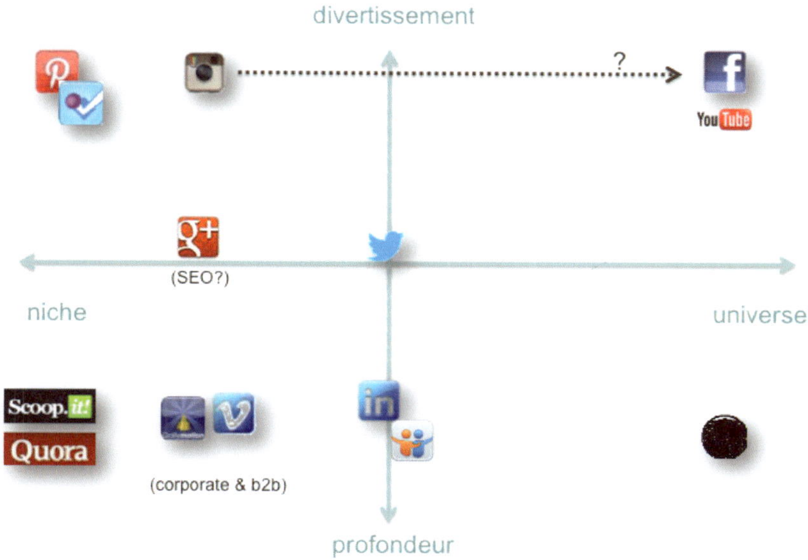

Il est possible de cartographier les usages des différents médias sociaux de la manière suivante (cette carte est adaptable selon le contexte)

III.3 Google+ est-il une ville fantôme ?

Faut-il être actif sur Google+[40] ? C'est la question que se posent de nombreux marketeurs depuis que le réseau social made in Google a ouvert ses portes et proposé aux entreprises de créer leurs propres pages, à l'instar de Facebook. Mais force est de constater que, malgré ses millions d'inscrits et quelques expériences réussies, Google+ ressemble de loin à une ville fantôme : les décors sont là, mais on y chercherait parfois en vain le moindre signe de vie. Alors, faut-il être sur Google+ ?

Lancé au printemps 2011, Google+ est la troisième incursion de Google dans le monde des réseaux sociaux. Par le passé, après la tentative initiale de Orkut.com, Google avait en effet effectué deux tentatives, Google Buzz, sorte de messagerie instantanée asynchrone qui venait se greffer par-dessus sa messagerie, et Google Wave, outil très sophistiqué, séduisant sur de nombreux points, mais qui s'était avéré une véritable

40 http://plus.google.com *et* https://plus.google.com/116957857870973325438/posts *pour la page Media Aces ; on appréciera au passage l'extrême convivialité des adresses Google+ !*

usine à gaz avec le temps. Les deux projets, une fois passée la période d'enthousiasme initiale, avaient connu un rapide déclin avant d'être fermés, sans que la pérennité des données publiées sur ces plateformes sociales ne pose de souci à Google.

Avec Google+, cependant, Google s'éloignait de l'innovation tous azimuts pour se rapprocher de ce qui était en passe de devenir un standard sur les médias sociaux, à savoir la « timeline » de Facebook. Avec néanmoins de subtiles différences, à commencer par l'absence jusqu'à aujourd'hui de publicité sur Google+ même...

Google+ a donc adopté, dans un premier temps, les standards de présentation de Facebook : une page personnelle pour publier des liens, des images ou des vidéos, un fil d'actualité pour consulter les publications et les partages des amis, des commentaires et un bouton +1 qui n'était pas sans rappeler le fameux « J'aime » de Facebook, et que l'on vit donc fleurir un peu partout. C'était donc ça, le fameux réseau social de Google ? À sa sortie, nombreux étaient ceux qui pensaient que la montagne avait accouché d'une souris.

Certes, quelques fonctionnalités originales avaient vu le jour, comme la notion de cercles, qui permet de classer ses amis ou ses contacts : un groupe pour les amis, un groupe pour la famille, un groupe pour les collègues, etc. Assez séduisante au départ, cette notion de cercle s'avérerait plutôt encombrante, pour effectuer les mises à jour dès qu'on dépasserait les quelques centaines de contacts.

Autre atout de Google+, présent dès le départ, l'intégration avec Picasa, le site d'hébergement et de partages de photos de Google, qui augurait d'un véritable potentiel pour ce réseau social dès lors que Google jouerait la carte de l'intégration avec tous ses services.

Bref, sur le papier Google+ avait tout pour séduire. Hélas, il arrivait bien après Facebook, sorti presque sept années plus tôt, et faisait donc figure d'outsider, derrière deux mastodontes dont la croissance était encore à cette époque fulgurante : Facebook et Twitter seraient difficiles à déloger. Certes, quelques millions d'utilisateurs avaient été conquis par Google+ et son potentiel. Mais, on était loin de constater un exode massif de Facebook vers Google+.

Plus embêtant, quelques erreurs de jeunesse allaient brimer la croissance de Google+ : la nécessité de s'inscrire via une adresse Google Mail, rapidement levée pour ne pas se priver des centaines de millions d'utilisateurs des messageries Hotmail ou Yahoo! ; la nécessité de s'inscrire sous sa véritable identité, Google jouant la carte de la lutte contre l'anonymat ; et, fait bien plus ennuyeux pour les marketeurs, l'absence de pages entreprise, comblée près d'un an plus tard. En 2011, une entreprise pouvait difficilement être présente sur Google+.

Deux ans plus tard, la situation a considérablement évolué. L'exode massif n'a pas eu lieu, même si Google revendique 500 millions[41] de membres inscrits : au final, l'éditeur

41 *Données communiquées sur un des sites officiels de Google en décembre 2012 :* http://googleblog.blogspot.fr/2012/12/google-communities-and-photos.html

ne revendique que 235 millions d'utilisateurs actifs (au moins un clic sur un bouton +1) et moitié moins d'utilisateurs du flux d'actualité qui lui est propre. C'est énorme, mais insuffisant : selon Todd Wasserman de Mashable, Google+ ne serait utilisé que 3,3 minutes par mois, contre près de 7,5 heures pour Facebook[42]. Ce qui signifie que pour moitié moins d'utilisateurs, le temps de session serait 90 fois supérieur pour Facebook... Google+ n'est certes pas une ville fantôme, mais il est assez peu probable qu'on y rencontre grand monde quand on s'y promène.

Attention, cela ne veut pas dire que Google+ n'est pas utilisé. Des millions de personnes publient du contenu, discutent ou plussoient[43] sur Google+, certains même plus que sur Facebook. L'intégration des flux de commentaires d'une publication Google+ dans Google Mail, par exemple, est un atout considérable, qui facilite grandement l'engagement par opposition à Facebook. Mais, pour la majorité des utilisateurs, consulter Google+ est une affaire de quelques minutes alors qu'ils passent des heures sur Facebook.

En premier abord, il semblerait donc que Google+ ne soit pas une priorité pour les marketeurs de la communication digitale. Pourtant, on aurait tort de négliger Google+, car Google a les moyens et l'ambition d'en faire quelque chose de bien plus puissant.

Tout d'abord, Google a le temps devant lui. Contrairement à Buzz ou Wave, qui étaient des produits un peu bâclés, sans grande vision, et faisaient plus penser à des prototypes qu'à des produits finis, Google continue d'investir massivement dans les développements de Google+. Ces développements visent à la fois l'enrichissement fonctionnel de la plateforme et l'intégration avec les autres produits de l'entreprise. C'est vraiment là que se situe l'avantage concurrentiel de Google+.

Passons en revue les évolutions fonctionnelles, tout d'abord. Alors que son interface se rapprochait de celle de Facebook dans les premiers temps, Google+ est en train de s'émanciper de son illustre prédécesseur, introduisant peu à peu des fonctionnalités plus ou moins intéressantes :

- Un filtre par cercles, par exemple, est proposé sur le flux d'actualité, permettant de ne consulter que les publications de tel ou tel cercle. Par comparaison, le système de filtres proposé par Facebook (publications récentes ou à la une) fait figure de parent pauvre ;
- La notion de communautés, introduite fin 2012, qui s'apparente aux groupes Facebook et vient combler un manque relatif ;
- La publication instantanée de photos chargées depuis un mobile, sous Android ou iOS. Cette fonctionnalité simplifie le partage de photos, par rapport à une publication classique sur Facebook, qui a, depuis, intégré le même type de service ;
- Les « hangouts », sessions de vidéoconférence à plusieurs sources (jusqu'à 10) et une infinité de spectateurs, complètement intégrés à YouTube. C'est un plus significatif, par rapport à tout ce qui existait auparavant ;

42 *Pour le détail, voir* http://edition.cnn.com/2012/02/28/tech/social-media/google-plus-comscore/index.html
43 *Du verbe plussoir, créé pour l'occasion :* http://fr.wiktionary.org/wiki/plussoir

Mais, c'est au niveau de l'intégration avec les autres produits et outils Google que Google+ se distingue fondamentalement. En voici un rapide panorama :

- L'intégration avec YouTube, pour commencer, va bien au-delà de l'organisation de hangouts. Le « look and feel » de YouTube, depuis mars 2013, se rapproche fortement de celui des pages Google+. L'unification des comptes n'est pas loin. On peut imaginer que les abonnés à une chaîne sur YouTube se retrouvent plus ou moins automatiquement intégrés dans un cercle du compte Google+ associé. C'est un sujet qui se développera probablement en 2013. Des marques fortes, comme le PSG, l'ONU ou... Barack Obama en ont fait usage. C'est probablement une fonctionnalité à tester et intégrer pour organiser des Webcasts et diffuser des conférences à moindre coût ;
- L'intégration avec la messagerie électronique est également d'une puissance absolue. Tout d'abord, il est possible de notifier les membres d'un cercle lors d'une publication : Google+ s'apparente alors à un outil de diffusion de newsletters, certes réduites à une publication, mais qui marche remarquablement bien (faites le test, vous serez surpris du résultat). Ensuite, lorsqu'un utilisateur de Google Mail reçoit une telle notification, il peut s'intégrer dans la discussion et commenter la publication sans quitter la messagerie ; il peut même consulter l'historique des commentaires, Google Mail jouant alors le rôle de contenant pour un contenu diffusé sur Google+ ;
- L'intégration avec Picasa (voir ci-dessus) ;
- L'intégration avec Google Places, devenu Google+ Local, est également une fonctionnalité à laquelle il faut s'intéresser de près. Vous connaissez sans doute Google Places, anciennement appelé Google Local Business, qui permet de gérer son apparition dans Google Maps, et d'accéder à des statistiques de fréquentation sur des requêtes localisées. Avec Google+, on bénéficie également des avis de consommateurs ou de clients ayant fait appel à l'entreprise considérée ;
- L'intégration avec Google Calendar, qui permet d'organiser des événements depuis Google+ et de bénéficier de tous les contenus qui s'y rapportent (publications, photos, hangouts) ;
- L'intégration avec la plateforme publicitaire de Google qui pourrait bien en surprendre plus d'un. Il ne s'agit pas de faire apparaître des publicités AdWords dans une page Google+, mais plutôt d'utiliser des contenus diffusés sur la page Google+ d'une entreprise, comme visuel et texte d'accompagnement d'une publicité ciblée. Ce qui signifie qu'une entreprise dotée d'une page Google+ peut faire apparaître ses publications à l'intérieur de publicités AdWords, un peu à la manière des publicités sponsorisées de Facebook, avec les commentaires et appréciations des amis des personnes qui sont exposés à cette publicité.
- L'intégration avec le moteur de recherche, enfin, est un atout fondamental. Contrairement à ce qu'ont aurait pu croire, l'impact de Google+ sur les résultats de recherche ne réside pas dans l'avantage supposé des publications compta-

bilisant le plus de +1 : ce serait mal connaître Google, qui fuit comme la peste toute influence extérieure sur les résultats des recherches. Ce que Google va faire, c'est réserver un emplacement parmi les 10 premiers résultats proposés sur une page de requête à un contenu issu de Google+, un peu à la manière des contenus diffusés sur YouTube, et mis en avant en 3e ou 4e position. Le choix des publications Google+ ainsi mises en avant serait alors effectué en se basant non seulement sur le nombre de +1, mais également sur l'affinité de la personne ayant lancé la recherche avec les contenus qui pourraient remonter. C'est en cela que la recherche devient plus personnalisée.

La liste pourrait s'allonger et nous vous recommandons de vous reporter à la liste des fonctionnalités établies sur la page Wikipedia de Google+ pour la parcourir dans sa globalité[44]. L'objectif ici n'est pas de vous vendre Google+ à tout prix, mais bien de comprendre en quoi celui-ci concerne les professionnels de la communication digitale.

Nous le savons, les positions acquises ne sont pas éternelles. Les révolutions technologiques s'enchaînent et se succèdent, permettant aux acteurs de devenir dominants, ou provoquant leur déclin en un rien de temps. Fort de sa position dominante actuelle dans le marché des liens sponsorisés et de la recherche sur le Web, Google occupe une position stratégique, au travers de la multitude d'outils mis à disposition de l'internaute. C'est un atout considérable, et tout Web marketeur doit en tenir compte dans sa stratégie de communication digitale.

C'est dans ce paysage tourmenté et en constante évolution que Google+ s'insère. Loin de remplacer Facebook, Google+ constitue une expérience à part, qu'il faut impérativement tester et maîtriser, afin d'en déterminer l'usage potentiel pour son entreprise. De la même manière que les pionniers sur Facebook ont acquis un avantage considérable, il y a 4 ou 5 ans, les pionniers de Google+ auront, à n'en pas douter, de sérieux atouts à ajouter à l'actif de leurs projets.

44 http://en.wikipedia.org/wiki/Google%2B

III.4 Interview d'expert : François Laurent, « Il y a deux e-réputations (personnelle et professionnelle), mais un seul *personal branding*[45]. »

Avec le Web social, la frontière devient extrêmement poreuse entre e-réputations personnelle et professionnelle : faut-il s'en alarmer ou faut-il plus simplement savoir en jouer ?

Notre vie privée n'existe plus

Aline, Albert, John – peu importe – publient quelques photos de la dernière fête organisée par son école sur sa page Facebook : on y découvre Alain, Albertine, Gustav – peu importe – un verre à la main... et complètement nus ! Tous leurs amis vont bien s'amuser – et même ceux qui ne connaissent pas Alain, Albertine, etc. : manifestement la petite soirée à laquelle ils ont participé s'est révélée bien arrosée, mais rien de grave !

Alain, on le retrouve d'ailleurs sur d'autres pages Facebook, toujours un verre à la main, quand ce n'est pas une bouteille, c'est un camarade agréable que l'on prend plaisir à inviter... même si parfois, il se laisse aller trop loin : bref, il porte depuis longtemps une sacrée réputation de fêtard – dans la vie « réelle », mais aussi maintenant sur la toile, puisque ses amis l'ont plus qu'à son tour épinglé sur Facebook.

Gustav, mis à part cette soirée où il s'est laissé aller à picoler plus que d'habitude avec Alain, se montre très discret sur Facebook : en fait, il soigne beaucoup plus son profil sur LinkedIn, où il participe à divers groupes de travail, très ciblés – il s'y est peu à peu créé une assez solide réputation de spécialiste du community management. Et donc, tout naturellement, il déborde également d'activité sur Twitter où il dispose d'un réseau de plus en fourni de « followers[46] » – à titre personnel, mais aussi sous son identité professionnelle, justement en tant que community manager de son employeur.

Là où Alain doit composer avec une e-réputation personnelle sulfureuse, Gustav a réussi à s'e, construire une professionnelle très respectable : voici donc deux mondes bien éloignés loin de l'autre, mais qui se rapportent tous deux à l'e-réputation.

Ce matin, Gustav a rendez-vous avec son futur employeur : comme ses écrits font de plus en plus autorité sur les réseaux professionnels (car il poste aussi volontiers sur SlideShare ou sur YouTube), un chasseur de têtes l'a chaudement recommandé au directeur des ressources humaines d'une société en pleine expansion – de celles dont le nom figure comme une médaille sur un CV.

---

45 *Pour une explication sur ce terme, vous référer à l'article de Fadhila Brahimi sur ce sujet, dans notre premier ouvrage Les médias sociaux expliqués à mon boss, chapitre 1.8 Témoignage de Fadhila Brahimi, à la page 86.*

46 *Abonnés à son compte, selon le vocabulaire utilisé par les utilisateurs du service de micro-blogging.*

Ce que Gustav ignore, alors qu'il pérore face à son interlocuteur, c'est que ce dernier n'a conservé dans son dossier, aucune trace de LinkedIn, Twitter, SlideShare, YouTube : juste une petite copie d'écran de cette page Facebook où il apparaît en compagnie d'Alain et quelques autres – manque de chance, leur ami commun n'a jamais su gérer les droits publics ou privés du réseau social !

Comme le montre cet exemple fictif, e-réputations personnelle et professionnelle peuvent aisément se télescoper pour le plus grand désagrément de l'individu concerné : sphères privée et professionnelle ne constituent pas des ensembles très hermétiques, du moins sur la toile : trois salariés d'Alten[47] en ont fait la triste expérience au printemps 2010.

Les imprudents, peu satisfaits de leurs conditions de travail, avaient dénigré leur employeur sur Facebook : l'affaire n'aurait pas débordé du cercle de leurs amis, si justement un de ces « amis » (les guillemets s'imposent) n'avait dénoncé leurs propos à la direction des ressources humaines !

Bref, espérer distinguer e-réputations personnelle et professionnelle constitue désormais une gageure : en fait, notre vie privée n'existe plus vraiment.

Un petit détour par Palo Alto

Bien sûr, dès que l'on évoque Palo Alto, tout le monde pense aussitôt Silicon Valley, Hewlett Packard et son garage, et sans aller trop loin, Apple, Sun Microsystems, etc. : pourtant, je souhaiterais remonter un tout petit plus loin dans le temps et évoquer les travaux du groupe fondé au début des années 50 par l'anthropologue Gregory Bateson, rapidement rejoint par le psychiatre Donald D. Jackson, et qui prit le nom d'École de Palo Alto[48].

Ce dernier, notamment spécialisé dans les thérapies familiales, s'est aperçu que lorsque l'on guérit un membre d'une famille, presque aussitôt, un autre membre développe sa propre maladie : si l'on permet, par exemple, à un enfant de surmonter une pathologie qui le place en position d'infériorité par rapport au reste de la famille, le père ou la mère pourront devenir dépressif pour avoir perdu l'exutoire à leur agressivité courante.

Une famille constitue un cercle (les gens de Palo Alto utilisent le terme de système) homogène, régi par des règles (ou principes) précises comme celles d'homéostasie : la pathologie de l'un compense la pathologie d'un autre – et si l'on guérit l'un sans se soucier des autres, le système risque d'exploser.

Un mari dominé par son épouse serait-il condamné à définitivement subir cet état d'infériorité – du moins, s'il tient à ce que son mariage perdure : car si le principe d'homéostasie est remis en cause, c'est *ipso facto* le divorce.

---

47 *NDLR : voir Le Point pour la jurisprudence Alten et Webhelp* http://bit.ly/bossalten *ainsi que l'espace Pearltrees de Bernard Martinez* http://bit.ly/bosspearlalten

48 *Voir à ce sujet le nouvel ouvrage de Dominique Picard et Edmond Marc paru en avril 2013 aux Presses Universitaires de France, intitulé L'École de Palo Alto cf.* http://bit.ly/bossalto

Heureusement, nous ne vivons pas dans des cercles hermétiques : nous participons tous à plusieurs systèmes ouverts (nécessairement ouverts puisque nous pouvons circuler de l'un à l'autre) ; nous avons nos amis, notre travail... et notre mari soumis pourra trouver sa revanche dans l'encadrement de ses collaborateurs.

Difficile de résumer en quelques lignes la richesse des travaux des chercheurs de Palo Alto ; mais nous pouvons en retenir :

- que nous évoluons tous au sein de diverses sphères ;
- que chacune de ces sphères obéit à ses propres règles ;
- que de pouvoir passer très aisément d'une sphère à l'autre nous permet de supporter celles trop contraignantes de l'une, en menant une existence différente dans une autre.

Bien évidemment, si les collaborateurs d'un chef de service autoritaire découvrent que c'est sa femme qui « porte la culotte », son autorité risque de s'en trouver irrémédiablement sapée : il est nécessaire, pour l'équilibre et la survie de chacun des systèmes où nous évoluons, que peu de choses ne fuitent de l'un à l'autre – ou du moins pas plus que nous ne souhaitons, sinon, c'est le risque d'explosion en chaîne.

Nous avons notamment besoin d'une sphère privée suffisamment riche pour contrebalancer les nécessaires désagréments de notre sphère professionnelle – et vice versa, d'ailleurs : si les frontières entre les différents systèmes au sein desquels nous vivons deviennent trop poreuses, nous n'aurons plus de lieux pour évacuer les constantes pressions que nous subissons – et simplement respirer !

La marmite est prête à exploser

Chaque individu jouit d'une certaine réputation parmi ses amis, ses parents – au sein de son système privé ; tout comme il bénéficie d'une autre réputation dans sa vie professionnelle.

Ce que nous enseigne Palo Alto, c'est qu'il convient que nos espaces privés et professionnels ne se recoupent pas trop : chaque individu doit pouvoir disposer d'une réputation privée différente de sa réputation professionnelle. Ou plutôt, sa réputation privée doit rester inconnue de la sphère professionnelle au sein de laquelle il évolue ; et *vice versa*.

Le problème, c'est que dès que l'on passe de la notion de réputation à celle d'e-réputation, les frontières explosent comme nous l'avons rapidement évoqué : gênant !

D'autant plus gênant que la notion d'e-réputation n'est qu'une subtilité pour évoquer ce qui émerge de la réputation d'un individu sur la toile ; mais ce n'est pas parce que le Web social constitue une autre vitrine, un autre miroir, que les individus sont devenus doubles : c'est notre réputation toute entière qu'Internet met sur la place publique.

En d'autres termes, en niant toute frontière entre vies privée et professionnelle ; en mélangeant e-réputations personnelle et professionnelle, le Web social élimine ce qui pour la majorité d'entre nous constituait l'ultime soupape de sécurité : un espace privatif totalement sûr et caché des regards.

Bref, la marmite est prête à exploser.

L'invasion de la vie personnelle dans la sphère professionnelle se révèlera tout aussi dévastatrice que celle de la vie professionnelle dans la sphère privée : l'homéostasie des multiples systèmes dans lesquels nous vivons ne pouvant être maintenue par cause d'accumulation de signaux contradictoires, c'est la ruine totale.

Élaborer son « personal branding »

Rassurons-nous : ce n'est pas parce trois salariés d'Alten se sont retrouvés devant les prudhommes du fait d'un ami indélicat que nous sommes tous à la merci d'un licenciement expéditif.

Et la multiplication de photos de fêtes estudiantines sur Facebook risque fort de calmer les ardeurs des chasseurs de têtes : à quoi bon chercher à débusquer l'image scandaleuse… si elle devient la norme !

En fait, dans la majorité des cas, même votre sphère privée est à deux clics de vos collègues de bureau – et votre e-réputation professionnelle à deux doigts d'être percée par vos parents et amis –, non seulement il n'en transparaît pas suffisamment pour que cela vous porte réellement préjudice, et très certainement vos collègues et amis ne chercheront pas à en savoir plus sur vous ; sauf si une « impérieuse » nécessité les y pousse : parce que vous venez d'obtenir une surprenante promotion ou que vous vous présentez aux élections au comité d'entreprise, etc. ; sauf également si votre personnalité devient plus publique que d'ordinaire : car les hommes publics n'ont pas de vie privée.

Alors, plutôt que de prendre le moindre risque, construisez-vous une e-réputation globale – une e-réputation qui fasse le lien entre vos vies personnelle et professionnelle. Acceptez de vous afficher et élaborez votre « personal branding » – votre marque individuelle. Mais, pas n'importe comment !

Si les professionnels savent (ou devraient savoir) parfaitement gérer la partie professionnelle de leur e-réputation (et s'ils ne le savent pas, il y a des tas de lectures intelligentes sur le sujet), ils ignorent le plus souvent ce qu'ils doivent / peuvent porter à la connaissance de tous de leur vie privée – et donc de leur e-réputation personnelle.

La réponse est simple : tout ce qui peut contribuer à transformer un dirigeant (consultant, spécialiste, etc.) technocrate en un être humain sympathique.

Et un être humain est composé de qualités et de défauts.

Vos défauts publics, ne cherchez ni à les nier, ni à les cacher : s'ils sont connus, c'est que d'autres se sont déjà chargés de les révéler… et sont prêts à enfoncer le clou.

Longtemps l'ancien ministre de l'Économie, des Finances et de l'Industrie Hervé Gaymard a essayé de nettoyer sa page Wikipedia[49] de la polémique liée à son appartement de fonction de 600 m^2 près de la place de l'Étoile – le scandale lui a valu son portefeuille ! Non seulement, il n'y est jamais parvenu, mais le toilettage a cessé le jour où a été révélée l'adresse IP de la personne chargée du nettoyage : elle correspondait à un ordinateur de Bercy !

Si la tache est trop flagrante, plutôt que de la nier, mieux vaut l'accepter... et annoncer que l'on va s'amender – en le faisant réellement, bien sûr ! Car, bonne nouvelle, le Web social sait se montrer clément vis-à-vis de ceux qui reconnaissent leurs fautes et cherchent à se corriger. Sinon, il vous restera à mettre en avant vos qualités... disons, vos points forts, ce qui fait de vous un ami agréable dans la vie quotidienne : Facebook peut constituer un excellent allié en ce domaine.

Ne cherchez pas à tout dire... juste ce qu'il faut pour effectuer le passage du professionnel à l'être humain ; que ceux qui vous découvrent aient envie de boire un verre avec vous, après une conférence.

J'adore la musique pop/rock : régulièrement sur mon blog – MarketingIsDead.net est, comme son nom l'indique, un blog professionnel spécialisé – je parle des concerts que je vais écouter au Zénith ou à Bercy. Petit à petit, s'est tissé un lien de complicité avec d'autres marketeurs, eux aussi amateurs de ce style de musique.

La nature a horreur du vide : surtout, le Web social a horreur des e-réputations vides ! Pour éviter que d'autres s'occupent malicieusement de la vôtre, offrez-donc par avance un contenu positif vous concernant.

Et rapidement, vous vous apercevrez que la question de la frontière – plus ou moins hermétique – entre e-réputations personnelle et professionnelle n'existe pas : il vous faut savoir judicieusement gérer les deux versants de votre propre personnalité.

---

49 http://fr.wikipedia.org/wiki/Herv%C3%A9_Gaymard

III.5 Bouche-à-oreille et publicité : quel dosage et quelles synergies ?

Pourrions-nous décemment éviter d'évoquer le postulat, souvent entendu, qui voudrait que les médias sociaux, au travers d'une pseudo-révolution du marketing, auraient tué la publicité ? Ce postulat serait en effet une pure élucubration, à un moment où jamais les internautes n'ont autant été exposés à des messages publicitaires[50], et où Facebook réalise plus de 4 milliards d'euros de chiffres d'affaires en à peine deux ans. Alors comment doser publicité et bouche-à-oreille ? Et quelles sont les synergies entre les deux ? Voire, les erreurs à ne pas commettre.

« Faites-moi un bon buzz... ! »

Voici la hantise de tout directeur digital : l'injonction paradoxale par excellence qui hérisse le poil à tous les professionnels du domaine, qui se voient, mettre la pression sur un objectif qu'il est impossible d'atteindre à coup sûr ... et surtout sans effort.

Car tout bouche-à-oreille commence par une expérience, un vécu, une réelle valeur ajoutée qui va ensuite se cristalliser sur une population qui aimera, ou non, ce que vous lui proposez. Il n'y a pas de martingale garantie ni de buzz gratuits, à de rares exceptions près ; il n'est pas donné à tout le monde d'avoir le talent d'un Norman[51]. Il faut se le rappeler souvent, de peur que quelqu'un ne l'oublie... surtout en tant que marque, car l'exercice est encore plus ardu. Il n'est d'ailleurs pas garanti non plus de pouvoir emprunter le talent d'un Norman, comme l'ont fait plusieurs marques, sans courir le risque de rater son effet, pour avoir essayé de faire du jeunisme et de sauter sur une mode, sans pour autant s'attribuer le talent de l'auteur en question. On l'a vu maintes fois, faire une opération sur une marque avec Norman – ou un de ses nombreux confrères – permet de réaliser rapidement quelques centaines de milliers de visites, alors que lui-même en génère plusieurs millions. Et ceci, avec un investissement média en sus. Voilà qui fait réfléchir. Alors, pourquoi tout cela est-il si difficile ?

Rappelons encore une fois le schéma de base, que nous vous avons déjà montré, mais que vous avez peut-être oublié. Après tout la répétition est, à condition de ne pas exagérer, à la source de l'enseignement :

---

50 *Pour une vue récente (fin 2012) du monde de la publicité digitale, voir la présentation de Clipperton Finance à l'adresse :* http://bit.ly/bossdigitad

51 *Pour les martiens qui auraient raté le phénomène Norman Thavaud, voir* http://normanfaitdesvideos.com *et son film sorti au cinéma en 2013* http://bit.ly/bossnormales

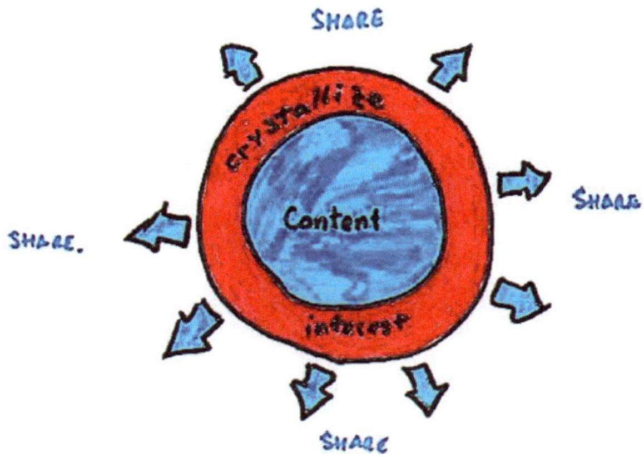

Une règle fondamentale : les utilisateurs se font plaisir, ils ne veulent pas *vous* faire plaisir

À la base, il y a le contenu : un livre blanc si vous êtes un professionnel, mais cela peut aussi bien être un produit ou même un prix. Dans le grand public, les consommateurs aiment partager les bonnes affaires par exemple, car partager n'est pas seulement un plaisir mécanique mû par une mode mystérieuse issue du cerveau génial de l'inventeur du « Web 2.0[52] » (s'il existait)!

Certes, les utilisateurs partagent ce qui leur plait, mais aussi, et surtout, ce qui les valorise. Une preuve ? Vous est-il jamais arrivé de partager un lien, une page, un document avant même de l'avoir lu ? Allez ! Avouez-le... Il est tentant de se valoriser en partageant quelque chose pour montrer, ou pour tenter de montrer, qu'on a été le premier à l'avoir lu. Il n'y a pas que les journalistes qui veulent leur scoop, les utilisateurs, dans cette civilisation Mc Luhan, ont eux aussi la volonté d'être reconnus comme les premiers à avoir identifié un « buzz » (ou à le faire croire).

Faire plaisir ...

C'est probablement la première leçon à retenir de ce chapitre. Les internautes ne partagent pas ce qui ne les valorise pas, ce qui ne leur fait pas plaisir. Et ce plaisir est probablement la première chose que vous devez d'offrir à vos clients, à vos fans. Votre produit n'est pas un « produit plaisir » ? Pas de problème, parlez d'autre chose : de ce que vous sponsorisez, ce que vous soutenez, de vos engagements culturels et sociétaux, pourvu qu'ils reflètent vos valeurs de marque. C'est cela le marketing du bouche-à-oreille, une démarche tournée vers les autres, avant d'être tournée vers soi-même. Un exercice que bon nombre de marques ont du mal à digérer. Il est vrai que cela demande un effort particulier.

---

52 *Pour retrouver l'historique et la définition du Web 2.0, lisez ou relisez le chapitre introductif de notre premier ouvrage, Les médias sociaux expliqués à mon boss,* http://amonboss.com *(chapitre I.I p.32)*

Le dessinateur Hugh a conçu ce manifeste graphique pour Andy Sernovitz, le chantre du marketing du bouche-à-oreille[53]

... ou « stimuler »

La publicité, dans son acception traditionnelle, est à l'opposé de la démarche complexe du bouche-à-oreille qui est certes puissante, mais pas donnée à tous. Il n'est pas toujours aisé en effet de se mettre à la place de ses clients et de son auditoire, cela requiert un effort particulier. Étymologiquement, la publicité a pour mission de rendre publique une idée, un produit, un service... Elle est basée sur un message dont le but est de convaincre – ou de séduire – un public « ciblé ». Son vocabulaire, fonctionnant souvent par analogie militaire (brief, cible, campagne,...) imprime un rythme martial à la communication d'entreprise : les cibles visées tomberont, parfois à force de battage et de budgets publicitaires mirobolants. Il arrivera aussi qu'elles se lassent, ce n'est pas nouveau[54].

Le bouche-à-oreille, quant à lui, ne coûte pas cher. C'est bien là son seul problème. Comment le marketing manager va-t-il mettre en avant une opération qui ne coûte qu'une somme modique, voire rien du tout ? Il n'est malheureusement pas commun – c'est un travers hélas répandu – d'attribuer de la valeur à quelque chose de gratuit... C'est bien dommage, toute l'industrie de l'Internet s'est bâtie sur l'inverse et a démontré que c'était possible.

53 http://bit.ly/bosscostboring *pour l'article original sur le site de Hugh MacLeod* http://gapingvoid.com

54 *Pour des chiffres sur le marketing et sa perception par le public, nous recommandons la présentation, hélas un peu datée, d'Alain Thys sur la responsabilité des marketeurs vis-à-vis de leurs actionnaires, de leurs clients et de l'environnement :* http://bit.ly/mkgacc

La publicité donc, quand elle devient « réclame », est insistante, obsédante et répétitive[55]. Bien faite, cependant, elle peut être un allié précieux d'une opération de bouche-à-oreille, à condition également de n'en pas abuser. Nous connaissons ainsi une célèbre marque de boissons sucrées que nous ne nommerons pas (le cas a déjà été dénoncé par Geneviève Petit[56] lors d'une réunion publique en 2011, et puisqu'ils sont loin d'être un cas d'exception, inutile d'en rajouter) qui, pour recruter ses « fans sur Facebook » et passer au premier plan des marques « pionnières » du social média, a dépensé un million d'euros ! Ajoutez à cela la création de personnages, le Storytelling, les jeux concours et les produits dérivés... Vous avez les ingrédients parfaits d'une belle campagne de publicité traditionnelle, bien orchestrée, légèrement saupoudrée de Web « social », pour faire moderne.

Ne nous y trompons pas, la principale prouesse et le meilleur ROI de ce genre d'opération se trouve dans les retombées presse, généralement bon public à de rares exceptions près.

Pas de conclusions hâtives

Après tout, il est un fait, que l'on aime ou pas la publicité, elle fait partie de notre environnement et a prouvé son efficacité[57].

Si vous éprouvez, comme beaucoup, un sentiment d'énervement par rapport aux fausses bonnes pratiques décrites ci-dessus, voire un sentiment de frustration car votre budget média est faible et/ou que vous officiez dans le B2B qui fait traditionnellement peu ou pas de publicité, ou enfin que vous êtes une PME et que la grande marque en question a dépensé en quelques mois 20 % de votre CA annuel, ne vous découragez pas. Ces mauvaises pratiques ne doivent pas vous détourner du bon chemin du bon sens et de la raison. Alors, suivez ces quelques conseils et vous vous en porterez mieux :

1. Optimisez les budgets existants...

Avant de réclamer plus de budget, il vaut mieux rationaliser ses dépenses. Combien de fois avons-nous vu des sites Web statiques vendus 250.000 euros ! Et encore, sans tenir compte de la maintenance. Commencez par faire du nettoyage dans vos dépenses, investissez pour le long terme. Par exemple, au lieu de faire un site, construisez une usine à site sur une plateforme mutualisée qui permet la montée en charge, puis réinvestissez vos économies sur la promotion. Si vous êtes un petit compte, soyez encore plus vigilants et optimisez vos dépenses en évitant les investissements somptuaires.

---

55 *Étymologiquement, la « réclame » est la dernière partie d'un répons, lequel se répète après un verset. C'est donc un message de répétition, quasi automatique comme on en entend souvent dans les offices religieux.*

56 *Ex rédactrice en chef de CB News, journaliste connue et respectée du monde des médias, fondatrice du blog Petit Web :* http://www.linkedin.com/in/gpsgen

57 *Nous vous renvoyons au livre indispensable de Byron Sharp, How Brands Grow,* http://marketinglawsofgrowth.com/, *chapitre 9, p 134, How advertising really works, où le Professeur Sharp démontre que la publicité a un réel impact sur les ventes, à long terme, en se basant sur des études statistiques.*

Vous avez géré votre budget en bon père de famille, vous allez donc pouvoir passer à la phase suivante.

2. Allez du gratuit (du bon marché) au payant (et au plus cher)

Encore une remarque de bon sens. Pour bâtir sur le long terme, avant de dépenser des sommes folles, comme notre marchand de boissons sucrées, sans réfléchir, commencez par bâtir votre communauté autour de ses envies, en leur offrant le plaisir d'un contenu engageant. La publicité est payante, votre savoir-faire ne l'est pas. Une leçon à retenir particulièrement pour les entreprises du secteur du B2B et les petites et moyennes entreprises. Nous voyons trop de sociétés qui veulent faire de la « com » alors que leur meilleur produit, c'est elles-mêmes.

Prenons un exemple concret : SlideShare[58] est un bon investissement, notamment dans le B2B, mais aussi pour la communication corporate. L'outil est bien intégré à LinkedIn et permet d'améliorer la « viralité » des contenus dans des proportions spectaculaires. Le premier livre de Media Aces, accompagné de planches corporate (http://amonboss.com/slides) a ainsi été vu plus de 37 000 fois, et ceci sans aucune publicité, en jouant sur l'effet viral et de partage. Les marques, grandes et petites, peuvent elles aussi bénéficier de cet effet de levier. Toutefois, si vous êtes une marque, pensez à consolider cet « investissement » viral en achetant la version payante de SlideShare, pour une somme qui reste modique[59], surtout si vous voulez faire de la génération de prospect ou du « webinaire[60] ».

3. Commencez par vous intéresser aux autres

S'il est difficile de prédire qu'une opération de marketing de bouche-à-oreille va fonctionner à coup sûr, il y a au contraire des erreurs qui, une fois commises, mènent tout droit à un échec certain. L'une de ces erreurs consiste à croire que ce qui vous amuse ou ce qui amuse votre boss, est suffisant pour déclencher l'hystérie collective. Soyez honnêtes avec vous-même et avec votre patron : ne jugez pas de l'intérêt d'un contenu uniquement par rapport à vous-même. Ne vous méprenez pas, nous ne disons pas que vous, et encore moins votre boss bien sûr, avez mauvais goût ; mais que c'est le goût et l'intérêt du public qui prime.

Pour résoudre cette équation apparemment insoluble, posez-vous la question : « si je fais ceci ou cela pour attirer du monde sur mon opération, quel est le bénéfice qu'ils peuvent en retirer ? ». Il sera toujours temps de mesurer votre propre ROI plus tard. Après tout, si vous organisez une fête et que personne n'y vient, quelle importance que le champagne ait été bon ?

58 http://SlideShare.net

59 *Les premiers tarifs payants pour la version pro de SlideShare commencent à 19 euros par mois (*http://www.SlideShare.net/business/premium/plans?Cmp_src=direct_link*)*

60 *Contraction de web et de séminaire, un « webinaire », en toute logique, est un séminaire en ligne. Le leader en est Webex, société rachetée par Cisco en 2007.*

« Nous avons plusieurs centaines de millions d'euros de budget et 200 personnes à gérer, tu sais... »

Il arrive que certaines réunions se passent mal. Témoin, cette réunion dans une entreprise où l'un de nous présentait son travail : contenus riches, UGC, blogs et plates-formes mutualisées, dans un but de partage et d'efficacité. Noyé au milieu d'une armée de communicants, celui-ci se vit rétorquer, avant même d'avoir pu présenter son travail : « nous avons 50 millions d'euros de budget et 200 personnes à gérer, tu sais... ! » pas de quoi mettre à l'aise notre marketeur du bouche-à-oreille, habitué aux opérations alternatives.

Avoir un faible budget oblige cependant à être malin et trouver des stratégies différentes ; comme le demi de mêlée de l'équipe de rugby, souvent le plus petit et le moins lourd, mais aussi le plus rapide et le plus malin, prompt à surprendre l'adversaire par sa rapidité et ses astuces. Dans le domaine du bouche-à-oreille, il ne sert souvent à rien d'être le plus gros ni le plus riche.

4. Choisissez les bons outils pour ne pas dépenser outre mesure

Il ne manque pas de gourous sur Internet, ou ailleurs, pour expliquer que Pinterest ou même Google+ vous sont indispensables ; rien n'est plus discutable. Même Facebook, pourtant inévitable en grand public, n'a qu'un assez faible intérêt en B2B par exemple (sauf cas particulier comme John Deere[61], ou pour une approche « marque employeur » très visuelle, par exemple). N'écoutez pas les sirènes de la mode, au contraire, faites confiance à votre bon sens et à celui de vos clients.

5. Soutenez vos actions en ligne par des actions traditionnelles

Si vos actions en ligne ne sortent jamais du cadre de l'Internet, vous risquez vite de tourner en rond. N'hésitez donc pas à compléter vos actions numériques par des preuves de visibilité dans le monde réel :

- réunions physiques, conférences, séminaires ;
- réunions de blogueurs et opérations / travaux en commun sur le terrain ;
- opération de street marketing ;
- relais entre publicité télévisuelle et microsites/pages d'atterrissage, notamment pour le marketing direct en appui des opérations de communication traditionnelle ;
- ...

61 *John Deere a été pionnier sur Facebook, bien que sa page Facebook semble baisser en mises à jour depuis février 2013. La marque emblématique de matériel agricole est une habituée des concours photos, comme celui-ci au Brésil :* http://www.facebook.com/johndeere/app_118277331704194

6. Amplifiez les signaux en tissant des partenariats

Avant de dépenser tout votre argent, faites travailler votre réseau ! Ainsi, vous pourrez tisser des liens, organiser des apports de visites croisées et offrir de la visibilité aux autres, qui seront trop contents de vous rendre la pareille. Là encore, il vous faudra réfléchir avant tout à ce que vous apportez aux autres avant de penser à vous-même. Ceci est particulièrement vrai si vous tentez des échanges avec les blogueurs. Ne leur demandez rien qui soit gratuit, à moins de leur avoir offert une information exclusive, voire un « scoop ». Dans le cas contraire, il vous faudra les payer ou subventionner au travers de cadeaux, ce qui transformera votre opération de bouche-à-oreille en campagne publi-promotionnelle… et qui vous obligera, vous et vos partenaires, à faire œuvre de transparence[62] (vous connaissez notre intransigeance à ce sujet).

7. Testez la publicité sur des mini campagnes…

… avant d'étendre vos budgets. La publicité est une obligation ; nous avons vu qu'il ne faut pas l'opposer au marketing du bouche-à-oreille et qu'il faut au contraire jouer la complémentarité entre les deux approches. Toutefois, cette méthode de communication plus traditionnelle, même en ligne, peut-être assez frustrante selon les cas et malgré ce que vous entendez ou lisez ici ou là.

Il est vrai que la publicité sur Internet s'est surtout spécialisée dans le rendement jusqu'à présent, comme le fait remarquer Daniel Laury[63], et elle a plutôt donné de beaux résultats. Sauf que, là non plus, il n'existe pas de recette miracle. On pourrait croire trop facilement que la publicité au rendement (affiliation, référencement payant, retargeting…) est une garantie de réussite. Toutefois, si votre campagne est mal faite, si vos mots-clés sont mal choisis, vos messages sont trop complexes, vos produits mal positionnés, il sera trop tard, une fois que votre budget a été dépensé, pour corriger le tir. Il est donc conseillé de faire des tests sur de petits volumes avant de lancer une grande campagne.

Autre astuce : procédez par vagues successives en modulant vos efforts sur chaque vague. Ainsi, vous pourrez plus aisément corréler l'impact de votre investissement publicitaire en fonction des ventes ou des visites qu'il rapporte. Un investissement régulier et égal de mois en mois ne permettra pas de voir, quant à lui, si un effort supplémentaire apporte un retour équivalent en visites ou en ventes.

Vous voici donc armé pour le marketing du bouche-à-oreille afin de l'utiliser à bon escient, ou à défaut de recourir à la publicité quand cela est nécessaire, ainsi que d'optimiser cette dernière afin qu'elle ne vienne pas nous cacher les faits originellement recherchés.

62 http://medias-aces.org/transparence
63 *Cf. dans cette section, le point 8 pour le témoignage de Daniel Laury, le patron de Geary-LSF. Daniel, qui avait déjà témoigné dans notre premier ouvrage est également l'inventeur, dans les années 90, du « Pay per click » au travers du jeu « Lucky Surf », dont la réussite, puis la vente, lui a permis de fonder son agence aux États-Unis et en France.*

III.6 Les méthodes de développement de l'audience

L'effort mené par les entreprises pour développer leur communication digitale se heurte souvent à l'écueil le plus simple : l'absence d'audience. En effet, il ne suffit pas d'ouvrir un site, de lancer sa page Facebook ou sa chaîne YouTube, pour que, du jour au lendemain, tous les internautes du pays s'y précipitent. À moins de faire l'objet de l'actualité (volontairement ou non), il est fort probable que les premiers jours se passent bien tranquillement et que le trafic soit faible. Voici donc quelques recettes pour faire bouger le curseur, développer et fidéliser une audience.

Félicitations, après de durs mois d'un labeur intense, vous venez enfin de lancer votre nouveau site Internet, votre nouvelle page Facebook, votre nouvelle application mobile, ou tout autre service appelé à devenir ultra populaire auprès d'un large public. C'est bien, mais ce n'est absolument pas le moment de vous reposer. Le plus dur commence, il va falloir faire connaître votre nouveau projet à son public, le présenter à son audience et fidéliser celle-ci. Quels sont les moyens à votre disposition ? En voici quelques-uns.

1. La publicité

C'est évidemment le principal canal vers lequel vous devez vous diriger, surtout si votre marque est sous le radar (cf. la classification décrite, section I-3). Dans l'univers digital, vous disposez d'une vaste panoplie de moyens publicitaires à votre disposition : bannières, achats de mots-clés, campagnes ciblées sur les principaux réseaux sociaux (LinkedIn, Facebook ou Twitter), publicités sur mobile. À vous de décider des canaux et des budgets à allouer à chacun d'eux, en fonction de vos messages, de vos cibles et des moyens financiers dont vous disposez.

La publicité en ligne a de beaux jours devant elle ; nous l'avons démontré dans cet ouvrage à maintes reprises. Google, qui en tire la majeure partie de ses revenus, a vu son chiffre d'affaires progresser de 36 % entre 2011 et 2012[64], et les indicateurs sont au beau fixe pour 2013. Facebook, Twitter, Yahoo! en vivent également. Ces plateformes, qui diffusent des milliards de pages chaque jour, sont autant de supports à votre disposition. Leurs interfaces de gestion sont suffisamment simples pour que vous les adoptiez, et assez sophistiquées pour que vous en tiriez le meilleur parti. Apprenez-donc à vous en servir au plus vite.

2. Les blogueurs

La blogosphère constitue un formidable réservoir pour donner de la visibilité à un projet, quel qu'il soit d'ailleurs. S'appuyer sur ce réseau d'influenceurs digitaux de premier plan permet de démultiplier sa communication auprès de communautés de lecteurs bien déterminées, attentifs aux informations que les blogs auxquels ils sont abonnés ou non leur donne accès.

---

64 *Voir Generation-nt.com à l'adresse :* http://bit.ly/bosscagoogle *; Google : 14,42 milliards de dollars de chiffre d'affaire au dernier trimestre 2012.*

Attention, néanmoins à ne pas les considérer comme des individus que l'on peut « acheter ». Si certaines plateformes vous permettent de vous attacher les services de blogueurs contre rémunération, dites-vous bien que la valeur de tels articles est bien plus faible qu'un article spontané ou suscité par un intérêt personnel correctement exprimé. Les articles sponsorisés doivent mentionner leur caractère commercial et les lecteurs ne sont évidemment pas dupes.

3. Les médias sociaux

Les médias sociaux, par leur pouvoir viral, doivent bien entendu être utilisés tout au long de votre projet digital, et pas uniquement lors de leurs lancements, d'ailleurs. Encore faut-il choisir avec soin les plateformes à privilégier, en fonction de votre secteur, de votre typologie de clients (B2B ou B2C), de la réputation de votre entreprise, de l'affinité de votre public avec tel ou tel espace.

4. L'emailing

Certains le croient obsolète, mais il n'en est rien. Le chapitre qui suit vous le démontrera aisément. L'emailing est lui aussi en train de se transformer, pour s'adapter à de nouvelles typologies de clients et à une approche marketing dite de la « permission ». L'emailing massif est certainement sur le déclin, mais l'emailing ciblé, adressé à des publics déjà demandeurs d'information, reste un outil de choix.

De nos jours, l'emailing se veut de plus en plus associé **à** des solutions globales, intégrant, par exemple, les médias sociaux. La porosité entre les deux univers peut être exploitée favorablement : tel internaute partagera une information reçue par email, tandis qu'un autre décidera de s'abonner à un contenu viral, pour être le premier informé, avant ses amis.

Deux éléments essentiels sont le gage de la réussite de vos campagnes d'emailing : une bonne base de contacts et un bon outil de routage. Le premier est un gage de réussite de vos campagnes, avec des taux d'ouverture, de clic et de transformation élevés : plus vous saurez qualifier votre base, mieux vous en profiterez. Attention à ne pas la polluer avec des données acquises de façon plus ou moins douteuse. Le second est, de nos jours, parfaitement abordable, à des tarifs ridiculement bas. Une solution d'entrée de gamme comme Mailchimp[65] vous permet même de gérer des campagnes gratuitement, jusqu'à quelques milliers d'envois.

5. Le parrainage

Vous souhaitez diffuser rapidement auprès de votre public ? Avez-vous pensé au parrainage, cette technique vieille comme le monde, qui consiste à vous appuyer sur vos clients ou votre auditoire actuel pour enrichir votre base de prospects et diffuser auprès d'un public plus large ?

---

65 www.mailchimp.com

Le parrainage est une technique extrêmement efficace, dès lors que vous savez activer votre premier cercle, par exemple par le biais de récompenses ou de systèmes de valorisation. Un des points forts du parrainage, c'est qu'il permet de personnaliser les contenus diffusés, et donc de renforcer la qualité du message auprès du public à acquérir. Autre point fort, sa capacité à s'associer naturellement à d'autres techniques, comme l'emailing ou les médias sociaux. C'est d'ailleurs par ce biais que se sont diffusées la plupart des grandes plateformes sociales actuelles (LinkedIn, Facebook, Twitter), qui exploitent votre carnet d'adresse – si vous y consentez – pour élargir votre cercle de contacts.

6. Le référencement naturel alias *SEO*[66]

Les techniques d'optimisation des contenus pour les moteurs de recherche sont aussi vieilles que les moteurs eux-mêmes. L'avantage dont bénéficient les sites placés dans les 10 premiers liens d'une requête en ligne est évident, les internautes allant rarement au-delà de la première page de résultat, habituellement configurée pour 10 liens seulement !

La difficulté réside dans la recette, tenue secrète, des algorithmes d'indexation du Web. Bien entendu, certaines notions essentielles font partie des données admises : qualité du contenu, des liens entrants, des titres, etc. Mais cela ne suffit pas. Il faut constamment s'enquérir des dernières évolutions pour rester à la page, sous peine de voir les performances de son site fortement dégradées.

Dans les pages qui suivent, nous revenons sur deux techniques essentielles de la communication digitale, le SEO et l'emailing. Nous avons demandé à deux experts de ces domaines, respectivement Catherine Headley et Hervé Bloch, de livrer leurs conseils à nos lecteurs.

66 SEO : Search Engine Optimisation ou indexation naturelle dans les moteurs de recherche. Elle correspond à cette opération de référencement gratuit via les moteurs de référencements (bots) du moteur de recherche qui aspire les contenus sur votre site (dans le jargon, on désigne cette opération par un barbarisme improbable : « crawler ») et l'indexe intégralement. Nous emploierons donc cet acronyme par la suite, afin de simplifier et d'alléger le texte.

III.6.1 Interview d'expert : Catherine Headley, le référencement naturel (SEO) est-il mort ou doit-il se réinventer ?

Malgré les médiatiques modifications à répétition des algorithmes d'indexation de Google[67], le référencement naturel reste néanmoins plus que jamais un enjeu important pour les entreprises. Avec plus de 42 millions d'internautes en France dont plus de 90 % utilisent Google comme intermédiaire de recherche, être trouvé sur Google est et reste une étape indispensable du marketing de l'Internet, que ce soit pour augmenter sa visibilité, la notoriété de sa marque et/ou de ses produits ou même afin d'augmenter ses ventes.

En revanche, les techniques dites de SEO ont évolué. Il n'est plus question aujourd'hui de répéter à l'infini ses mots-clés dans son texte, ni même d'envisager de les répéter frénétiquement en blanc sur fond blanc en espérant ainsi berner les robots des moteurs de recherche. Une telle pratique serait de toute façon pénalisée par Google immédiatement, et le site en question déréférencé. Le SEO, de nos jours, soit plus de dix ans après son invention, n'en est plus réduit à une optimisation du balisage en y insérant systématiquement ses mots clés, que ce soit dans les balises HTML de l'en-tête de sa (ses) page (s) titre (meta title), description (meta description), keywords (meta keywords) et de hiérarchisation. L'époque où il fallait absolument avoir une quantité importante de sites externes faisant un lien vers votre site, quitte à acheter des bouquets de liens est belle et bien révolue. Le SEO répétitif et basique est, en effet, mort.

Place au SEO intelligent

Aujourd'hui, voit donc le jour un SEO intelligent, fait de bon sens et de travail humain. Il est orienté à 100 % vers l'utilisateur, car il doit le satisfaire en permanence en lui livrant un contenu de qualité, c'est-à-dire le plus pertinent possible en fonction de sa demande initiale, intéressant, actuel, de source sûre, lisible et accessible.

En conclusion, un site, pour être trouvé facilement, se doit d'être centré utilisateur. Comment travailler le SEO dans ce contexte ? Et à quoi doit répondre un site afin d'être orienté consommateur ? C'est ce que nous expliquons ici dans nos règles de bonne conduite :

Répondre à la demande en utilisant le langage des prospects et des clients de l'entreprise

Il s'agit de définir, dans vos pages Web, une terminologie accessible par le plus grand nombre. Mais, comment procéder ?

Premièrement, il faut construire une liste de termes à partir de différentes sources :

- Le personnel de l'entreprise, en contact avec les prospects et les clients, sera une source précieuse ; malheureusement, dans la pratique, souvent négligée.

67 *Voir notamment cet article récapitulatif d'Abondance en guise d'exemple. La littérature du référencement est de toute façon constamment renouvelée sur ces sujets, le référenceur (Google) jouant constamment au chat avec les souris (les référenceurs) :* http://bit.ly/bossseoab

Grâce à leur expérience de terrain, vos collaborateurs internes seront capables de vous orienter quant aux termes utilisés en mentionnant les produits et/ou les services de l'entreprise. Restez néanmoins vigilant à éviter à tout prix le jargon interne, compréhensible uniquement par les membres de l'entreprise ;

- La presse professionnelle est également une source précieuse. Vous y trouverez ou vérifierez que les termes employés dans vos pages sont bien ceux utilisés par les acteurs du marché ;
- Les outils analytiques du Web vous donneront aussi des indications précieuses sur les termes saisis dans les moteurs de recherche et générant du trafic sur vos sites Web existants (à partir de l'outil d'analytique du site, par exemple Google Keywords AdWords tool[68]) ou sur les sites des concurrents (à partir d'Alexa).

Deuxièmement, il s'agit de vérifier le volume de recherches et de concurrence sur chacun des termes en utilisant le générateur de mots-clés et le nombre de résultats Google[69].

Enfin, il convient de choisir le lexique à utiliser en fonction du potentiel économique de votre marché (la demande par rapport à la concurrence)

Quelques conseils utiles

Tout d'abord, soignez la construction de votre site en permettant à l'utilisateur de savoir à tout moment où il se trouve avec la possibilité, tel le petit poucet, de retrouver son chemin facilement. Pour y arriver, il est nécessaire de respecter une hiérarchisation des contenus en intégrant les noms des catégories et des sous-catégories dans l'écriture des liens URL et d'insérer un « fil d'Ariane ».

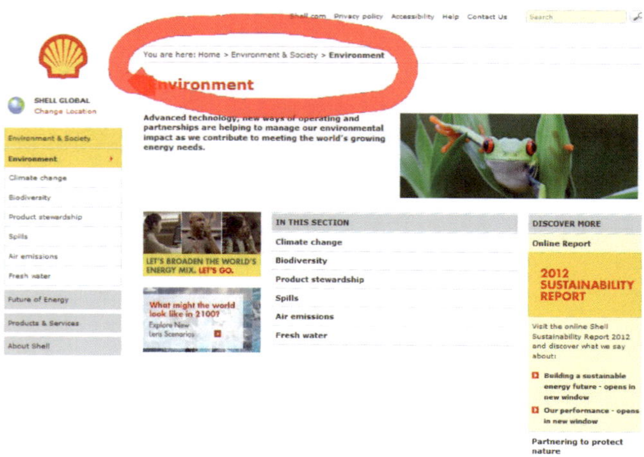

Un fil d'Ariane en exemple sur le site institutionnel de Shell

68 https://adwords.google.com : *outil permettant de vérifier la popularité (et le caractère concurrentiel) des mots-clés.*

69 *Voir la note précédente.*

Ces astuces permettront à l'utilisateur d'accéder rapidement aux contenus de votre site. N'insérez pas d'éléments trop lourds : ils risqueraient de ralentir la vitesse de chargement des pages.

Autre conseil de bon sens, être poli et favoriser le dialogue : il s'agit de donner les moyens à l'utilisateur de prendre la parole, de poser des questions… et surtout de lui répondre ! Communiquer avec l'internaute (qui est également un client ou un prospect) est un passage obligé et répond à une véritable demande de tous les utilisateurs du Web, une attente normale. Si, par ailleurs, un contenu n'existe plus, il convient de s'en excuser auprès de lui, de lui indiquer comment retrouver son chemin… comme dans le monde réel, et enfin et surtout, de le remercier d'avoir signalé l'erreur et d'avoir contribué à l'amélioration du site. La page 404 – qui s'affiche en cas de contenu inexistant – peut d'ailleurs se transformer en support de communication original !

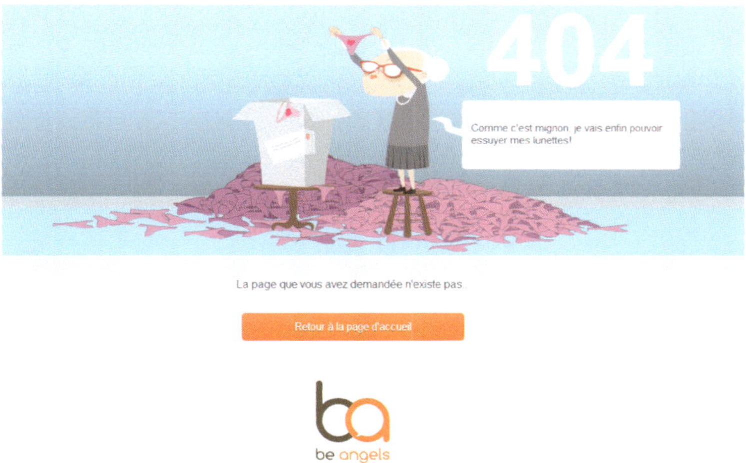

Avez-vous déjà regardé à quoi ressemble votre page d'erreur 404 ?

Il faut ensuite livrer des contenus de confiance, écrits par des auteurs identifiés et reconnus[70]. Vous faire recommander par un site ou un blog fortement populaires, via un lien entrant, peut également contribuer très largement à son référencement.

Un bon référencement exige également un contenu frais. L'extrême de cette dictature de la mise à jour est présent dans les blogs, qui exigent que vous mettiez le contenu à jour quotidiennement. Les sites Web n'échappent pas à cette règle : ils sont également soumis à une fréquence de mise à jour et les moteurs de recherche avantagent les sites actualisés régulièrement au détriment de ceux dont le contenu est statique.

Soigner la présentation, la pertinence et l'unicité du contenu sont également des exigences fortes pour obtenir un référencement durable et de qualité.

---

70 *Le nouveau système d'attribution des contenus à ses auteurs de Google, dit « Google Authorship »* https://plus.google.com/authorship *permet de garantir cette qualité de sérieux des contenus sur un site Web.*

Pour cela, soignez la construction de chacune des pages du site en intégrant dans le contenu des titres, des sous-titres, en bref, une hiérarchisation du contenu (les balises titres [« heading »] seront d'ailleurs des alliés précieux de votre référencement). Ceci vous permettra de différencier vos contenus en les nommant et les décrivant différemment, ce qui aura le double effet de mieux vous référencer et de rendre la lecture de votre site plus facile et plus agréable.

Ensuite, appliquez-vous à produire un contenu « pertinent ». Concentrez-vous sur la production de contenus intéressants pour vos lecteurs, qui leur apporte de la valeur ajouté et leur donne accès à des sources et des références complémentaires, notamment externes. Permettre à vos lecteurs d'accéder à des contenus d'autres sites sur le même sujet est un passage obligé souvent négligé par les sites d'entreprise, fermés sur eux-mêmes et tétanisés à l'idée d'amener du trafic ailleurs que chez eux.

Il faudra également, c'est dans l'air du temps, favoriser la socialisation par le partage des contenus avec les « amis » et les relations de l'utilisateur ainsi que pousser à l'engagement des internautes vis-à-vis des contenus du site (commentaires, appréciations, votes et notations).

Enfin veillez à ce que votre site soit accessible à tous, notamment des personnes sujettes à un handicap visuel, et qu'il s'affiche correctement et indépendamment du périphérique de connexion utilisé : Smartphone, tablette, portable...

En conclusion

En somme, le SEO est « l'hygiène de vie humaine » de tout site Web, il est le reflet logique des règles de société. Il n'est donc pas mort, mais il s'est réorienté autour de trois thèmes principaux : le contenu, la valeur de l'engagement et la confiance.

III.6.2 Interview d'expert : Hervé Bloch, l'email marketing dans tous ses états

L'email est le plus ancien moyen de communication qui existe sur Internet. Ses origines remontent aux premiers réseaux d'ordinateur : il permettait déjà dès les années 60-70 d'échanger avec un autre utilisateur. Son usage a par la suite été détourné par les entreprises, qui ont inondé les consommateurs de messages non désirés appelés « spam ». Pour la petite histoire, ce mot est dérivé de la marque « SPAM », contraction de « Spicy Ham », marque de viande mise en boîte par la société américaine Hormel. Celle-ci avait envoyé de nombreuses sollicitations non désirées aux consommateurs dont elle avait récupéré les coordonnées. Ce nom a ensuite été démocratisé par un sketch des Monty Python[71].

L'email est encore l'un des premiers usages sur l'Internet et sur le Web mobile. Certains e-commerçants réalisent jusqu'à 40 % de leur chiffre d'affaires avec ce levier. Il s'agit donc encore d'un outil majeur.

Néanmoins, de plus en plus de voix s'élèvent pour annoncer la mort de l'emailing, pourtant généralisé dans les stratégies Web marketing. Largement surexploitées et sans valeur ajoutée pour le destinataire, les opérations ont perdu en efficacité : baisse de l'ouverture, de la réactivité et hausse des désabonnements... Les stratégies visant à contrer ses concurrents en augmentant la pression publicitaire n'ont conduit qu'à une chute plus rapide. Selon une étude menée en 2011, les taux d'ouverture auraient ainsi été divisés par 2 depuis 2003 et auraient perdu 4 points en 2010 par rapport à 2009, soit 25 %. Par ailleurs, depuis 2003, les taux de clic auraient également chuté de 4 points dans le grand public et auraient même été divisé par deux en B2B. Le Syndicat National de la Communication Directe (SNCD) estime, quant à lui, que le nombre d'emails envoyés depuis des routeurs français a progressé de 17 % en 2011, pour atteindre 115 milliards de mails.

L'emailing souffre de la saturation des consommateurs qui n'hésitent plus à se créer des adresses spécifiques pour leurs abonnements commerciaux[72]. Il est alors plus simple pour eux d'arrêter de consulter une boîte email que de se désabonner. Une étude

71 *Pour cet irrésistible morceau de bravoure, ne résistez pas au plaisir de taper :* http://bit.ly/bossspam

72 *Avec Google Mail, il est même possible d'utiliser des dérivées de la même adresse : par exemple* herve.kabla+spam@gmail.com *sera dirigée vers* herve.kabla@gmail, *mais pourra être labellisée en fonction du terme spam utilisé.*

publiée par le SNCD courant 2011 indique que les internautes disposent en moyenne de 2,5 adresses email, et jusqu'à 4 pour les plus technophiles. 74 % des internautes possèdent au moins deux adresses.

Par ailleurs, la forte montée en puissance des médias sociaux a modifié profondément les usages : selon une étude de comScore parue en décembre 2011, le temps consacré aux emails est en baisse sur toutes les tranches d'âge quand celui des médias sociaux est en hausse, notamment chez les moins de 35 ans. Enfin, la lecture d'emails sur mobile et tablettes est en forte augmentation ; elle représente pour certains plus de 20 % des consultations.

Malgré tout, l'emailing reste un levier performant, plus efficace que le mobile et les médias sociaux qui ne permettent pas encore des rendements aussi important. Au contraire : il est encore très difficile de mener des actions commerciales performantes sur Facebook et le f-commerce, c'est-à-dire les ventes directes sur Facebook, restent marginales. Les coûts de l'emailing restent peu élevés et la rentabilité particulièrement importante, bien que plus faible qu'auparavant. À condition toutefois qu'il soit utilisé correctement. Ainsi, une étude de l'Association américaine du Marketing Direct (DMA) montre que pour 1 dollar investi, un annonceur pouvait en espérer 52 en 2006 contre 39,4 en 2012 et 35 d'ici 2016.

Ce n'est donc pas la mort de l'emailing, mais sa révolution. Il n'est désormais plus possible de continuer à mener des opérations massives de manière rentable comme cela a été le cas de nombreuses années. En revanche, le marketing de la permission, par lequel un annonceur ne s'autorise à envoyer un message à un prospect que si celui-ci lui a donné son accord, va permettre de mieux cibler ses opérations et de communiquer à bon escient. Il faut donc à la fois conduire des opérations de collecte d'adresses de qualité, qualifier ces adresses au fil du temps en fonction des profils, des contacts et du comportement (navigation, ouverture des emails...), puis adresser aux bons contacts des offres pertinentes au moment où ils en ont le plus besoin. Il s'agit donc de passer d'une logique d'emailing 1.0, c'est-à-dire d'envois massifs, à une logique d'emailing 2.0, basée sur un contrat de confiance entre l'annonceur et les consommateurs, et de gestion des prospects (PRM ou Prospect Relationship Management).

Le marché de l'email en France

Selon le SNCD, chaque jour, 1,4 milliards de mails sont reçus dans les boîtes de réception, ce qui représente une hausse de 17 % par rapport à 2010, soit un total de 115 milliards de mails routés en 2011.

Avec un chiffre d'affaires annuel s'élevant à 87 millions d'euros, le marché de l'emailing connaît la croissance la plus importante en termes d'évolution numérique, juste après le mobile.

La consultation du mail se fait principalement via un ordinateur, notons cependant que le support mobile est en constante évolution et qu'il représente 23 % des consultations totales des internautes.

La place de l'email dans la communication digitale en France

Kantar Media, en partenariat avec le SNCD, a réalisé en 2011 une étude appelée « mesure de l'emailing ». On y apprend que le montant des investissements publicitaires bruts en emailing est de 160 millions d'euros sur 2010. Pour avoir quelques points de repères sur le marché publicitaire, voici les budgets du display (20 fois supérieur), du courrier adressé (8 fois supérieur) et du cinéma (60 % de plus).

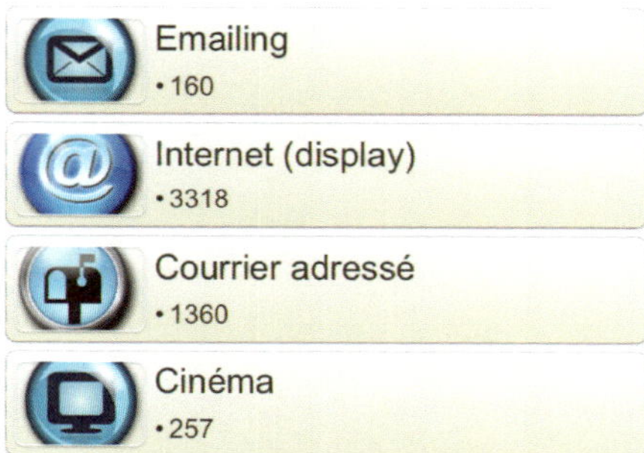

Montant des investissements publicitaires bruts en emailing

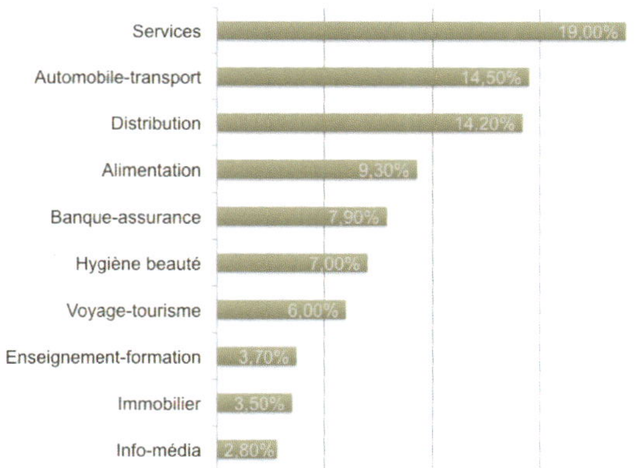

Tous les secteurs économiques sont représentés

Évolution du marché

De la nécessité de la gestion des contacts prospects et clients (PRM / CRM)

Malgré tout ce que l'on peut lire et entendre, l'emailing a donc encore de beaux jours devant lui. C'est surtout l'emailing massif, impersonnel et trop fréquent qui touche à sa fin. Il est désormais crucial d'adresser le bon message à la bonne personne au bon moment. Cela nécessite d'identifier les attentes des prospects et clients sur la base de leurs déclarations, de leur navigation, de leurs achats... pour adapter ses efforts marketing au cycle de vie du client. Des bases mieux segmentées et plus réduites offriront de meilleurs retours. Les opérations déclenchées lors d'actions spécifiques (message de bienvenue à l'inscription, remise sur une commande non aboutie, produits complémentaires à un achat...) enregistrent de très bonnes performances.

Pour cela, il faut véritablement considérer la transmission de l'email personnel comme un contrat entre le consommateur et l'annonceur, ce dernier s'engageant à transmettre au premier des échanges à valeur ajoutée. Et donc au-delà de la construction d'une base de données, l'annonceur doit veiller à protéger ses contacts d'une trop forte pression commerciale, au risque de faire baisser ses taux d'ouverture et d'augmenter à la fois le taux de désabonnement (« churn ») et le signalement en spam de ses envois. En ce sens, une vision à 360° des consommateurs doit permettre d'optimiser au niveau de l'entreprise, et non service par service, les communications adressées aux contacts, que ce soit sous forme papier ou email. La mise en place de datamarts, tels que décrits plus bas dans la partie concernant la connaissance clients et la fidélisation, doit permettre de mieux synchroniser les opérations des différents services.

Une étude récente[73] indique que 40 % des internautes seraient prêts à confier leurs informations personnelles en échanges d'offres personnalisées. L'étude met donc en évidence les synergies à développer pour optimiser ces opérations : une offre pertinente et attractive pour un produit qui intéresse l'internaute et au moment où il est en phase de recherche. Les annonceurs doivent donc s'attacher à mieux connaître leurs contacts pour en tirer le meilleur profit. Ces logiques de CRM et de PRM permettent d'aller au-delà du simple stade de l' « embasement » d'adresses pour segmenter et s'attacher au recrutement des profils les plus prompts à convertir.

Email scoré, quintessence de l'email marketing

Dans un contexte économique fortement dégradé et alors que les coûts d'acquisition ne cessent d'augmenter, mieux connaitre ses clients permet d'optimiser ses investissements marketing en ciblant plus efficacement et en développant la fidélisation. Pour les acteurs dont le modèle est basé sur la construction d'une base de membres (sites de rencontre, ventes privées...), ces logiques de connaissance client sont depuis le début au cœur de leur stratégie pour accompagner les visiteurs à devenir membre, puis les membres à devenir clients et enfin, les clients à augmenter leur valeur. Mais, cela concerne désormais tous les acteurs : la connaissance client est la base des modèles de scoring et de l'évaluation de la « Life Time Value » des clients, c'est-à-dire les revenus futurs et la rentabilité à long terme de ceux-ci. La loi de Pareto[74], appliquée au chiffre d'affaires, stipulerait que 80 % du chiffre d'affaires est réalisé par 20 % des clients. Une entreprise a donc tout intérêt à concentrer ses forces sur les cibles les plus importantes pour elles, qui seront génératrices de revenus importants. Cette loi n'est pas universelle et la proportion de clients fortement générateurs de chiffre d'affaires peut varier d'une entreprise à l'autre. La mise en place de modèles de segmentation,

73 http://frenchweb.fr/e-mailing-76-des-internautes-se-sentent-agresses-par-le-marketing-de-masse-50563/
74 http://fr.wikipedia.org/wiki/Loi_de_Pareto

comme le modèle RFM, basé sur la Récence, la Fréquence et le Montant d'achat, doit permettre d'affiner la répartition des clients.

C'est également un enjeu important car les actions de fidélisation peuvent réduire très significativement les coûts d'acquisition. Dans un contexte où ces coûts ont tendance à augmenter, la connaissance client développe la rentabilité en concentrant les efforts marketing sur ceux qui seront les plus rentables à long terme et optimise le ROI de ses actions. Par ailleurs, la construction d'une base de données qualifiée crée un actif supplémentaire majeur pour l'entreprise, qui développe ainsi sa valeur de rachat.

Quelles données capter ?

Si la donnée client est la base de la connaissance client et des actions de fidélisation, il faut cependant veiller à ne pas tout enregistrer. D'une part, cela représentera un coût supplémentaire pour le stockage de ces données. D'autre part, le responsable marketing sera noyé sous un volume d'informations important, pas toujours utiles. Il faut donc définir en amont les données stratégiques pour son activité et adapter la captation de données à son projet et à son domaine d'activité. La connaissance client doit permettre au responsable marketing d'optimiser la définition des cibles et de mesurer la performance de ses opérations. La base de données doit donc également enregistrer les actions menées auprès des clients et leur réaction (ouverture, vente, aucune réaction, etc.). Elles doivent être rapatriées dans un datamart marketing pour être structurées de manière pertinente.

La construction de la base de données doit s'appuyer sur des données déclaratives, sollicitées auprès des clients, et de données comportementales enregistrées à partir de leurs achats ou de leur navigation.

On peut arriver à déterminer ce type de matrice pour scorer sa base de données en fonction du comportement email

> Sarah
- 3 achats sur les 12 derniers mois
- Segment « très bonne cliente »
- « Sélectionneuse » face aux emails reçus
- Appétence thématique « gastronomie »
- Consulte très rarement le Web

> David
- Aucun achat sur les 12 derniers mois
- Segment « client inactif »
- « Ouvreur passif » face aux emails reçus
- Appétence thématique « high-tech »
- Consulte fréquemment le Web

Le but est de déterminer des consommateurs type et de monter des scénarii marketing adaptés et personnalisés

- **SEGMENT A: Les « Addicts à la Marque »**
  - ✓ **Potentiel cible: 58 782 soit 10% des contacts**
  - ✓ Objectifs: faire ré-acheter
  - ✓ Profil: Acheteurs et réactifs emails
  - ✓ Recommandations marketing: Reconnaissance et valorisation de ces profils
- **SEGMENT B: Les « Acheteurs réfractaires »**
  - ✓ **Potentiel cible: 162 883 soit 27% des contacts**
  - ✓ Objectifs: faire ouvrir la Newsletter pour favoriser l' achat
  - ✓ Profil: Au moins 1 achat dans l' année mais non réactifs aux emails
  - ✓ Recommandations marketing: Cible à potentiel à travailler avec une Newsletter spécifique ton (objet et contenu) et pression commerciale (désabonnement à surveiller)
- **SEGMENT C: Les « non acheteurs réceptifs »**
  - ✓ **Potentiel cible: 153 844 soit 25% des contacts**
  - ✓ Objectifs: favoriser le clic des messages
  - ✓ Profil: Non acheteurs mais ayant un intérêt relatif aux emails
  - ✓ Recommandations marketing: Communication spécifique pour accroître la réactivité (opération spéciale, bouton d' action…)
- **SEGMENT D: Les « non acheteurs réfractaires »**
  - ✓ **Potentiel cible: 230 755 soit 38% des contacts**
  - ✓ Objectifs: faire ouvrir les messages pour favoriser un achat
  - ✓ Profil: Non acheteurs et non réactifs emails
  - ✓ Recommandations marketing: campagnes de réactivation (objet décalé, tonalité percutante…)

Exemple de segmentation

Les synergies à développer avec les réseaux sociaux

Loin d'être des concurrents directs, les médias sociaux permettent en revanche de créer de véritables synergies avec les emailings et de les enrichir des interactions sociales. L'email reste essentiel car la part des membres qui voient l'ensemble des publications d'une marque sur leur page est très faible.

L'email peut en premier lieu informer les prospects et clients du lancement d'une communauté et créer ainsi un premier socle de membres. Il permet ensuite de relayer les échanges intéressants qui ont eu lieu sur ces espaces, ce qui viendra enrichir son contenu. L'email sert également à inciter les contacts à s'appuyer sur la communauté pour solliciter un avis, poser une question. L'inclusion de boutons de partage dans les emails favorise le partage des contenus. Il faut pour cela le faire de manière ciblée, contenu par contenu, pour que le partage ait plus de sens. Une étude menée par Get Response[75] et publiée début 2012 montre que la présence des boutons de partage dans un email permet de doubler le taux de clic.

À l'inverse, les marques doivent capitaliser sur leur communauté pour créer de la valeur et enrichir leur base de contacts. Il est en effet difficile de rentabiliser directement les médias sociaux à ce jour (trafic direct, ventes sur Facebook...). Il est donc opportun de favoriser l'inscription des membres à la newsletter. A minima, les marques pourront proposer un onglet ou une application sur leur page fan, comme l'ont fait Télérama ou Wonderbra. Par ailleurs, les annonceurs pourront s'appuyer sur leur communauté de fans pour créer du contenu : répondre à des sondages, publier des avis... qui sera ensuite transféré par email. Enfin, les médias sociaux peuvent rattraper un contact qui souhaite se désabonner : c'est une alternative intéressante à proposer, par exemple, si le contact juge la fréquence d'envoi trop importante.

La montée en puissance du social CRM

Les médias sociaux enrichissent progressivement la connaissance client. Aujourd'hui, ils peuvent être utilisés comme de véritables focus group pour identifier des attentes et des optimisations produits. Mais, les enjeux sont très forts pour identifier ses clients sur ces plateformes et ainsi affiner sa communication.

Les annonceurs s'orientent de plus en plus vers un enrichissement de leur gestion de la relation client grâce aux échanges menés sur les médias sociaux : le social CRM. L'objectif est de créer de la valeur à la fois pour le consommateur et pour la marque au travers de conversations qualitatives. Rappelons que la fidélité ne peut pas être uniquement transactionnelle, c'est-à-dire basée sur un système de récompense, mais qu'elle doit aussi être relationnelle. La marque doit créer une relation particulière avec ses clients qui favoriseront leur préférence lors d'un achat. Il faut donc que les conversations sur les médias sociaux apportent du contenu inédit, pertinent par rapport aux attentes des cibles et attractives. Par ailleurs, une marque peut offrir trois niveaux de valeur à ses fans[76] : une valeur marchande (réduction, cadeaux...), une valeur expérientielle (expérience émotionnelle) et une valeur sociale (valorisation des membres). Ces échanges vont permettre à l'annonceur d'écouter et identifier les attentes des clients et d'analyser les informations sur les usages et les comportements pour enrichir l'outil CRM. Il pourra ensuite affiner sa ligne éditoriale et sa stratégie de community management.

Par ailleurs, la stratégie de social CRM doit être une réponse pour engager les fans, c'est-à-dire les faire interagir, commenter et partager les informations. L'objectif est alors d'arriver à segmenter les fans selon leur niveau d'influence pour organiser la viralité et favoriser les intentions d'achat via la recommandation sociale. L'idéal est même de croiser à la fois les informations relatives aux clients avec leur niveau d'influence

---

75 http://blog.getresponse.com/social-sharing-boosts-email-ctr-up-to-115.html
76 http://www.marketing-professionnel.fr/parole-expert/dossier-reseaux-sociaux-social-crm-ecoute-conversations-communautes-kpi-201201.html

pour créer une relation différenciée selon leur statut. Des initiatives existent déjà pour croiser une base de données avec sa base de fans sur les médias sociaux, mais elles restent encore perfectibles et trouvent leurs limites dans le respect de la vie privée[77], imposé par l'éthique et la loi.

III.7 Interview d'expert : Denis Fages, publicité digitale, pourquoi est-ce si important de l'adopter vite et bien ?

La publicité reste un levier essentiel de la communication digitale. Et quand on pense publicité en ligne, on pense forcément à… Google. Mais Google est-il devenu un grand méchant loup ? C'est la question que nous avons posée à Denis Fages, auteur d'un guide fort bien fait sur l'optimisation des AdWords[78]. Avec un chiffre d'affaires qui dépasse depuis peu 50 milliards de dollars et une croissance insolente soutenue pendant plus de 10 ans, Google peut paraître hégémonique, au même titre que l'a été en son temps Microsoft. Pourtant, le modèle économique de Google, uniquement ou presque basé sur la publicité, constitue à la fois un point fort et une faiblesse. S'il y a problème, décrit ici par Denis Fages, avec beaucoup d'à-propos, c'est sans doute plus le fait des clients du célèbre moteur de recherche / publicité, que celui d'une quelconque volonté de nuire ou d'hégémonie malsaine. Place donc au point de vue très incisif et pertinent, de Denis Fages.

Il y a une quinzaine d'années environ, Google commençait sa croissance fulgurante en proposant dans ses résultats de page de recherche à la fois d'excellents résultats, mais également des liens sponsorisés, des pubs sous forme de texte (d'où le nom Ad - Words[79]).

Trois facteurs révolutionnaires combinés sont présents dans cette nouvelle forme de publicité sur le net et se résument en mot : la Pertinence.

La pertinence combine un ciblage optimisé de façon automatique et un paiement sous forme d'enchères qui garantissent une régulation naturellement correcte des prix.

1. Le ciblage naturellement optimisé permet de proposer une publicité au bon public et bon moment. Le rêve de tout marketeur devient réalité : identifier automatiquement et à moindre coût des prospects potentiels et acheter de la visibilité uniquement sur des supports touchant la bonne cible. Le succès

---

77 *Dans ce domaine, voir les nombreux articles de Yann sur le social CRM, sur son blog visionary marketing à l'adresse :* http://bit.ly/yannscrm

78 http://www.denisfages.com/livre-adwords.htm

79 *Pour les non anglophones, « ad » signifie « advertising » soit le mot publicité en anglais.*

extraordinaire de Google AdWords repose sur le fait qu'il permet effectivement de cibler des prospects, car les visiteurs touchés effectuent des recherches sur le moteur ce qui garantit un réel désir d'informations ou une volonté d'achat de produits et de services ;

2. Le paiement à la performance s'impose, petit à petit, comme le mode de rémunération logique, intelligent et juste. La révolution consiste dans la facturation de l'acte, c'est-à-dire lorsqu'un internaute clique effectivement sur une pub, manifestant ainsi son intérêt - à l'inverse de la publicité traditionnelle qui se paie à l'affichage. Ce système plaît énormément aux annonceurs qui ne paient plus juste pour être vus, mais pour obtenir un résultat – des visiteurs – ce qui correspond bien au but de la publicité, qui est la performance. Pour Google, ce mode de rémunération n'est intéressant que s'il parvient à générer beaucoup de clics, ce qui le contraint sans cesse à améliorer la pertinence des publicités proposées. Et c'est en cela que le modèle est vertueux, car en augmentant la pertinence de ces messages affichés, les utilisateurs finaux, les internautes sont contents de voir des publicités intéressantes, en rapport avec leurs préoccupations. Ceci permet à son tour à Google d'être plébiscité par les internautes, notamment en France où il représente plus de 90 % de recherches ;
3. Le troisième facteur dont on parle peu, mais qui est la véritable arme de Google est le fait de mettre sur un pied d'égalité l'artisan du coin, l'entrepreneur qui démarre et l'agence de pub qui gère les campagnes d'une grosse entreprise du CAC 40. Google fournit des outils publicitaires totalement automatisés où il est possible de dépenser 1 euro comme 10 000 euros par jour. La pertinence étant le maître mot, la géolocalisation étant possible, il est tout à fait facile, par exemple pour faire connaître son innovation, de devenir le n°1 en publicité sur un marché de niche en ne dépensant que quelques centaines d'euros ! Et en devançant en termes de visibilité les acteurs poids lourds du secteur qui gèrent des budgets publicitaires 100 fois plus gros. Les règles du jeu, imposées par Google se nomment « le prix du clic maximum » que l'on est prêt à payer, pondéré par un facteur nommé « score de qualité » qui mesure votre pertinence et le degré de contentement des visiteurs.

La seconde révolution est toujours en marche et se nomme le « display[80] »... Seuls 2 % des annonceurs Google AdWords utilisent les bannières graphiques en display : il faut dire que la plupart l'ont utilisé en CPM et non en CPC. Pourtant, plus de 50 % du chiffre d'affaires de Google provient déjà de ces mêmes bannières, ce qui montre le potentiel futur ! Google a appliqué à cet autre type de publicité en ligne les mêmes recettes de succès, à savoir, un ciblage automatique intelligent multicritères mixé à la performance (principe d'enchères en temps réel).

Le contenu des milliards de pages Web du réseau de « display » (les sites partenaires de Google affichant des pubs sous forme de bannières ou de texte) est analysé constamment. Google affiche automatiquement des millions de publicités, optimisées

80 *« Affichage » en français.*

dans les meilleures pages des meilleurs sites... Là encore, on ne paie plus pour qu'une publicité soit vue, mais pour un clic dans la bannière générant un visiteur. Le prix du clic est calculé selon un système d'enchères en temps réel pondéré par un facteur qualitatif, garantissant toujours de préserver une bonne pertinence.

La troisième révolution qui en découle et qui n'en est qu'à ses débuts, est bien entendu la vidéo. Le spot télé, souvent de 30 secondes, reste la forme de publicité la plus utilisée par toutes les marques du monde entier. YouTube, leader de la vidéo sur le net, est depuis ces dernières années le terrain d'expérimentation pour Google pour parvenir à décliner parfaitement les mêmes recettes : pertinence, paiement aux résultats, universalité.

Demain, tous les écrans seront connectés. Les chaines de télévisions, les écrans dans le métro, les magasins ou autres ne seront que des médias supplémentaires, des écrans qui feront partie du réseau de « display » de Google pour parvenir à cibler plus et mieux la bonne cible, avec le bon média, au bon moment et avec le bon message, au meilleur ratio quantité/coût/rentabilité.

III.7.1 Les nouvelles techniques de la publicité en ligne

Vous avez aimé l'achat de mots-clés ? Vous adorerez le « real-time-bidding », une technologie plutôt récente qui bouleverse de manière considérable le marché de la publicité en ligne, au profit d'un meilleur profilage des personnes exposées aux messages publicitaires.

L'univers de la publicité en ligne est en pleine effervescence. Non pas uniquement du fait de l'essor des médias sociaux, loin de là, mais en raison de l'apparition de techniques de ciblage bien plus puissantes que celles utilisées jusqu'à présent. Remontons un peu l'histoire de la publicité en ligne pour bien comprendre où nous mènent ces évolutions.

Au commencement, c'est-à-dire peu après l'apparition du Web grand public, fut la bannière. Rectangulaire ou carrée, placée en haut de page, sur le côté ou au cœur du texte, affichant une image fixe ou animée (principalement au format flash), ce support publicitaire n'a eu de cesse de se perfectionner au fil du temps, notamment en termes d'adéquation entre le message publicitaire, le site sur lequel il est diffusé et l'internaute auquel il est destiné. En ces temps-là, le ciblage était globalement assez approximatif, les performances s'en ressentaient.

Google est venu perturber tout ce petit monde une première fois, avec la diffusion d'une offre d'achats de mots-clés relativement bon marché, ou en tout cas accessible à de petits budgets pour de petits volumes. Mieux, le ciblage se perfectionnait sur la base d'informations correspondant aux requêtes des utilisateurs : ne proposer aux internautes que des liens vers des sites en affinité avec leurs requêtes, voilà qui allait évidemment dans le sens d'une meilleure pertinence. En même temps, l'établissement d'un réseau de partenaires permettait à Google de décupler ses gains, en multipliant les pages sur lesquels ses algorithmes allaient pouvoir s'exprimer.

Les serveurs de publicité (appelés « ad servers ») ont amélioré le système global. En permettant aux sites de s'affranchir de toute exclusivité auprès d'un annonceur, leurs propriétaires avaient libre cours, au contraire, pour procéder à des ajustements permanents, et décider quelle serait la publicité la plus performante, et celle donc qui laisserait la meilleure marge.

Les techniques à la mode, ces derniers temps, ont pour nom « real-time bidding » et « retargeting ». Elles s'appuient toutes deux sur des serveurs de publicité, mais leur principe de mise en œuvre diffère légèrement.

- Dans le premier cas, le « real-time bidding », une micro-enchère a lieu, dans un laps de temps très court, au moment où le site doit afficher de la publicité sur différents emplacements d'une page. Le serveur est contacté et met en concurrence plusieurs annonceurs, intéressés par le profil de la page ou de l'utilisateur. Ces annonceurs peuvent provenir de plusieurs réseaux différents (réseaux « ad exchange »).
- Dans le second cas, le « retargeting » (en français : « re-ciblage publicitaire ») détermine qu'un même internaute poursuit sa navigation de page en page, de site en site. Ayant montré son intérêt pour un produit commercial à une étape de sa navigation, par exemple en ayant entamé une procédure d'achat abandonnée avant le paiement, le même message publicitaire lui sera proposé durant les étapes suivantes, pour le pousser à concrétiser son intérêt. Ceci explique pourquoi la même publicité pour le même appareil photo ou le même séjour à la mer, par exemple, vous est proposée quel que soit le site que vous visitez, jusqu'à ce que vous passiez à l'acte.

Les deux techniques font appel à une collecte de données intense, pour mieux cibler le profil de l'internaute qui visite la page d'un site Web : données sociologiques, centres d'intérêt, etc. Plus ces données sont riches, meilleur est le ciblage. L'enjeu de ces techniques consiste en effet à collecter un maximum de données au travers de cookies, afin de décider, au travers d'algorithmes prédictifs les plus aboutis, quel serait le meilleur message publicitaire à diffuser. Ceux qui croient encore que la publicité n'est pas un métier de matheux et d'informaticiens se sont trompés de siècle.

Bien entendu, les meilleures plateformes sont celles qui sauront tirer parti de données provenant de plusieurs canaux différents : repérer le parcours de navigation sur un mobile devrait permettre de déduire les messages à diffuser lors de sessions ultérieures sur un poste fixe. On peut même voir plus loin, en considérant l'ensemble du dispositif digital, incluant par exemple le poste de télévision et les émissions regardées au travers de sa « box Internet », en supposant, ce qui n'est pas encore le cas, que la législation permette de collecter ces informations et de les croiser avec celles issues du parcours Internet.

Vous croyiez en avoir fini avec « Big Browser ? » Restez assis, ce n'est que le commencement...

III.8 Interview d'expert : Daniel Laury et le bilan 2013 de la publicité digitale et des médias sociaux

Fin 2010, nous rencontrions Daniel Laury, un des pionniers de l'Internet et inventeur du « pay per click » avec Lucky Surf, à San Francisco pour faire un point sur les médias sociaux et la publicité en ligne. Qu'en est-il en 2013 et quelles sont les perspectives au-delà de cette année ? Daniel, PDG de Geary LSF a cette fois-ci fait le chemin de la Silicon Valley à Paris pour nous éclairer sur ce point.

L'interview de Daniel Laury est disponible en ligne, à l'adresse : http://bit.ly/bosslaury

Les médias sociaux se sont-ils substitués aux modes traditionnels de publicité en ligne ?

Je ne crois pas qu'ils aient complètement rempli cette fonction. En tout cas, ils ne se substituent pas à Google aujourd'hui. En revanche, ils représentent incontestablement, une partie importante de la publicité en ligne et de la publicité dans le futur. Je ne crois pas que les médias sociaux aient pris un pourcentage significatif, Facebook représente à peu près 4 milliards de dollars de chiffre d'affaires, à comparer avec Google qui doit représenter aujourd'hui près de 50 milliards de dollars[81] : on n'y est pas encore. Malgré tout, en deux ans, Facebook est passé de 0 à 4 milliards, ce qui est non négligeable.

Et dans l'avenir ?

Je ne pense pas qu'on aura un Facebook au niveau de Google, mais ce premier sera significativement supérieur à ce que l'on a aujourd'hui. La totalité de la publicité média aux États-Unis représente à peu près 170-180 milliards de dollars. Le Web et

---

81 *La barrière des 50 milliards a été franchie fin 2012, mais les résultats n'ont été publiés qu'après cette interview.*

l'ensemble de la publicité digitale rapportent à peu près 40 milliards de dollars, soit 130 à 140 milliards à aller chercher, essentiellement du display. Cela laisse donc pas mal de marge à l'ensemble des acteurs Internet pour évoluer. D'ailleurs, parmi les trois objectifs de Google sur les prochaines années, le display est un objectif majeur. Facebook, lui aussi, tend vers le display. La plateforme est en train de mettre en place une solution qui semble fonctionner mieux que ce qui a été fait jusqu'à présent : Facebook Exchange. Facebook se concentre également sur le mobile, représentant 60 à 65 % du trafic et intercale des publicités dans le flux d'actualité de Facebook mobile. Les taux de clics y sont 4 à 5 fois supérieurs à ceux constatés sur le desktop.

Et les bannières dans tout ça ?

Incontestablement, l'avenir est au « display ». Sur la partie « search », on a probablement atteint des plateaux. Google fait bien son travail. La plupart des campagnes search faites sur Google atteint souvent ses limites avec des mots-clés de marque. Donc au-delà des approches traditionnelles, il faut ouvrir le haut du « funnel », et aller chercher du display pour élargir les potentialités de Google en bas de l'entonnoir de conversion. Le display est probablement l'avenir de la publicité en ligne, et donc des médias sociaux.

Les limites du marketing direct ont-elles été atteintes ?

Je crois que le display n'a jamais existé énormément sur Internet. Les dix dernières années de l'Internet ont plutôt été celles du « direct response », du marketing direct, au travers des liens sponsorisés, au travers de tous les éléments qui consistent à obtenir une conversion immédiate par rapport à une action : c'est le marketing direct, et c'est tout ce qu'Internet a été. Pourquoi ? Parce que c'était mesurable, tout ce qu'on faisait sur Internet était mesurable jusqu'à maintenant.

Aujourd'hui, on s'aperçoit des limites du marketing direct, qui ne sont pas quelque chose de nouveau. Lorsque la publicité utilisait des canaux traditionnels, le marketing direct représentait 20 % du total des investissements marketing. La partie branding, la partie awareness, la partie stimulus ont toujours été une extrêmement importantes, à travers la télévision, le print, la radio, etc. Aujourd'hui, il se produit exactement la même chose sur Internet : arrivé au bout de ce qu'on pouvait faire en marketing direct, il faut maintenant attaquer la partie branding, qui d'ailleurs va se réaliser au travers de la convergence des appareils.

Le mix Smartphones, tablettes et télévision intelligente donne des plateformes qui permettent de faire du branding et du display de manière très efficace. Facebook aura une place parmi ces différentes solutions de display. J'ajoute que la partie display qui fonctionne le mieux aujourd'hui sur Facebook est le « retargeting » ou le « remarketing », qui est la base de ce que les acteurs, agréés par Facebook pour agir sur Facebook Exchange, font aujourd'hui en majorité.

Facebook arrivera-t-il à monétiser son audience ?

Facebook est en train de devenir un acteur important de la publicité. Avec un milliard d'utilisateurs dans le monde, à un moment ou à un autre, il est normal de trouver le moyen de les monétiser. Jusqu'à maintenant, il est vrai que les tentatives de faire de la publicité sur Facebook n'ont pas été extrêmement réussies, mais cette situation est en train de s'améliorer assez vite. Grâce à Facebook Exchange et à la partie retargeting sur Facebook, les campagnes produites obtiennent des résultats davantage significatifs. En même temps, à travers Facebook mobile dont les taux de clics sont supérieurs, les résultats s'améliorent. Donc, je pense que Facebook a un avenir publicitaire important.

Quelle est l'efficacité des médias sociaux du côté des annonceurs ?

Il y a deux grandes parties dans l'univers des médias sociaux : la partie display dont on a parlé, et qui est adressée par Facebook Exchange avec le retargeting, et qui n'a pas grand chose à voir avec le média social ; Facebook étant finalement un site, comme Yahoo!, doté juste d'un nombre important d'utilisateurs, utilisant la publicité, en display. Et puis derrière la partie purement média social, qui est l'utilisation de la relation entre les individus au travers d'un réseau social, peut, quant à elle, être utilisée à l'avantage d'un annonceur dans le contexte d'une histoire qu'il a à raconter.

Près de 83 % des acheteurs de produits ou de services aux États-Unis prennent leur décision sur le Web avant d'aller en magasin, ce qui est un changement considérable par rapport aux usages d'avant. Cette décision se fait à travers un certain nombre de canaux : on commence par une recherche générique sur Google, on navigue sur des sites Web, puis on souscrit à une newsletter. Ensuite, on consulte des avis de consommateurs, pour savoir ce que les gens pensent du produit ou des services qu'on désire acheter, puis sur Facebook pour savoir ce que les amis en pensent, puis on recherche à nouveau sur Google, etc. Et ensuite, éventuellement, on convertit.

Ce voyage à travers l'Internet - que Google a appelé le ZMOT (*zero moment of truth*[82]), quantifié industrie par industrie à travers un certain nombre de jours ou de mois passés par les internautes à faire une recherche avant de décider un achat - doit aujourd'hui être maîtrisé, à travers l'ensemble des canaux. Le média social constitue l'un des canaux de ce voyage. Si on raconte une histoire correctement, qui correspond à ce que le consommateur veut sur ce voyage, le média social prendra tout son intérêt du point de vue de la publicité.

82 *Cf.* http://bit.ly/amonbossdigital-zmot

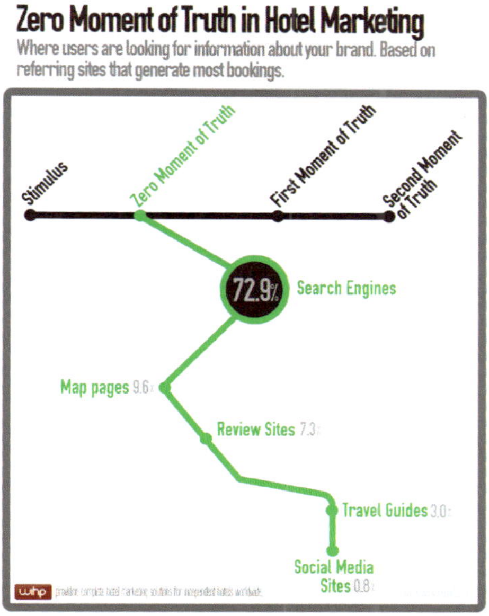

Wihp a proposé cette méthode chiffrée et descriptive montrant le circuit information/achat pour l'hôtellerie[83]

Et les coûts de conversion ?

Aujourd'hui, on arrive à avoir des coûts inférieurs sur Facebook à ceux de Google. C'est normal, parce que le volume qui est ramené est encore très inférieur sur Facebook. Si Facebook s'alignait sur Google, il ne serait pas concurrentiel et n'y arriverait pas. Aujourd'hui, les prix au clic restent inférieurs sur Facebook. La question est de savoir ensuite il y a conversion. Des analyses sont faites tous les jours pour savoir si les campagnes sont efficaces. Pour l'instant, les prix sur Facebook sont inférieurs à ceux de Google.

Aux États-Unis les coûts sont supérieurs à ceux de l'Europe, simplement parce que le médium y est plus avancé et la demande supérieure. La relation entre la demande et l'offre implique que les coûts soient supérieurs aux États-Unis.

Comment évolue la bataille Facebook - Google sur le marché du travail aux USA ?

Je crois qu'elle s'est un peu ralentie. Les raisons de ce ralentissement sont d'une part, que Google a réussi à maîtriser ces flux de personnes qui quittaient la société et d'autre part, que Facebook a moins de besoins qu'il y a deux ou trois ans. Mais, dans la Silicon Valley, en général, la mobilité est très grande. D'ailleurs c'est un phénomène

83 *Pour la partie 2 de l'explication* http://bit.ly/bosswihp

actuel de rester de moins en moins longtemps chez le même employeur. Nous recevons des CV de candidats qui ont fait six entreprises en sept ans. Il y a une grande mobilité des gens d'une société à l'autre.

Est-ce que c'est bien ? Je n'en sais rien, je ne suis pas sûr ni pour les candidats, ni pour les entreprises. Les former représente un coût pour l'entreprise, surtout si une fois formés, ils partent ailleurs. Quant aux candidats, ils ne fabriquent pas un CV qui est très percutant, parce qu'ils n'ont pas une expérience solide dans chacune des sociétés dans lesquelles ils sont passés. C'est un phénomène assez nouveau, qu'on voit souvent aux États-Unis, qui bat son plein en ce moment, mais qui à un moment ou à un autre devrait se ralentir.

Quel sera le paysage dans 3 à 5 ans ?

Google est là pour rester et Facebook présente lui aussi des atouts considérables, avec son milliard d'utilisateurs. La seule chose qui pourrait légèrement inquiéter côté Facebook est la jeunesse (29 ans) de son dirigeant, qui a la totalité des pouvoirs. Il y a certainement des choses à revoir en matière de « gouvernance corporate ». Alors que la société grossit et demande à avoir des structures plus disciplinées par rapport à sa croissance, c'est la seule inquiétude que nous aurions sur Facebook. Mais en dehors de ça, incontestablement, avec un milliard d'utilisateurs sur la terre, Facebook a des atouts considérables devant lui.

Quant à Google, ils ont compris où était l'avenir, avec trois éléments : le display, le local et le mobile. Il faut déployer des efforts considérables pour être présent sur ces trois éléments. Avec le cash dont Google dispose, d'ailleurs tout autant que Facebook, ils ont les moyens de résister à un assaut qui viendrait d'une petite start-up extérieure.

Google a-t-il raté son entrée sur les médias sociaux ?

Il y a une règle sur le Web, que j'ai observée depuis les dix années passées dans cette industrie, c'est que le premier est le gagnant. Il n'y a pas eu un autre eBay, il n'y a pas eu un autre Amazon, et aujourd'hui il n'y a pas un autre Facebook. Il est extrêmement difficile pour une société, même de la taille de Google, de tenter de courir après un gagnant – surtout un gagnant qui court aussi vite que Facebook et doté de sa taille. Parce qu'il y a un effet de masse, et les gens veulent être là où tout le monde est. C'est très difficile de faire concurrence à une plateforme où tout le monde est déjà, sauf à venir avec une idée révolutionnaire.

On pourrait dire par exemple que Pinterest a une idée qui pourrait un jour concurrencer cette plateforme - je n'y crois pas beaucoup -, mais au moins il y a nouveauté, alors que Google+ n'a fait que reproduire ce que faisait Facebook. Je n'ai donc pas une grande confiance dans leur capacité à réussir. Google réussira ailleurs qu'avec Google+, bien que ce réseau leur soit indispensable pour essayer de contenir et conserver un certain nombre d'utilisateurs dans leur sphère. Mais, je ne crois pas énormément dans la réussite de Google+.

III.9 La révolution mobile, le responsive design

Après avoir parlé d'outils, de visibilité et de publicité, nous allons aborder un sujet appelé à prendre une importance sans cesse croissante : le mobile. Certes, Internet devient mobile, massivement mobile, mais cela ne veut hélas pas dire qu'il faut abandonner les autres supports, bien au contraire. Le mot d'ordre est à la diversité, et on ne peut que constater du côté des mobiles que la variété est bien au rendez-vous ! Smartphones, tablettes, mini tablettes, ordinateurs portables et même formats hybrides récemment introduits par Microsoft, les Web designers doivent gérer une variété de supports et de navigateurs toujours croissante. La réponse à ce foisonnement ? Le « responsive design », bien évidemment ! Apparu il y a quelques années à peine, ce terme est devenu le « Sésame » de toute communication digitale réussie. Mais, derrière ces deux mots magiques, qu'est-ce qui se cache réellement ?

L'essor de l'Internet mobile bouleverse complètement la dynamique de consultation des sites Web. Un même utilisateur peut consulter le même site trois fois dans la même journée, sur trois supports différents : sur un Smartphone dans les transports en commun, sur un ordinateur dans la journée, sur une tablette en soirée. Pourtant, pour un même site et avec les même données, êtes-vous certain d'avoir une expérience utilisateur similaire et aussi satisfaisante ?

La multiplication des supports mobiles est un fait indéniable, constaté depuis 2010. La diffusion des Smartphones s'est produite à une vitesse rarement égalée par des produits similaires. Au premier trimestre 2012, il s'était vendu près de 150 millions de ces véritables petits ordinateurs mobiles dans le monde[84]. Samsung, avec 29 % de part de marché, devançait alors Apple (24 %), Nokia (8 %), RIM (6,7 %) et HTC (4,8 %). Il s'en était vendu 482 millions en 2011, 302 millions en 2010 et 174 millions en 2009.

Dans le même temps, les ventes de tablettes ont connu un boom prodigieux. Depuis le lancement du premier modèle fin 2010, Apple a écoulé 100 millions de tablettes, alors qu'il s'est vendu un peu moins de 30 millions de tablettes Android sur la même période.

Une révolution de l'accès à Internet

Les modes d'accès à Internet sont donc en train d'évoluer de manière radicale. Au bon vieux PC trônant dans le salon, dans la chambre des enfants ou sur un bureau, l'internaute moderne donne l'avantage au terminal tactile. Itinérant, il offre un accès au Web plus flexible, dans les transports en commun (et parfois en voiture, malheureusement), sur le lieu de vacances ou depuis n'importe quelle pièce de la maison (et jusque dans les moins habituelles...). Cette flexibilité, perçue comme un atout par les utilisateurs,

84 *Source : IDC* http://bit.ly/amonboss-digital-ventes-smartphone-2012

pose cependant de sérieux problèmes aux concepteurs d'interfaces d'applications ou de sites appelés à devenir mobiles. En effet, accéder à Internet depuis un ordinateur fixe ou portable ou consulter un site depuis un Smartphone ou une tablette, sont deux pratiques bien distinctes. Voici les principales différences entre ces deux modes d'accès :

- Un support physique stable pour l'un, une prise en main plus hésitante pour l'autre, qui impose souvent de n'utiliser que les doigts d'une seule main ;
- Un écran le plus souvent en mode paysage pour l'un et généralement en mode portrait pour les autres, sans compter l'éventuelle bascule d'un mode à l'autre si on fait pivoter l'écran de 90° en cours de navigation ;
- Un écran de dimension acceptable pour surfer pour l'un mais tout juste suffisant pour lire sur les Smartphones, même les plus sophistiqués ;
- Un clavier « normal » pour l'un et pour l'autre un clavier tactile peu confortable pour une saisie au kilomètre[85] ;
- Une souris ou un pavé tactile pour pointer les différents éléments pour l'un, pour l'autre un écran tactile éventuellement « multi-touch », sur lequel il faut tapoter de manière plus ou moins délicate suivant l'épaisseur de ses doigts pour activer un lien ;
- Une connexion Internet généralement haut-débit pour l'un, un accès avec une bande passante plus faible pour l'autre, le plus souvent en 3G voire en « edge », qui pénalise fortement les sites aux performances mal ajustées ;
- Un support des extensions et autres plugins (java, flash) minimal ou parfois inexistant sur les mobiles, notamment ceux de la marque à la pomme[86].

Un même site Web peut désormais être consulté depuis une grande variété de terminaux. Il s'agit donc d'un véritable casse-tête pour les concepteurs de sites Web de rendre l'expérience utilisateur aussi agréable que possible, quel que soit le terminal utilisé. Il existe heureusement des approches, qu'on regroupe sous le vocable de « responsive design » ou encore « conception de sites adaptatifs ».

Le site du magazine *Time* tel qu'il s'affiche sur différents supports, via mediaqueri.es

85 Sauf à ajouter un clavier bluetooth pour tablette par exemple, au risque de transformer celle-ci en « enclume » ; voir http://bit.ly/bossclaviers pour ceux qui ont un bon sac à dos et une colonne vertébrale solide !

86 Pour les réflexions de Steve Jobs (en 2010) sur ce sujet, un modèle de rhétorique qui fait la distinction subtile entre bonne technologie propriétaire et mauvaise, voir ici : http://bit.ly/bossappleflash. Les détracteurs d'Apple apprécieront ...

Le principe

Le principe du responsive design, c'est d'avoir une approche « bottom-up » plutôt que « top-down » de la conception de sites : plutôt que de partir de la version la plus élaborée d'un site, dotée de toutes ses fonctionnalités, puis de la priver peu à peu des fonctionnalités qui ne sont pas supportées par les navigateurs et les appareils les moins évolués, cette approche préconise de partir d'une version minimaliste, supportée par la totalité des environnements et des terminaux, pour l'enrichir progressivement en fonction des capacités des appareils. Pour déterminer celles-ci, les développeurs peuvent s'appuyer sur des bibliothèques capables de détecter la version de navigateur (c'était déjà le cas aux débuts du Web via les variables de la requête http...) ou des mobiles utilisés. La détection du type de navigateur peut se faire soit côté serveur, pour adapter les contenus servis (tailles des images, par exemple), soit sur le navigateur même en utilisant le JavaScript si le navigateur en est doté.

La notion de « points de rupture » est importante[87] : elle permet de classer les différentes tailles de supports qu'on envisage. Par exemple, en-dessous d'une hauteur d'écran de 480 pixels, il s'agit probablement d'un Smartphone de première génération. Entre 480 et 768 pixels, c'est sans doute un Smartphone plus moderne ou une tablette en mode portrait. Entre 768 et 1024, il s'agit d'une tablette en mode paysage, et au-delà, d'un ordinateur fixe ou portable.

Le site TheGreatDiscontent.com tel qu'il s'affiche sur différents supports, via mediaqueri.es

Une fois les types de terminal et de navigateur déterminés, il est possible alors de faire varier les contenus à afficher, jouer sur les tailles, les positions, les couleurs, de manière à tirer le meilleur parti possible de l'écran du terminal. L'utilisation d'une feuille de style CSS différente par type de terminal (mobile, tablette, poste de travail) est aussi envisageable : plus simple pour les navigateurs les moins fonctionnels et plus riche pour les plus élaborés. Certains sites vont jusqu'à modifier dynamiquement la taille des images affichées, en fonction du navigateur. Le mot d'ordre, c'est la flexibilité : indiquer, le moins souvent possible, des tailles et des positions fixes et opter pour des techniques de mises en page les plus simples possibles.

---

87 *Voir à ce sujet l'excellente infographie de l'agence Splio ici :* http://bit.ly/amonbossdigital-responsivedesign

Le responsive design et les CMS[88]

Le responsive design ne nécessite pas forcément de reconstruire son site sur mesure : cette approche peut parfaitement être adaptée à l'utilisation de CMS (Wordpress, EZpublish, Joomla, Drupal[89]), en utilisant des thèmes ou des extensions spécifiquement conçus pour les différents terminaux. Il existe ainsi des thèmes ou des extensions adaptés au rendu sur un terminal mobile, qui facilitent la lecture des articles ou des pages qui, sans cela, seraient bien plus difficiles à consulter. L'extension iWPhone pour Wordpress[90], par exemple, élimine ainsi tout ce qui est inutile au rendu sur un écran d'iPhone ou d'iPod Touch : bannières, barres latérales, bas de page, publicités, etc. On ne conserve que ce qui est essentiel, c'est-à-dire l'article à lire. Son installation est très simple et une fois en place, elle change complètement la facilité d'accès aux informations du site considéré.

Le responsive design est une approche indispensable dès qu'on envisage une version mobile d'un site. Facebook, LinkedIn, Google+ ou Google Maps, par exemple, sont d'excellents exemples d'utilisation d'une telle approche. Pour chacun de ces trois sites, l'interface proposée sur un terminal mobile rappelle celle d'un terminal classique, mais elle en diffère par la rapidité d'affichage, la disposition des informations, le nombre de fonctionnalités restreintes mais non limitées. Ces sites restent parfaitement utilisables depuis leur version mobile et l'avantage de leur version application réside uniquement dans la capacité à conserver les données.

Le responsive design ... une philosophie

On le voit, le responsive design est avant tout une philosophie, plutôt qu'une technologie : fournir un rendu adapté au support de consultation. Et si vous n'en êtes toujours pas convaincu, allez-donc visiter le site www.mediaqueri.es qui propose un extraordinaire florilège de sites conçus en « responsive design »...

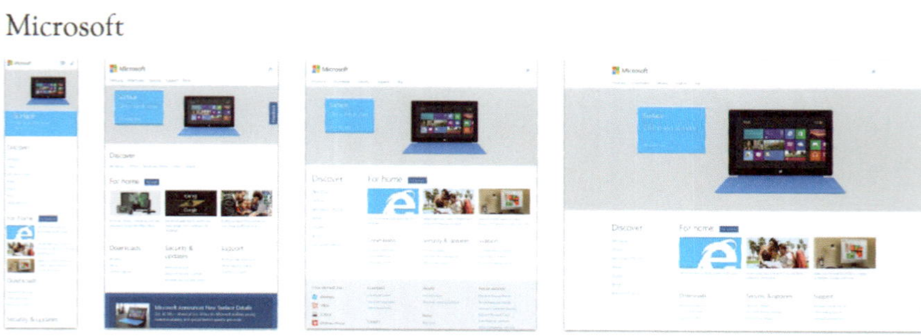

Microsoft s'est remarquablement approprié l'approche Responsive, via mediaqueri.es

88 *CMS : Content Management System ou en français, système de gestion de sites Web intégré. Pour une comparaison des nombreux CMS du marché, se référer à* http://www.cmsmatrix.org/

89 *Respectivement,* http://wordpress.org, http://EZ.no, http://drupal.org, http://www.joomla.org *pour les plus connus des CMS.*

90 *Téléchargeable ici : http://bit.ly/amonboss-iwphone*

III.10 Les ordinateurs personnels vont-ils disparaître ?

Nous vivons depuis quelques années une profonde transformation du paysage électronique. Nous naviguons sur Internet de plus en plus fréquemment via des téléphones portables ou des tablettes ; nos appareils électroniques apprennent à se connecter tous seuls et à échanger des données au travers du réseau et la place centrale que tenait l'ordinateur personnel, le bon vieux » PC », autrefois point de concentration de nos appétences digitales, voit sa place se réduire peu à peu. Relégué dans un coin du salon ou de la chambre, on l'allume moins fréquemment et finit par lui préférer ses petits frères, plus souples, plus réactifs, plus spécialisés, plus ludiques. Bientôt, on fera l'impasse sur la migration de Windows XXX vers son successeur et il rejoindra le cimetière où gisent encore cassettes VHS, Walkmans et autres modems 56k. Non, sérieusement, l'ordinateur personnel a-t-il encore un avenir ?

Trois menaces majeures assombrissent l'avenir de l'ordinateur individuel : l'explosion de l'Internet mobile fragilise la position du PC traditionnel sans pour autant le remplacer ; la migration des données vers le nuage (« cloud ») rend obsolètes nos disques durs ; l'Internet des objets ouvre de nouvelles perspectives, dans lesquelles l'ordinateur personnel n'a, à vrai dire, aucune place.

L'essor de l'Internet mobile

La grande histoire de l'informatique individuelle n'aura-t-elle été, finalement, qu'une simple parenthèse, ouverte et fermée par le même homme : Steve Jobs ? Peut-être. La démocratisation de l'accès à l'ordinateur individuel fut en effet son cheval de bataille[91] durant les premières années d'Apple, marquées par une innovation effrénée. Là où certains ne voyaient qu'un engin compliqué conçu pour des usages scientifiques, il imposa sa vision d'un ordinateur domestique, voire domestiqué, qui servirait avant tout les besoins de l'homme moderne : rédiger, organiser, se divertir. Le grand paradoxe aura probablement été que, cette vision d'un ordinateur pour tous, fut finalement la grande réussite du partenaire de ses débuts, qui s'avéra son principal concurrent, l'éditeur de logiciels Microsoft. Presque tous les concepts appliqués aux ordinateurs individuels durant ces vingt dernières années auront d'abord été mis à disposition du grand public d'abord sur des ordinateurs conçus sous la houlette de ce visionnaire que fut Steve Jobs, si ce n'est inventé par lui[92] : système d'exploitation avec fenêtrage, utilisation de la souris, rendu visuel identique à l'écran et à l'impression, intégration transparente du multimédia.

---

91 *Relisez la biographie de Steve Jobs par Walter Isaacson pour vous en convaincre (parue en version française en octobre 2011 chez Lattès).*

92 *On sait en effet les emprunts de Steve Jobs au Palo Alto Research center (http://www.parc.com), entre autres voir http://bit.ly/bossjobs pour l'historique de la firme à la pomme et l'influence du PARC sur son dirigeant.*

Étrangement, c'est aussi ce même homme qui fermera cette parenthèse, en introduisant sur le marché les appareils qui mettront à mal la suprématie de l'ordinateur individuel au sein des foyers modernes. Smartphones et tablettes n'ont pas été inventés par Jobs, bien évidemment, mais c'est effectivement lui qui en a démocratisé l'usage à outrance, en introduisant un concurrent notable au bon vieil ordinateur personnel. Il suffit d'avoir goûté, ne serait-ce qu'une seule fois, au confort de l'allumage instantané, de la navigation du bout des doigts, pour se dire que finalement, le PC et sa souris ou son pavé tactile n'étaient finalement pas une si bonne idée que cela.

Bien entendu, Smartphones et tablettes ne remplaceront pas tout de suite l'ordinateur individuel, ne serait-ce que pour une raison essentielle : ce sont pour l'instant principalement des supports de consultation et non des outils de production. Essayez de rédiger un texte un peu long sur un Smartphone ou sur une tablette, vous changerez vite d'avis et partirez à la recherche d'un clavier et de véritables outils de production. Mais, ces appareils peuvent déjà être dotés d'un clavier additionnel, et, accroissement de la puissance aidant, il n'est pas si loin le jour où l'on bénéficiera sur ces supports d'outils de production un peu plus évolués : tableurs, traitements de texte, gestionnaires de diaporama et nombre d'autres applications. L'univers du jeu, par exemple, se transpose peu à peu sur les Smartphones et les tablettes, même, si en 2012, seuls 7 % des « gamers » déclarent ne jouer que sur un mobile. Le succès de jeux de masse tels Angry Birds[93], auprès d'un public extrêmement varié, en est le signe le plus visible.

La migration des données vers le cloud

La seconde menace, plus insidieuse, concerne l'utilisation qu'une part importante des utilisateurs ont de leur ordinateur personnel : un moyen de stockage numérique, pour de nombreux types de documents, allant des photos de vacances aux vidéos téléchargées plus ou moins légalement, en passant par une multitude de fichiers MP3, quelques documents ayant servi un jour et qu'on garde précieusement d'une migration d'un ordinateur vers un autre plus puissant. Pour tous ces usages-là, l'ordinateur personnel se réduit le plus souvent à un disque dur intelligent, substantiellement plus cher que le prix du disque réellement utilisé. Le « cloud » est en train de transformer tout cela, et il bénéficie de deux arguments majeurs.

- Le premier, c'est qu'un disque dur n'est pas un support fiable sur le long terme : nous avons tous connu un (ou plusieurs, hélas, parfois) plantage de disque dur, avec perte des données qui y étaient entreposées. Nous avons tous essayé de passer par des disques de sauvegardes, coûteux, encombrants, sur lesquels on ne sait plus trop bien ce qui s'y trouve. Le « cloud » permet d'oublier tous ces problèmes du passé : qu'ils s'appellent Dropbox, SkyDrive ou Google Drive, nous bénéficions désormais de solutions simples, transparentes, intégrées à nos outils de travail pour stocker toutes ces données, à des prix très compétitifs. Mieux, ils sont presque tous très bien intégrés aux mobiles, évitant ainsi la douloureuse étape de synchronisation via un PC.

93 *En mai 2012, Rovio Entertainment, éditeur d'Angry Birds, annonçait un milliard de téléchargements de son application phare.*

- Le second est, lui, purement économique. Faites le calcul de ce que vous revient une solution PC + disques de sauvegarde, c'est-à-dire environ 1500 euros à renouveler tous les trois ans en moyenne, par rapport à la centaine d'euros à débourser chaque année pour disposer de quelques dizaines de gigaoctets sur l'une des solutions déjà citées, et vous comprendrez pourquoi le cloud suscite un tel engouement.

L'ordinateur personnel comme solution de stockage à portée de main a perdu sa légitimité, il serait grand temps de s'en rendre compte. Et nous n'en sommes pourtant qu'au début du cloud. Demain, nous bénéficierons de plusieurs niveaux de cloud : un cloud domestique pour les données privées, hébergé par exemple chez notre fournisseur d'accès Internet et accessible depuis la box de connexion, et un cloud plus global pour les données « entreprise » (factures, documents officiels, contrats, etc.), avec possibilité d'échanges entre ces deux niveaux. L'accès à ces deux niveaux pouvant être réalisé, bien évidemment, depuis n'importe quel dispositif relié à l'Internet : ordinateur, Smartphone, tablette, télévision et même console de jeu vidéo ou tout dispositif connecté, intégré dans un véhicule.

L'Internet des objets

Perdant toute valeur en tant que support de stockage, l'ordinateur individuel s'apprête également à en perdre en tant que centre d'organisation de notre vie numérique. Déjà, on lui préfère le Smartphone ou la tablette pour consommer des produits culturels, comme de la musique ou des films – merci encore monsieur Jobs. Mais demain, il perdra toute utilité même dans sa fonction première d'accès à l'Internet. Car, à quoi bon utiliser un navigateur Internet pour passer commande de produits alimentaires si les appareils de stockage des aliments (réfrigérateurs ou congélateurs) sont capables de le faire eux-mêmes en temps voulu ?

C'est la grande révolution annoncée depuis une quinzaine d'années, et pour laquelle les conditions sont désormais d'ailleurs réunies, l'Internet des objets, également qualifié de *machine to machine* (M2M). La conférence LeWeb Paris lui était d'ailleurs consacrée en décembre 2012, avec un excellent timing.

Les objets connectés étaient déjà évoqués à la fin des années 90. La technologie Jini, introduite par Sun Microsystems en 1998[94], visait déjà à proposer ce type de services. Mais, on était encore loin des conditions idéales. Celles-ci sont désormais réunies. Quelles sont-elles ?

- **Un système d'exploitation**. Un Smartphone est en réalité un véritable ordinateur qui embarque un système d'exploitation, qu'il s'agisse d'iOS ou d'Android, tous deux étant dérivés à des degrés plus ou moins éloignés d'Unix, d'ailleurs. Cela signifie qu'on dispose de pas mal d'intelligence, d'outils de programmation sophistiqués, et, s'il reste de la place et de la batterie, d'un peu de mémoire flash ou autre pour conserver tout cela. Et bien sûr, de moyens de connexion (Wifi, 3G ou 4G).

94 *Jini avait pour but de faire dialoguer des appareils entre eux en utilisant une couche d'intermédiation en Java* http://en.wikipedia.org/wiki/Jini

- **Un réseau à domicile.** L'Internet haut débit a apporté une deuxième révolution dans les foyers, souvent passée sous silence, alors que c'est elle qui entre en jeu ici : la plupart des foyers, équipés en accès câble, fibre ou ADSL, disposent d'un boitier de raccordement, qui est lui-même un ordinateur pouvant faire office de routeur Wifi, et qui transforme tous ces espaces en foyers connectés. C'est une sacrée révolution, qui n'a nécessité que très peu d'efforts de raccordement à un réseau domestique. Ainsi, tous nos petits appareils dotés d'une antenne Wifi peuvent utiliser un réseau local haut débit pour dialoguer entre eux, et par le biais de la box du foyer, accéder au réseau global.
- **Des interfaces de contrôle simples : les tablettes.** Car un objet connecté, cela doit pouvoir se contrôler, se manipuler, se vérifier parfois. Nous avons tous été éduqués à la sauce Terminator et savons quels dangers se cachent devant des objets intelligents un peu trop autonomes. Les tablettes et autres Smartphones servent de remarquables supports de commande et de service et une application dédiée ou un site mobile suffisent amplement pour les fonctionnalités les plus communes (marche, arrêt, check-up).

De fait, les premiers objets pratiques débarquent sur le marché, et proposent des fonctionnalités étonnantes. De Nao le petit robot qui apprend à danser, à la serrure « Lockitron » qu'on commande avec son Smartphone, de ces remarquables drones fabriqués par Parrot aux lunettes Google, les objets intelligents sont à notre porte. Leurs prix vont aller en diminuant, au fur et à mesure que leur part de marché augmentera, par un effet bien connu de la courbe d'expérience[95].

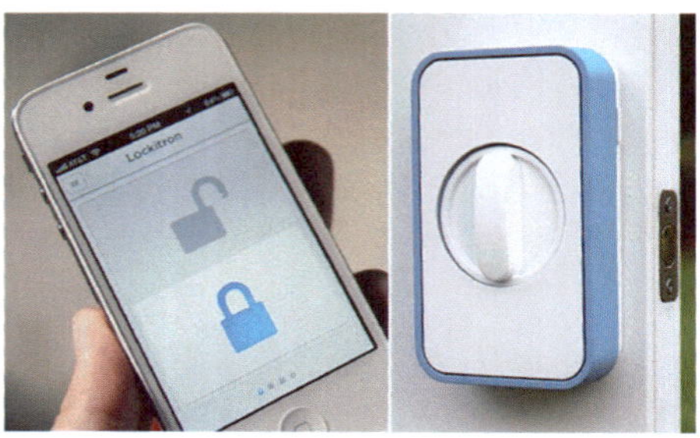

Les objets connectés rentrent par la grande porte...

Et l'ordinateur individuel dans tout cela ? Il regardera passer ces objets, avec une larme non de tristesse, mais de bonheur. Car ces objets intelligents, finalement, et jusqu'à la box qui dirige tous nos accès, désormais, dans le salon pas loin du poste de télévision (qui, lui, n'a pas encore disparu), sont ses petits-enfants : ce sont tous des ordinateurs, finalement, mais dotés de caractéristiques et de rôles bien précis. Nous n'aurons plus un seul ordinateur pour tout faire à la maison, mais une multitude de petits ordinateurs interconnectés, capables de réaliser un jeu limité de tâches plus complexes. Oui, l'ordinateur individuel va effectivement laisser sa place à sa descendance.

95 *Pour comprendre le fonctionnement de la courbe d'expérience, introduite par Bruce Henderson au BCG, voir l'excellent ouvrage « The Boston Consulting Group and Strategy » (http://bit.ly/amonbossbcg)*

III.11 Faut-il développer systématiquement des applications mobiles ?

On vient de le voir, la révolution mobile est en cours. Toutes les entreprises, toutes les organisations y passeront, un jour ou l'autre. Toutefois, « passer sur le mobile » ne signifie pas forcément qu'il faille développer des applications spécifiques : une approche à base de « responsive design » peut, dans la plupart des cas, suffire à vous rendre bien des services. Dans ce cas, pourquoi donc s'évertuer à développer des applications mobiles, par essence beaucoup plus longues et coûteuses à mettre en place ?

Comme l'annonce Apple sur son site, « il n'y a pratiquement aucune limite à ce que peut faire votre iPhone ». De fait, depuis son lancement en 2007, ce téléphone intelligent a séduit des centaines de millions d'utilisateurs, mais aussi des milliers de développeurs d'applications, et c'est d'ailleurs par ce moyen qu'Apple a réussi à dominer le marché pendant quelques années. Il existait, au début de l'année 2013, plus de 800 000 applications pour iPhone et iPad, référencées sur l'AppStore, cette Babel du logiciel mobile ; le seuil symbolique du million sera franchi d'ici la fin de l'année 2013.

De son côté, Google Play, l'équivalent de l'AppStore proposé par Google pour les téléphones, s'est évertué à combler son retard initial, et annonçait 700 000 applications à la même époque, souvent des variantes pour Android d'applications déjà existantes sur iOS. Il faut saluer l'effort remarquable pour positionner les téléphones Android au même niveau d'offre que leurs concurrents, pourtant partis les premiers, et bénéficiant à la fois de l'avantage du premier arrivé et d'une très forte communauté de développeurs conquis par l'univers Apple. L'univers des portables Microsoft accuse de son côté un très net retard, avec un peu plus de 100 000 applications seulement à la même époque. Sans parler de l'univers des BlackBerry, pourtant à la pointe il y a encore 6 ou 7 ans.

La complexité des applications pour mobile varie énormément. On y trouve des applications très simples, comme celles qui donnent la météo, d'autres plus élaborées comme les navigateurs GPS (les incontournables TomTom[96] et Navigon[97], mais aussi le formidable navigateur GPS Waze[98] qui fonctionne en mode collaboratif, et que Google a racheté en juin 2013), des applications qui délivrent de la musique en streaming (Spotify et Deezer[99]), des applications dédiées au commerce électronique (Amazon, Houra ou Voyage SNCF[100]), des jeux en quantité astronomique, des liseuses électroniques comme le Kindle, des utilitaires, des gestionnaires de tâches, etc. Recenser

---

96 http://www.tomtom.com/tomtom-app
97 http://bit.ly/amonbossdigital-navigon
98 www.waze.com
99 www.deezer.com *et* www.spotify.com
100 http://mobile.voyages-sncf.com/

toutes ces applications nécessiterait une encyclopédie. Il existe même des applications dont le seul but est de proposer... une sélection d'applications gratuites chaque jour. Car il faut bien garder à l'esprit que l'univers des « apps » est un marché à lui tout seul, qui a généré 2,1 milliards de dollars en 2011, sur la part qu'Apple prélève lors de chaque vente (30 % du prix d'une application). Les 200 applications iPhone payantes les plus vendues sur l'AppStore auraient généré plus de 3 millions de dollars en 2011, et 2 millions pour iPad, selon des données publiées par le cabinet Distimo début 2012[101]. C'est 15 000 euros en moyenne par application, ce qui peut paraître faible, au regard du nombre d'utilisateurs et du prix moyen d'une application, autour d'un euro : le marché des applications mobiles est un marché de longue traîne, avec vraiment très, très peu de blockbusters.

Pour une entreprise, il serait tentant de se précipiter sur le développement d'une application mobile : de nombreuses sociétés s'y sont livrées, avec un certain succès d'ailleurs, notamment pour celles qui ont un positionnement de service, ou qui souhaitent proposer une expérience d'achat différente de celle proposée par un site Web.

Air France ou la SNCF, par exemple, proposent des applications qui vont de la consultation des horaires ou des tarifs, à la réservation de trajets, tout en gardant en local des informations essentielles liées au dossier client : préférences de place ou de tarif, accompagnateurs habituels, etc. Orange propose une bonne douzaine d'applications[102] allant de la télécommande d'une LiveBox à son administration, en passant par un gestionnaire de Web radios ou un combiné virtuel relié à son abonnement téléphonique chez l'opérateur (pour décrocher la ligne fixe via son mobile...).

Toutes les grandes banques ou presque sont dotées d'applications pour consulter son compte, effectuer un virement ou appeler un conseiller. Idem du côté d'EDF qui en a développé plusieurs, en fonction du parcours client. La Française des jeux, de son côté, propose plusieurs applications[103] pour jouer à ses différentes offres, et fidélise ses utilisateurs par des mécanismes de notifications et de rappels avant les tirages les plus populaires (vendredis 13, super cagnottes), et jusqu'au dépôt officiel de ses documents d'identité.

L'expérience utilisateur de ces applications s'améliore de version en version, en tenant compte des demandes des utilisateurs, des spécificités du métier, et même, soyons réalistes, de l'expérience des équipes de développement. Les premières versions sont souvent de rapides transpositions de l'univers du site Web. Il faut souvent attendre quelques mises à jour avant de bénéficier d'une interface qui tire véritablement parti de tout ce que le mobile peut apporter : orientation de l'écran, géolocalisation, notification, intégration avec d'autres applicatifs et notamment Facebook, etc.

L'effort de développement doit donc être soutenu. Pour ces entreprises, il est probablement plus judicieux de passer par un développement spécifique, sur chaque plateforme, que par un site Web décliné dans une version mobile. L'intégration avec le

101 *Voir* http://bit.ly/bossapps *sur le site du Figaro : App Store, premier magasin d'applications.*
102 http://iphone.orange.fr/applications-orange.html
103 https://www.fdj.fr/page/mobile/titre/mobile

CRM et les différentes bases de données (clients, produits) est un point essentiel : le mobile n'est qu'un canal de vente additionnel, à côté de tous les autres. Il induit une complexité propre, en termes d'interface, et une complexité annexe, en termes de mixité de canaux. Quid du client qui commencerait son choix de produit sur le Web, le poursuivrait en boutique avant de finaliser la vente sur le mobile (ou suivant toute autre combinaison possible) ?

Mais, une fois sorti de cette catégorie d'entreprises ou de services, est-il vraiment judicieux de développer des versions mobiles ? Voici quelques arguments en faveur d'une remise en question fondamentale du développement spécifique pour mobile.

Le coût de développement

Développer une application spécifique pour mobile suppose, désormais, de supporter au minimum deux systèmes d'exploitation (iOS et Android), probablement un troisième voire un quatrième pour certains publics, notamment les jeunes ados, encore friands de BlackBerry. Il faut donc disposer de développeurs qui maîtrisent les langages et les environnements correspondants, contrairement au développement d'une déclinaison du site Web sur mobile, qui ne nécessite que des compétences un peu plus poussées dans un domaine déjà maîtrisé par les équipes de développement Web : HTML5[104], CSS3, JavaScript.

Ce coût se répercute sur l'équipe de développement à mettre en place, en interne ou en externe, la formation des équipes si le projet est développé en interne, l'acquisition de matériels et logiciels dédiés – le développement d'une application iPhone, par exemple nécessite un langage et une plateforme de développement spécifique. On le voit, ce n'est pas le sujet du stagiaire de passage, mais bien d'un engagement sur le long terme, auquel il faut dédier une attention particulière et des moyens humains bien spécifiques. Pas sûr que la moindre PME puisse se le permettre.

Le coût des mises à jour

Une application mobile doit évoluer régulièrement, pour tenir compte des demandes des utilisateurs, souvent plus à même d'identifier les usages les plus fréquents et les fonctionnalités manquantes. C'est le cas de la Française des Jeux qui a fait évoluer ses applications sur la base des évaluations des joueurs, notamment au sujet de l'authentification des joueurs, un enjeu vital pour la sécurité des transactions pour cet opérateur de jeux en ligne, dont les montants échangés chaque jour, feraient pâlir de jalousie certaines banques.

Le scénario du pire, car il faut bien le prévoir, se produisant lors de mises à jour du système d'exploitation des mobiles (iOS en est à sa sixième mouture, rappelons-le, et iOS7 va probablement nécessiter de nombreuses mises à jour[105]), lors desquelles

104 *Voir l'excellent site* http://mobilehtml5.org/ *conçu par Maximiliano Firtman, pour une vue complète des potentialités offertes par HTML5 et les efforts de convergence en cours.*
105 *C'est en tout cas l'avis général à l'heure où ces pages sont écrites* http://bit.ly/amonbossdigital-ios7

certains services de l'interface de programmation (la fameuse API) évoluent ou ne sont plus supportés : dans ce cas, la mise à jour devient impérative et les délais sont parfois assez courts.

Un cauchemar pour les développeurs d'applications : les changements de version d'iOS

N'oubliez pas, non plus, que les utilisateurs de Smartphones ne font pas forcément toutes les mises à jour le lendemain même de leur diffusion. Certains utilisateurs ne les font que de manière totalement occasionnelle et les vieilles versions sont parfois appelées à durer bien plus longtemps que prévu.

Or, faire évoluer une application mobile nécessite non seulement des efforts de développement supplémentaires, donc la pérennisation des équipes de développement, mais aussi de réinjecter l'application dans le circuit de diffusion des applications mobiles, dont seul Apple détient les rênes, en termes de délais notamment. Ce manque d'indépendance peut avoir un impact réellement négatif, surtout quand l'application est remplie de bugs, et que la mise à jour met plusieurs semaines à arriver : les utilisateurs bloqués peuvent, de rage, abandonner l'application concernée pour éventuellement passer sur une application concurrente.

Le coût de la visibilité

C'est un des coûts les plus souvent négligés, à tort. Il existe, on l'a vu, près d'un million d'applications mobiles, toutes plateformes confondues. Exister, se rendre visible, est devenu essentiel, dans cet univers très concurrentiel. Pas si simple, surtout si l'on ne dispose pas d'un fort pouvoir d'attractivité : difficile de se faire une place au soleil quand on est le nième Sudoku ou que personne ne parle de votre application : ce que personne ne voit, personne ne le téléchargera, il ne faut pas se leurrer.

Bien sûr, il existe des subterfuges pour se rendre visible, surtout durant les premiers jours où votre application est disponible : s'acheter un peu de visibilité, par exemple, sur la dizaine de blogs qui comptent en France dans l'univers de l'iPhone (ou réciproquement dans l'univers Android) est une première étape, mais ce n'est pas la seule.

Apple et Google proposent également de faire de la publicité pour les applications en recherche de visibilité. Les applications qui recensent chaque jour des applications gratuites (AppiDay, AppGratis) sont elles aussi de formidables moteurs pour booster l'audience et le téléchargement durant les premiers jours : AppGratis, créée par le français Simon Dawlat, a levé 10 millions d'euros début 2013[106], signe d'un réel intérêt pour ce genre de pratique, qui n'est pas sans rappeler les débuts du Web. Avant d'être supprimé de l'AppStore sur une décision unilatérale d'Apple[107] qui fit réagir jusqu'à la ministre Fleur Pellerin.

HTML 5, l'eldorado des développeurs

À côté de cela, le développement d'une déclinaison du site Web pour mobile paraît, finalement, bien plus simple, en réalité. Bien sûr, il faut adapter l'interface aux spécificités du mobile : l'approche « responsive design » offre le meilleur angle pour cela. Mais, il faut surtout bien comprendre que le développement de site Web mobile bénéficie de technologies qui rendent l'interface mobile aussi efficace que celle d'une application dédiée. HTML5 est la solution en ce domaine : voici en effet quelques-unes des fonctionnalités dont disposent désormais les sites lorsqu'on y accède depuis un navigateur qui supporte ce standard, comme c'est le cas sur les principaux appareils mobiles :

• La géolocalisation

Si vous croyez qu'un site Web ne peut pas bénéficier de la géolocalisation proposée par la puce GPS de votre Smartphone, détrompez-vous. C'est un des points forts de HTML5. L'utilisateur doit, pour cela, accorder le droit d'accès aux données de géolocalisation à la page consultée depuis le navigateur : Chrome 9, Safari 5 et Android Honeycomb supportent cette fonctionnalité à merveille. Pour vous en convaincre, allez donc faire un tour sur www.google.com/maps depuis votre mobile...

---

106 *Voir son interview sur Frenchweb* http://frenchweb.fr/entretien-exclu-appgratis-leve-10-millions-deuros/95177

107 *Une histoire incroyable, qui montre l'autoritarisme d'Apple et les limites d'une dépendance totale à un seul type d'environnement* http://bit.ly/amonbossdigitalaffaireappgratis

• L'intégration du multimédia

Diffuser de la vidéo ou de la musique en streaming n'est pas réservé aux applications dont c'est la charge : tout site Web peut en bénéficier sur un Smartphone, depuis un navigateur qui supporte HTML5. Des objets de type audio et vidéo peuvent parfaitement être intégrés. C'est ensuite le Smartphone qui se charge du rendu approprié, et éventuellement de la visualisation en plein écran.

• Le stockage de données en local

C'est peut-être l'aspect le plus bluffant : un site Web développé en HTML5 peut stocker des données locales et les récupérer pour des usages ultérieurs. Les cookies, d'auguste mémoire, préfiguraient déjà ce type de comportement. Mais, HTML5 va plus loin et autorise de stocker plusieurs mégaoctets de données associées à une session sur un site, avec une simplicité d'accès équivalente à celle de l'accès à un fichier en local. Les données peuvent même être partagées entre plusieurs sources – mais attention aux risques de piratage dans ce cas, l'encryptage étant alors impératif.

• Et ce n'est pas tout !

D'autres techniques sont en cours de convergence par les principaux fournisseurs, notamment le push d'événements depuis un serveur, afin de simuler le fonctionnement des notifications. Ou encore la gestion du multi-touch pour les écrans qui le supportent presque tous, désormais. Sans oublier la possibilité d'utiliser l'appareil numérique intégré pour filmer ou prendre des photographies. HTML5, ne l'oublions pas, a été perçu longtemps par Apple, comme un moyen de contrer l'omniprésence d'Adobe et de son « player[108] » Flash sur les sites mobiles. La marque à la pomme n'en voulait point et a tout fait pour contrecarrer la présence d'Adobe, allant jusqu'à prohiber Flash sur les plateformes mobiles qu'elle avait conçues. D'une position dogmatique parfois mal comprise, constatons aujourd'hui les vertus sur le long terme, en termes d'ouverture, ce qui n'est pas une mince affaire, dans l'univers ultra confidentiel et fermé d'Apple !

Alors, bien sûr, tenir compte de toutes ces évolutions ne se fait pas en un jour ! Mais, quitte à investir sur un développement long et parfois difficile, pourquoi ne pas le faire qu'une seule fois, et s'appuyer sur le support transparent proposé par tous les navigateurs ?

En réalité, le débat qui oppose partisans du développement d'applications et partisans du Web mobile rappelle d'assez près celui qui opposa, naguère, les adeptes du développement d'applications spécifiques pour ordinateurs portables et ceux du « Software as a Service ». L'histoire a montré que ce sont ces derniers qui, sur le long terme, l'emportent. Gageons qu'il en sera de même sur les plateformes mobiles, il ne s'agit que d'une question de temps.

---

108 Le logiciel client qui exécute Flash sur votre ordinateur.

III.12 Tactiques et astuces du « street marketing »

On aurait pu penser que le « street marketing », basé sur des interactions physiques entre la marque et les consommateurs, n'aurait rien à voir avec la communication digitale. Détrompez-vous, la communication digitale s'entend à merveille avec le marketing de rue et toutes ses approches. Voilà une corde de plus à rajouter à votre arc et qui séduira, à n'en pas douter, un public jeune et passionné, et surtout urbain.

Qu'est-ce que le street marketing ?

Le « street marketing », ou marketing de rue, est une appellation sous laquelle sont englobées toutes les approches visant à promouvoir services et produits par le biais d'interactions dans la vie réelle, dans des lieux publics : rues, places, transports en commun, lieux de passage qui offriront une grande variété d'interactions et la possibilité de toucher un public large. La finalité ultime, c'est l'interaction émotionnelle entre la marque et son public, afin de créer un souvenir positif, la trace d'une expérience inoubliable.

Partant de cet énoncé plutôt simple, les marketeurs se sont lancés dans des tas de voies, toutes les plus extravagantes les unes que les autres. De la distribution d'échantillons dans la rue (la forme la plus basique et la moins originale du street marketing) à la reproduction de dessins géants sur les toiles des échafaudages[109], du défilé d'hommes dévêtus à l'entrée d'un magasin branché au « street art » devenu très populaire dans certains quartiers parisiens, du « lipdub » (qui connu son heure de gloire il y a quelques années) au « harlem shake » (auquel nous consacrons un court chapitre un peu plus loin) en passant par les « flashmobs », nous ne saurions passer en revue toutes les formes qu'a pu prendre le street marketing. Notre propos est plutôt d'identifier le champ des interactions entre communication digitale et street marketing, et celui-ci est vaste ! À cela, plusieurs raisons.

Le street marketing, tout d'abord, est friand de viralité. Une opération de street marketing réussie est une opération dont on parle, et pas forcément dans les médias traditionnels : le Web prend toute son importance dans la diffusion, à outrance parfois, d'informations diverses – photos, vidéos, articles de blogueurs – qui retracent telle ou telle expérience réussie à la Gare du Nord ou sur l'esplanade de la Défense, pour telle ou telle marque. Le street marketing permet d'alimenter le bouche-à-oreille avec un contenu de marque original, pour peu que les initiateurs du projet se soient creusés la tête pour proposer quelque chose de différent de ce que d'autres marques avaient pu faire jusqu'à présent.

---

109 Un procédé apparu au début des années 90 et qui fit le succès des Bâches de France dans les années 90.

Deuxièmement, le street marketing s'accommode parfaitement des moyens de communication digitaux, et particulièrement de la photo ou de la vidéo. L'objectif du street marketing, rappelons-le, est d'imprimer une trace positive, un souvenir permanent, associé à une expérience unique vis-à-vis de la marque, expérience vécue dans la vie réelle. C'est là que photos et vidéos prennent toute leur importance, car ces dispositifs vont permettre de renforcer l'image mentale associée à ces événements, en y combinant des images réelles. Diffusées sur les médias sociaux, les photos et vidéos, qui ont capturé l'événement, deviennent autant de mini expériences que les internautes vont pouvoir s'approprier à souhait, avec leur propre agenda, leurs propres affinités, leurs propres émotions, qu'ils aient assisté ou non à l'opération.

Troisièmement, le street marketing ne requiert pas de moyens colossaux. Le budget d'une telle opération s'apparente plus à celui d'un événement ou d'un salon qu'à celui d'une campagne TV ou radio. Mais, à l'inverse, l'expérience utilisateur est bien plus forte, bien plus rémanente. Le coût par individu touché lors de l'opération est certes plus élevé, mais au fil du temps, et en fonction de l'efficacité du bouche-à-oreille généré, il tend à se réduire d'un ou deux ordres de grandeur.

Le street marketing est en général associé au lancement de produits, pour créer un bouche-à-oreille positif autour de l'effet de surprise, en éveillant la curiosité du public touché. Il se veut, mais n'est pas forcément perçu comme tel, une technique de marketing non agressif, alors que paradoxalement, il est plutôt associé aux techniques de « guerilla marketing ».

Si vous envisagez de mettre en place une campagne de street marketing, voici quelques conseils dont il nous semble utile que vous vous imprégniez.

1. **La cible**. Si le street marketing donne l'impression de toucher tous les publics, il n'en est rien. Dans la rue, vous croiserez des jeunes, des vieux, des hommes, des femmes, des chômeurs et des actifs, des cyclistes et des piétons, des individus aux goûts variés, aux sympathies politiques différentes : toutes ces personnes ne s'approprieront pas vos messages de la même façon. Choisissez la cible que vous souhaitez privilégier, afin de construire le message qui lui convient ;

2. **Le lieu**. Une campagne de distribution de préservatifs en pleine rue a de fortes chances de déplaire si elle se déroule aux abords d'un lieu de culte, et fonctionnera probablement bien mieux dans certains quartiers branchés du centre de Paris. Certaines campagnes peuvent se dérouler sur plusieurs lieux à la fois[110], d'autres nécessitent avant tout une unité de lieu, comme les opérations de Christo dans les années 90 ;

---

110 Le mouvement juif religieux des Loubavitch, par exemple, organise un allumage des bougies de la fête de Hanouccah sur plusieurs villes européennes en simultané, chaque année en décembre.

Pour le lancement du jeu Hellopolys, la street artist Vinie Graffiti a créé deux œuvres originales, place Beaubourg et au Mur à Oberkampf, rendez-vous des street artists et de leurs fans

3. **La date.** Vous n'aurez pas le même impact si votre campagne se déroule en pleine période de congés scolaires ou lorsque le mauvais temps s'abat sur la zone géographique que vous avez choisie. La pluie et la neige sont les plus grands ennemis des campagnes de street marketing, soyez-en sûr. À l'inverse, une trop forte chaleur peut poser des problèmes annexes, de fatigue excessive ou de déshydratation des équipes et du public ;

4. **Le mode opératoire.** Pour cela, laissez parler votre imagination, ou mieux, faites-vous accompagner par des professionnels du street marketing, qui vous proposeront des opérations variées, correspondant à l'ADN de votre marque ou de votre entreprise. Optez pour deux ou trois campagnes différentes et parlez-en en interne, auprès d'autres collègues, pour tester leurs réactions. La campagne qui vous plait le plus n'est peut être pas celle qui aura le plus d'effet sur un public plus large ! ;

5. **Mettez-y des moyens.** Sans nécessiter de budget prohibitif, une opération de street marketing doit mobiliser des ressources, en amont pour la préparer, en aval pour en analyser les retombées, et durant l'opération, pour en assurer le succès. Ne lésinez pas sur les moyens photo et vidéo, pour garder non pas une trace, mais plusieurs traces, sous des angles, des perspectives différentes, en allant chercher le témoignage des personnes qui ont assisté à l'opération ;

6. **Activez les relais.** Comme pour toute opération digitale, s'appuyer sur un réseau de relais permet de renforcer les chances de succès de votre opération de street marketing. Si les blogueurs constituent un premier vivier où aller puiser de tels relais, n'hésitez pas à diversifier votre recherche, par

exemple, en vous appuyant sur la communauté des artistes spécialisés dans ce domaine, très actif en ligne, comme par exemple sur Facebook[111] :

7. **N'hésitez pas à recommencer !** Si certaines opérations ne peuvent avoir lieu qu'une fois, d'autres sont bien évidemment reproductibles. Elles bénéficient alors d'un enthousiasme fort qui amplifie le buzz et crée une attente du public. La marque de glaces Ben & Jerry's, par exemple, organise chaque année ce qu'elle appelle le « free cone day », un jour où les glaces sont offertes gratuitement dans certains magasins à Paris et en province. Anecdotique à son lancement, l'événement est devenu un rendez-vous que les fans de la marque – et les autres consommateurs de crèmes glacées également – ne manqueraient pour rien au monde.

Le free cone day est devenu un événement incournable chez Ben & Jerry's

Finalement, les opérations de street marketing constituent une classe à part dans l'organisation d'événements, et ce que nous avions exposé dans le précédent ouvrage[112] reste valable : utiliser le digital au service de l'événement, activer le dispositif bien avant l'événement, rendre les flux visibles, penser au réseau et au hashtag, et surtout, anticiper le fait que rien ne se passera comme prévu.

Prêts à lancer votre première opération de street marketing ?

111 *Par exemple, sur* http://www.facebook.com/StrtArtWorld
112 *Les médias sociaux expliqués à mon boss, page 221 et suivantes.*

III.13 Comment se lancer dans le crowdsourcing? Quelques clés de succès

Poursuivons notre panorama des différents moyens à notre disposition pour développer la communication digitale et intéressons-nous, maintenant, au « crowdsourcing », cette technique visant à faire appel à des communautés d'individus pour créer et inventer de nouveaux produits, de nouveaux services. Nous avons demandé à François Pétavy, Directeur Général d'eYeka, spécialiste depuis plus de 15 ans de la convergence entre technologies, contenus et commerce, de nous expliquer comment réussir à mettre en place une campagne s'appuyant sur une approche de crowdsourcing.

Nous étions en début d'année et Norah Luttway, Directrice Marketing et Communication de l'enseigne de prêt-à-porter Carnet de Vol[113], s'apprêtait à célébrer les 20 ans de sa marque. Elle souhaitait marquer l'évènement en y faisant participer ses propres clients, particulièrement fidèles à l'enseigne. L'idée s'imposa rapidement d'organiser un jeu concours permettant aux consommateurs de s'exprimer de manière créative en proposant des T-shirts, suivi d'un vote pour déterminer les produits destinés à être commercialisés. Mais, comment s'assurer d'obtenir suffisamment de créations de qualité?

Norah décida d'associer à l'opération une communauté d'internautes créatifs : eYeka. Un brief rappelant les valeurs de la marque et le challenge créatif, associé à un prix de 5 000 euros, fut rédigé et soumis aux dizaines de milliers de membres de la communauté. En quelques semaines, plus de 700 créations originales furent proposées. La marque sélectionna 15 créations parmi les plus qualitatives, originales et fidèles à l'esprit de Carnet de Vol. Ces 15 modèles furent ensuite présentés aux clients de l'enseigne via le site Internet et la page « Carnet de Vol » sur Facebook ainsi qu'aux collaborateurs. Après cette phase de vote, les 5 T-shirts préférés furent mis en production, promus en marketing direct et enfin mis en avant en point de vente avec une PLV dédiée. En quelques jours, une des créations devint le numéro 1 des ventes en boutique. Quelques mois plus tard, un article de *Les Echos* relatait l'opération.

Norah venait de faire l'expérience d'une opération de crowdsourcing réussie. Mais qu'est-ce que le « crowdsourcing »? Il s'agit de la démarche qui consiste à confier une tâche traditionnellement réalisée par un expert externe à l'entreprise (« sourcing », comme dans le terme « outsourcing ») à la foule (« crowd »), c'est-à-dire un large groupe d'individus, à travers un appel ouvert à contributions, très souvent organisé sous forme de concours, avec à la clé des prix financiers ou la reconnaissance pour les participants.

À quelle foule s'adresser?

Principe clé du crowsourcing, la règle du « 1 - 9 - 90 » nous rappelle que tous les individus ne sont pas égaux dans leur capacité à innover et leur envie de créer. On considère ainsi que dans une population donnée, 1 % des individus sont particulièrement impliqués,

113 http://www.carnetdevol.com/

créatifs et innovants. Ces individus s'agrègent souvent en communautés créatives ou scientifiques qui leur donnent les moyens de développer leurs compétences et de s'exprimer à travers leur passion. De telles communautés mettent plusieurs années à se constituer et nécessitent d'être constamment stimulées, ainsi fait-il plus de sens pour les marques de solliciter des communautés déjà constituées telles que Innocentive (R&D) ou eYeka (marketing).

Les 9 % d'individus suivants, qu'on peut décrire comme les « enthousiastes », s'ils ne sont pas aussi créatifs que les précédents n'en vont pas moins se distinguer par leur intérêt pour une thématique ou une marque, et par leur envie de s'y impliquer personnellement par exemple en partageant leurs expériences et en donnant leur avis. Les marques ont tout intérêt à agréger elles-mêmes ces communautés et à établir un lien privilégié avec elles, en leur proposant par exemple de devenir fans sur Facebook, de rejoindre un programme de fidélité, de participer à des évènements ou encore d'évaluer des produits.

Enfin, les 90 % restants - la véritable cible au final - sont influencés par les idées des 1 % et les avis et recommandations des 9 %.

Quels sont les domaines d'application du crowdsourcing pour les marques?

Deux grandes familles se dégagent, l'innovation et la communication. En innovation, il s'agira de faire appel aux idées de la foule pour définir de nouvelles offres de produits et services, identifier des usages et des expériences en rupture, innover dans le packaging ou l'expérience en point de vente, ou encore identifier des axes de positionnement. Dans ce type d'approche, la marque va s'inspirer de la masse des idées recueillies pour en dégager de l'intelligence collective : des idées créatives et des thématiques émergent de l'analyse des contributions, permettant d'identifier les pistes les plus pertinentes, de faire réagir des panels de consommateurs, etc. Et souvent, de véritables pépites émergent, dont la marque pourra souhaiter acquérir les droits pour les intégrer à son pipeline d'innovation.

Dans un autre domaine, l'usage en communication consiste principalement à recueillir des contenus de la part des participants, par exemple sous la forme de vidéos ou d'illustrations, afin d'activer les valeurs de la marque, un bénéfice particulier ou une thématique au sens large. De par leur diversité d'exécution et leur authenticité, ces contenus peuvent ensuite alimenter des conversations proposées et facilitées par la marque sur les réseaux sociaux (YouTube, Facebook, Pinterest, etc.) dans lesquelles « les consommateurs parlent aux consommateurs ». Et d'obtenir à la clé plus de proximité et d'engagement.

Quel ROI pour le crowdsourcing?

En s'appuyant de manière massivement parallèle sur la créativité de milliers d'individus motivés et impliqués, les marques recueillent davantage d'idées, plus vite, et directement à la source (les consommateurs eux-mêmes) que dans les processus traditionnels. Parfois perçu à tort comme une approche « low cost », le crowdsourcing est avant tout un levier d'accélération des ventes à travers plus de pertinence et d'agilité : la bonne innovation et le bon message pour la bonne audience, avant ses compétiteurs.

Ainsi, pour définir son offre éducative et lancer la chaîne de télévision interactive Dokeo.tv, SFR a fait appel à des communautés créatives et à l'Atelier SFR, une communauté de 40 000 « techno-pragmatistes » qu'elle sollicite comme beta-testeurs. Au total, ce sont plus de 100 idées qui ont été recueillies, puis analysées et évaluées. En parallèle, un processus de « design thinking » et un concours d'étudiants en école de design ont été entrepris pour comparer les méthodes. L'expérience a montré que le crowdsourcing avait remonté les mêmes axes d'innovation en trois semaines que les deux autres méthodes, qui avaient pris entre trois et six mois.

Autre exemple : Coca-Cola a demandé aux communautés créatives d'illustrer sous la forme d'une vidéo ou d'un visuel le concept d' « energizing refreshment[114] ». En quelques semaines, près de 3 000 contributions ont été recueillies à travers un concours à l'échelle mondiale. La marque s'est ensuite appuyée sur ces contenus pour amplifier la conversation et l'étendre à une cible plus large, animer ses canaux digitaux et réseaux sociaux et ainsi générer des millions d'interactions avec des consommateurs. Au-delà du succès de l'opération de communication, la marque a testé les meilleurs contenus selon sa méthodologie standard, et certains d'entre eux sont remontés dans le top 10 des meilleures campagnes jamais évaluées. Enfin, les marchés locaux ont eu un grand choix de directions créatives parmi lesquelles choisir pour communiquer localement.

Comment se lancer dans le crowdsourcing?

Voici quelques clés de succès pour une opération de crowdsourcing :

1. Préparez votre organisation

Le côté innovant du processus de crowdsourcing et l'aspect moins prévisible de ses résultats par rapport à une méthode traditionnelle induisent un risque potentiel pour le donneur d'ordre. Il faut donc avoir un mandat clair venant du haut de l'organisation et un droit à l'échec pour les responsables du projet afin de favoriser de telles démarches. Par ailleurs, le fait de s'ouvrir à des idées ou des prises de paroles externes peut faire craindre une perte de contrôle de la marque. Concrètement, ce sera l'occasion de rappeler, sinon de clarifier, quels sont les invariants de la marque dont elle se doit d'être garante et qui forment son identité, et quels sont les domaines qui peuvent être ouverts à une conversation avec les consommateurs.

114 *boisson énergétique en français.*

2. Identifiez les bonnes questions

Une conversation se développe étape par étape et vous ne réinventerez pas votre activité ou votre communication en une seule question. Commencez par identifier des sujets sur lesquels vous travaillez réellement et qui impacteront l'expérience vécue par les consommateurs : quel nom ou quel packaging pour un nouveau produit ? Comment parler au mieux d'un bénéfice offert par une nouvelle offre ? Comment illustrer une valeur clé de la marque à travers une vidéo ? Vous pourrez ensuite étendre la conversation à des sujets plus complexes ou stratégiques.

3. Impliquez les bons acteurs

Ici, la règle du « 1 - 9 – 90 » s'applique et la clé sera de faire collaborer différentes communautés - créatifs, enthousiastes, collaborateurs, experts, grand public... Chacune de ces communautés possède ses propres motivations (s'exprimer, gagner un prix, être reconnu ou considéré, donner son avis...) et ses lieux de prédilection. Aussi, ne réinventez pas la roue : des solutions spécialisées existent pour adresser chacune d'entre elles, entre les communautés créatives, les réseaux sociaux, les plateformes collaboratives et les réseaux sociaux d'entreprise, etc. Le pilotage et la coordination du processus d'ensemble seront intimement liés à la réussite de votre opération et relèveront d'une gestion de projet rigoureuse.

4. Entrez dans la conversation

En lançant votre opération de crowdsourcing, vous ouvrez un nouveau canal de communication avec les consommateurs. Vous serez probablement touché(e) par l'implication et la générosité des participants. Des centaines, voire des milliers d'individus vont s'intéresser à votre question et y consacrer de l'énergie et de la créativité. Il convient alors d'être à l'écoute, d'adresser les interrogations éventuelles, de remercier les participants, ce qui nécessitera des compétences de community management. Enfin, au-delà de l'éventuelle rétribution des meilleures contributions, votre plus grand témoignage de gratitude sera d'utiliser réellement leurs contributions dans votre activité.

En conclusion, l'opportunité offerte par le crowdsourcing vis-à-vis des consommateurs est d'innover et de communiquer « avec eux, pas pour eux ». Le retour sur investissement est désormais démontré, et des solutions mettent cette approche à la portée de toutes les marques. Pourquoi pas la vôtre ?

III.14 Interview d'expert : Natacha Heurtault, le futur des RP passera-t-il par le digital ?

Les relations presse en 2013 ont quelques vagues ressemblances avec leurs ancêtres du 21e siècle mais très lointaines. C'est pour en dégager les grandes lignes que nous avons demandé à Natacha Heurtault, qui gère les relations presse de Media Aces, de nous en donner un éclairage.

Un univers informationnel transformé

Nouveaux canaux de diffusion de l'information, explosion des conversations, nouveaux profils d'influenceurs, temps réel, nouveaux usages... les RP ont besoin de s'adapter à cette nouvelle donne dans laquelle l'approche classique « diffusion de communiqués de presse » a perdu de l'intérêt. Je n'irais pas jusqu'à dire que le communiqué de presse est mort, mais il n'est plus suffisant. Selon Brian Solis, sa seule utilité est de rassurer l'entreprise en lui laissant croire qu'elle maîtrise sa communication : « press releases speak to no one but to the executives who approve them ».[115]

La maîtrise des médias sociaux et de leurs codes décuple l'exposition médiatique

Le mouvement des « pigeons » né à l'automne 2012 en France me parait des plus significatifs. Il a eu un impact médiatique fulgurant sans l'aide d'aucune agence. Professionnels des médias sociaux, les initiateurs de ce mouvement ont su se rendre visibles grâce à une maîtrise parfaite de Facebook et de Twitter. Ils ont su, par exemple, aller au-delà du simple « like » en suggérant à tous ceux qui adhéraient à leurs idées, non seulement de « liker » leur page mais, encore plus fort, de remplacer leur photo de profil par celle d'un pigeon.

---

115 *Cf. la présentation de Brian Solis lors de la conférence « Reputation War » qui a eu lieu à Paris le 11 janvier dernier.*

C'est ainsi qu'en l'espace de deux jours seulement, des milliers de profils Facebook ont eu un pigeon pour icône. Les initiateurs du mouvement ont aussi savamment su distiller l'information au compte-goutte en restant anonymes les premiers temps. Enfin, ils ont eu la sagesse de ne pas faire de surenchère et ont rapidement fermé leur page Facebook pour apaiser les rapports avec le gouvernement. Jean-David Chamboredon, porte-parole du mouvement, témoigne[116] : « Le gouvernement était crispé, car il se demandait qui était derrière le mouvement. La fermeture de la page Facebook a eu un effet positif très rapide car dès le lendemain, la ministre Fleur Pellerin m'a appelé pour me proposer un rendez-vous. » L'exposition médiatique a été telle que Jean-David Chamboredon a donné 55 interviews en trois semaines à des journaux du monde entier tels que le *Financial Times*, le *Wall Stret Journal*, le *Franckfürter Allegemeine Zeitung* et les principaux titres français en passant par le journal de 20 heures.

Pour autant, Jean-David Chamboredon reste très sceptique sur l'impact réel qu'a eu cette surexposition médiatique, car il a eu l'impression que « les médias français ne relayaient pas ce que je disais mais uniquement l'écho qui en était fait ». Il se demande même s'il est nécessaire de faire autant de bruit médiatique quand un arrangement « derrière les rideaux » aurait pu avoir le même résultat, c'est-à-dire changer une ligne dans le projet de loi. Cet exemple de « fulgurance médiatique » montre la puissance des médias sociaux qui peuvent s'apparenter à un véritable tsunami qu'il est difficile voire impossible de contenir.

Ce qui me frappe le plus dans cet épisode est de constater que le message de fond des pigeons qui portait sur la question de savoir « si c'était des rentiers que l'on taxait ou des start-ups que l'on tuait » n'a pas été réellement entendu ni débattu.

Des entreprises qui maîtrisent très bien les réseaux sociaux peuvent donc avoir une grande visibilité dans la presse sans dépenser un seul euro en « relations presse ». Citons comme autre exemple celui du cabinet de recrutement Altaïde de Jacques Froissant. Composé de 10 personnes, il bénéficie d'une exposition médiatique très forte et ceci sans l'aide d'aucune agence de relations presse. Idem pour la jeune société BIME (éditeur d'une solution de BI en mode SaaS) qui a fait la une du magazine 01 Business le 28 février 2013. On peut aussi citer Azendoo ou Cookening, deux autres start-ups prometteuses qui ont réussi à se faire connaître sans l'aide d'aucun attaché de presse, mais seulement grâce à leur maîtrise des médias sociaux.

Les RP 2.0 doivent donc maîtriser parfaitement les médias sociaux pour pouvoir guider leurs clients et leur conseiller le canal le mieux adapté à leurs messages

Le communicant 2.0 doit être en avance de phase sur la maîtrise de ces réseaux sociaux et être capable de conseiller ses clients sur la stratégie à adopter et la façon d'y être présent ou non et d'adapter ses messages à chaque réseau social. Typiquement, Facebook est plus tourné vers le partage de sentiments et d'impressions, style « café

116 *Il faut également lire son excellent ouvrage,* « Génération pigeons » *pour mesurer l'ampleur du mouvement et l'impact qu'il eut réellement sur l'inflexion de la politique du gouvernement.*

du commerce » quand Twitter est beaucoup plus informatif et sérieux. On peut résumer la différence entre les deux réseaux en disant avec Fabien Vie[117] que « Facebook, c'est TF1 mais Twitter, c'est Arte »[118]. Beaucoup d'entreprises se posent la question de savoir si elles doivent ou non « être » sur Facebook ou avoir un compte Twitter alors que la question fondamentale reste la même depuis toujours : quels messages l'entreprise veut-elle faire passer et auprès de quelle cible ? Une fois ces questions posées et des réponses claires données, alors l'agence de relations presse peut aider son client à mieux identifier quel canal utiliser plutôt qu'un autre.

La cible de l'entreprise n'est plus seulement les journalistes mais tous les influenceurs

C'est ainsi que les blogueurs qui ont une influence reconnue sur tel ou tel sujet sont identifiés par les entreprises et deviennent aussi courtisés que les journalistes eux-mêmes. Comme les journalistes, ils reçoivent des produits en avant-première, sont invités à des lancements de produits et à des événements VIP organisés par les entreprises. « Dans mon secteur, 75 % de l'information produite émane de blogueurs et seulement 25 % d'articles de journaux. » Fortes de ce constat, les grandes entreprises mettent en place des « relations presse 2.0 » ou aussi des « relations presse digitales ». C'est-à-dire, des relations presse destinées à séduire les influenceurs et pas seulement les journalistes. Ces programmes de « RP digitales » sont fondamentaux car les blogueurs et le contenu qu'ils produisent sont parfois très visibles et bénéficient d'audiences très fortes.

Un programme de relations presse digitale peut d'ailleurs avoir une efficacité redoutable. La marque Seb l'a expérimenté avec bonheur en février 2013. (cf le tweet – non rémunéré de la présentatrice de télé vedette Oprah Winfrey, suivi par 16 millions de followers - qui a généré « 1,3 milliards de contacts (cumul mondial des audiences des plateformes online qui ont relayé et parlé du tweet d'Oprah Winfrey), plus de 1 600 publications autour d'Actifry en 48 heures et surtout, près de 4 % de gain en bourse en une journée, après un premier article paru dans *le Parisien* le 15 février 2013[119]. » Sur les détails de la stratégie digitale de Seb, je vous renvoie à l'analyse qu'en a donnée Geneviève Petit le 25/02/2013 dans son article *Le tweet d'Oprah est tout, sauf un hasard.*

Écouter et décrypter le Web relèvent également des missions des RP 2.0. Tout comme les RP classiques produisaient des revues de presse sur une thématique donnée, les RP nouvelle génération doivent aider leur client à écouter le Web de manière pertinente. C'est ce que préconise Christophe Ginisty : « L'écoute et le monitoring du Web est un passage obligé et toutes les marques, toutes les organisations devront s'équiper pour mieux appréhender le volume des conversations et repérer les signaux faibles qui

117 *Chef adepte des médias sociaux, qui est intervenu lors de la conférence organisée en février 2013 sur Les médias sociaux dans votre assiette.*

118 *Cf conférence Media Aces Les médias sociaux dans votre assiette lors de la Social Media Week le 18 février 2013 à Paris*

119 *Article de Petitweb du 25/02/2013 Le tweet d'Oprah est tout sauf un hasard :* http://bit.ly/amonbossdigital-oprah

les impactent potentiellement. Ici, le marché pour les agences est tout simplement colossal, à condition qu'elles arrivent intelligemment à élaborer une brique de consulting au-dessus de la brique logicielle pure[120]. »

L'enjeu, comme l'a rappelé Jean-Noël Pénichon, est de filtrer les conversations car « ...sur le Web si on écoute tout, on n'entend rien.[121] »

Les RP 2.0 doivent aider les entreprises à produire du contenu de qualité

Dans un monde très bavard où même les entreprises deviennent des médias (cf. la tendance de fond du « brand content »), produire du contenu de qualité est la brique fondamentale dans la protection de la réputation de la marque. Car, *in fine*, le RP 2.0 est le garant de la réputation de la marque et il met tout en œuvre pour aider la marque à être irréprochable. Et si jamais elle est attaquée, elle aura déjà mis en place les conditions qui lui permettront de réagir très vite à un « bad buzz » sans se trouver dans une position de justification dont l'entreprise sort rarement gagnante.

Benoit Raphaël, journaliste et fondateur de *Trendsboard* résume cette approche ainsi : « Il faut redonner une valeur d'usage au contenu pour apporter plus de richesse à l'information. La force réside dans le contenu, dans l'histoire que l'on raconte. Ce qui est fondamental, c'est la capacité à structurer les échanges autour du contenu[122]. » Quelle que soit la forme que prend ce contenu (CP classique, vidéos, BD, caricatures...), il doit faire la différence et être le plus rapidement compréhensible possible. C'est pourquoi les techniques de « data visualization » ont de beaux jours devant elles[123].

Ce qui ne changera jamais : les RP doivent comprendre les contraintes et les besoins des journalistes

Certes la crise de la presse, ou plutôt sa mutation, n'est pas encore terminée. Certes, les rédactions licencient (cf. plan de licenciement à *L'Express* annoncé en février 2013). Le communicant 2.0 doit comprendre les besoins du journaliste, le choix éditorial de son journal et surtout sa façon de travailler. Un journaliste n'est plus uniquement un diffuseur d'information, car l'information est déjà sur Twitter avant qu'il ait eu le temps de rédiger une phrase. Le journaliste est devenu l'analyste d'une information pléthorique qu'il met en perspective grâce à sa connaissance du marché et de ses acteurs. Les médias sociaux l'aident à trouver des informations plus rapidement, mais il doit les trier et les mettre en perspective.

---

120 *Cf. article de Christophe Ginisty Les cinq foyers de développement pour les agences de RP* http://www.ginisty.com/Les-cinq-foyers-de-developpement-pour-les-agences-de-RP_a941.html

121 *Cf son intervention lors de la conférence Reputation War le 11 janvier 2013 à Paris*

122 *Cf son intervention lors de la conférence Reputation War, idem*

123 *cf sur ce sujet passionnant le site et le livre Information is beautiful http://www.informationisbeautiful.net/*

III.14.1 La presse décline : info ou intox?

La presse traverse une période de crise qui a commencé il y a environ... trente ans, et qui se traduit par une baisse du nombre de ventes au numéro, une baisse des revenus publicitaires et des licenciements de journalistes en nombre. La presse informatique en est une illustration hélas criante. Le Groupe Test - devenue propriété de NetxtRadio TV- publiait 21 magazines en 2007 contre deux aujourd'hui. Et selon l'OJD, la diffusion de la presse informatique a chuté de 33,5 % en 2012.

Les quotidiens nationaux subissent à leur tour une lente érosion, et le quotidien du soir *Le Monde* est passé de 453 000 exemplaires diffusés en 2007 (dont 316 000 payants) à 366 000 et 288 000 payants en 2012. Les autres quotidiens papier pâtissent de cette même tendance. Pourtant, tout espoir n'est pas perdu car les versions numériques des journaux sont des relais de croissance non négligeables. Les ventes numériques des quotidiens nationaux ont progressé de 71 % en 2012, selon *Les Echos*[124]. Et le succès du site Mediapart renforce cette conviction que le numérique est une alternative viable au déclin de la presse.

Alain Gerlache, journaliste à la RTBF résume la situation de la presse par ce tweet : « L'affaire Cahuzac, une grande victoire pour la presse payante, faite par des journalistes rémunérés, pour des lecteurs exigeants » : Mediapart, qui a déclenché l'affaire précitée, a réalisé de bons résultats en 2012, avec 700 000 euros de bénéfices contre 570 000 euros de bénéfices en 2011[125].

Quelle conclusion doit-on en tirer ? Le journalisme vit une période de mutation profonde, à l'image de celle que connaît la société dans son ensemble. C'est la transformation progressive vers un monde de plus en plus numérique, où non seulement les contenus, mais aussi les clients, sont devenus digitaux. Cela ne veut pas dire que les journalistes sont « morts » ou ont perdu de leur pouvoir.

Comme le rappelait Christophe Barbier, à la tête de l'hebdomadaire *L'Express*[126], devant un petit groupe de polytechniciens, il y a quelques mois, un journal ne se suffit plus dans sa forme écrite et doit s'étendre vers l'audiovisuel. Cette évolution s'applique au journal, aux journalistes, jusqu'au patron de presse, qui doit devenir un « ambassadeur plurimédia ». C'est paradoxalement le Vivendi de Jean-Marie Messier, qui en fut la forme prémonitoire, et des groupes comme NextRadio en sont l'illustration la plus criante. Les journalistes ne doivent plus se spécialiser sur un type de support, mais s'approprier et maîtriser toutes les formes de communication, pour en user en fonction de l'opportunité qui se présente devant eux : scoop, analyse de fond, buzz, etc. Les écoles de formation aux métiers du journalisme ont d'ailleurs anticipé cette évolution : elles dispensent désormais des cursus complets associant presse écrite, Web, radio et télévision.

---

124 Voir l'article original ici http://bit.ly/amonbossdigitalquotenligne

125 Chiffres tirés de http://bit.ly/amonbossdigitalmediapart

126 Son intervention peut être retrouvée sur http://bit.ly/amonbossdigital-express

Les journalistes sont certes moins nombreux pour traiter une information toujours plus grande mais, la presse télé et Web-TV se développe à grands pas. Les récents tourbillons politiques en France montrent que la presse garde un pouvoir important. N'est-ce pas une preuve de leur relative vitalité ?

III.15 Les recettes d'un « bon buzz » sont-elles celles que vous croyez ?

Si votre boss vous demande de lui faire un « buzz », montrez lui donc cet article !

Dans une vidéo tournée à l'occasion de la sortie de notre premier ouvrage Les médias sociaux expliqués à mon boss, nous déclarions « Il y a trop de buzz sur le buzz ![127] » indiquant par là le caractère irritant de cette « évidence » auto-proclamée du Web social. Outre ce côté irritant, il y a l'aspect recette, forcément facile, qui marche donc à tous les coups et qui bien sûr... ne coûte pas cher[128] ! Alors qu'il y a une véritable tendance de fond tirant vers le sensationnalisme, voire à la poubellisation du Web et du Web social notamment[129], penchons-nous à nouveau sur les mécanismes qui font qu'une opération est virale ou pas. Après tout, si l'on parle de « virus », il doit s'agir de quelque chose de scientifique ?!

Selon Guilhem Fouetillou[130] le patron de l'institut d'études Linkfluence[131], la recette des buzz est assez simple, et elle est tout sauf scientifique. Elle tiendrait à quelques ingrédients assez simples :

- **lol**[132] (où l'on constatera que « plus c'est bête et plus ça marche »[133]) : n'importe quelle bêtise, la plus décalée possible, fera l'affaire. Le tout est de ne pas flancher ni de se lancer dans des brainstormings compliqués ; on est dans le spontané. Une tendance récente et nouvelle de ce genre de buzz décalés

---

127 *Voir la vidéo sur notre espace Vimeo :* http://vimeo.com/21089217

128 *Selon nos sources secrètes, aux environs de 700 k€ tout de même pour la célèbre publicité virale, que tout le monde a vue,* http://www.youtube.com/user/tippexperience, *qui a remis au goût du jour le correcteur de texte Tippex, Une superbe opération, certes extrêmement ingénieuse et novatrice, peu onéreuse en comparaison des médias classiques, mais pas gratuite ; information invérifiable hélas, mais bloquer la page de Youtube pendant plusieurs jours, cela ne vaut pas rien.*

129 *Voir l'article de Ronan Boussicaud, déjà ancien mais qui fait référence à des éléments rémanents de la culture Web : La culture Web du trash : un marécage nauséabond sur* http://bit.ly/bosswebtrash.

130 http://www.linkedin.com/in/fouetillouguilhem

131 http://linkfluence.com

132 *Pour les martiens, LOL est l'abréviation de « Laugh Out Loud » qui donne en français MDR (« Mort De Rire »)*

133 *Nous vous conseillons notamment cette vidéo incroyable,* http://bit.ly/bossbuzzdebile *qu'on a peine à décrire tant elle est subtile. Plus de 51 millions de vues en 5 ans. Un utilisateur commente « 5 ans que je la regarde et j'en ris encore ! » (Machstorm9).*

s'est fait jour avec Tumblr[134], la plateforme de blogs rachetée par Yahoo!, et qui s'est spécialisée, au fil du temps, en plateforme de partages très grand public. La tendance y est de mettre des gifs animés – une sorte de résurgence du passé de l'informatique, donc très « vintage » et donc prisée des jeunes générations – qui sont « likés » en boucle par les internautes. Et ne croyez pas que les marques ne se risquent pas sur ce terrain. Orange France a notamment « remercié » ses 500 000 fans Facebook à l'été 2012 en créant un Tumblr[135] sur le sujet, qui a été salué comme il se doit par Melty, le journal en ligne des jeunes générations[136]. Dans bien des cas, on passe de cette catégorie à la troisième de la liste, mais si on regarde ce nouveau moyen d'expression au second degré ... ;

- **cute** (essentiellement des chats, nommés « chamusants » en français, une adaptation quasiment plus réussi que l'original anglais « Lolcats »[137]) : le principe, c'est que c'est trop mignon pour pouvoir y résister ! En 2012, c'est Bouygues Telecom cette fois-ci qui s'est lancé avec sa série de chamusants rebaptisés pour l'occasion « les chatons télécom », y compris pour sa publicité télé[138]. Cette appropriation des codes de l'Internet par l'opérateur s'est cependant faite dans un registre beaucoup plus classique que ce qui a été vu précédemment et la marque y a été, de ce fait, incorporée de façon tout à fait officielle et visible ;
- **trashy** : c'est le troisième ingrédient, avec plus d'extrémisme, car plus c'est osé, plus ça plaît. Par décence, nous ne fournissons qu'un exemple, et bien inoffensif afin de ne pas froisser nos lecteurs. On remarquera qu'il s'agit encore d'un chat, décidément, ces pauvres bêtes sont le centre de toutes les attentions. On n'imagine pas après tout faire un buzz avec un blaireau ou un escargot...

Crédit photo : Stringer/Reuters in Buzzfeed.com

Bart Jansen a recyclé son chat mort en hélicoptère. Précisons qu'il s'agit d'une œuvre d'art

134 http://tumblr.com

135 http://500000fans.tumblr.com/ *on remarquera que la marque n'est pas véritablement associée au Tumblr, ou du moins pas directement, ce qui permet d'éviter les amalgames.*

136 http://bit.ly/bossmeltyorange *pour l'article de Melty sur le Tumblr d'Orange.*

137 En voici un exemple représentatif http://bit.ly/bosscutecat *avec 15 millions de vues quand même !*

138 La publicité des « chatons télécom » est visible à l'adresse http://bit.ly/btelchatons

On le voit, les recettes sont assez schématiques et les marques s'en emparent. Il n'y a pas de garantie que cela fonctionne à tous les coups. Il arrive plus d'une fois que le buzz soit recyclé, comme cela a été le cas de Tippex avec Tippexperience2 ; mais le résultat a été loin d'être aussi concluant. À tel point que nous ne nous sommes aperçus de son existence que quelques mois après son lancement, en établissant les recherches pour ce livre. La preuve en images ci-dessous.

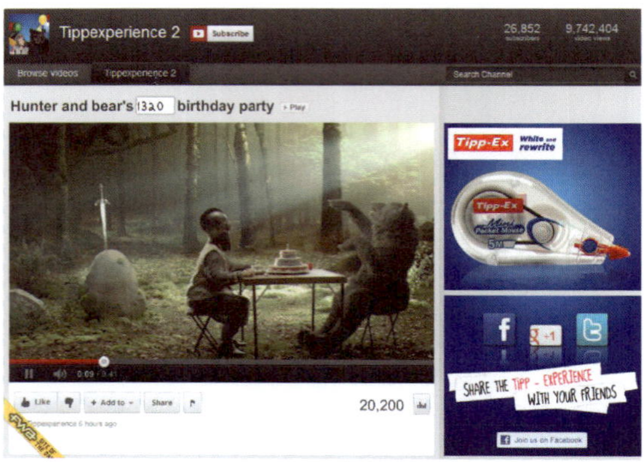

Environ 21 millions de vues la première fois, près de 10 millions la seconde et une couverture hors Web moins importante ; le recyclage n'a pas donné le même résultat (même à talent égal)

Le recyclage marche cependant mieux que vous ne pourriez croire. Les rumeurs et les bons liens à se passer s'échangent et se recyclent à l'infini sous forme de « memes[139] », un sport international qui a même ses sites de génération automatiques comme memegenerator.net.

Les buzz aussi se recyclent car ils sont facilement oubliés. Il y a environ 10 ans, une société belge a utilisé un mécanisme interactif qui, pendant le festival des Oscars à Los Angeles, permettait à n'importe quel utilisateur, en entrant son nom, de générer

139 *Voir également le chapitre IV.12 / III – 16. 1 (pages 249 et 166) un peu plus loin, ou* http://bit.ly/bossmemes *pour l'article sur les « memes » dans Wikipedia*

à la volée une étoile du Walk of Fame à Los Angeles en son nom. Le succès fut fulgurant, les échanges se faisant alors essentiellement par email. Quelques années après, le buzz entièrement oublié, il fut recyclé par une autre marque au festival de Cannes. Aujourd'hui, plus aucune trace... Attendez-donc quelque temps et vous le verrez resurgir.

Les marques peuvent s'emparer des codes du Web,
mais l'impact est sans doute plus fort dans l'autre sens.

Le site Buzzfeed.com confirme l'intuition de Guilhem en en complétant le vocabulaire : Lol / Win / OMG (*Oh My God* pour les incultes) / Cute / Geeky (les « techos » ça fait toujours rire, car ils sont réputés asociaux) / Trashy (Guilhem avait raison) / fail (les échecs - des autres - ça fait toujours rire aussi) et l'ineffable WTF (non, nous ne vous le traduirons pas).

On le voit donc, pour faire du buzz il faut nager dans des marigots qui ne sentent pas bon, et qui sont bien loin du monde des affaires. Posons-nous, à juste titre, la question de savoir s'il faut accepter de se compromettre et de compromettre sa marque pour alimenter la rumeur, voire même s'il y a un impératif à le faire. Tippex a vu ses ventes augmenter considérablement du fait de l'opération Tippexpérience[140], mais c'était une marque sous le radar et qui n'avait quasiment plus rien à perdre. Ce type de produits, essentiellement issu de l'ère de la machine à écrire, n'a plus beaucoup d'utilité aujourd'hui. La méthode de l'Ours[141] (inutile de vous demander le mot anglais en 4 lettres le plus utilisé par les utilisateurs dans l'opération !) est un cas extrême qu'il n'est peut-être pas requis de répliquer pour toute marque.

Enfin, le marketing du bouche à oreille ne se résume pas à cette vision du « buzz ». Bien d'autres façons de faire connaître un produit, un service ou une marque, existent qui ne nécessitent pas de recourir à des méthodes qui sont sur la tangente. Ce qui est certain, c'est que tout responsable digital ou marketing – à part quelques casse-cous au tempérament bien trempé – commence à suer à grosses gouttes dès que son boss lui demande « vous m'en faites un buzz ?! ». Les quelques explications ci-dessus pourront éventuellement l'aider à éviter le pire.

---

140 Toujours accessible sur la chaîne dédiée http://www.youtube.com/user/tippexperience
141 Voir ici : http://www.youtube.com/user/tippexperience

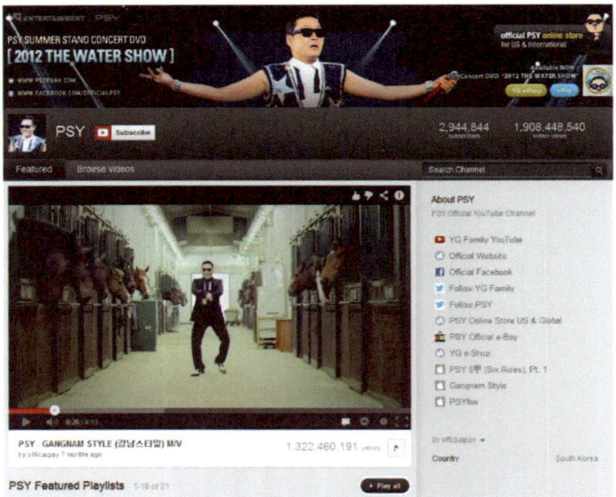

Près de 2 milliards de vues[142], Tippex – et même Lady Gaga – est battu à plates coutures

Toutefois, la justification des buzz ci-dessus est peut-être encore un peu schématique et on peut sans doute trouver des cas qui vont bien au-delà du simple appel aux bas instincts des citoyens du monde, désormais tous reliés par le digital. Le récent exemple de Gangnam style[143] est un bon cas d'école par exemple. Certes, il s'agit d'un artiste, d'un musicien, mais faire jeu égal – une seule vidéo totalisant déjà 1,3 milliard de vues à fin février 2013 – avec la chaîne officielle de Lady Gaga[144] est un exploit hors du commun. Surtout en Coréen. Même avec une vidéo ridicule et – sans que nous comprenions tout à la langue de l'auteur – certainement pas toujours raffiné[145], il doit être possible de retrouver des traits communs avec des succès interplanétaires similaires dans d'autres langues et à toutes les époques, comme la Macarena[146] par exemple, avec l'amplification de la viralité par Internet en plus. Il n'est pas certain que nous arrivions à décoder les raisons pour lesquelles un tel phénomène a vu le jour (cette vidéo, la plus vue du monde au jour où nous écrivons, est entrée au livre *Guinness des records*). Les articles, les mieux argumentés, destinés à décoder le phénomène n'arrivent sans doute à rendre ni justice au marketing volontariste des Coréens pour diffuser la fameuse *Kpop*[147], ni à la puissance irrationnelle de la mode[148].

142 *À fin février 2013.*

143 http://bit.ly/bosspsy *pour la chaîne officielle de Psy, génial auteur de Gangnam style.*

144 *La chaîne YouTube officielle de Lady Gaga* http://bit.ly/bossgaga *compte plus de 2 milliards de vues fin février 2013.*

145 http://bit.ly/bossgangnamenglish *vous donnera la traduction approximative des paroles élaborées de cette chanson, mais point besoin de peaufiner la traduction…*

146 http://en.wikipedia.org/wiki/Macarena_%28song%29 *(1992)*

147 *Voir cet article dans le Guardian, qui décrit le Hallyu (*http://bit.ly/bosshallyu*), le marketing de l'industrie du divertissement coréen, qui rapporte énormément de devises.*

148 *Voir cet article pour quelques références rapides à la sociologie de la mode, qui fait état d'un renversement de tendance (du haut vers le bas, et inversement)* http://bit.ly/bossmodes*. À la fin de l'article, l'auteur fournit les références de quatre livres plus fouillés qui pourront fournir quelques pistes de lecture. Ceci étant, il y a sans doute plus que du simple mimétisme de style de vie autour de ce type de phénomènes, et il ne faut surtout pas minimiser l'importance du marketing organisé autour d'eux.*

En conclusion, il est bien difficile de décliner les recettes miracles d'un « buzz », et il est sans doute hors de portée de chacun, même des meilleurs experts de l'agence Buzzman, de pouvoir expliquer ces phénomènes rationnellement et de produire la recette infaillible pour en lancer de nouveaux. D'où le désarroi de notre directeur digital décrit plus haut. Qu'il ne se désespère pas cependant ; s'il est impossible de produire la recette infaillible de la réussite, il est par contre tout à fait à notre portée de faire la checklist des choses à ne pas faire si vous voulez diffuser un contenu largement[149] autour de vous.

5 recettes infaillibles pour louper un buzz

1. Faites la même chose que tout le monde

La première règle est de sortir du lot, c'est bien pour cela que c'est difficile, surtout à une époque où le monde entier est peuplé de créateurs de contenus. Pour qu'on parle de vous, il vous faudra donc faire quelque chose de différent. C'est pour cela qu'il est si difficile de prévoir un buzz : personne ne sait, avant d'avoir confronté le public, s'il est *vraiment* sorti du cadre, car c'est lui, le public, qui vous dira si l'opération que vous trouvez géniale est en fait banale, votre trait d'humour de mauvais goût (la frontière est subjective, et les sentences rarement rationnelles) ;

Un sponsor de poids, une artiste ultra populaire, un lancement mondial de poids
(à la Défense pour Paris), 34 partages Facebook, 30 tweets et 2 likes…
tout le monde, même les meilleurs, peut rater un buzz

149 *En prenant bien soin de comprendre que le « largement » en question reste une notion toute relative et proportionnelle à l'intérêt, l'attrait ou la mode d'un sujet.*

2. Faites-vous plaisir, ne faites pas plaisir au public

Une des raisons les plus fréquentes des ratages est due à une demande de départ qui cherche à faire plaisir en haut lieu, et il n'est pas facile de dire « non » à votre boss, même si c'est pour son bien. Prendre un produit banal, un contenu recyclé, une dotation à gagner sans intérêt et croire que cela suffit à faire parler de vous est une erreur. Il faut faire quelque chose d'extraordinaire. Pas forcément très cher, mais original. À tout moment, posez-vous cette question : si j'étais dans le public et si telle marque faisait telle opération (dans la rue, sur Internet, etc.), cela serait-il suffisant pour que je m'arrête au milieu d'une journée de travail stressante, en sortant – très mécontent – des transports en commun par exemple ? La difficulté de se mettre à la place des autres est aussi une source fréquente d'échecs. Et ceci vaut également pour les relations avec les blogueurs, beaucoup de marques cherchant à se faire plaisir, sans penser à faire plaisir à leurs partenaires en premier lieu ;

3. Gardez le secret ... ou livrez tous les détails tout de suite

Nombre de marques ont la culture du secret. Si vous voulez rater un partage, gardez vos secrets pour la conférence de presse officielle. Sinon, laissez fuiter une ou plusieurs informations. Journalistes, blogueurs et public adorent les scoops. Exemple : au lancement du jeu social Hellopolys[150] pour Orange, Yann Gourvennec a donné l'information au public de ITNight, la nuit des professionnels du marketing des TIC. Les journalistes et blogueurs n'en ont pas perdu une miette, et alors que l'annonce ne dura que 1 minute 48 (la durée de la vidéo), elle suffit à obtenir bon nombre d'articles dans la presse Internet et les blogs. Une réunion blogueurs exclusive a ensuite permis d'obtenir plus de couverture de la part des partenaires de l'opération ;

À l'inverse de ce qui précède, ne divulguez pas tous les secrets en même temps, sinon vous n'aurez plus rien à dire. Mieux vaut en garder en réserve afin de distiller l'information au fur et à mesure ;

4. Dispersez-vous

Concentrez-vous plutôt sur le dispositif et misez toute votre énergie sur lui, plutôt que de tenter des milliers de choses que vous ne pourrez pas relayer ;

5. Envoyez des mailings en masse et attendez que ça marche tout seul

C'est une des erreurs les plus communes : celle qui consiste à croire que l'information va se diffuser toute seule. Vous allez installer votre stand et inviter des dizaines de blogueurs au travers d'un mailing de masse, sans relancer personne ni offrir d'exclusivité et ... votre opération est sûre de faire pschitt !

Nous n'avons pas pu prévoir tous les cas possibles ; il existe encore de nombreuses méthodes pour rater un buzz, même s'il n'existe pas, à l'inverse, de bonne méthode pour les réussir. Au moins ces quelques points vous permettront-ils d'éviter le pire...

---

150 http://hellopolys.orange.com

III.15.1 Bouche-à-oreille et « memes » : le Harlem Shake détrône Gangnam Style ...

Notre livre passerait certainement pour incomplet, voire comme passant à côté du sujet, si nous n'évoquions la folie digitale qui a possédé la planète : le Harlem Shake. II serait pourtant facile de se débarrasser de cet épiphénomène en le déclarant inapproprié et trop décalé par rapport au monde des affaires. Mais voilà, cette folie s'est emparée de tous : agences Web, agences de communication, jusqu'à de très sérieuses entreprises de B2B. Il est des moments où il est inutile de lutter contre la mode avec des arguments rationnels. Essayons d'analyser ce phénomène et revenons justement sur un bien curieux manque d'analyse, que nous appelons de nos vœux, de la part des médias qui traitent de ce sujet.

Le Monde du 13 mars 2013, dans un article intitulé *Une épidémie de Harlem Shake secoue la planète*[151], est revenu sur l'origine de ce phénomène dans un exercice rendu possible par le digital, et qui est de plus en plus prisé : l'écriture de l'Histoire immédiate (et donc sans recul), en temps réel sur Wikipedia et ailleurs. Mais qu'est-ce que le Harlem Shake, me direz-vous, si vous êtes, cher lecteur, fraîchement revenu d'un voyage sur la planète Mars ? L'inévitable – hélas ? – Harlem Shake, n'est pas cette danse des années 1980 qui a consacré le nom, mais un véritable phénomène de société (ce que l'on nomme un « meme ») de 2013 dont une des premières sources revendiquées est celle d'un groupe de japonais[152] (voir la photo).

Mais pourquoi donc une mauvaise vidéo suggestive et mal filmée peut donner envie à la planète de se secouer ? Mystère...

Du pareil au « meme »

Inconnu du dictionnaire français, ce terme de meme (sans accent), est hérité de *memesis*, l'art de l'imitation, qui a donné l'adjectif mimétique. Merriam Webster, le grand dictionnaire de référence américain est quant à lui plus prolixe[153] et il décrit les

151 http://www.lemonde.fr/culture/article/2013/03/11/une-epidemie-de-harlem-shake-secoue-la-planete_1846156_3246.html

152 http://www.youtube.com/watch?feature=player_embedded&v=8vJiSSAMNWw

153 http://www.merriam-Webster.com/dictionary/meme

memes comme étant « une idée, un comportement, un style ou un usage qui se répand de personne à personne à l'intérieur d'une culture ». Maintenant, vous comprenez pourquoi nous nous intéressons aussi à ces phénomènes farfelus : leur mécanisme est celui du bouche-à-oreille, de la transmission d'une personne à une autre, ou à beaucoup d'autres, sans intervention de personne.

Le marketing du bouche-à-oreille, quant à lui, se décrit comme la façon de faciliter ces discussions, de semer la graine d'une idée qui sera reprise et commentée par la communauté, via ce mécanisme que l'on dit « viral » car il se répand à la vitesse et à la manière des virus. Mais les memes ne se limitent pas à Internet. L'Internet n'en est pas non plus à l'origine, mais plutôt à la base de nouvelles façons de faire circuler l'information mimétique, plus vite et de façon plus créative (on ne juge pas de la qualité du contenu ici, sujet hautement subjectif, quoiqu'il en soit).

Ce n'est pas non plus une invention récente, le terme ayant été trouvé par Richard Dawkins, en 1976, dans son ouvrage *The Selfish Gene*[154], dans lequel l'éthologue[155] britannique les décrit comme l'équivalent des gènes pour les comportements.

Mythe fondateur de l'Internet, le « nobody knows you're a dog » de Peter Steiner dans le *New Yorker* en 1993

... et ses nombreuses parodies plus ou moins drôles (nous vous avons épargné le Horse Lime[155], quelque peu surréaliste)

Le meme est donc plus que le simple partage viral d'un contenu. Il révèle un référent culturel, voire une contre-culture parfois, et se développe à la manière d'un idiolecte, afin de créer un environnement propre, dans lequel seuls quelques membres d'un groupe social vont se comprendre. Parfois, ces memes restent assez confidentiels ou propres à une culture ou un pays, parfois, ils se clonent pour s'adapter d'un pays à un autre (les mêmes histoires belges qui deviennent irlandaises au Royaume-Uni, qu'elles soient passées d'un sens ou d'un autre), et enfin, comme le Harlem Shake, il y a celles qui deviennent de véritables phénomènes interplanétaires.

154 Ou le gène de l'égoïsme en français.

155 À ne pas confondre avec ethnologie, l'éthologie est la science de l'analyse des comportements chez les animaux, elle est un sous-ensemble de la biologie.

Pourquoi ? D'aucuns ont avancé sur nos blogs que c'était parce que « c'était rigolo », mais il existe des milliers de memes très drôles qui n'ont pas eu le même succès. D'autres, adeptes de la théorie du complot sans doute, nous ont avancé la théorie selon laquelle « le marketing avait tout fait ». Autant nous sommes convaincus que pour Gangnam Style, le marketing culturel (ou « subculturel » plutôt) de la nation coréenne n'est pas totalement étranger au succès du virus asiatique, même s'il n'explique pas tout loin de là, autant nous sommes plus que circonspects quant à la folie Harlem Shake, qui est un véritable phénomène spontané d'hystérie collective.

C'est que cette contre-culture façonne notre environnement. Les marques n'y échappent pas, elles-mêmes victimes de parodie dans de nombreux memes, parfois assez grinçants, comme ceux qui visaient la marque de bonbons Werther's original[156].

Alors, pourquoi n'arrive-t-on pas à expliquer un phénomène aussi important ?

Cela a en fait déjà été essayé, dans les débuts du Web, début 2001 exactement. Malcom Gladwell, journaliste et auteur du fameux *Tipping Point*, littéralement *le point de bascule*, expliquait le phénomène, en prenant une métaphore de la vie réelle. Citant tel restaurant sis dans un coin obscur de Brooklyn où, photo à l'appui, une file d'attente démesurée attendait à un endroit des plus déplorables, il comparait cette expérience à celle d'un restaurant similaire de Manhattan, dont la zone de chalandise se mesure en millions de dollars. Et pourtant, sans conteste, la foule se pressait dans le restaurant obscur, qui ne faisait pourtant pas de publicité, mais qui avait su faire marcher le bouche-à-oreille.

Si vous êtes amateurs de Woody Allen, dans le film *Escroc mais pas trop*[157], Woody essaie de braquer une banque en créant une couverture, une boutique de cookies, tenue par son amie, pas intellectuelle pour deux sous, mais très experte dans l'art de faire les cookies apparemment. Un client entre par hasard dans la boutique, au risque de découvrir le pot aux roses, puis un policier, puis la foule arrive. Les cambrioleurs sont vite démasqués par le policier, mais, celui-ci les repêche car il adore les cookies de la copine de Woody Allen. Ils fondent une entreprise et deviennent millionnaires, avant de passer à d'autres aventures. Ce magasin de cookies a certainement rencontré le point de bascule décrit par Gladwell : un influenceur, pas forcément connu, mais un véritable connecteur qui est en relation avec des centaines de personnes, alors que la moyenne des gens ont un cercle de connaissance très restreint de moins - parfois bien moins - de 100 personnes.

Vous commencez à comprendre comment fonctionne l'influence, mais aussi vous saisissez, ce que Jérôme Deiss explique plus en détail plus loin (III-16.2 Interview d'expert sur la mesure de l'influence et ses limites) : celle-ci ne se mesure pas forcément, ni n'est égale à la célébrité (certes, les personnes célèbres sont influentes, mais toutes les personnes influentes ne sont pas célèbres).

---

156 http://knowyourmeme.com/memes/werthers-original
157 Small time crooks, 2000, par et avec Woody Allen.

Si nous revenons au Harlem Shake, les exégèses en sont nombreuses et les historiques - probablement farfelus - aussi[158]. Ce qui est certain, c'est que le feu de paille de cette nouvelle folie de l'Internet est indéniable, comme en témoigne cet extrait de Google Trends partagé par knowyourmeme.com

Pourquoi consacrer tant de lignes à ce phénomène qu'on aura oublié dans 6 mois, et qui « datera » ce livre ??

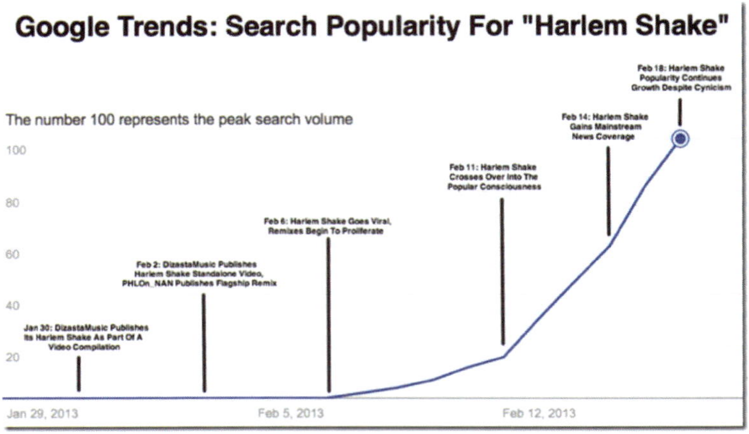

Le phénomène Harlem Shake en chiffres : impressionnant

Certes, mais posons-nous la question de la raison *sociologique* de ce genre de phénomènes. Car si on nous explique le « comment ? », le « quand ? » et le « où ? », le « pourquoi? » fait cruellement défaut.

1. pourquoi un meme surpasse-t-il tous les autres ? alors que rien ne le distingue d'un autre[159] (après tout, ce n'est pas plus drôle que le meme de Beyonce !) ;
2. pourquoi les memes se multiplient-ils ? ;
3. qu'est-ce qui pousse la planète à se passionner pour des clones de phénomènes a priori vides de sens ?

Quelques explications sauvages nous viennent à l'esprit, que nous livrons à votre sagacité :

- **la créativité** : les memes sont un moyen de création aisé qui permettent à tous d'exercer leur créativité sans avoir à inventer un sujet. On prend un sujet et on élabore à l'infini : si on ne sait pas créer, on se contente de partager, c'est valorisant. Or, comme nous l'avons déjà dit, la création sur les espaces collaboratifs est limitée à quelques privilégiés qui sont moins de 1 % de la population totale ;

158 *voir* http://en.wikipedia.org/wiki/Harlem_Shake_%28meme%29* *et* http://knowyourmeme.com/memes/harlem-shake

159 http://knowyourmeme.com/memes/unflattering-beyonce

- **la communion** : ces danses nous font penser à celles, rituelles et initiatiques, à la manière du Vaudou, avec les mêmes symboles sexuels. Elles permettent à un groupe de se lâcher à la limite de l'interdit social, tout en étant toujours dans les clous (il y a finalement peu d'excès, certaines parodies de parodies qui restent très en deçà de la pornographie, qui, de toute façon, est censurée par les réseaux sociaux comme l'a montré pour la photo le magazine *Réponses Photos*[160] de mars 2013).
- **la sédition** : la chanson commence par une voix qui dit en espagnol « con los terroristas[161] » ; peut-être s'agit-il aussi d'un phénomène de rejet de la société de la peur générée par le 11 septembre 2001, peur qui nous suit depuis plus de 12 ans maintenant ;
- **la politique** : ceci rejoint le point précédent, il est intéressant que des jeunes égyptiens et tunisiens utilisent la chanson et la danse contre les mouvances salafistes, qui peuvent être – par certains et sans que nous prenions parti – considérées comme « terrorisantes ». Dans ce cas « con las terroristas » peut-il sans doute se comprendre comme étant une réaction des terroristes des terroristes ?

Le Harlem Shake (lui-même un meme d'une danse plus ancienne) est sans doute difficile à analyser, mais voilà certainement un véritable phénomène de société, qui n'est pas neutre. Peut-être que nous pouvons également avancer que dans un monde difficile à comprendre et qui perd son sens, ce genre de partages non signifiants vient souligner ce malaise. Il pourrait s'agir d'un appel à la raison et au retour du sens, une manière aussi de communier entre personnes qui ne se voient plus à l'office du week-end, mais qui veulent retrouver un sens de la communauté, autrefois imposé par des sociétés plus rigides, mais aussi plus stables et plus codifiées.

160 http://www.facebook.com/reponsesphoto
161 http://rapgenius.com/Baauer-harlem-shake-lyrics#note-1507818

III.16 9 réflexions sur l' « influence »

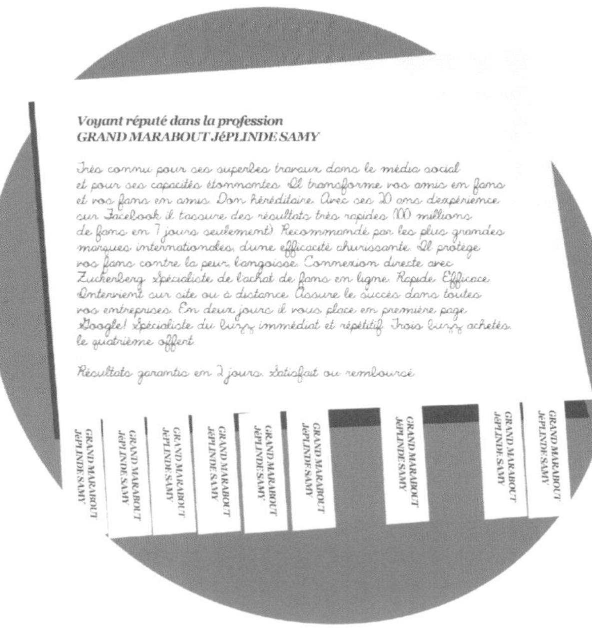

Si votre boss vous met la pression car vous n'avez pas invité les « blogueurs les plus influents », ou vous suggère de barrer la porte de vos événements à vos meilleurs supporters car leur « Klout[162] » n'est pas assez important, il est temps d'agir. Voici un guide survie contre la dictature de l'influence qui vous permettra de lever la pression, d'éviter de courtiser les mêmes personnes que vos concurrents, de vous démarquer de vos confrères, et de lancer des initiatives originales. En réaction à des comportements déviants, depuis quelque temps, de nombreux acteurs du Web, certains à haute voix, d'autres à mots couverts, ont exprimé des doutes voire des critiques sévères à l'encontre du service de smesure de l'influences Klout.com. Celui-ci n'est pas seul, d'autres comme Kred ou TweetLevel d'Edelman, sont également positionnés sur ce sujet (d'où la BD hilarante de Cyril Rimbaud[163]).

Lire l'irrésistible BD de Cyril Rimbaud : Klout, Kran et les Kons http://bit.ly/bosskloutkons

162 http://klout.com *est un outil de mesure de « l'influence ».*

163 Klout, Kred et les Kons qui les écoutent, reproduite avec l'aimable permission de l'auteur.

Pourquoi passer en dehors des Klouts ?

L'avènement du Web social a amené avec lui la création d'un grand nombre d'influenceurs, chacun positionné sur son domaine de compétence et son réseau humain. Cette nouveauté a apporté beaucoup d'éléments positifs dans la communication d'entreprises : un regard nouveau sur la compétence, sur l'expertise et sur la collaboration entre sociétés et acteurs de l'économie. Hélas, cette innovation est également à l'origine de nombreux comportements déviants. Pour commencer, les systèmes de mesure de l'influence comme Klout[164] :

1. La mesure est utile pour imprimer l'action, mais elle n'a **pas de valeur intrinsèque** (cf. à nouveau la vidéo de Guilhem Fouetillou[165]) ;
2. La mesure de Klout est **fluctuante**, **opaque** et calquée sur l'activité et non sur les contenus (il est d'ailleurs impossible de mesurer la « qualité » d'un contenu, preuve en est le débat vieux de 50 ans au comptoir du café du commerce sur la « qualité des programmes de télévision ») ;
3. Donner trop de valeur à ce score finit par créer des **comportements déviants** (conformisme de certains acteurs du Web pour augmenter leur score, notamment via une activité frénétique et peu intéressante, à base de copier-coller et nous ne citons pas le e-racolage sexuel) ;
4. C'est peut-être anecdotique, mais nous avons tous un véritable travail et préférons nous concentrer sur d'autres choses ;
5. La réputation n'a pas d'importance… c'est Chris Brogan qui le dit ;
6. Peu importe d'être lu beaucoup. Les articles les plus lus, quel que soit le blog d'ailleurs, sont souvent, voire toujours, les moins fouillés et originaux. Il vaut mieux s'en tenir à des articles de fond et choisir des sujets sans se préoccuper de leur popularité. Ceci demande du recul, de la réflexion, de la lenteur… (si au contraire, vous faites un blog marketing et désirez racoler facilement, voici un tuyau : faites beaucoup de copier-coller et parlez *essentiellement* de guérilla marketing et vous allez cartonner !) ;
7. Nous revendiquons le droit à ne pas être connectés en permanence (nos épouses également, qui nous imposent une trêve tous les week-ends, à juste titre). Klout pénalise les utilisateurs qui prennent des vacances et qui respectent la trêve du week-end. C'est une dictature stressante et ridicule ;
8. Comme le prisonnier, nous ne sommes pas des numéros, nous sommes des hommes libres ;
9. Enfin et surtout, certaines marques et sociétés de relations publiques ont commencé à sanctionner les mauvais élèves de Klout. En-dessous d'un certain

164 *Voir sur le blog de Yann Gourvennec, cet article décrivant ses déductions sur la notation Klout à l'issue de ses congés :* http://bit.ly/bossklout1

165 http://www.youtube.com/watch?v=Eu-tzhGxEOQ&feature=youtu.be

score, le blogueur est évincé, même s'il est coopératif et compétent. En dehors du caractère méprisant et populiste de ce genre de démarches, mettons également l'accent sur sa stupidité :

a) renforcement des comportements d'enfants gâtés de certaines personnes ;

b) biais d'éthique et de comportement de la part des blogueurs qui veulent se faire payer (sous le manteau), sans respecter les règles de transparence ;

c) multiplication des blogueurs (on en a vu beaucoup lors des journées Le Web 2011) qui se font payer des billets d'entrée par les marques, sans aucun retour sur investissement pour celles-ci, le seul résultat étant l'apport de visites sur le blog dudit blogueur et sans raison ni contrepartie ni même de liens ;

d) disparition de l'esprit d'entraide et de co-construction, qui est à la base du Web et notamment du Web social.

Lors des journées Le Web, Pierre Vallet d'Image 7 nous a fourni un exemple de bonne méthode. Il a lancé des opérations pour des sociétés de luxe et de beauté, avec des blogueurs moyennement réputés, essentiellement dans des *secteurs différents*. Cette démarche courageuse et originale a l'avantage de renforcer l'esprit de coopération en minimisant les mauvais comportements décrits ci-dessus. En conséquence de quoi, comme Pierre, nous recommandons aux marques de ne lancer que des opérations s'inscrivant dans la durée, en partenariat avec des blogueurs de milieu de tableau qui ont le désir de collaborer ensemble, ont un sens de l'éthique, et désirent travailler en équipe avec une marque dans un esprit gagnant/gagnant.

Maintenant, courez arracher votre Klout ou laissez-le rouiller et comme Voltaire, cultivez votre jardin.

III.16.1 Interview d'expert : Pierre Vallet, bonnes et mauvaises pratiques dans les RP blogueurs

Consultant en stratégie digitale, Pierre Vallet ne traite que des questions corporate ; à ce titre, il intervient uniquement sur la dimension digitale de l'image client – entreprises, institutions, dirigeants, pays, décideurs politiques... La grande diversité de ces clients lui a ainsi permis d'intervenir sur un panel extrêmement large de problématiques, à l'exception, donc, de toute communication produit.

L'influence est-elle affaire de secteur ?

Dans ce cadre de réflexion, je ne peux constater qu'une chose : l'influence n'est pas sectorielle. Ainsi, une marque globale pourra se trouver créditée par un billet rédigé par un blogueur n'appartenant pas du tout à son univers. De la même manière, un article assassin publié par un chef d'entreprise connecté, qui relaterait son expérience client dans un supermarché voisin et concurrent, est aujourd'hui susceptible d'avoir un impact réel sur l'image d'un distributeur. En matière corporate, l'influence est transversale dans la mesure où elle repose non pas sur une expertise mais sur une capacité de mobilisation.

Comment dès lors gérer la relation avec les leaders d'opinion en ligne ?

Tout d'abord en bannissant « l'opération blogueur ». Ces one-shots, aussi séduisants soient-ils, nécessitent un investissement temps / ressource humaine trop élevé pour un résultat trop incertain, trop peu quantifiable pour être recommandé ou recommandable. De plus, les blogueurs, eux aussi, en ont assez de se voir considérés comme des panneaux publicitaires. Ensuite, soyez-en bien persuadés, les « divas du Web », ces blogueurs archi-sollicités que toutes les agences s'arrachent, ne vous apporteront pas ce que vous attendez. Non pas qu'ils y mettent de la mauvaise volonté. Non. Ils veulent simplement que vous les inscriviez dans un projet qui ait du sens et dont ils puissent être le moteur.

Alors, aussi délicieux qu'il soit, gardez votre biscuit (voyage au bout du monde, invitation dans un restaurant gastronomique, découverte en avant-première de... ce que vous voulez d'exclusif et d'unique), votre cible a reçu 10 sollicitations identiques dans les dernières 48 heures. Vous serez donc déçu du retour.

De plus, côté agence, vous aurez toutes les peines du monde à expliquer à votre client – pour lequel bien souvent « blogueur invité = billet promotionnel à la clé » - comment il peut quantifier les retombées concrètes d'une photo sur Instagram, d'un tweet sympa, fût-il accompagné d'un hashtag #supersoirée ou d'un billet onctueux qui n'apparaît pas ou plus dans les radars de Google...

Car, c'est là qu'est la triste vérité : trop rares sont les entreprises ou dirigeants souhaitant engager des relations publiques LOeL (Leaders d'Opinion en Ligne) pour de bonnes raisons. La plupart des dirigeants en sont restés aux premières années de la blogosphère, celle où une note assassine d'un blogueur en vue restait *ad vitam* en première page de Google pour une requête liée à leur nom ou celui de leur entreprise. Et pour tous ces clients, la « e-réputation » se gagne par des invitations jetées à tort et à travers à des leaders d'opinion en ligne qui n'en attendent pas tant. Et ça, c'est une mauvaise approche, finalement assez risquée, propre à vous décevoir, et que nous ne recommandons pas.

Du reste, si vous voulez de beaux billets, bien rédigés, achetez-les ! Avec le billet sponsorisé, vous aurez le « blogueur au kilo » que vous attendez, les éléments de langage ou mots-clés que vous souhaitez et en fin de compte une relation saine, donnant-donnant... Discutez avec des blogueurs, ils vous le diront tous (pour celles et ceux qui sont en régie) : un billet sponsorisé clarifie la relation et, correctement briefé, donne une latitude pour s'approprier le sujet de façon sympathique. Et en plus, vous n'aurez pas d'égos à gérer...

Mais alors, faut-il encore des « influenceurs » dans mon plan de com ?

Non. Pas dans votre plan de com. Mais dans votre plan stratégique, OUI. Car, cette relation avec les influenceurs doit se bâtir dans la durée sur des projets sensibles et sensés. Il faut identifier les acteurs en ligne qui peuvent intervenir sur la conduite au fil de l'eau de votre entreprise comme sur certains volets stratégiques et les y associer dans la durée. Car les leaders d'opinion en ligne ne sont pas une simple chambre d'écho à canaliser - ou un « potentiel de nuisance » à neutraliser. Les LOeL sont une source de créativité qui peut orienter l'entreprise sur des pistes de prospective dans tous les domaines, qu'il s'agisse de produit, services, RH, management, développement de clientèle, SAV, développement durable...

Les leaders d'opinion en ligne, qui s'expriment sur vous, sont bien souvent des acteurs économiques ayant pris le parti de développer la notoriété de leur expertise métier ou secteur via un blog ou un compte Twitter. Travailler avec eux, les associer en toute transparence à votre entreprise, c'est ajouter de la notoriété « partagée », sociale, à une dimension contractuelle classique, au travers des nombreuses conversations en ligne ou interactions que vous mènerez souvent au vu et au su de tous... Or sur Internet, l'influence est contagieuse. « *Dis-moi avec qui tu parles, je te dirai si tu es influent...* »

Ces relations de longue haleine peuvent donc se traduire par des contrats. Vous y consacrerez donc un budget, au même titre que vous consacriez un budget à votre « Opération blogueurs ». Ces relations contractuelles ne sont pourtant pas indispensables. Il ne s'agit pas « d'acheter du blogueur » mais d'une autre manière, en douce... Pour peu que vous puissiez identifier les points fédérateurs de votre entreprise ou de son dirigeant, pour peu que vous puissiez engager la conversation et la mener avec transparence, régularité et sincérité, vous parviendrez à bâtir en ligne ce qu'il y a de plus précieux : une connaissance mutuelle et un historique de conversation.

Et si vous n'en avez pas la moindre idée de comment engager cette conversation, c'est simple, allez à la rencontre de ces LOeL, soyez transparents et dîtes-leur : « Nous réfléchissons à notre avenir et vous avez un point de vue sur le secteur qui nous intéresse. Rencontrons-nous. » Si vous jouez le jeu de la créativité, du brainstorming, les idées jailliront et la conversation se poursuivra – dans la vraie vie tout d'abord – puis en ligne.

C'est bien sûr une approche que peu d'agences recommandent - et pour cause, c'est une approche qui les met un peu sur la touche puisqu'elle limite dans un premier temps leur pouvoir de recommandation en la déplaçant vers une nouvelle source de créativité, les LOeL, que vous apprendrez à connaître, comme des grands, sans passer à terme par une agence... Mais quel meilleur conseil donner à son client que de ne pas rester 1.0 dans un monde 2.0 ? La gestion des leaders d'opinion en ligne ne peut être durablement confiée à un prestataire car cette gestion est indissociable d'une culture digitale que l'entreprise se doit d'intégrer, ingérer et mettre en œuvre. Quel sens y aurait-il à externaliser cette gestion quand l'historique de ces conversations est une donnée clé ? Alors, on change d'agence de com et on perd l'historique ?

Si vous ne voulez pas perdre la mémoire, intégrez au plus vite et au plus haut niveau cette relation avec les leaders d'opinion en ligne – qui sont des leaders d'opinion tout court. Et si vous êtes prêt à passer une heure avec un patron de rédaction en sachant très bien que ce n'est pas pour qu'il vous mitonne un article aux petits oignons dans la minute, pourquoi ne passeriez-vous pas une heure avec un groupe de leaders d'opinion en ligne pour qu'ils vous disent quels sont les tendances du marché et imaginer comment travailler ensemble pour anticiper et capter ces tendances ?

Pour quels bénéfices ? Visibilité des conversations, partage d'expertise et de bonnes pratiques bien sûr, mais également relation de confiance, condition *sine qua non* du graal de toute marque dans l'univers digital : la capacité d'engagement. Quand vous aurez discuté, développé l'esprit ouvert des projets en commun qui vous auront permis de faire connaissance, l'engagement sera construit. Et vue la puissance de feu d'une dizaine de leaders d'opinion en ligne – les « Pigeons », combien étaient-ils au départ ? –, avoir une dizaine de leaders d'opinion en ligne qui gravitent autour de votre dirigeant ou de votre entreprise en permanence nous paraît être la meilleure assurance business ou e-réputation que vous puissiez prendre.

III.16.2 Interview d'expert : Jérôme Deiss, pourquoi un influenceur a supprimé son Klout ?

Jérôme, tu es un influenceur reconnu, alors pour quelles raisons as-tu décidé de supprimer ton Klout[166] ?

Je travaille dans le monde des médias et de l'information. Personnellement, j'ai une réelle appétence pour la veille et les médias sociaux. Je suis ce que l'on appelle un « ultra connecté » : beta-testeur d'outils de veille, de monitoring et de services en ligne gravitant autour des médias et réseaux sociaux. Je suis sur Twitter depuis décembre 2009, je compte aujourd'hui plus de 10 000 followers, avec à mon actif un peu plus de 23 000 tweets ; deux pages fan, une sur la veille et l'autre sur le street-art que j'alimente presque quotidiennement. Un groupe et un sous-groupe Linkedin, deux comptes Pinterest, un compte Instagram...[167] etc. Bref, autant dire que mon activité sur le Web est assez intense. Depuis 2 ou 3 ans, les services en ligne proposant de mesurer votre score d'influence[168] se multiplient sur la toile (Klout, Kred, Empire Avenue, Peerindex, Tweetlevel[169]...).

Une petite précision sur le Klout Score[170] : ce service en ligne permet de mesurer son activité sur les médias et réseaux sociaux. Contrairement à ce que bon nombre de personnes pensent et/ou espèrent, le Klout Score ne mesure donc, en aucun cas, l'influence sur les médias et réseaux sociaux.

Pourquoi s'inscrit-on sur Klout ? Dans un premier temps, pour recevoir une note de 10 à 100, dans un second temps, pour tenter de faire qualifier son activité Web sur certains sujets pertinents. En effet, à l'aide de « +K », bons points délivrés par nos pairs, vous pouvez être identifié en tant qu'expert sur certaines thématiques (désormais, Klout vous demande de répondre à une question sur le domaine que vous courtisez).

Pour ma part, je n'ose plus donner une définition du Klout score étant donné le flou total qui règne autour de son algorithme et des paramètres qui le composent. Il va pourtant falloir se faire une raison : mesurer son influence via un algorithme dont le secret ne regarde que @Klout, c'est un peu comme si vous laissiez un programme, dépourvu de sens humain, vous donner une note de 0 à 100 sur votre activité numérique (même si son évolution a dissipé une première couche opaque sur le mode de calcul). Il en va de même pour Google avec le Trust Rank, le Page Rank...

J'ai supprimé mon compte Klout en novembre 2011. La raison essentielle en était l'inintérêt du service. À ceci, je peux également ajouter :

---

166 *Klout.com est un site d'évaluation de l'influence digitale qui fournit un score sur 100.*

167 http://www.tikimee.com/jerome-deiss

168 *Qui est en réalité une mesure d'activité, plus vous êtes actifs et plus votre score monte.*

169 *Respectivement sur* http://klout.com, http://kred.com, http://empireavenue.com, http://peerindex.com *et* http://tweetlevel.com

170 http://klout.com

1. L'addiction qu'il pouvait engendrer il y a quelques années. En effet, la pression créée obligeait à tweeter, poster sur Facebook, LinkedIn... etc, tous les jours pour éviter de voir son score baisser ;

2. L'utilisation de la carotte, (« perks[171] » dans le langage Klout) pour caresser dans le sens du poil les «influenceurs» ;

3. La demande du Klout Score dans les entreprises. Quechua notamment avait fait paraître une offre de stage exigeant un Klout Score de minimum 35[172] ;

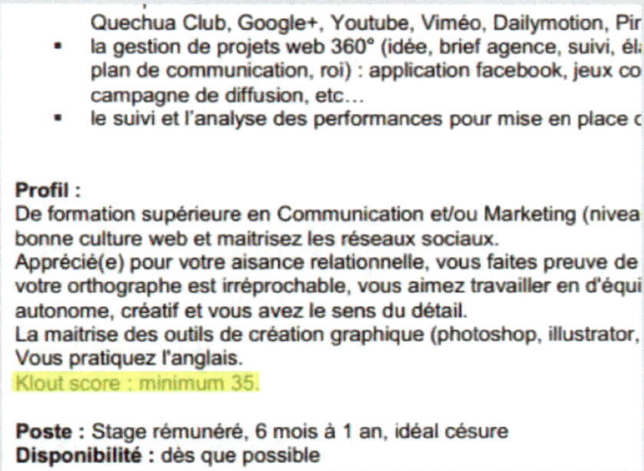

Quechua Club, Google+, Youtube, Viméo, Dailymotion, Pir
- la gestion de projets web 360° (idée, brief agence, suivi, él
plan de communication, roi) : application facebook, jeux co
campagne de diffusion, etc…
- le suivi et l'analyse des performances pour mise en place c

Profil :
De formation supérieure en Communication et/ou Marketing (nivea
bonne culture web et maitrisez les réseaux sociaux.
Apprécié(e) pour votre aisance relationnelle, vous faites preuve de
votre orthographe est irréprochable, vous aimez travailler en d'équi
autonome, créatif et vous avez le sens du détail.
La maitrise des outils de création graphique (photoshop, illustrator,
Vous pratiquez l'anglais.
Klout score : minimum 35.

Poste : Stage rémunéré, 6 mois à 1 an, idéal césure
Disponibilité : dès que possible

Décathlon a créé la polémique en snobant les blogueurs pas assez « influents ».

4. L'utilisation du Klout score dans les services clients (exemple d'Air France[173] pour répondre à des problématiques de vols). Autrement dit, on priorise un client par rapport à son Klout Score. C'est certainement dû à la peur d'un « bad buzz ». Ce procédé, qui peut paraître normal dans le cadre d'une relation client, accentue l'inégalité entre les internautes, et donc participe à la fracture de la connaissance et des usages d'Internet. Ces marques risquent d'avoir une mauvaise surprise avec les influenceurs qui rejettent Klout ! Un article de presse d'une personne mécontente sera plus préjudiciable que quelques mauvais tweets que tout le monde aura oublié le lendemain.

5. Le fait que Klout ait inscrit des personnes sans leur consentement. La base de donnée de Klout est également composée de profils (Twitter essentiellement) qui ne ceux sont jamais inscrits sur Klout. Ils sont facilement identifiables lorsque vous êtes inscrit sur Klout, celui-ci vous propose de les inviter sur Klout (bouton « invite to klout »).

---

171 Les Perks sont des « cadeaux » offerts par les marques, vous devez posséder un certain niveau de score pour bénéficier du cadeau. La traduction littérale de perk est « avantages en nature » en anglais.

172 Voir l'article de 20 minutes : http://bit.ly/quechuaklout sur la polémique créée par Décathlon sur le sujet.

173 Arnaud Bourge - Air France, 4e Assises des Médias Sociaux au Napoléon http://vimeo.com/44165155 à la 38'48"

Comment se retrouver sur Klout sans jamais avoir rien demandé !

Avoir supprimé ton score Klout a-t-il eu des conséquences négatives sur ton activité personnelle et/ou professionnelle ?

Franchement aucune ! C'est une décision qui n'a eu aucune conséquence sur mon activité professionnelle. Je n'ai pas été confronté dans mon entreprise à une demande de mon Klout Score, mais je sais que cela existe.

Lorsqu'une personne me demande mon Klout score, je réponds que je n'en ai pas. Mais, je pense sincèrement que personne ne sait pourquoi il a un score Klout et à quoi ce score peut lui servir… Cela ressemble fortement à un effet de mode. Un besoin de comparaison, connaître sa place sur une graduation du Web social.

Comment faire pour faire disparaître son Klout ?

L'opération est assez simple et est nommée « opt-out[174] » sur Klout. Il suffit donc de se connecter à l'URL : http://klout.com/corp/optout et de suivre les différentes étapes pour ne plus faire partie de la base de données de Klout.

Il vous faudra également révoquer l'ensemble des autorisations que vous avez données à Klout sur vos différents réseaux sociaux.

Ce choix est-il définitif ?

En fait, pour les besoins de cette interview, je me suis « re-klouté ». Pour information, lorsque vous avez effectué un « opt-out » vous ne pouvez plus vous réinscrire en passant par le formulaire en ligne. Avant cela, vous devez envoyer un email à contact@klout.com pour qu'ils acceptent de vous « réintégrer ».

Pour les besoins de cette interview, je me suis réinscrit le 26 décembre 2012 à 20h30 afin de vérifier l'évolution du service. Au moment de la réinscription, mon score était de 10 sur 100. Il m'aura fallu six minutes pour décrocher mon premier « perk ». Deux jours plus tard, j'avais un score de 60 sur 100. Je suis maintenant, au bout de deux mois et demi, à 71 sur 100. Il ressort de cette expérience que c'est bien uniquement la quantité d'informations postées sur les réseaux sociaux qui augmente le Klout Score et non la pertinence des informations postées. Il n'y a aucune analyse sémantique du contenu.

174 Désinscription volontaire en anglais, NDLR.

Eh oui ! Je vais me désinscrire à nouveau, même si le Klout score a évolué dans son algorithme, qu'il devient moins addictif et que la sanction des points en moins pour mon activité est moins sévère. Il analyse maintenant 12 médias et réseaux sociaux. Il vous permet de connaitre votre pourcentage d'activité qui entre dans votre score (avec une prépondérance pour Twitter, Facebook, LinkedIn et Google+).

Klout analyse désormais votre activité dans 12 médias sociaux différents.

La fonction « topic », littéralement le sujet dont vous êtes « spécialiste », était intéressante au départ. Désormais, vous pouvez inscrire n'importe quel « topic » vous-même, le valider sur votre profil public… Et demander à un ami de confirmer votre spécialité avec la fonction +k. Je me suis donc fait spécialiste de la pêche à la mouche (Fly Fishing).

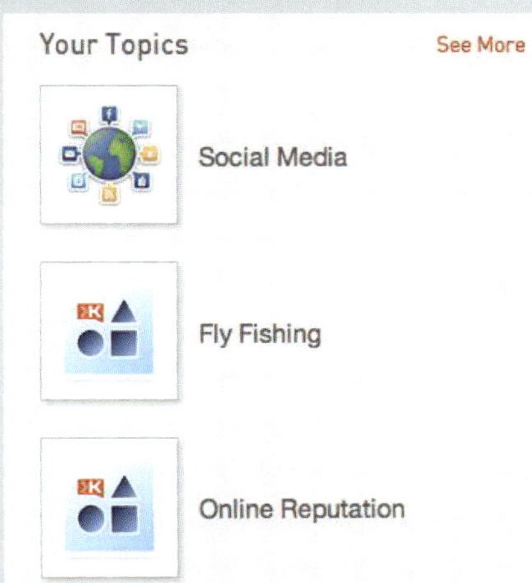

Avec Klout, il est facile de passer pour un spécialiste de tout et n'importe quoi.

À ce jour, ces services de « scoring » axent leurs modèles économiques sur les avantages en nature. Plus votre score est élevé, plus vous avez la chance d'accéder aux avantages. Voici un dernier exemple chez PeerIndex, j'ai un PI (PeerIndex

Score) de 69 ce qui me permet d'avoir des réductions sur leurs partenaires... et d'économiser 11£[175] sur les derniers modèles des chaussures de marque Vans. Donc, si un jour j'arrête de Tweeter, de poster sur Facebook et de mettre des +1 dans Google+, cela ne changera rien à ma vie professionnelle, ni personnelle. Je perdrai juste des réductions sur des chaussures qui ne m'intéressent pas forcément. Les services clients des grandes marques s'occuperont des influenceurs avant moi ; et alors, quelle importance ?

175 *Soit environ 13 euros (en mars 2013).*

Chapitre IV
Structurer sa communication digitale

Après avoir posé les bases de la communication digitale, décrit les différentes tactiques de contenu, véritable carburant de cette première, et exposé les différents moyens pour la développer, nous nous intéressons dans cette section aux méthodes permettant de la structurer sur un plan organisationnel. Une bonne place sera laissée aux profils à recruter, dans une période où, la crise aidant, les candidatures sont nombreuses, mais où il n'est pas toujours facile de séparer le bon grain de l'ivraie.

Nous aborderons également ici les enjeux de la communication interne en comparaison de la communication externe, les enjeux culturels, et l'aspect des modes du digital, pour lesquelles nous poserons la question : « dois-je encore sauter sur les modes ? » … assurément un chapitre à faire lire à bon nombre d'agences digitales, comme à leurs clients.

Une bonne partie de cette section est dévolue aux évaluations du retour sur investissement (ROI). Cette question, souvent éludée aux débuts des médias sociaux et du digital est au cœur des débats aujourd'hui. Nous y apportons nos points de vue, agrémentés d'interviews et de témoignages, en prenant des exemples chiffrés, fournissant des métriques et permettant ainsi au lecteur de reprendre à son compte les différentes méthodes envisagées et de les appliquer à son cas personnel.

IV.1 Synergies et dissonances entre communication interne et externe

La communication interne et la communication externe ont toujours été des sortes de sœurs ennemies au sein des entreprises. Si leur fonction est semblable, leurs publics et leurs modes opératoires sont totalement divergents, si bien qu'il est parfois contre-productif de vouloir les rassembler sous une seule et même direction. L'essor de la communication digitale ne change rien à cet état de fait, mais impose une harmonie des savoir-faire et des pratiques, sous peine de voir l'une de ces deux formes de communication pénaliser l'autre.

Communication interne et externe, ces sœurs ennemies

Communication interne, communication externe, deux expressions si proches, deux lettres de différence, et même une seule entre communication interne et communication Internet ! C'est si peu... et pourtant, il s'agit bien de métiers complètement distincts, bien que leurs fondamentaux soient assez proches. Comme le souligne Olivier Moch en établissant un parallèle avec les professions médicales[1], les deux requièrent les mêmes formations, des parcours assez proches ; les deux supposent les mêmes outils, une même intelligence de l'être humain, une empathie certaine dans les deux cas. Mais, la différence de public impose de bien comprendre qu'il s'agit de métiers totalement différents.

Car, la communication interne s'adresse aux salariés, alors que la communication externe s'adresse à tous ceux qu'une entreprise intéresse : les salariés en premier lieu, bien sûr, mais également les anciens salariés, les candidats, les clients, les prospects, les partenaires, les fournisseurs, les compétiteurs, les analystes, les blogueurs, les journalistes... bref, tous ceux qui participent à ce qu'on appelle l'écosystème de l'entreprise.

Ainsi, dans le premier cas, le public est connu, bien défini en termes de taille, d'âge, de compétences, d'attentes, de parcours, de modes de lectures, de possibilités d'engagement. On évolue donc en terrain connu, bien qu'il faille s'y engager avec quelques précautions : la communication interne relève souvent des ressources humaines, ou quand elle est rattachée à la direction de la communication, il n'est pas rare qu'elle ait une deuxième ligne de reporting en pointillé vers la RH ; car ces deux organisations gagnent à évoluer de concert.

---

1 *Dans son article Communication externe vs communication interne*
http://bit.ly/amonbossdigital-comminterneexterne

Pour ce qui est de la communication externe, le public est plus flou, changeant, furtif, capable de faire ou de défaire la réputation de l'entreprise ou de ses marques en un rien de temps. Il comporte des alliés (salariés, clients, presse, partenaires) qui peuvent parfois faire office de caisse de résonnance, mais aussi de faux amis, voire quelques traîtres, qui n'hésiteront pas à dévoiler la face cachée de l'entreprise, comme chez Microsoft où un blog tenu par un salarié anonyme vient plusieurs fois par an apporter un éclairage cinglant sur la stratégie de l'entreprise[2]. Communiquer vers l'extérieur est affaire de louvoiement, de stratégie, d'alliances, et cela relève plus de la direction générale de l'entreprise que des RH, convenons-en.

Les blogs de collaborateurs, communication interne ou communication externe ?

Les contenus diffèrent, les méthodes de diffusion se rejoignent

Dans les deux cas, le contenu diffère : réservé aux salarié dans un cas, et pouvant être, à ce titre, doté d'une certaine confidentialité, si l'accès en est protégé ; appelé à être diffusé au public le plus large dans le second. Les formes de diffusion, cependant, peuvent se ressembler, et c'est en ce sens que les deux métiers se rejoignent. Tous deux comportent une part d'événementiel, de communication traditionnelle, et, bien entendu, digitale.

Quels sont les outils communs aux deux formes de communication ? En voici quelques uns.

- **Le site Web**. Dans le premier cas, il s'agit de l'intranet, dans l'autre de sites Internet. Ne vous égarez pas, les compétences requises sont à peu près les mêmes dans les deux cas, à l'exception du savoir-faire en SEO qui sera fort

2 *Si vous ne le connaissez pas encore, précipitez-vous sur Mini Microsoft :* http://minimsft.blogspot.fr/

utile dans le cadre de la communication externe. Pour tout le reste, il faut considérer que ce qui vaut pour l'un vaut pour l'autre : plateforme de publication (on privilégiera un CMS Open Source), Webdesign, équipes éditoriales, présence d'un moteur de recherche, possibilité de partage, ... sans oublier les nécessaires compétences en maîtrise d'ouvrage, essentielles si l'on veut cadrer et tenir son projet ;

- **Les médias sociaux.** Eh oui, les médias sociaux peuvent servir à la communication interne ! Certaines entreprises s'en servent depuis quelques années ; IBM par exemple, depuis plus de 10 ans... Les outils ne sont pas forcément les mêmes, mais les logiques sont assez proches : s'il est envisageable de mettre en place des blogs sous Wordpress aussi bien en interne qu'en externe, on évitera d'utiliser Facebook, par contre, pour la communication interne. Il existe pour remplir ce besoin d'échanges et de partages d'excellentes plateformes internes : blueKiwi[3], Yammer[4], etc. Petite singularité cependant, sur les médias sociaux internes, l'identification de l'employé est indispensable car l'anonymat n'existe pas au sein d'une entreprise ; il faudra s'y faire ;

Yammer, racheté par Microsoft à l'été 2012, est un excellent choix pour qui cherche un réseau social d'entreprise simple à déployer[5] et utiliser.

- **La WebTV.** Non, vous ne rêvez pas, vous pouvez très bien mettre en place une WebTV en interne aussi bien qu'à l'externe. Bien sûr, les contenus différeront. Dans le premier cas, vous vous adressez aux salariés, et les contenus qui les intéressent sont bien spécifiques, des messages du président, aux témoignages d'autres collaborateurs. Dans le second cas, vous pourrez mettre à profit l'ensemble de votre écosystème : témoignages de partenaires ou de clients, démos de produits, par exemple, mais ne vous limitez pas à cela : souvenez-vous

---

3 http://www.bluekiwi-software.com, *récemment acheté par Atos.*

4 http://yammer.com, *racheté, quant à lui, par Microsoft. Voir le cas d'entreprise Sungard à fin 2010 sur le blog de Yann* http://bit.ly/bossyammer

5 *D'autant plus simple qu'il s'agit d'un logiciel en ligne et que celui-ci ne nécessite pas de paramétrage.*

que vos vidéos doivent trouver leur public. Ne négligez pas non plus le contenu généré par les utilisateurs, qu'il s'agisse des clients de l'entreprise, dans le cas de la communication externe, ou de contenus produits par de talentueux collaborateurs en interne : ils seront souvent encore plus valorisés que les contenus parés du sceau officiel (et donc souvent très institutionnels) de l'entreprise ;

- **Les réseaux sociaux professionnels.** C'est peut-être la seule forme sur laquelle il y a convergence entre les deux types de communication et où l'interne et l'externe se rejoignent. Ceci s'explique aussi car le profil d'un collaborateur contribue, lui aussi, à l'image de l'entreprise. Apprenez-leur à mettre à jour leur fiche sur LinkedIn ou sur Viadeo, ils vous en seront reconnaissants, et vous pourrez disposer d'une batterie de contenus à valeur ajoutée, extrêmement visibles. Certaines entreprises encouragent même leurs employés à demander des évaluations par leurs pairs. Même si cela peut paraître contre-intuitif, il est en fait évident qu'on valorise davantage une entreprise dont les employés sont connectés et reconnus par leurs pairs que l'inverse. La peur de se faire chasser ses meilleurs éléments est de toute façon un combat d'arrière-garde, alors autant être beau joueur et accepter la mise en avant de ses collaborateurs sur les réseaux, car en fin de compte, tout le monde en profite ;
- **Le digital et l'événementiel.** L'événementiel est devenu digital, profitez-en aussi bien dans les formes de communication interne qu'externe. Les plateformes comme Evenium[6], EventBrite ou Amiando[7] permettent de structurer la forme digitale de vos événements : billetterie, réseaux sociaux, partages de photos ou de vidéos, blog, utilisez-les comme bon vous semble. Toutes ces plateformes permettent en effet de créer des événement privés ou publics. Un bon moyen donc d'économiser du temps et de l'argent, via la coopération des équipes internes et externes ;
- **Le mobile.** Il ne faudrait pas croire que seule la communication externe est susceptible de s'intéresser à l'accès via une plateforme mobile, Smartphone ou tablette : les salariés ont un besoin tout autant impérieux d'accéder aux informations de leur entreprise en situation de mobilité, à commencer par... l'accès à leur messagerie. Or, il faut bien le reconnaître, les interfaces de ces messageries ne brillent pas toutes par leur modernisme ni leur efficacité dès lors qu'on y regarde de près : seul Google Apps pour entreprise, disponible sur mobile et sur tablette, semble répondre aux principaux critères d'efficacité (recherche d'un mail, classement, gestion des pièces jointes, etc.). C'est sans compter sur les accès aux intranets, souvent négligés quand ils ne sont pas tout simplement inexistants ou sur la difficile interconnexion des réseaux entre filiales (notamment lorsqu'elles sont le fruit de participations minoritaires). Or,

---

6 http://evenium.net *est un service français. En toute transparence, il nous faut ajouter qu'Evenium est aussi le partenaire historique des événements Media Aces. Tous nos événements sont organisés à l'aide de cette plateforme, gracieusement mise à notre disposition par notre sponsor.*

7 *Respectivement,* http://evenium.net, http://eventbrite.com *et* http://amiando.com

c'est là que le bât blesse, le réseau est la condition *sine qua non* à la circulation de l'information. C'est de ce point de vue que des outils en SaaS[8] comme Yammer ont une génération d'avance sur les autres ;

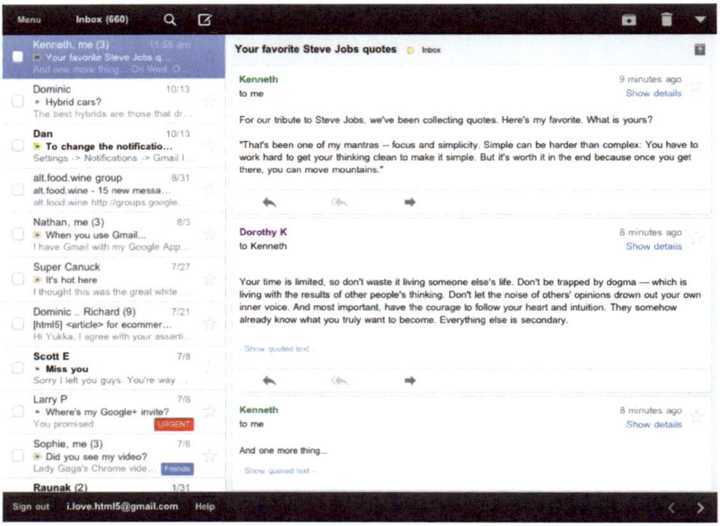

L'interface de Google Maps pour iPad en est à sa troisième révision déjà

- **La newsletter.** C'est peut-être par là qu'il aurait fallu commencer d'ailleurs : en mettant à disposition de votre futur lectorat ces outils qui lui permettront de suivre votre actualité, et celle de l'entreprise, au jour le jour, et d'attirer du trafic qualifié sur les différents supports de communication digitale.

Ainsi, malgré de profondes différences de cibles, de contenus, d'équipes et de sujets, communication interne et externe se rejoignent autour des moyens, notamment digitaux, mis à leur disposition. Cela permet donc d'envisager quelques synergies de manière opportuniste, par exemple, lors de sessions de formation communes, qui permettront aux éléments les plus à l'aise d'aider leurs collègues à monter en compétence.

Cette homogénéité des compétences est d'ailleurs un élément particulièrement important à considérer. Car, en son absence, on se retrouverait face à une entreprise dotée de moyens de communication incompatibles, qui joueraient en réalité l'un contre l'autre. Que penseriez-vous d'une entreprise ultra moderne au niveau de sa communication interne, mais dont les moyens de communication externe sur le digital seraient déficients et refléteraient une forme d'immobilisme ? À l'inverse, que penseraient les

8 *Software As A Service : ou logiciel en ligne, utilisable directement et sans installation, depuis l'Internet ouvert. Pour ouvrir un compte Yammer en entreprise, un simple accès à Internet suffit ; un premier utilisateur ouvre ensuite le compte de son entreprise au travers de son adresse mail. Systématiquement, tous les employés dont le domaine de messagerie est similaire se retrouveront groupés sur ce compte d'entreprise. Les données et le logiciel s'exécutent à distance sur le serveur d'origine, sans avoir quoi que ce soit à installer derrière le pare-feu de l'entreprise. Faites le test, quelle que soit votre entreprise, vous êtes sûrs de la retrouver sur Yammer ...*

salariés d'une entreprise donnant d'elle-même une image de modernité et d'ouverture, et dont la communication interne pâtirait d'un archaïsme patent ? Dans les deux cas, cette hétérogénéité contribuerait à créer un climat de défiance, de rejet, en externe dans le premier et en interne dans le second.

La communication digitale est affaire commune, et il serait fort périlleux de placer toutes ses forces et tous ses moyens sur l'une de ces deux formes de communication au détriment de la seconde. Ainsi, malgré les apparences, la révolution digitale est affaire de synergies, de montée en compétence et de partage, dès lors qu'on évoque les deux formes de communication Internet et externe. Surtout si, comme l'exprimait fort justement Françoise Gri, PDG de Pierre & Vacances, lors de la conférence Media Aces du 11 juin 2013 intitulée *Les boss qui tweetent et ceux qui ne tweetent pas*[9] : « la meilleure communication interne est la communication externe ». Un thème que nous avions déjà abordé dans notre précédent ouvrage[10], et qu'il convient de méditer.

IV.2 Dois-je (encore) sauter sur les modes et comment leur survivre ?

S'il est bien un défaut que nous assumons à Media Aces et arborons même avec fierté, c'est bien celui d'avoir de la suite dans les idées. Depuis le début, nous n'avons eu de cesse de répéter, et notre ouvrage Les médias sociaux expliqués à mon boss[11] s'en est fait largement l'écho, qu'il ne servait à rien de sauter sur les modes[12]. Plus facile à dire qu'à faire lorsque la pression de ses pairs s'exerce et qu'on vous somme, pour cause de « buzz » et d'irrationalité généralisée, d'essayer le dernier réseau social à la mode. Alors, que faire ?

Certains des membres de Media Aces en ont vu de toutes les couleurs dans ce domaine. Témoin, ce directeur digital, dont on taira le nom et l'entreprise, qui avait mis en place une chaîne vidéo sur YouTube, très en amont, dès 2008, puis s'étant rabattu sur une chaîne de WebTV propre à sa marque, la fit décoller. Fier de son résultat, il se

9 *Voir https://bitly.com/bossphotos pour un compte-rendu complet sur l'événement, entre le blog de Yann Gourvennec et celui de Media Aces (http://media-aces.org).*

10 *Les médias expliqués à mon boss, Ibid.*

11 *Ibid.*

12 *Voir ou revoir l'intervention de Yann Gourvennec à Atlanta fin 2010 http://bit.ly/bossatlanta, pour ce qui s'appelait alors Social Media Business Council (socialmedia.org aujourd'hui) et qui lançait déjà un avertissement sur ce thème.*

croyait à l'abri des critiques, mais c'était sans compter sur le fils du PDG qui venait de découvrir la chanson du dimanche sur YouTube. Ordre fut immédiatement donné – avec un budget pharaonique de 1 million d'euros (sic !) – de créer une chaîne YouTube. Notre directeur digital eut toutes les peines du monde à expliquer que c'était déjà fait, personne ne s'était donné la peine de regarder. Que fit notre directeur digital ? Il aurait pu prendre le million d'euros et le dépenser n'importe comment, mais était-ce une attitude professionnelle ? Il lui suffit d'attendre le départ du PDG en question, ce qui ne prit que quelques semaines, et la mode passée, il put repartir travailler tranquillement, développer sa WebTV et gagner le prix de la meilleure plateforme vidéo d'entreprise.

Cette anecdote montre bien le dilemme dans lequel est placé le directeur digital tous les jours. Au cœur d'un maelström de complexité, il jongle en permanence avec les caprices des uns, les folies des autres, et cherche, en bon professionnel dédié à son métier et préoccupé du long terme, à rétablir la vérité. Mais, ce n'est pas facile, car tout le monde a un avis sur tout. Dans un sens, le directeur du digital subit le même traitement que son confrère en charge de l'informatique : face à la « consumérisation[13] » de l'informatique – et le Web n'y est pas pour rien – le DSI est sous le feu roulant des critiques et doit aussi faire face à des exigences parfois contradictoires avec ce qu'on exige de lui en termes de maintien de la sécurité par exemple ; une sorte d'exercice de contorsionniste en quelque sorte.

Remontons d'un cran à la manière des consultants, et revenons sur le fond du sujet.

D'un point de vue business, répétons-le, il n'y a aucune obligation à se jeter sur le dernier outil venu, fût-ce pour satisfaire à une mode. Pinterest peut présenter beaucoup de sens pour telle entreprise du secteur de la mode, mais peu d'intérêt pour d'autres secteurs. Inversement, des blogs d'experts s'imposeront au responsable digital d'une entreprise du secteur de la high tech en B2B, mais pas au producteur de produits grand public qui n'en a que faire ou qui orientera ses contenus différemment. Ceci ne s'applique pas qu'aux médias sociaux, mais à l'ensemble du dispositif digital. En B2B, par exemple, la génération de leads (ou prospects, en bon français), est un exercice majeur pour lequel les enjeux sont considérables.

D'un point de vue personnel, le directeur digital aura l'obligation en revanche, de tenir compte de ces phénomènes, même les plus anecdotiques ou les plus ridicules, soit pour préserver l'existant et son travail sur le long terme, soit tout simplement pour se maintenir à flot et éviter les conflits futiles et inutiles. Qui, en effet, a envie de perdre son gagne-pain pour une querelle sans suite au sujet d'un compte Instagram ou Google+ ? Le propre des modes est de passer, alors il faut user d'intelligence pour leur survivre et savoir être philosophe. Voici nos conseils pour répondre aux modes, éviter les conflits et même parer à toute éventualité… on ne sait jamais !

---

13 *Pour une définition de ce néologisme, se reporter au wiktionnaire (http://bit.ly/bossconsumer) : « […] tendance croissante selon laquelle les utilisateurs professionnels sont les décideurs des périphériques, applications et services qu'ils choisissent d'utiliser pour faire leur travail ».*

Tout d'abord, offrir une résistance de principe : soyez la voix de la sagesse, restez factuel et rationnel et argumentez pied à pied ; sans perdre votre calme : voici ce que cela apporte, voici ce que cela coûte. Tentez une réponse polie et argumentée, et si cela ne suffit pas, alors passez à l'étape suivante.

Cette étape suivante consiste à lâcher du lest si la pression se fait trop forte. Les modes – et ceux qui les suivent – sont irrationnelles, qu'il s'agisse de mode vestimentaire ou de systèmes d'information, ou pire encore de communication digitale. Si la pression est donc intenable, abandonnez les arguments rationnels que personne n'a envie d'entendre et faites-vous plus petit.

Sinon, vous pouvez anticiper le mouvement, et c'est d'ailleurs la position que nous vous recommandons. Tous les six mois, arrive une mode plus ou moins farfelue, qui s'empare de la planète – la dernière en date, au premier trimestre 2013, était le Harlem Shake… – allez-donc argumenter là-dessus (voir notre article dédié sur ce sujet[14]). Nul besoin d'attendre que le ciel vous tombe sur la tête, il suffit de voir venir le coup et d'anticiper. Si vous êtes vraiment à la pointe, que votre veille est rigoureuse, que vos équipes vous conseillent et que vous les écoutez, vous saurez tout, ou presque, avant tout le monde, de ce qui vous attend. La meilleure méthode consiste à créer un espace sur tous les nouveaux outils, de les habiller proprement aux couleurs de la marque. Le tout est de préparer la piste d'atterrissage, et de parer aux éventualités :

- soit la mode se développe, et cela peut aller très vite sur certaines de celles-ci, vous avez gagné. Tout le monde pensera que vous êtes un génie de l'anticipation et de la veille technologique. Bravo !
- soit la mode passe et là pas de souci, vous êtes protégé, l'espace est créé, mais rien de grave ; le tout est de ne pas charger inutilement des équipes digitales aux emplois du temps souvent tendus ;
- soit encore l'espace en question est trop obscur ou trop naissant et vous jugez que vous pouvez attendre un peu. Prenez App.net par exemple, qui a fait l'objet d'un feu de paille médiatique aux États-Unis et dans une moindre mesure en Europe lors de l'été 2012 : pas de besoins pour les marques aujourd'hui sur ces espaces. Mais, si vous voulez néanmoins comprendre les débats d'innovation autour de cette nouvelle API[15] (en fin de compte, une véritable philosophie complète autour de la reconstruction des médias sociaux, dans un esprit d'ou-

---

14 *Section III-15.1, Bouche-à-oreille et « memes » : le Harlem Shake détrône Gangnam Style…*

15 *Application Programming Interface, soit l'applicatif qui permet de construire un logiciel à partir d'un autre. Toute l'informatique, et surtout Internet, est basée sur ces échanges de données et de calculs qui permettent de créer des « mash-ups » (des mélanges de systèmes) qui rendent possibles les échanges et les partages. La totalité du Web 2.0 des années 2004-2005 s'est construit autour de ces API ouvertes, c'est-à-dire la possibilité d'aller prélever des données d'un service (Twitter, Facebook, Instagram, etc.) et d'en créer un autre à partir de ces données. C'est ce principe que les géants du Web (Twitter, Facebook et Instagram notamment, la position de Google étant encore à ce jour plus clémente mais plus ambigüe) sont en train de mettre à mal ; un état de fait dénoncé par Dalton Caldwell de façon assez véhémente (d'où le buzz de juillet 2012) qui l'a poussé à lancer son API ouverte. Lire l'histoire complète (en anglais) à l'adresse* http://bit.ly/bossdalton *qui raconte comment App.net est devenue ce qu'elle est aujourd'hui (l'application principale est désormais ouverte aux utilisateurs en beta privée sur invitation).*

verture totale proche des pionniers), dans ce cas, un simple compte personnel suffit pour vous permettre de tenir la dragée haute aux « fashionistas[16] » qui auraient lu un article sur le sujet.

- Enfin, il y a des espaces de collaboration qui n'en finissent pas de décoller, mais où décidément il ne se passe pas grand-chose ; mais on ne sait jamais… Google+ est dans ce cas, car la stratégie de Google, comme nous l'expliquons plus haut, est réellement intéressante. Restons prudent.

Il existe certainement nombre d'autres astuces pour échapper aux modes et poursuivre votre travail de long terme dans le respect de vos objectifs et de vos équipes, mais celles-ci devraient amplement suffire.

IV.3 Quelques astuces pour convaincre ses collaborateurs

La conduite du changement reste, vous l'avez compris, notre grand dada. N'allez pas croire que vous ferez changer d'avis vos interlocuteurs du jour au lendemain : les amener à comprendre vos positions requiert du temps et des efforts. C'est ce que nous vous proposons de voir dans ce chapitre.

Pour changer l'entreprise, il faut convaincre les femmes et les hommes. Rien n'y fait, même si nous évoquons souvent des éléments techniques, même si nous prouvons les bienfaits de nos actions par des calculs économiques des plus rationnels. Nous évoluons tous, qu'on le veuille ou non, dans des environnements où les rapports sociaux sont prépondérants, et où la psychologie et la pédagogie sont essentielles. Il est possible, après maints essais et erreurs, également plus d'une réussite, de faire profiter nos lecteurs de nos expériences, et de nos astuces. Comme toujours, nous vous conseillons d'adapter ces recettes à vos contextes, et notamment aux personnes qui vous entourent. Chaque contexte culturel d'entreprise est particulier ; prenez cet élément en compte, c'est indispensable.

1. Partez du principe que vous parlez chinois :

c'est sans doute la meilleure façon de ne jamais avoir à râler contre ceux qui « ne comprennent rien ». Ne vous attendez pas à des miracles cependant, notamment au pays de Descartes, où contrairement aux poncifs, tout est bien loin d'être rationnel. Le souci du pédagogue est que, quel que soit l'effort de pédagogie qu'il emploie, il ne pourra jamais satisfaire tout le monde ; c'est une règle immuable de l'enseignement

16 *Les victimes des modes.*

qui est certes assez frustrante, mais qu'il faut savoir accepter. Décryptez donc tout jargon, mais sachez qu'il y en aura toujours, car on ne peut pas tout expliquer avec un vocabulaire de 1 000 mots ; et Dieu sait que nos domaines recourent beaucoup au jargon...

2. Et laissez une trace écrite synthétique :

une manière d'expliquer simplement les choses et de fournir, sur une ou deux planches au maximum, un schéma explicatif, un résumé écrit simplifié, un diagramme récapitulatif. Ainsi, vous permettrez à quiconque de comprendre simplement ce qui, expliqué oralement et sans support, paraît horriblement compliqué ;

3. Parlez d'un sujet à la fois :

10 ans de présentations en comité de direction et d'erreurs commises, à notre corps défendant, nous l'ont démontré : la tendance des professionnels du digital est d'aller vite... trop vite. Les projets foisonnent, les technologies changent à la vitesse de la lumière : tout ceci est, pour le béotien, intimidant et paraît horriblement compliqué. Mieux vaut se focaliser sur un point à la fois (et fournir une trace évidente – comme nous l'expliquons au point précédent, pour ne pas avoir à se disperser) ;

4. Pour vos tableaux de bord, utilisez des infographies :

les infographies sont à la mode, profitez-en[17] ! Montrer un tableau de chiffres est terriblement rébarbatif et peu propice à la communication. Montrer un résultat chiffré sous forme d'infographie est beaucoup plus parlant et vendeur ; et cela peut servir aussi comme outil de communication interne et surtout externe. Après tout, si les résultats sont bons... pourquoi donc les cacher ?

5. Offrez vos conseils :

souvent, les utilisateurs se tournent vers les responsables digitaux pour un éclairage, une explication : « j'ai entendu parler de Twitter et je ne sais pas ce que c'est », « j'ai lu que Facebook était utilisé par les entreprises, mais je n'y crois pas », etc. Chacune de ces questions est un prétexte pour expliquer, guider, conseiller... et peut mener à un atelier de démonstration, de sensibilisation ou d'initiation. Évitez le mot de « formation » qui ne s'applique qu'aux utilisateurs qui veulent approfondir un sujet ; le terme d'« initiation » est plus adapté aux « nouveaux » modes de communication qui effraient beaucoup d'utilisateurs, même si, au fond, ils n'ont plus grand chose de nouveau pour vous. Ceux-ci ont peur de se montrer dépassés. Il faut donc les rassurer et les faire monter en compétence... s'ils le désirent.

---

17 *Pour une approche critique des infographies, que vous pourrez lire à l'envers si vous voulez convaincre et arriver à vos fins :* http://bit.ly/bossinfo

IV.4 Le marketing des communautés ou comment cultiver son jardin

Le mot de « communauté » est tellement galvaudé qu'il est souvent pris pour argent comptant. « Et si nous mettions en place un outil pour gérer nos communautés ? » est la question à laquelle nous avons probablement été les plus exposés ces dernières années. Sauf que... un panel de clients, fussent-ils fidèles à la marque, ne constitue pas obligatoirement une communauté. Et qui plus est, une communauté, quand elle existe, ne se gère pas, elle s'anime ou se suscite. Zoom sur un des aspects les plus mal compris du marketing du bouche-à-oreille et du Web social.

Le Web social en pilote automatique...

... n'existe pas, malgré ce que beaucoup de discours à l'emporte-pièce ont pu faire accroire. Mettez en place tel outil [*mettez ici le nom que vous voulez*] et hop ! Une communauté va se former et vous pourrez grâce à mon outil [*remplacez ici par le nom que vous désirez*] la « gérer ». Car après tout, on vous l'a fait comprendre, depuis cinq ans au moins, que l'avenir est au « community management », c'est-à-dire à la « gestion » des communautés, si l'on traduit littéralement... Sauf que la plupart du temps, vous n'avez pas de communauté d'une part, et que d'autre part, une communauté ne se « gère » pas ; elle s'anime, elle se suscite, elle se cajole même... Quant à la gestion à proprement parler, réservez-la à votre comptable. Et pour finir, les communautés ne vous « appartiennent » pas, il ne faut pas l'oublier.

Qu'est-ce qu'une communauté ?

Avant toute chose, il nous faut revenir sur la définition du terme même de communauté. Le dictionnaire en ligne *Le Trésor de la Langue Française Informatisé*[18] ignore d'ailleurs superbement les communautés en ligne et se contente de décrire les communautés religieuses, économiques et les communautés d'ordre sectaire. Revenons donc à l'étymologie, et l'on voit aussitôt que le mot communauté est un concept extrêmement flottant et vague, en partant de son sens originel latin (*comunalte* : ensemble de personnes) jusqu'à 1580, date où Montaigne est probablement celui qui s'approche le plus de la meilleure définition d'une communauté d'intérêts : « état, caractère de ce qui est commun[19] ».

Quand nous parlons de communautés en ligne, il s'agit en fait de communautés d'intérêts, de personnes qui se regroupent au travers de ce qui les rassemble, et **non en fonction de ce qu'elles sont**.

18 *À découvrir ici si vous ne le connaissez pas encore :* http://atilf.atilf.fr/
19 *In Essais 1.38, cité par le TLF.*

1. L'intérêt commun, la passion

Quand ces groupes d'utilisateurs n'existent qu'au travers de l'Internet, et avant que la nécessité ou la curiosité aient poussé les membres à se rencontrer physiquement, le « centre d'intérêt » est bien l'unique chose qui rassemble les membres d'une communauté affinitaire. Ce type de communautés n'est d'ailleurs pas limité au Web, bien qu'il en soit le « lieu » de ralliement d'un bon nombre, qui se font et se défont spontanément, au gré de la création, et de la disparition, des plateformes de réseaux sociaux.

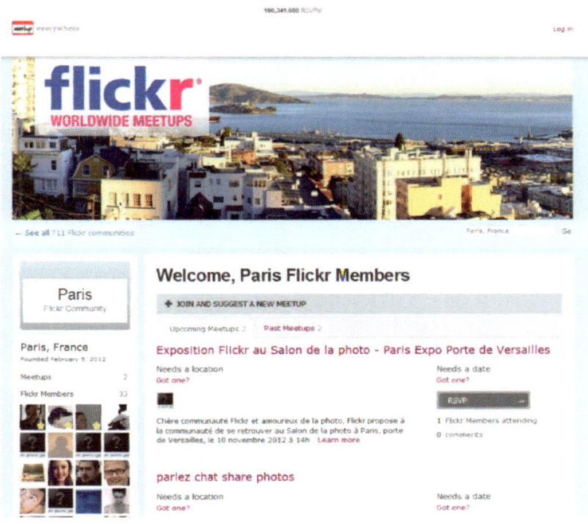

Flickr meetup permet d'organiser dans toutes les villes du monde des rassemblements de passionnés de photographie.

La photographie en est un bon exemple, avec des utilisateurs qui se déplacent au gré leur découverte, de www.onvasortir.fr à www.nikonians.org, de Google+ (ex Picasa) à Flickr, de Flickr à meetups (voir photo ci-dessus) etc. afin d'assouvir leur passion pour l'image.

Le premier moteur d'une communauté, c'est la passion commune. Alors, voici pourquoi tout le monde n'est pas à la tête d'une communauté, car cette passion ne se commande pas. Si le transport ferroviaire déchaîne les passions (cf. IDTGV en France, ou la communauté des trainspotters au Royaume-Uni, fort bien exploitée par General Electric[20]), il n'en va pas de même pour toutes les marques[21] car, par exemple, sauf exception pathologique, personne ne va tomber amoureux de son abonnement au gaz. Il ne faut donc pas chercher les communautés là où elles ne sont pas, ni croire que parce qu'un client vous fait l'honneur de sa fidélité, cela signifie qu'il appartienne à la « communauté » de vos clients. Si les heureux possesseurs de Nikon (ou de Canon, ne faisons pas de jaloux, les partisans existent et les deux communautés sont bien clivées), ou de Harley-Davidson par exemple, ont le sentiment de former, spontanément et sans intervention de la marque, une communauté, n'allez pas non plus en conclure qu'ils « appartiennent » à celle-ci. Que la marque en question fasse une

---

20 Cf. la présentation de GE à IABC "Paris en 2010 : http://slidesha.re/gespotters

21 Voir le chapitre I- 3, dédié à l'ADN des marques.

erreur et ses aficionados défendront leur passion contre ceux-là même qui en sont les dépositaires...

Pour vous en convaincre, rappelons cette anecdote à propos des clients fidèles aux traditions historiques d'Alfa Romeo, qui se sont opposés aux ingénieurs de la marque alors qu'ils voulaient mettre la plaque d'immatriculation au milieu de la calandre ! Et pour cause, depuis toujours, les possesseurs d'Alfa se reconnaissent à leurs plaques d'immatriculation décentrées[22].

2. L'entraide

Ce qui façonne les communautés d'intérêt, hormis les passions partagées par les membres, c'est le désir d'entraide qui anime ces membres. Entraide pour partager et rechercher des objets de collection, pour se dépanner les uns les autres, afin de répondre aux diverses questions. Les membres d'une communauté se reconnaissent et se rendent des services ; mais tous les gens qui se rendent service ne forment pas pour autant une communauté. Les clients d'une société du secteur des télécoms, par exemple, qui s'échangeraient des conseils pour résoudre un problème technique temporaire sur une box Internet, ne font pas véritablement partie d'une communauté ; pour ce faire, il faudrait aussi qu'ils partagent une passion et ce, de façon récurrente.

3. Le bénéfice mutuel

Voilà à notre avis le troisième ingrédient indispensable d'une communauté, à savoir le fait que ses membres puissent en retirer autant qu'ils y ont donné. C'est une condition *sine qua non* de la constitution d'une communauté, sous peine de la voir, bien naturellement, s'étioler. C'est une des autres raisons communes d'échec des projets communautaires, celui qui consiste à croire, benoîtement, que les utilisateurs viennent sur vos plateformes par altruisme et vont vous confier leurs secrets les plus chers uniquement pour vos beaux yeux ou la célébrité de votre logo.

Erreur qui fut déjà fatale à une énorme majorité de projets de ce genre, sans compter les innombrables tentatives de lancements de réseaux sociaux ratés, pour cause de complaisance ou d'oubli de cette règle élémentaire. Les utilisateurs ne viendront (ni reviendront) s'il n'y a rien à retirer de votre service.

C'est à ce stade de nos constatations qu'il nous faut passer un peu de temps sur la nature des internautes (en fait, de la population dans son ensemble car désormais nous sommes tous des internautes, sauf exception (voir la France des déconnectés[23]).

Les typologies d'internautes : une énorme majorité d'utilisateurs passifs

Le Web, depuis 2004, c'est-à-dire depuis la popularisation du Web 2.0 est victime d'un mythe tenace, celui qui voudrait que tous les intervenants soient également devenus des producteurs de contenus (ce que l'on nomme UGC[24]) et que les activités de partage soient également réparties entre tous les membres. Rien n'est plus faux. Forrester l'a

22 *Anecdote racontée par Bernard Cova lors d'une conférence en 2001.*

23 *Une étude réalisée par Havas Media en septembre 2012* http://bit.ly/amonbossdigitalfrancedeconnectes

24 *User Generated Content, en français contenus générés par l'utilisateur.*

déjà démontré, il y a bien longtemps dans une fameuse étude publiée en 2007, intitulée « Social Technographics Groups » et remise à jour en 2010.

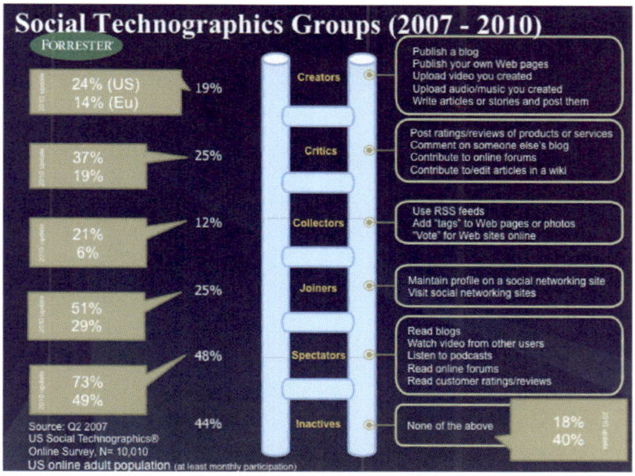

Groupes sociaux technographiques selon Forrester, évolution 2007-2010 (comparaison Europe et USA, les chiffres dans les bulles sont ceux de 2010, issus de l'outil en ligne de Forrester ; données reproduites avec l'aimable autorisation de l'analyste américain)

La première chose à noter est l'immense masse des inactifs qui s'est bien amenuisée au fil du temps aux États-Unis (44 % en 2007, 18 % en 2010) mais reste importante en Europe (encore 40 % en 2010 !). Même aux États-Unis, la proportion de « créateurs » n'est que de 24 % des utilisateurs actifs (vs 19 % en 2007), c'est-à-dire 24 % de 82 %, soit 19% du total. Et derrière ce chiffre se cache aussi une disparité énorme, car on y mélange les internautes capables de publier des blogs et des pages Web avec ceux, immense majorité, qui partagent juste quelques « posts » vite fait bien fait sur Facebook.

Cette proportion, en réalité, des utilisateurs capables de produire un véritable contenu original (sans juger de sa qualité) est probablement selon notre expérience à ranger dans une fourchette de 0,1 à 1 % du total des utilisateurs. Imaginez donc que si vous démarrez une expérience collaborative à base de contenus originaux, vous vous trouvez devant une population très restreinte... surtout si la population totale est faible.

Cette même population de créateurs, selon Forrester, en Europe, ne serait pas supérieure à 8,5 % (14 % des 60 % d'utilisateurs actifs), toujours avec des utilisateurs de Facebook. Si on ajoute des plateformes comme Instagram, qui se sont beaucoup développées depuis 2010, il est certain que ces chiffres gonfleraient significativement, mais encore s'agit-il de partages assez simples... et où la lassitude, avec le temps, joue également un rôle.

De fortes disparités culturelles

Les comparaisons de culture à culture, toujours en 2010, entre les États-Unis et l'Europe, et à l'intérieur de l'Europe elle-même, amènent davantage de nuances, avec certains pays, comme l'Allemagne, qui atteignent des sommets dans l'inactivité (52 %

des utilisateurs passifs). Heureusement, la France et le Royaume-Uni sont beaucoup plus actifs, mais souvenez-vous que ces disparités culturelles sont récurrentes, comme nous l'avons déjà souligné au chapitre dédié au poids du secteur numérique[25] [26].

Impact des profils de collaboration sur les stratégies communautaires ou pourquoi il faut savoir cultiver son jardin

Quel rapport avec le marketing des communautés nous direz-vous ? En fait, tout est là, il suffit de se replacer dans le contexte.

D'une part, il se peut, sans garantie, que l'initiative communautaire prenne son essor rapidement ; dans quelques cas isolés où votre marque est aimée, ou quand vous vous êtes emparé d'un sujet populaire, plus ou moins connecté à votre activité principale (via une activité de sponsoring sportif, musical ou encore caritatif, par exemple). Dans le cas, bien plus fréquent, où vos sujets sont des sujets froids, ne vous attendez pas, à l'inverse, à des miracles.

Deuxièmement, même si vous vous emparez de sujets plus populaires, ne comptez pas sur une génération spontanée de collaboration. Celle-ci intervient bien plus souvent au terme d'une intense activité d'animation, plus ou moins exigeante, selon la population concernée et/ou le sujet. Dans tous les cas, cette démarche de stimulation suit toujours à peu près le même schéma : d'abord une phase de semis (seeding en anglais), puis deuxièmement, une phase d'amorçage (feeding), et une phase d'élagage (weeding[27]). La phase de semis est la plus importante ; elle consiste à pré-remplir l'espace communautaire pour éviter d'inviter des membres à rejoindre une plateforme d'idées ennuyeuse et vide. Cette phase requiert avant toute chose qu'on se pose la question de savoir ce que le membre de sa communauté recherche et comment le lui fournir. Il faudra ainsi lui apporter un minimum d'informations, soit pour l'amener à réagir, soit pour l'inciter à partager lui-même du contenu.

C'est exactement ce qu'a fait Wikipedia à son lancement ; contrairement à une croyance répandue, la célèbre encyclopédie numérique ne s'est pas ouverte vide sur Internet, mais a bénéficié d'un projet antérieur (Nupedia[28], le nom originel de Wikipedia), qui avait hélas échoué. Larry Sanger, partenaire de Jimmy Wales, a alors conseillé de s'allier avec Ward Cunningham, inventeur de la technologie du Wiki, afin d'installer les contenus existants sur sa plateforme (qui est devenue Mediawiki[29]). C'est celui-ci qui, chargé d'un grand nombre de contenus initiaux (voir le tableau ci-dessous), a généré

25 *Cf. I-1 Le poids du digital dans le monde et dans l'économie.*

26 *Une présentation sur ce sujet, avec plus de détails, a été faite par Yann Gourvennec lors d'une conférence qui s'est tenue à Lille en mars 2013, voir* http://bit.ly/amonboss-lille *aux pages 27 et 29 ; la présentation, téléchargeable gratuitement, est accompagnée d'un commentaire enregistré.*

27 *Les termes de seeding, feeding et de weeding sont ceux de la métaphore du jardinier (« the gardener's touch » dans la version originale) du livre Bénéfices sur le Net (Net Gain, Hagel and Armstrong, 1997).*

28 *Voir* http://bit.ly/bosswikipedia *pour une histoire de Wikipedia, avec les dissensions entre Sanger et Page, et les innombrables bagarres pour savoir qui travaillait pour qui et qui a inventé quoi le premier. Toujours est-il que le projet Nupedia a bien été à l'origine de Wikipedia, avant que la technologie de Cunningham soit utilisée.*

29 http://www.mediawiki.org/wiki/mediawiki

un énorme référencement et un énorme buzz via Google. Le moteur de recherche a, depuis, moins bien référencé Wikipédia en le pénalisant au travers de ses nombreux changements d'algorithme.

La motivation pour que des utilisateurs participent à cette épopée collective était alors évidente : c'était l'assurance de se retrouver numéro 1 dans les moteurs de recherche ; imbattable. Le reste fait partie de l'histoire, il suffit ensuite d'animer cette communauté puis, au fil du temps, de l'encadrer de plus en plus et de supprimer les contenus indésirables en les filtrant ou en les identifiant. La fondation Wikipedia est maintenant un groupe structuré qui fait le ménage et maintient la qualité de l'ensemble qui, malgré les critiques et les ricanements, est finalement devenu *la* référence absolue et la nouvelle encyclopédie en ligne des jeunes et des moins jeunes[30].

Edits >=	Wikipedians		Edits Total	
1	4,371,937	100.0%	213,653,581	100.0%
3	1,742,905	39.9%	209,439,700	98.0%
10	835,434	19.1%	204,241,268	95.6%
32	325,564	7.4%	195,665,694	91.6%
100	130,555	3.0%	185,137,120	86.7%
316	56,034	1.3%	172,364,775	80.7%
1000	24,968	0.6%	155,196,586	72.6%
3162	10,293	0.2%	129,492,179	60.6%
10000	3,300	0.1%	90,922,859	42.6%
31623	717	0.0%	47,788,426	22.4%
100000	85	0.0%	15,889,291	7.4%
316228	9	0.0%	4,785,094	2.2%

Pyramide des modifications et des participants à Wikipedia :
316 228 modifications pour 9 wikipediens, un amorçage de pompe efficace[31].

Ce que nous apprennent les typologies d'utilisateurs de Forrester sur les contenus et la manière de collaborer

Enfin, ce que nous apprennent les typologies de Forrester citées plus haut, c'est que, bien que cela représente des nombres absolus importants du fait de la masse des utilisateurs, notamment au niveau mondial, les pourcentages de contributeurs sont toujours faibles. C'est un paradoxe bien connu des managers qui sont rompus à l'exercice collaboratif : la collaboration est fulgurante et massive, et en même temps, elle est extrêmement difficile à faire décoller et requiert toujours du travail, et surtout... de l'astuce et de l'intelligence « terrain » pour estimer et imaginer les éléments déclencheurs du partage.

Le travail des communautés est tout sauf un travail de « gestion » ; laissez plutôt ce terme à votre comptable. C'est au contraire un travail de haute volée, qui requiert de l'intuition, du doigté, de la persévérance, de l'imagination et... du travail. Travail

30 *Lire sur la présentation de Jimmy Wales à Amsterdam fin 2011, les articles de Yann Gourvennec sur son blog anglais :* http://bit.ly/waleswm2

31 http://bit.ly/amonboss-wikipedia-en

d'autant plus difficile, que ces communautés n'hésitent pas à migrer d'un outil à un autre, d'une plateforme à une autre, au gré des modes et des départs – plus ou moins massifs – des autres utilisateurs. Qui se souvient par exemple de Xing.com ou de 6nergies.fr qui ont pourtant marqué les débuts du Web 2.0 professionnel ? La sélection naturelle dans ces domaines est impitoyable, et créer sa propre communauté de marque vous place alors en concurrence avec des espaces communautaires ouverts, qui bénéficient déjà de la faveur de vos utilisateurs. Tout ceci est extrêmement difficile et requiert beaucoup d'application.

En conclusion, ne gérez pas vos communautés, mais apprenez, comme le conseille Voltaire dans *Candide*, à cultiver votre jardin.

IV.5 La communication de crise devient elle aussi digitale

On aurait pu croire que la communication digitale représenterait un eldorado pour les marques et les entreprises. Hélas, la communication digitale possède également ses travers et ses inconvénients, comme l'illustre la multiplication de crises à répétition, qui se développent dans une connivence parfaite entre les médias sociaux et les médias plus traditionnels. À l'heure où la communication devient digitale, ne serait-il pas temps de penser à une « communication de crise digitale » ?

Dans l'enfer des médias sociaux

Au milieu du mois de janvier 2013, une tempête bouleverse le secteur des produits surgelés en Europe : le scandale de la fraude à la viande de cheval. L'affaire remonte à quelques mois auparavant, suite à la découverte d'un problème d'étiquetage sur un stock de viande surgelée d'origine polonaise. Un laboratoire détecte alors des traces d'ADN de cheval dans des steaks hachés, pourtant estampillés pur bœuf. Lorsque le scandale éclate enfin auprès du grand public en janvier 2013, une kyrielle d'entreprises sont embarquées dans une grave crise généralisée. L'enquête avait montré que plusieurs marques étaient concernées par cette fraude, faisant intervenir des producteurs roumains parfaitement innocents, des brokers chypriotes, des préparateurs (Comigel, Spanghero), des marques de produits grande consommation (Findus, Picard Surgelés) et plusieurs chaînes de la grande distribution. L'enquête indiquera, quelques semaines plus tard, que c'est au niveau de Spanghero, préparateur situé dans le sud de la France, que se déroulait la fraude : les autres acteurs étaient victimes des falsifications réalisées sur des stocks de viande de cheval.

Cette conclusion, n'importe quelle personne souhaitant se documenter sérieusement sur l'affaire quelques semaines après son déroulement, pouvait y parvenir. Malheureusement, les choses ne se sont pas passées aussi simplement. Dès le début de l'affaire, en effet, certaines marques ont été bien plus maltraitées que d'autres : c'est essentiellement la marque Findus qui pâtit du scandale, à ses dépens il faut le reconnaître. Findus confiait la préparation de ses plats à Comigel qui, lui-même, s'approvisionnait chez Spanghero, comme d'autres marques. Findus, qui jouit d'une notoriété en sommeil, subira un réveil des consommateurs à son détriment. Une cohorte de contenus détournant le logo de la marque, ses produits et jusqu'à son nom : Findus = *find us*, diront certains chevaux…

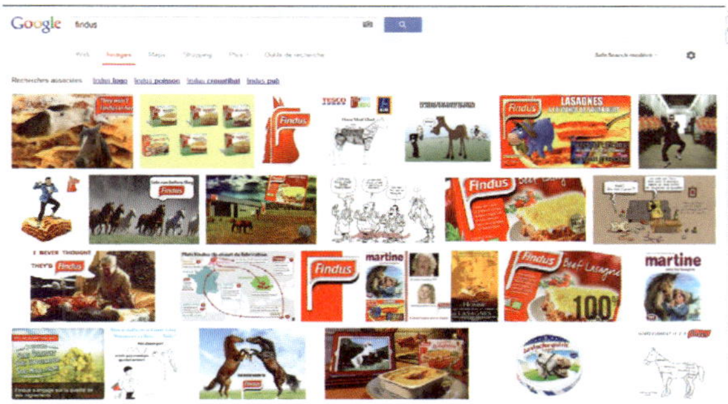

Le calvaire de Findus sur Google Images risque de durer encore un certain temps.

La tournure que prennent les événements est sévère, car la marque se refuse, dans un premier temps à tout commentaire sur le Web et les médias sociaux[32]. La démarche suivie par Findus se résume à un aveu de tromperie, qui sera imputé comme une faiblesse, et servira d'exutoire à des centaines de consommateurs réels ou non, qui déversent sur Facebook, Twitter et sur les blogs, d'innombrables détournements de la marque. Quatre mois plus tard, une recherche sur Google Images illustre encore l'étendue du désastre. Il faudra attendre que le printemps 2013 soit bien engagé, pour voir une première initiative, un site appelé « Findus s'engage[33] » et sur lequel l'entreprise se pose en parangon de vertu et de transparence.

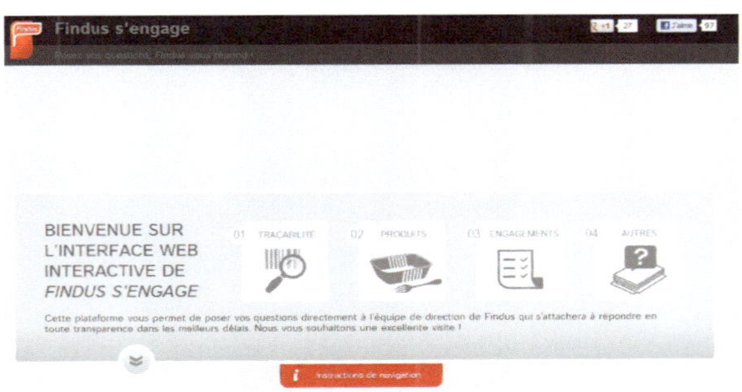

32 *Lire l'excellent article qu'y consacre Christophe Ginisty* http://bit.ly/amonbossfindus2013
33 http://www.findus-sengage.fr/

L'opération s'appuie sur l'achat de mots-clés pour faire remonter ce site en premier résultat sur les recherches Google. N'eut-il pas été plus efficace et moins coûteux de verser dans les explications directement sur le site de la marque ainsi que sur les espaces de discussion à sa disposition, tels Facebook ou Twitter, desquels pourtant Findus fut incroyablement absent pendant toute la durée de la crise ?

Circulez, il n'y a (plus) rien à voir

On pourrait passer des heures à critiquer Findus en long et en large. Mais, combien d'entreprises feraient mieux à l'heure où une déferlante de haine et de sarcasmes s'abat sur son écosystème, touchant marques, produits, salariés, partenaires, dans un maelström éprouvant ? Des dizaines de marques sont, chaque année, maltraitées par des consommateurs, qui s'emparant des moyens digitaux qui leur sont offerts, s'acharnent impitoyablement jusqu'à ce que l'envie leur passe, ou qu'une autre marque tombe sous le feu des projecteurs. Dans une étude réalisée par l'agence Be Angels avec le concours de François Laurent[34], plusieurs marques sont passées au crible de la crise sur les médias sociaux : IKEA secouée par une affaire d'espionnage, Conforama et l'affaire des canapés « contaminés », Les 3 Suisses et l'affaire du « coupon de réduction à 50 % », ou encore la marque de boissons Oasis, menacée de boycott au Canada il y a quelques années.

Dans chacun des cas, l'embrasement sur les médias sociaux, toutes plateformes confondues, fut intense : des articles de blog par centaines, des tweets par milliers. Nous avions expliqué dans notre précédent ouvrage, que cette très forte propagation était surtout liée à la boucle de rétroaction entre médias traditionnels et médias sociaux : les uns alimentent les autres qui, voyant ainsi une confirmation de leurs propos, en rajoutent une couche, etc.

Que reste-t-il de ces affaires une fois passée la fureur médiatique ? Presque rien. Le bug informatique à l'origine du faux vrai coupon à 50 % chez Les 3 Suisses est corrigé, mais il n'a absolument pas déstabilisé l'entreprise, qui se porte bien jusqu'à preuve

34 *Les résultats sont disponibles ici* http://bit.ly/amonbossdigitalcrise2013

du contraire. L'espionnite aigue qui sévissait chez IKEA n'empêche pas des dizaines de milliers de consommateurs d'aller chaque week-end dépenser leurs économies en canapés, bureaux et lits aux noms scandinaves. Bref, circulez, il n'y a presque plus rien à voir.

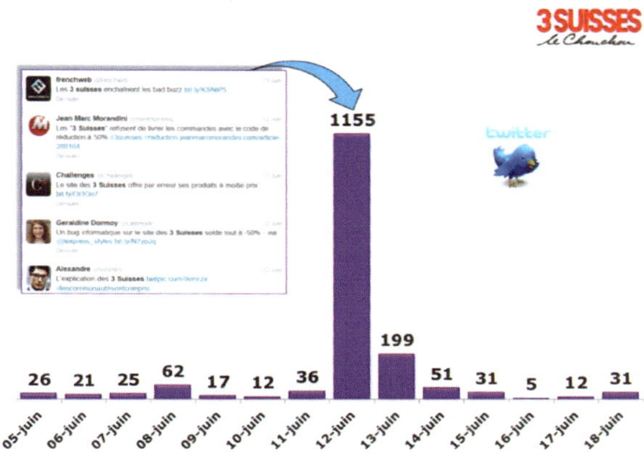

L'impact d'une crise sur les médias sociaux est souvent de courte durée

Vraiment ? Pas tout à fait. Il faut en fait distinguer les crises purement liées aux médias sociaux de celles qui relèvent de graves dysfonctionnements de l'entreprise. L'affaire des steaks à la viande de cheval relève de la seconde catégorie. Ce n'est pas un simple bug informatique vite corrigé comme dans le cas des 3 Suisses, mais une véritable secousse qui ébranle la confiance du consommateur, qui peut alors rapidement basculer dans une attitude de défiance vis-à-vis de la marque. Attitude qui ne doit absolument pas réjouir ses concurrents, les consommateurs réagissent de nos jours dans des démarches qui relèvent plus du « tous pourris » que du « allons voir ailleurs si l'herbe est plus verte ».

Bienvenue dans l'ère du digital

Qui plus est, à l'heure du digital, les menaces envers les marques et les entreprises ne se limitent absolument pas aux crises sur les médias sociaux, loin s'en faut. Passons en revue quelques uns des principaux risques auxquels les marques doivent faire face, dans un univers digital.

1. **L'hameçonnage** (ou « phishing » en anglais). Cette technique est apparue très rapidement dès que les premiers sites Web se sont développés, et s'est propagée de manière quasi exponentielle avec le développement de l'email. Il s'agit de sites qui sont des répliques de véritables sites, mais qui ne sont pas opérés par les entreprises dont le nom est affiché. Ces sites ont pour objectif de tromper l'utilisateur et l'amener, peu à peu, à saisir ses véritables codes de connexion, que le malfrat qui opère le site factice peut alors utiliser lui-même, à son profit, sur le véritable site. Les banques doivent régulière-

ment faire face à ce type de menaces, ainsi que les sites liés au commerce électronique (Amazon, eBay, Paypal), mais ces entreprises ne sont pas les seules institutions attaquées. Avec l'explosion du Web social, de fausses notifications issues de Facebook ou de LinkedIn, arrivent souvent dans nos boîtes mail. Le risque dans ce cas peut-être celui d'une usurpation d'identité, avec des impacts bien réels sur la vie privée ou professionnelle...

2. **Le piratage de sites** est également une menace importante, qui plane sur la sécurité des sites et des applications dont vous avez peut-être la charge. Si autrefois, le piratage d'un site requérait d'utiliser des techniques sur mesure pour découvrir les failles de la technologie sous-jacente, l'utilisation de plus en plus répandue de solutions Open Source pour développer des sites Web, n'a en rien résolu les problèmes de sécurité : le code de ces solutions est disponible pour qui veut s'en imprégner, et la moindre faille sur une version d'un de ces logiciels expose, d'un seul coup, plusieurs centaines de milliers de sites à une même attaque. Il faut donc s'évertuer, lorsqu'on fait appel à de l'Open Source (Drupal, Wordpress, etc.) à réaliser des mises à jour régulières des versions installées. Ce n'est pas toujours chose simple, car les habillages et adaptations provoquent, parfois, des dépendances à une version spécifique du logiciel, bloquant ainsi toute migration, et laissant de tels sites, sur le long terme, à la merci des attaques des hackers aux motivations plus ou moins sympathiques.

3. **Le cyber-squatting**, ou détournement des noms d'individus ou d'entreprises, est un véritable fléau contre lequel vous devez également vous prémunir. Vous ne pouvez absolument pas laisser vos dénominations utilisées par des individus qui jouent avec la marque, parfois sans faire vraiment exprès. C'est à vous de prendre les devants, en réservant les URL avant qu'il ne soit trop tard. Vous devriez au minimum détenir les URL contenant vos noms de marque www.mamarque.com (ainsi que les orthographes s'en approchant[35]), mais également leurs déclinaisons sur les médias sociaux : www.facebook.com/mamarque, www.twitter.com/mamarque, www.youtube.com/mamarque, www.SlideShare.net/mamarque, etc. Et ce, même si vous n'y publiez aucun contenu : imaginez si du contenu auquel vous vous opposez y était diffusé ! Dans le cas où il serait trop tard et si elles étaient déjà détournées, vous pouvez vous adresser auprès des sites concernés, qui proposent des dispositifs de réclamation de noms de marque (ou de noms de personnes pour les célébrités). Twitter ou Facebook, par exemple, répondent dans les 24h qui suivent le dépôt d'une réclamation.

Face à de tels risques, il faut engager des moyens convenablement dimensionnés. Voici notamment quelques-uns des points de vigilance à surveiller.

---

35 *Essayez-donc les URL comme* www.gogle.com *ou* www.gooogle.com

1. **La veille sur les médias sociaux est un impératif** auquel vous devrez vous livrer. Il serait fort dommageable qu'une mini crise se déclenche à votre insu, et que ce soit votre boss qui s'en rende compte par l'intermédiaire de la presse une fois que le mal est fait. Vous devez, au minimum, disposer d'alertes sur les noms des marques ou des entreprises que vous gérez : les alertes Google sont encore gratuites, profitez-en ! Mais Google ne suffit pas à contrôler tout ce qui se dit : le moteur n'indexe pas, en effet, la totalité du Web : les contenus des pages Facebook, par exemple, restent en dehors de son champ ; quant à Twitter, ses contenus ne sont pas accessibles en temps réel au moteur de recherche. Il vous faudra donc vous équiper d'outils adéquats pour surveiller la présence de votre marque sur Twitter, par exemple avec un outil comme Visibrain[36]. Pour une analyse plus globale, on privilégiera des solutions comme AMI Software, Synthesio, Linkfluence, Radian 6, capables d'analyser des volumes importants de données de sources différentes.

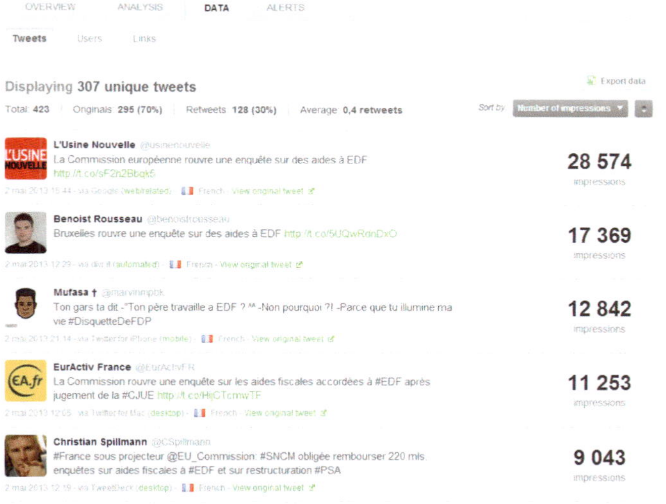

Visibrain propose plusieurs niveaux d'analyse :
par compte, par sujet, par nombre de retweets, etc.

3. **La gestion des accès aux différents comptes** est un autre point de vigilance à avoir. Les métiers du digital présentent malheureusement un fort turn-over, dû à une très forte demande et à un marché en pleine croissance encore en 2013. De fait, des salariés peuvent quitter l'entreprise et conserver avec eux l'accès à des comptes hébergés sur des plateformes SaaS – comme le sont tous les outils sociaux. C'est une faille importante dans le dispositif de sécurité de l'entreprise, et il faut veiller, à chaque nouveau départ, à régénérer les mots de passe permettant d'accéder aux comptes Facebook, Twitter, etc.

---

36 Qui indexe tout Twitter en temps réel et donne de formidables analyses graphiques.

4. **Le suivi de sa présence sur Wikipedia** est un point important, qu'il faut absolument maîtriser. Des entreprises peuvent apparaître sur Wikipedia, mais toutes ne sont pas habilitées à y apparaître : les règles qui en régissent la présence ont déjà été exposées dans la 3e section de ce livre, nous vous invitons à vous y reporter.

   Attention, Wikipedia ne vous appartient pas, et vous n'êtes absolument pas maître de ce qui s'y dit. Tout au plus, pourrez-vous participez aux échanges sur votre entreprise, sans pouvoir influencer la tonalité des propos.

Enfin, il pourra arriver que votre marque ou votre entreprise fassent l'objet d'attaques sur le Web. Nous l'avons tous connu, c'est souvent très douloureux sur le moment, avec des contenus très agressifs publiés sur vos plateformes ou ailleurs, dans des volumétries proches de la dizaine de milliers. Ne vous laissez pas impressionner, rares, très rares, sont les crises qui s'éternisent : au bout de 24 heures déjà, le volume se tarit, et au bout d'une semaine, l'affaire est entendue, les internautes sont passés à autre chose.

S'il vous arrive de traverser une telle période chahutée, voici quelques conseils, qui ne remplaceront pas l'aide précieuse d'un cabinet spécialisé, mais vous permettront de traverser un peu plus sereinement ces périodes agitées.

- Communiquez régulièrement, toutes les 15 à 30 minutes dans les premières heures, même si vous n'avez rien à dire. Montrez que non seulement vous comprenez le problème, mais surtout que vous recherchez une solution. Ne laissez jamais un vide au cas où une crise se déclenchait ;
- Déterminez un compte référent (et non pas plusieurs) et faites pointer tous les autres comptes sur celui-ci ;
- Ne twittez ni ne publiez aucun contenu non pertinent, trop ludique, de communication, jeux concours, etc. Ce serait très mal perçu et relancerait les débats ;
- Ne vous emballez pas trop vite. Certaines crises ne prennent pas... Ne déclenchez pas le plan Orsec avant d'avoir confirmé que la crise va vraiment se développer ;
- Si les temps sont durs, dites-vous que le temps médiatique est d'environ deux semaines (un mois pour les très grandes crises médiatiques). Au-delà, le public se lasse, tout le monde passe à autre chose... ;
- Surveillez les boucles récurrentes des blogs, qui vont dans la presse, retournent dans les blogs, puis dans la presse, etc. La presse ne fait peut-être pas le gros des visites, mais c'est elle qui donne le « la ». De plus en plus, il s'agit de la presse en ligne. Dans tous les cas, méfiez-vous de « l'autorité journalistique », à juste titre.

La stratégie d'influence d'Air France

En charge de l'influence digitale, du community management et des relations presse chez Air France, Marina Tymen s'est parfois trouvée dans des situations de crise d'importance variable. Elle nous montre, au travers de deux cas différents, comment instaurer une démarche proactive de défense de la marque sur les médias sociaux.

Par Marina Tymen
Consultante et formatrice en relations de presse, communication de crise et e-réputation

1/ Stratégie d'influence : riposte proactive d'Air France en temps réel

Le 13 novembre 2012, dans le cadre de l'émission *Spécial Investigation*, Canal+ diffuse un documentaire intitulé « Air France, la chute libre », essentiellement consacré à l'accident du vol Air France AF447 entre Rio et Paris en juin 2009. La compagnie n'a pas souhaité y participer du fait de l'enquête judiciaire en cours. Après avoir réussi à se procurer une copie de travail du reportage, le service de presse d'Air France est alors en mesure de préparer un contre-argumentaire qui sera envoyé en amont à des journalistes et mis en ligne sur son site institutionnel (http://corporate.airfrance.com).

Au fil de la diffusion du documentaire, une vingtaine de tweets préparés en amont en français et en anglais sont publiés depuis le compte Twitter@AFnewsroom. Un lien conduit à l'argumentaire de la compagnie. En parallèle, surveillant les flux des conversations sur Twitter et d'autres médias sociaux, la compagnie riposte et interagit en temps réel avec les téléspectateurs. Une stratégie d'influence proactive qui surprend plutôt favorablement les internautes.

« La sécurité aérienne est la priorité absolue d'Air France. Bien qu'il s'agisse d'un sujet complexe, nous nous devions de réagir et défendre la compagnie car ce reportage comportait de nombreuses contre-vérités. », explique Marina Tymen, responsable Relations Presse et Médias sociaux à Air France.

Exemples de tweets proactifs :

Mener cette stratégie implique de savoir détecter les influenceurs et leur adresser une ligne de réponse individuelle :

Il faut dans ce cas adresser systématiquement la ligne de réponse à chaque téléspectateur / lecteur et engager le dialogue en toute transparence :

Finalement, il s'agit d'amener les téléspectateurs et les journalises à douter de l'impartialité du documentaire :

2 / Stratégie Random Act of Kindness (RAoK) d'Air France

Le 21 août 2012, un des followers les plus actifs d'Air France, @elchikito, interroge sans trop d'espoir la compagnie sur la possibilité de fêter son anniversaire sur son vol retour entre Tokyo et Paris le 23 septembre suivant. Pour la première fois, l'équipe @Air FranceFR, souvent sollicitée par ce genre de demandes, décide de réaliser ce vœu dans le cadre d'une action appelée « Random Act of Kindness ».

La célébration d'un anniversaire dont la mise à bord d'un gâteau nécessite une organisation toute particulière ; il faut s'assurer du concours de Servair, sa filiale de restauration à bord au Japon, et obtenir l'accord en amont du commandant de bord et du chef de cabine.

Quelques jours après son retour, @elchikito publiera un billet sur son blog[37] et racontera en photos « Le jour où Air France m'a offert un gâteau ». Un récit qui donnera lieu à un des principaux buzz positifs de la présence d'Air France sur les médias sociaux. Par la suite, la compagnie a continué à témoigner de sa proximité envers ses fans et followers par des opérations de relations publiques le plus souvent individualisées.

37 *À lire ici :* http://bit.ly/amonbossdigitalairfranceanniv

IV.6 La communication financière à l'heure du digital

Parmi tous les secteurs d'activité qui sont entrés à reculons dans l'univers de la communication digitale, l'univers de la finance occupe une place à part. Il faut dire que ces cinq dernières années, qui correspondent à l'explosion de l'univers des médias sociaux, correspondent également à l'une des crises économiques les plus graves, qui a conduit une part importante de la population à se méfier des institutions financières. Ajoutez à cela les réglementations très contraignantes des entreprises cotées, et la méfiance naturelle des financiers vis-à-vis des communicants, et vous comprendrez pourquoi ce cocktail est explosif. L'est-il tant que cela ? Allons jeter un œil ensemble.

La crise de 2008 est encore dans toutes les mémoires. La disparition brutale de Lehmann Brothers, suivie d'un maelström financier qui vit exploser la pénible affaire Kerviel en France : ces événements sont encore frais, et ont marqué à vif toute une génération de financiers. C'est sans doute la raison pour laquelle l'univers des banques, dans son ensemble, prend la communication digitale avec des pincettes.

Pourtant, des expériences concluantes ont été menées par quelques entreprises de ce secteur, à commencer par Wells Fargo, la quatrième banque de réseau des États-Unis avec plus de 6 000 agences et 45 millions de clients ! Wells Fargo fut en effet l'une des premières entreprises à lancer des blogs d'entreprise, déjà en 2008. Pas un seul blog, mais plusieurs, pour s'adresser à des populations différentes, dans un langage clair et adapté au public visé. Ainsi, un blog fut consacré aux prêts étudiants, un autre aux créateurs d'entreprise, tandis qu'un troisième tentait, en pleine crise économique, d'expliquer comment cette banque allait mener la fusion avec son concurrent racheté dans la tourmente, la banque Wachovia.

Wells Fargo, en avance sur son temps ?

Plus de cinq ans après cette expérience, Wells Fargo continue à faire vivre ses blogs, et a prolongé son expérience sur les principales plateformes sociales, comme Facebook, Twitter et YouTube, avec plusieurs comptes sur chaque canal, pour s'adresser différemment aux candidats, aux clients ou aux professionnels intéressés par l'information financière.

Ce que Wells Fargo a réalisé, n'importe quelle banque pourrait le faire, à condition de s'imprégner des conditions même d'une telle présence sur le Web social. Non pas une présence commerciale (la banque ne compte « que » 500 000 fans Facebook, environ, soit à peine 1 % du volume de ses clients), mais une démarche de conseil et de transparence auprès de celles et ceux qui lui confient leurs biens financiers. Cela peut paraître abstrait ou inutile aux yeux de beaucoup, mais c'est le message clair et direct qu'assènent les dirigeants de cette banque, dès leurs premiers billets sur l'un des blogs cités précédemment.

Il ne faudrait pas croire, cependant, que le secteur bancaire américain est exemplaire dans son ensemble. Loin s'en faut. À l'opposé de Wells Fargo, on trouve Goldman Sachs. La firme, qui a joué un rôle crucial dans la conduite de la crise aux États-Unis, n'est arrivée que sur le tard à s'émanciper de la chape de plomb que lui ont imposé celles et ceux pour qui la communication digitale représente plus un piège qu'une opportunité : avocats, responsables conformité, responsables risque et régulation. C'est bien normal, tant ces métiers ont une aversion au risque. Résultat des courses : cinq ans après le début de la crise, plus de 34 000 vidéos[38] citant le nom de Goldman Sachs étaient disponibles sur YouTube, mais pas une seule n'avait été diffusée par l'entreprise elle-même. En matière d'e-réputation, le risque posé par ce contenu diffusé par d'autres sources devenait bien plus élevé que de voir celui diffusé par l'entreprise se retourner contre elle-même.

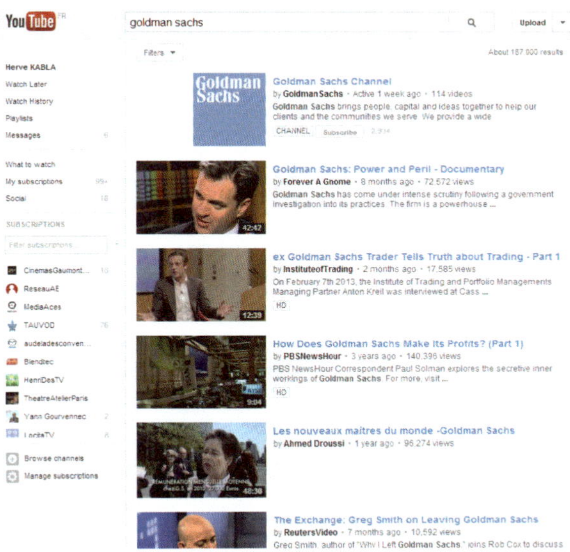

Une banque peut-elle laisser le grand public construire son e-réputation ?

38 *Selon Lisa Shalett, en charge de la marque et de la stratégie digitale chez Goldman Sachs* http://bit.ly/amonbossdigitalgsachs2013

Le travail entrepris par l'organisme financier pour s'intégrer à la conversation est intéressant à plus d'un titre. D'abord, et contrairement aux banques de réseau, Goldman Sachs ne touche pas le grand public : son activité est purement B2B. La stratégie adoptée a donc été d'une part d'écouter ce qui se disait sur l'entreprise, et d'autre part de s'intégrer dans les espaces naturellement propices à une présence en B2B : LinkedIn tout d'abord, mais aussi Twitter et YouTube, pour participer à la conversation et produire un vrai contenu de marque.

Cette présence sur les médias sociaux ne saurait être la seule forme de communication digitale adoptée par les organismes financiers. Nous sommes tous, ou presque, devenus adeptes de la gestion de nos comptes à distance : c'est le sens de l'histoire, nous passons de moins en moins de temps dans les succursales de nos banques, et utilisons davantage Internet pour gérer nos comptes. Le développement d'applications mobiles pour réaliser les principales opérations (consultations, virements) a été un chantier auquel la plupart des banques se sont consacrées.

Si l'on devait dresser une liste de points sur lesquels les responsable de la communication digitale devraient s'intéresser dans un univers financier, voici ce que l'on pourrait mettre en avant :

1. **Mettre en place un système de veille**, permettant de réagir aux crises potentielles dans des délais corrects, mais aussi d'identifier les relais éventuels d'influence dans votre potentielle prise de parole. Les processus de réponse les plus évidents doivent être préparés en amont, pour réagir aux différentes alertes avec les moyens appropriés. Ce dispositif doit pouvoir fonctionner en plusieurs langues, 7 jours sur 7, 24 heures sur 24, surtout pour un organisme financier présent à l'international.

2. **Former les collaborateurs et les dirigeants** à la communication digitale, à ses risques tout autant qu'à ses opportunités. Ce ne sera pas une tâche facile, tant le sujet est perçu de manière négative dans cet univers. Il vous faudra du talent et une certaine force de conviction. Des exemples issus du monde réel vous aideront peut-être à remporter la partie.

3. **Prendre la parole de manière progressive**, sur les différentes plateformes existantes, autant sur les espaces que vous aurez créés (page Facebook, compte LinkedIn) que sur les autres espaces où les internautes peuvent s'exprimer sur vos produits, votre marque, vos services. Vos interlocuteurs ne vous attendent pas partout, mais sachez être au moins là où ils se trouvent le plus souvent et n'hésitent déjà plus à vous interpeler.

4. **Enrichir votre portefeuille applicatif de manière cohérente**, notamment au niveau de l'offre mobile. La communication institutionnelle est utile, mais son impact se limite à quelques acteurs professionnels, et elle ne vous aidera pas à construire ou reconstruire votre image auprès du grand public. La confiance est à retrouver, et le digital peut vous y aider. Le Web mobile est sans doute un des axes les plus intéressants pour y parvenir.

IV.7 Le digital au cœur du secteur caritatif

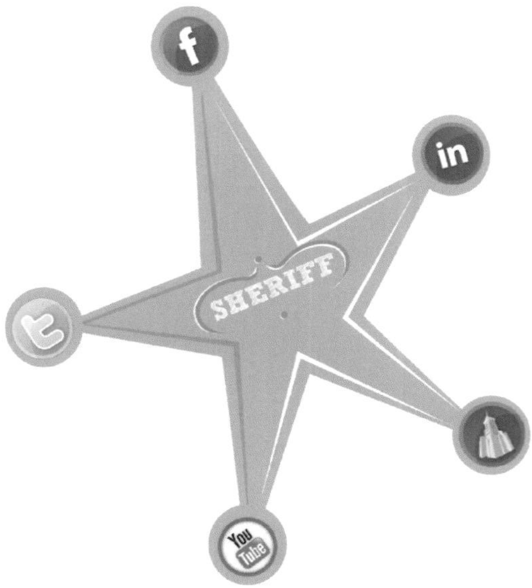

Les médias sociaux et le marketing digital font aujourd'hui partie intégrante des moyens de communication adoptés par les organismes de bienfaisance. Pour en savoir plus, nous nous sommes adressés à Bertie Bosredon, un expert en social media basé à Londres qui travaille depuis de nombreuses années avec ces associations.

Comment les associations caritatives utilisent-elles le digital pour l'engagement, la collecte de fonds en ligne et la création de communautés ?

Je travaille avec plusieurs organismes sur la façon dont ils utilisent le digital, ce qui implique un renforcement de toutes les équipes quant à leur compréhension du digital. Cela comprend les médias sociaux, la gestion et la création de contenus et la collecte de fonds en ligne. On forme ces gens à différents niveaux pour qu'ils puissent gérer eux-mêmes leur présence en ligne.

La collecte de fonds en ligne est importante dans le digital mais, et c'est un peu une surprise, elle ne représente qu'une faible proportion du total des fonds collectés. Un rapport publié en décembre 2012[39] par la Charities Aid Foundation suggérait que cette proportion ne s'élevait qu'à 7 %, mais en réalité, je pense que c'est plus élevé, à cause de la manière dont les organismes comptabilisent les dons.

39 *Disponible en ligne sur* http://bit.ly/amonbossdigitalcafonline2012

Toutefois, d'après moi, le digital concerne davantage l'engagement que la collecte de fonds. L'engagement peut être créé à différents niveaux : c'est la clé pour recruter des volontaires et des bénéficiaires, et récolter du soutien.

Et qu'en est-il de la création de communautés ? Que faites-vous pour ces différentes communautés - les volontaires, les bénéficiaires et les soutiens - : les rassemblez-vous ou les gardez-vous à l'écart?

C'est une question récurrente pour les associations depuis des années, et certaines ont essayé de créer des communautés en mêlant bénéficiaires et soutiens, mais en pratique, cela ne fonctionne pas très bien.

Certaines associations ont tenté de construire leurs communautés sur des plateformes sociales comme Facebook, mais selon moi, Facebook est plus utile à la collecte de fonds. La plupart des associations obtiennent de meilleurs résultats en tissant leur réseau de soutien sur leur propre site Internet. À la British Heart Foundation[40], par exemple, nous avons compté entre 12 000 et 14 000 publications par mois sur notre forum en ligne.

Les questions de sécurité et de confidentialité représentent-elles l'obstacle principal quant à l'utilisation de Facebook pour construire une communauté ?

La confidentialité est très importante pour les organismes de bienfaisance. Les Samaritains, par exemple, ont une ligne téléphonique anonyme, mais ils ont développé une présence en ligne sur Facebook pour collecter des fonds. Vous avez encore des gens qui demandent du soutien en ligne, mais ils ne sont pas à l'aise avec Facebook.

Les Samaritains sont (aussi) sur Facebook

L'autre facteur major, c'est la « data ». La plupart des organismes sont très sophistiqués en ce qui concerne l'acquisition de données. Ils ont des systèmes CRM de segmentation et organisent des campagnes ciblées très élaborées. Facebook ne leur offre tout simplement pas le niveau de précision dont ils ont besoin.

40 *Dont le site se trouve sur* http://www.bhf.org.uk

Quelles sont les réussites de ces associations en termes d'utilisation des médias sociaux?

Certains organismes utilisent encore les médias sociaux comme un moyen de diffusion. Ils conçoivent un communiqué de presse et envoient le lien à travers un tweet. Ceux qui utilisent le mieux les médias sociaux l'utilisent avant tout pour l'engagement.

Les utilisateurs expérimentés des médias sociaux sont ceux qui ont réussi à convaincre les décideurs de les utiliser. Cela leur permet de comprendre qu'il faut investir non seulement dans les outils, mais aussi au niveau de la formation et de l'engagement interne. Ils doivent comprendre que les médias sociaux sont un outil de conversation et pas seulement un moyen de « pousser » l'information.

La clé pour les convaincre est de leur montrer ce que leurs homologues sont en train de réaliser avec les médias sociaux, et comment cela pourrait contribuer à faire entendre leur voix.

Quelle approche ces associations doivent-elles employer afin que les médias sociaux soient utilisés de manière plus générale au sein de l'organisme ?

Il y a deux chemins à prendre. Le premier est de fournir aux salariés un guide de bonnes pratiques concernant l'utilisation de leurs propres comptes sur les réseaux sociaux pour promouvoir l'association. Il vous faudra également travailler en collaboration avec les ressources humaines pour développer des formations quant à la gestion de temps, ce qu'il faut tweeter, et comment gérer sa présence en ligne personnelle et professionnelle.

L'autre chemin, qui concerne les associations un peu plus prudentes, consiste à identifier des « champions » des médias sociaux et à les autoriser à tweeter pour le compte de l'association, soit via leur propre compte, ou celui de l'association, sur les réseaux sociaux.

Comment doit-on gérer la création d'une stratégie de communication digitale ?

Il faut identifier certains principes que vous voulez mettre en avant sur le digital. Par exemple, si vous souhaitez être dans le conversationnel, tout ce que vous faites doit être en rapport avec ce principe. Dans cette optique, vous mettriez en avant des citations et des témoignages sur votre site Internet.

Cherchez à construire une stratégie digitale intégrée, parce que les stratégies autonomes ne fonctionnent pas, selon mon expérience. Elles se transforment souvent en discussion à propos des outils, de l'infrastructure et de l'intégration, plutôt que sur ce que vous êtes en train d'essayer de faire.

Essayez plutôt de voir comment le digital peut soutenir vos stratégies existantes. Cela implique de travailler avec d'autres équipes et de créer une ambiance collaborative au sein de l'association. Le secteur caritatif est connu pour créer des silos internes, comme les équipes de campagnes, de collecte de fonds et de services. Le digital peut contribuer à supprimer ces silos.

Quels conseils pouvez-vous donner pour améliorer la collecte de fonds en ligne ?

L'une des choses les plus efficaces qu'une association peut faire est de lier sa collecte de fonds en ligne à un projet spécifique. Cela aide le donateur à s'engager avec le projet et transforme son don en effort collectif. Vous pouvez envoyer des emails relatant les avancées du projet par exemple, et même solliciter des dons supplémentaires. Cela permet au donateur de se sentir vraiment investi dans le projet.

Finalement, la collecte de fonds devient plus qu'un simple don : c'est un investissement social et c'est exactement ce que le donateur veut. Les médias sociaux peuvent jouer un rôle majeur au niveau du partage des avancées du projet, et pour susciter de l'engagement.

Quelle est l'importance du mobile pour ces associations ?

Le canal mobile est très important pour les associations, bien que beaucoup d'entre elles ne l'apprécient pas encore. J'ai parlé récemment à un organisme qui m'a indiqué que puisque leur trafic depuis les mobiles ne s'élevait qu'à 3 %, ils ne voyaient pas l'utilité de développer un site mobile.

Ce n'est pas très perspicace, car les associations qui ont développé un site mobile ont observé une énorme augmentation du trafic depuis les téléphones mobiles. Avant que les Samaritains ne lancent leur site mobile, seulement 5 % du trafic provenait des mobiles. Six mois seulement après le lancement, ce chiffre avait progressé à 40 %.

Les mobiles sont importants, car ils ne sont pas seulement là pour répondre aux besoins des gens lorsqu'ils sont en mouvement. Les gens utilisent leur mobile même lorsqu'ils sont à la maison, particulièrement lorsqu'ils cherchent à s'engager auprès d'une association. C'est parce que le mobile quelque chose de personnel, plus qu'un outil partagé comme son PC au travail ou à la maison. Si vous voulez du soutien, il s'agit d'une conversation privée et le mobile est le meilleur canal à cet effet.

Quels sont vos cinq conseils pour des associations caritatives qui veulent être efficace dans leur utilisation du digital ?

Dans le désordre :

1. **Parlez du digital en haut** : faites comprendre à ceux qui prennent les décisions pourquoi le digital est important. Montrez-leur ce que leurs homologues sont en train de faire, faites-leur découvrir les outils à disposition et demandez-leur de s'engager dans le digital.
2. **N'ignorez pas le mobile** : assurez-vous que votre site fonctionne sur mobile – développez un site en responsive design, ou étendez votre présence mobile.
3. **Utilisez le digital pour tester vos campagnes** : assurez-vous de tester vos campagnes en utilisant des outils digitaux comme Google Analytics et Google Optimizer. Cela vous permet de mesurer quels messages ont été les plus performants pour votre association.

4. **Prenez des risques** : soyez prêts à prendre des risques, car tout ne marchera pas forcément. Apprenez de vos échecs pour être sûr de savoir ce qui fonctionnera la prochaine fois. Il vous faut avoir une mentalité plus commerciale pour réussir dans le digital.
5. **Ne vous isolez pas** : votre stratégie de communication digitale doit être intégrée aux objectifs de votre organisation pour réussir.

Bertie Bosredon a commencé à travailler dans le secteur du digital pour les associations caritatives en 2001, lorsqu'il fut engagé en qualité de manager du site Internet de la British Heart Foundation. Le plus grand défi à l'époque était de persuader les salariés de la BHF de produire du contenu pour ce nouveau canal. Cinq ans plus tard, il a rejoint le Breast Cancer Care pour gérer la stratégie digitale. Il travaille aujourd'hui en tant que consultant indépendant, et a accompagné de nombreuses associations telles que les Samaritans, Amnesty International et Christian Aid.

IV.8 Faire évoluer les cultures ; 8 conseils pour la conduite du changement

Une grande part du travail du directeur digital, et aussi de son boss, lorsque ceux-ci veulent opérer une transformation digitale de l'entreprise, consiste à faire « bouger les lignes ». Pour cela, les mots de « conduite du changement » sont souvent utilisés, mais ce qu'ils désignent n'est pas toujours bien clair, ni souvent très pratique. Voici nos conseils pour bien mener la conduite du changement, avec les anecdotes associées, et les astuces clé en main.

Parfois, nous pensons qu'il serait plus confortable de laisser les choses telles qu'elles sont, que cela serait moins risqué et compliqué ; mais nous n'arrivons pas véritablement à nous convaincre nous-mêmes, tant nous avons l'innovation chevillée au corps. Impossible d'arrêter de changer les choses, de lancer de nouvelles idées, de convaincre ses collègues, car tel est le travail, ardu mais aussi passionnant de la transformation digitale, que nous pratiquons à divers niveaux depuis tant d'années. Il ne manque pas, sur le Web, dans les blogs, les journaux et les livres de gens qui vous livrent de doctes conseils, mais peut-on rêver de meilleur modèle que celui de l'action ? Nous ne le pensons pas.

Conduire le changement, la tâche quotidienne du directeur digital, c'est savoir faire le pont entre les stratèges, les chercheurs, les développeurs et les opérationnels qui font tourner la boutique au jour le jour, car nous sommes des bâtisseurs qui aimons faire aboutir les projets, et qui se nourrissent des idées quand elles se sont frottées à la réalité du terrain. C'est comme cela que nous concevons notre travail de passeurs et de transformateurs des organisations.

Bien des fois, un « intrapreneur », cet entrepreneur de l'intérieur qu'est le responsable digital, doit batailler contre les règles établies, les résistances au changement, surmonter les obstacles difficiles... et il faut l'avouer, car nous en rencontrons beaucoup et souvent, sans le savoir-faire ni la vue externe du consultant, c'est plus difficile. Ceci étant, les vrais entrepreneurs ne sont pas des fauteurs de trouble non plus, car ils savent toujours agir pour le bien commun.

Faire un blog pour soi c'est facile, pour une entreprise...

Il est plus difficile de mettre en place le changement dans une entreprise. Faire un blog pour soi, pour une TPE ou même une PME n'est pas bien difficile : vous allez sur Wordpress.com, vous cliquez sur quelques boutons et hop ! Il n'y a plus qu'à être célèbre, tout cela en à peine quelques minutes... enfin presque. En tant que représentant d'une grande entreprise cotée, l'approche est plus complexe, car il y a des règles à respecter et des obstacles à surmonter. Il est facile aussi de regarder le problème de l'extérieur et de se contenter d'émettre des recommandations. Si j'étais Nestlé ou Danone, je ferais ci et je ferais ça ! On l'entend souvent... Mais voilà, tout est dans le « si ». Le directeur digital ne peut se contenter de supputations, et son boss non plus.

Il est plus facile d'émettre les recommandations depuis l'extérieur, bien que les consultants éprouvent souvent de la frustration par rapport au fait que celui qui émet ces recommandations est rarement celui qui les met en œuvre. Vu du client, les conseilleurs ne sont évidemment pas les payeurs, et les conseils à l'emporte-pièce peuvent être particulièrement irritants. Intrinsèquement, les consultants n'y sont pour rien, mais cela mérite d'être dit, quel directeur digital n'a pas eu à souffrir des « yakafokons » d'un parachutage consultatif.

Le sens du terrain

Alors, voici quelques leçons apprises du terrain – volontairement simplifiées – pour mettre en œuvre le changement et devenir un « intrapreneur ». Pour chacune de ces leçons, nous fournissons une anecdote. Certaines de ces anecdotes ne sont pas propres au digital, mais prennent sur d'autres expériences informatiques. Ceci n'est pas anormal, la conduite du changement est universelle, même si le monde de l'informatique est un « monde plus sociologique que technique » pour reprendre les mots de Howard Fallon, auteur d'un ouvrage fondateur de la maîtrise d'ouvrage dans les années 90[41].

✔ *Conseil n° 1 : le changement commence par une prière...*

... La prière dite de la « sérénité » pour être précis. Ne croyez pas à une crise mystique, celle-ci se trouve citée dans « Slaughterhouse 5 » (abattoir 5[42]) du célèbre romancier américain Kurt Vonnegut, où le personnage principal, Billy Pilgrim a accroché un cadre au-dessus de son bureau, qui contient le texte suivant :

---

41 *Howard Fallon, How to Implement Information Systems and Live to Tell About It, John Wiley & Sons :* http://bit.ly/bossfallon

42 http://bit.ly/bossabattoir5 *pour ce superbe livre à découvrir ou redécouvrir.*

Dieu m'accorde la sérénité nécessaire pour accepter les choses que je ne peux pas changer ; le courage pour changer celles que je peux changer ; et la sagesse qui me permettra de discerner les premières des autres[43].

Anecdote :

Alors que Yann Gourvennec mettait en œuvre un nouveau système d'automatisation des forces de vente (SFA) au début de 1992, son nouveau patron européen lui dit : « tu peux avoir ce job, mais je ne t'autorise pas à changer la méthode de travail de ton prédécesseur ». Il choisit donc de se conformer à ces directives, de laisser le projet caler, ce que la mauvaise méthode choisie promettait de faire puis, en repartant de zéro, de mettre en œuvre ce système d'information dans 11 pays en à peine 4 mois avec sa propre méthode. Il a évité soigneusement de changer ce qu'il ne pouvait changer, et s'est contenté de proposer une solution à un problème, une fois seulement après que son patron ait touché ce problème du doigt. Aucune critique ni conflit ne furent nécessaires.

✔ Conseil n°2 : pensez grand, démarrez petit...

Une des erreurs les plus communément commises est celle qui consiste à essayer de tout changer en une fois... trop vite, trop grand, trop tôt. La plupart des gens détestent le changement, malgré le lyrisme de la littérature managériale traitant de l'innovation. Laisser les choses telles quelles est rassurant pour tout le monde ; car le changement, le fait de bousculer les habitudes, provoquent, chez la plupart des gens, l'anxiété, la peur de ne plus retrouver ce qu'on connaissait, le risque de ne plus savoir ce qu'il faut faire, d'être mis de côté pour cette raison, de sortir de sa zone de confort et d'aller dans la zone « rouge », celle où on n'apprend plus mais où on prend conscience de ses propres manques, de perdre pied et de devenir incompétent, voire même en fin de compte... de craindre de se faire écarter, même s'il n'y a aucune raison objective pour que cela arrive.

Pour cette raison, le changement doit se mettre en œuvre par étapes, en commençant petit, pour ne pas effrayer, et en allant croissant, de façon à permettre aux femmes et aux hommes qui vont vivre ce changement de se rassurer qu'ils peuvent en faire partie et non pas en être les victimes impuissantes.

Anecdote :

Dans le cours d'une refonte complète du site corporate d'un géant du CAC 40 qui dura plusieurs mois, le cap fut mis bien au-delà de la construction d'un nouveau site ; l'objectif était bien bel et bien d'établir une gouvernance du Web du groupe tout en préservant la liberté et la créativité de toutes les entités avec lesquelles l'équipe travaillait. Mais, il aurait été stupide de commencer par les plus gros sites et de tenter de convaincre les partenaires les plus difficiles. C'est pour

43 Cette prière de la sérénité est attribuée à Reinhold Niebuhr, qui en aurait établi la première forme écrite en 1951. Elle est devenue le slogan des Alcooliques Anonymes.

cela qu'en démarrant petit, avec quelques petits sites Web ravis de rejoindre la nouvelle plateforme, et bénéficiant ainsi de l'expertise de l'équipe, toutes les chances étaient du côté de l'équipe centrale. Les petits sont ensuite allés évangéliser autour d'eux et ont permis le succès de l'opération, la plateforme ayant vite hébergé 12 sites Web en à peine 9 mois.

✔ *Conseil n° 3 : choisir le chemin le plus simple*

La résistance au changement est l'un des passages obligés de l'innovation. Plutôt que d'affronter ses détracteurs, il est préférable de faire comme s'ils n'existaient pas et de les éviter en concentrant vos efforts sur les acteurs positifs de changement que vous aurez identifiés. Ainsi, vous serez plusieurs à évangéliser. En fin de compte, vos détracteurs, finalement conscients de votre succès, finiront bien par vous rejoindre.

Lorsque des conflits surgissent, c'est là qu'il faudra se souvenir de cette règle, même si elle paraît peu naturelle. Nous avons ainsi constaté à maintes reprises que refuser le combat était la meilleure tactique possible et la plus efficace pour se débarrasser d'un détracteur agressif. Lorsque le conflit devient franchement désagréable et se déplace même sur un plan personnel, prenez systématiquement la tangente et n'hésitez pas à quitter la salle, voire carrément à laisser le champ libre jusqu'à temps que la personne agressive qui vous veut personnellement du tort finisse par se lasser et partir ailleurs pour faire autre chose. Cela paraît contre-intuitif... et pourtant. C'est systématiquement ce qui se passe. Il y a une vertu à l'attente, au « lâcher prise ». Il s'agit même d'une mesure qui permet de garder son intégrité morale en cas de stress.

Les personnes les plus agressives finissent toujours par se faire tellement d'ennemis, qu'en fin de compte elles deviennent les propres victimes de leur agressivité et qu'elles partent ensuite ennuyer d'autres personnes, en d'autres lieux, voire d'autres entreprises. Plus les victimes de leur agressivité sont tenaces et résistantes, plus les pervers se trouvent comblés. Il ne faut pas se donner de bâton pour se faire battre. Il vaut mieux donc se concentrer sur ses propres résultats, rester professionnel et courtois, prendre du recul, éviter de confronter les zélotes et aller de l'avant.

Soulignons également qu'il faut toujours rester courtois et amical, même avec ses pires ennemis (ils n'en seront que plus en colère) soyez affables, et restez positifs. Souvenez-vous de Mathieu (5:39) : *Et moi, je vous dis de ne pas tenir tête au méchant ; mais si quelqu'un te frappe sur la joue droite, tends-lui encore l'autre.*

Anecdote :

Au cours d'une mission de conseil pour une grande banque britannique dans le milieu des années 90, dans le cadre de leur stratégie sur Internet, il fut découvert qu'un groupe de cadres avaient démarré leur propre projet. Il leur fut proposé de se joindre au groupe de travail, afin de promouvoir leur étude, comme tête de pont pour le projet global et de mettre leur initiative en vedette auprès de la direction générale. À l'inverse de nos attentes, ils devinrent agressifs et cachottiers, refusant de partager leurs informations, et de prendre part au projet global ; ils moururent donc avec celui-ci. Le projet Internet se poursuivit sans leur aide et ne profita pas de leur (prétendue) avance ; ils ne se firent pas d'amis et ne furent d'aucun secours à leur entreprise. Ils s'étaient juste fait plaisir avec un projet secret. Il est inutile de confronter ce genre d'individus, qui veulent jouer « perso » et se tirent très bien une balle dans le pied tout seul. Une configuration que nous avons rencontrée de nombreuses fois, le sens du bien commun n'est pas universel, loin de là...

✔ *Conseil n°4 : ne pas abuser de sa position hiérarchique*

Pour ceux qui ont un niveau de compréhension assez vague de la conduite du changement, il pourrait sembler qu'une bonne idée consiste à demander à la personne la mieux placée dans la hiérarchie d'écrire un relevé de décisions et de partir de l'hypothèse que cela suffit pour que chacun dans l'entreprise change sa façon de faire. Bien que cela fonctionne parfois, la plupart du temps, il ne s'agit pas d'une méthode efficace et il y a de meilleures façons d'utiliser le temps précieux des responsables de direction dans le but de mettre en œuvre le changement.

La meilleure façon d'utiliser le top management afin de mettre en œuvre le changement est d'obtenir d'abord des résultats, de les mettre en exergue, et ensuite de chercher le support du top manager qui utilisera ces premiers résultats pour souligner la nécessité du changement, et vous donner un mandat pour le rendre opérationnel.

Anecdote :

Chargé de déployer un système d'information dans les pas d'un prédécesseur, le nouveau responsable se rend compte que celui-ci avait demandé au directeur exécutif de la division Europe Afrique d'envoyer une lettre et un mail à tous les responsables de pays en Europe. Le résultat fut absolument désastreux. Personne ne prêta attention à cette lettre car il y avait d'autres choses beaucoup plus importantes à traiter à ce moment-là. La bonne méthode était d'initier le changement au niveau du terrain, de montrer quelques résultats concrets, puis de venir et de négocier face-à-face avec chaque responsable de pays, en démontrant la nécessité du changement, le caractère impérieux de la nomination de ressources idoines dans chaque entité, et dès lors que quelques-uns de ces pays avaient été convaincus (en évitant soigneusement les plus récalcitrants au début) d'aller ensuite voir le directeur exécutif de la division Europe Afrique afin qu'il confirme la décision et le plan d'action. En suivant cette méthode et pas la précédente, le système fut déployé dans toute l'Europe avec une organisation adaptée et les ressources suffisantes en moins de quatre mois, alors que le processus précédent avait mené à près d'un an d'atermoiements.

✔ *Conseil n° 5 : toujours respecter les gens*

On devrait toujours penser à utiliser le courrier électronique en dernier recours. La bonne méthode est de favoriser, par-dessus tout, les discussions entre personnes humaines. En cas de désaccord, il vaut mieux ainsi laisser les personnes s'exprimer ouvertement sur ces désaccords plutôt que de laisser dégénérer la situation en batailles de clochers, menant à des discussions inutiles et désagréables par courriers interposés, qui font perdre son temps à tout le monde et pourrissent l'ambiance.

Anecdote :

Travaillant à un sujet très important lié à la gouvernance des domaines Internet, un problème particulièrement aigu a mené à des débats entre personnes pendant près de deux ans. Il s'agissait d'une situation où les personnes négociaient sur leur position, plus sur les faits, et complètement en dehors de la considération du bien commun[44]. Plusieurs mois furent passés à parler à chacune de ces personnes individuellement, en les convaincant que nous devions converger vers une solution qui convienne à tout le monde, et que lorsque nous n'étions pas d'accord, il valait mieux exposer la raison de désaccord clairement, en en débattant et en discutant face-à-face, humainement, et non par écrit, surtout électronique. Les détracteurs furent donc amenés à exposer leurs vues en face du groupe tout entier, les décisions furent mises au vote, et finalement, ces mêmes détracteurs vinrent à moi la fin de la réunion, en disant, en substance : « cette décision était exactement celle que je voulais ». Il est pourtant à préciser que la décision en question était exactement à l'opposé de celle défendue par ces mêmes détracteurs au début des discussions deux mois plus tôt.

✔ *Conseil n° 6 : adopter la loi de Murphy comme principe de base*

Ce point est particulièrement délicat car il est souvent mal interprété. Les bons chefs de projets et responsables de la conduite du changement sont capables de prévoir non pas le futur, mais du moins les différentes voies que le futur pourra emprunter (par rapport à leurs projets, s'entend). C'est ce que nous appelons gérer un projet par la loi de Murphy dont nous rappelons ici le principe : « si quelque chose a une chance de mal se passer, partons du principe que ce sera le cas ! ».

Les bons chefs de projet, de ce fait, sont capables de prédire à l'avance les mille et une façons dont leurs projets risquent de mal finir, de façon à prendre à l'avance les précautions qui leur permettront d'éviter ces problèmes.

Les mauvais gestionnaires de projets, au contraire, sont ceux qui sont à 100 % positifs, entièrement optimistes, et sûrs que leur projet se déroule parfaitement, oubliant ainsi de diriger leur attention vers les choses qui pourraient aller mal ; ils sont donc mal préparés à la résolution des problèmes au moment où ceux-ci se révèlent.

---

44 *Pour des explications entre négociations de position et négociations de faits, voir Getting to Yes, Negotiating Agreement Without Giving In, sur Amazon à l'adresse* http://bit.ly/bossget2yes

Les bons chefs de projet qui utilisent la méthode de la loi de Murphy, sont souvent victimes de mauvaises interprétations selon lesquelles ils sont négatifs ou pessimistes alors qu'en fait ils sont tout simplement précautionneux, attentifs et professionnels.

Anecdote :

Il est difficile de citer un exemple en particulier sur ce sujet, tant nous appliquons ce principe au quotidien (et même parfois dans la vie privée). Il faut pour cela un sixième sens pour pressentir les projets qui vont partir dans le décor, identifier les mauvais signaux, et comprendre les problèmes qui pourraient mener à l'échec du projet. Ceci permet de prendre des mesures de précaution à chaque fois que cela est nécessaire. C'est aussi pour cela qu'il ne faut pas hésiter à mettre beaucoup de pression sur un nouveau projet dès son lancement plutôt que vers la fin de sa mise en œuvre, car alors, il est trop tard. Et pour ce faire, il faut bombarder de questions les chefs de projets à propos des choses qui pourraient aller mal, et sur les façons dont ils pourraient se protéger des problèmes éventuels, ce qui permet de livrer les projets souvent en avance et, dans tous les cas, sans mettre une pression indue sur les équipes. Jamais, un projet mené de la sorte n'a généré de tension vers la fin des livrables, comme c'est malheureusement le cas pour la majorité de ceux qui sont mal gérés.

✔ *Conseil n° 7 : agir promptement*

La plupart des entreprises tendent à se réinventer tous les six mois, ce qui n'est peut-être pas anormal, bien que cela puisse se révéler fatigant à la longue. Très peu de gens savent s'adapter à ces changements permanents, malgré leur fréquence, même si c'est quelque chose contre lequel on ne peut lutter, et qu'il vaut mieux apprendre à accepter pour essayer d'en dégager les opportunités plus intéressantes.

Ceci veut dire que si vous voulez mettre en œuvre le changement, vous avez environ une fenêtre de six mois, trois mois étant l'optimum. Ceci vous permet de montrer, en un minimum de temps, les résultats effectifs de votre conduite du changement, avec preuve de concept à l'appui, de façon à vous préparer et à aider le management à préparer la réorganisation suivante.

Si vous préparez vos équipes et vos projets de cette manière, vous ferez en sorte de toujours être de la partie lorsqu'une nouvelle organisation est décidée, plutôt que d'avoir à subir le changement décidé ailleurs ; il est préférable de mener le changement plutôt que d'avoir à en subir les conséquences.

Anecdote :

Malgré l'interdiction préalable, l'arrivée dans un nouveau poste fut le bon moment pour lancer de nouveaux blogs d'entreprise. Il est plus facile de prendre des risques au démarrage d'un poste qu'après six mois de pratique. L'effet de surprise passé et la preuve de concept établie, il était facile de démontrer le bien-fondé de cette tactique digitale… qui perdure six ans après et est même considérée comme une meilleure pratique.

✔ *Conseil n°8 : si la route est bosselée, rouler plus vite !*

Voilà un conseil qui va parler aux cyclistes et surtout à ceux qui, comme Yann Gourvennec il y a quelques années, se sont essayés au Paris-Roubaix, la fameuse course sur les pavés du Nord. Tout cycliste confirmé vous expliquera comment passer les pavés : plus ils sont mauvais et disjoints, plus vous avez de chance d'éviter la chute en allant le plus vite possible et en roulant au milieu, sans vous préoccuper ni des trous, ni des bosses. Cela peut paraître contre-intuitif mais les experts du tout terrain le savent bien, la vitesse aplanit les difficultés du terrain.

La plupart des apprentis de la conduite du changement pensent ainsi qu'il faut s'arrêter dès que l'environnement devient incertain et chaotique. C'est une erreur, car le chaos est au contraire à la source de toute création. L'utilisation du terme chaos dans la langue anglaise, dans le sens de « état de désordre total et de confusion » n'arrive qu'avec la période élisabéthaine, date à laquelle (XVIe siècle), l'anglais moderne fait son apparition. Mais, le sens originel, issu de la mythologie grecque et autres écrits hiératiques postérieurs, en est la description de l'état du monde avant que celui-ci prenne forme.

Le chaos n'est donc pas synonyme de désordre, mais au contraire décrit la période durant laquelle tout est possible, avant de pouvoir appréhender la situation dans son ensemble.

Les visionnaires, au contraire des autres, cherchent toujours à mettre en œuvre le changement dans les périodes les plus agitées, car ce sont celles du champ des possibles, durant lesquels la créativité a le plus de chances de s'exprimer. Il existe toutefois des limites au chaos, nous vous l'accordons, certaines périodes sont plus complexes que d'autres, et il est affaire d'appréciation que de déterminer si la limite est franchie, au-delà de laquelle il vaut mieux faire attendre les nouveaux projets que les susciter. Il n'existe, hélas, pas de métriques fiables en dehors du jugement pour évaluer cette limite.

À l'intérieur de celle-ci, démarrer un nouveau projet lorsqu'une organisation est en phase de redéfinition est en fait la vraie bonne idée, car c'est le moment où les directeurs exécutifs cherchent ardemment des solutions à leurs problèmes, et sont donc plus ouverts aux innovateurs qui sont à même de les aider dans cette tâche.

IV.9 Coordonner les actions au travers de l'organisation

Si l'évolution des mentalités et la culture du changement sont nécessaires, il ne faut pour autant croire que la communication digitale est affaire d'amateurisme et d'improvisation : ce serait commettre une tragique erreur. Bien au contraire, elle suppose une coordination de tous les instants. Toutefois, les moyens engagés variant nécessairement en fonction de la taille de l'entreprise… Nous allons exposer plusieurs moyens qui assurent une communication digitale professionnelle et de qualité.

Tout pourrait porter à croire que la professionnalisation de la communication digitale est devenue un consensus globalement accepté : il n'en est rien. En 2013, et à notre grand étonnement, il nous arrive encore de voir des offres publiées de « stage community manager » pour gérer la présence digitale et sur les médias sociaux de marque aussi établies que… GROUPON.

Community Manager (stage)
TBWA\DAN Paris - Boulogne-Billancourt (92)
Stage / Apprentissage
Stage de 3 à 6 mois. Une première expérience significative dans le **Community** Management identifier et nouer une relation avec les influenceurs....
Postuler à cet emploi via Indeed
Indeed - il y a 9 jours - sauvegarder - envoyer par email - plus ...

Stage Community Manager
Paris 9e (75)
Stage / Apprentissage
Etudiant de formation BAC +1/2/3, vous êtes à la recherche d'un **stage** à temps plein d'une durée de 2 mois minimum....
candidat-online.com - il y a 1 jour - sauvegarder - envoyer par email - plus ...

Stage Community Manager GROUPON H/F
Groupon ★★★ 54 avis - Paris (75)
Stage / Apprentissage
GROUPON réinvente le web... Mais nous n'attendons que vous pour aller plus loin.... Créée en Novembre 2008 aux Etats-Unis, GROUPON est une jeune société en pleine...
Groupon - il y a 6 jours - sauvegarder - envoyer par email - plus ...

Stage Community Manager
COMPANEO - Suresnes (92)
Envoyez CV et Lettre de motivation à : stage@companeo.com. Vous devrez aussi avoir une bonne fibre commerciale....
COMPANEO - il y a 19 jours - sauvegarder - envoyer par email - plus ...

Stage - Community Manager
Buuyers - Paris 8e (75)
Non rémunéré (**stage** inférieur à 2 mois) - Néanmoins, une gratification est possible en fonction de lattitude du stagiaire et des résultats obtenus....
hopstage.com - il y a 5 jours - sauvegarder - envoyer par email - plus ...

Stage community manager
Weblib - Boulogne-Billancourt (92)

Les offres de stage pullulent, là où on attendrait plutôt des offres d'emploi

Comme dans tous les métiers, l'appui de stagiaires est une absolue nécessité, pour décharger les équipes impliquées de certaines tâches - les moins risquées, et non les moins valorisantes – et pour former de nouvelles compétences qui, plus tard, rejoindront les effectifs, dotées d'un savoir-faire et d'une connaissance correcte de l'entreprise. Mais le community management est une activité trop critique pour ne la confier, comme le font de nombreuses entreprises et même certaines agences, qu'à des stagiaires.

En réalité, cette approche illustre parfaitement que ces entreprises n'ont absolument pas compris les enjeux de la communication digitale ni mis en place le type d'organisation et de processus nécessaires à leur mise en œuvre opérationnelle.

1. Les équipes

La communication digitale est avant tout un travail d'équipe : il est plutôt rare qu'un seul individu puisse gérer l'ensemble des activités qu'elle nécessite, bien que cela reste possible au sein de petites entreprises. Mais, s'il s'agit d'un travail d'équipe, la forme et le mode opératoire de l'équipe peuvent varier du tout au tout, d'une entreprise à l'autre. Comme l'a, par exemple, précisé Olivier Blanchard dans son livre *Social Media ROI*[45], il peut s'agir d'organisations très centralisées, ou au contraire distribuées sur plusieurs cellules autonomes, toutes capables d'intervenir sur leurs propres sujets ou sur leurs propres territoires.

Passons donc en revue les différents types d'organisation envisageables.

Une seule personne. C'est parfois le seul mode opératoire possible, notamment dans les petites et moyennes entreprises, qui n'ont pas les moyens ou les budgets pour assumer une communication digitale de large amplitude. Sur les épaules de cette unique personne reposent donc des responsabilités fortes, allant de la conception de sites Web ou d'applications, à la réalisation de campagnes emailing, aux campagnes publicitaires en ligne, à la gestion de l'e-réputation et à la présence sur les médias sociaux. Fichtre ! Il est quasiment impossible d'assumer une telle charge sans passer par des sous-traitants, agences spécialisées ou freelances expérimentés afin d'être le plus efficace possible.

Il va de soi que cette personne doit également travailler avec toutes les organisations de l'entreprise : marketing, communication, design, RH, etc. Autrement dit, servir de nœud d'interconnexion entre l'interne et l'externe, sur nombre de sujets. Inutile de vous dire qu'un stagiaire ne fera pas l'affaire, ne serait-ce que pour les problèmes de transition que cela pose, et que seront privilégiés, dans de tels cas, des profils très expérimentés.

Équipe centralisée. C'est le mode opératoire privilégié dans de nombreuses entreprises, où une équipe, sous l'autorité d'un « directeur de la communication digitale » aura en charge l'ensemble des aspects cités précédemment : conception de sites ou d'applications, campagnes emailing, publicité en ligne, veille et e-réputation, médias sociaux. La taille de l'équipe peut varier, et permet de distribuer les projets selon les profils et les compétences. Le responsable digital doit s'assurer, néanmoins, d'une certaine fluidité dans les échanges, et sur trois axes essentiels :

1. **La fluidité au sein de son équipe** : les projets et les équipes doivent se coordonner tant en contenu qu'en calendrier. Rien ne sert de lancer une campagne emailing pour annoncer un nouveau produit quand son propre site Web n'en parle même pas, si ce n'est pour prendre le risque de voir sa page Facebook polluée par des utilisateurs mécontents ou moqueurs. Dans un tel cas, un même sujet – le lancement d'un produit – peut impacter plusieurs « slots » de l'équipe en charge de la communication digitale. Rien d'étonnant à cela, et pourtant que de fois avons-nous constaté ce type de manque de coordination !

45 *Social Media ROI, par Olivier Blanchard, Que Publishing, mars 2011.*

2. **La fluidité avec les autres organisations de l'entreprise** : l'équipe digitale doit sans cesse se coordonner avec les autres organisations de l'entreprise, afin de s'assurer que le contenu qui est diffusé sur tous les supports reflète la réalité de l'entreprise : lancements ou retraits de produits, recrutement, etc. On veillera, notamment, à ce que chaque projet digital soit informé en temps et en heure de ce qui le concerne (cf. le point précédent). Il n'est pas inutile, à ce stade, de nommer des « correspondants » avec les autres organisations (RH, marketing, support, etc.), qui devront distribuer l'information au sein de l'équipe digitale.
3. **La fluidité avec les prestataires externes** : alors que, dans le cas précédent, une seule personne avait en charge les relations avec les prestataires (freelances et agences), ici, chaque projet est susceptible de travailler avec ses « propres » prestataires : agence Web pour concevoir des sites, agence Web spécialisée technologies mobiles pour les applis mobile, experts SEO, agences média, community managers freelance, sans compter des interlocuteurs comme Google, LinkedIn, Facebook ou Twitter auxquels vous pourriez avoir directement affaire pour gérer, par exemple, vos campagnes publicitaires. Cette multiplication des points de contact peut générer des zones de friction dans les échanges, et désorganiser les modes opératoires mis en place.

On le voit, le « directeur de la communication digitale » est avant tout un manager, plus qu'un expert du secteur. Sa principale préoccupation n'est pas technique, mais humaine : mettre du liant et de l'efficacité dans une organisation extrêmement complexe à gérer, tant les liens vers l'intérieur ou l'extérieur sont multiples.

Équipe distribuée. L'avènement du digital au sein des entreprises ne se fait pas toujours à la même vitesse, surtout lorsqu'il s'agit d'entreprises distribuées sur plusieurs sites, plusieurs pays, plusieurs cultures. Constructeurs automobiles, opérateurs télécom, éditeurs de logiciels, tous sont susceptibles d'être présents à différents endroits de la planète. La mise en œuvre de la communication digitale peut avoir fait l'objet d'expériences différentes sur chaque point du globe.

On voit dès lors apparaître non pas une équipe, mais plusieurs équipes. Chaque équipe peut avoir développé certaines compétences plus que d'autres, en fonctions de sa taille, de la durée de sa présence sur le digital, de la maturité locale du sujet, de l'expertise et du réseau de partenaires sur lequel elle peut s'appuyer.

Dans de tels cas, le responsable de la communication digitale a un rôle à jouer qui est beaucoup moins dans l'opérationnel, délégué aux responsables des structures locales, que dans la montée en compétence de l'ensemble des territoires, et dans l'homogénéisation des savoirs et des savoir-faire.

La coordination de grands projets digitaux peut également faire partie de ses responsabilités, notamment lors de la refonte de sites Internet qui doivent être déclinés sur plusieurs pays et dans plusieurs langues. Les compétences requises, dans ce cas, sont celles d'un manager de projets internationaux, et moins d'un expert technique, ainsi, parfois, qu'une certaine mobilité.

2. Les processus

Comme pour d'autres secteurs d'activité, la communication digitale requiert la mise en place de processus destinés à en accroître l'efficacité d'un point de vue opérationnel et dans la gestion des équipes. Ces processus varient d'une entreprise à l'autre, tant dans leur dénomination que dans la description des rôles et des tâches qui les composent. Dégageons, néanmoins, quelques grands principes, que nous vous conseillons bien entendu de mettre en application avec le doigté nécessaire.

Coordination éditoriale. C'est un aspect essentiel de la communication digitale : on ne peut parler d'une même voix que lorsqu'on dit la même chose. Cette coordination requiert donc d'utiliser autant que possible des contenus non pas identiques, mais au moins non contradictoires.

Par exemple, une chaîne de grands magasins qui souhaiterait faire connaître son ouverture pendant certains jours fériés devra impérativement s'assurer que le contenu fourni aux différents canaux (site Web, médias sociaux, newsletter) est bien le même, et qu'il est bien complet (ne pas oublier, par exemple, le magasin de Marmande, sous peine d'en fâcher quelques-uns...).

Planning éditorial. C'est aussi un aspect essentiel de la communication digitale, surtout s'il concerne des intervenants différents : ne pas le respecter risquerait de faire apparaître des points de friction entre les membres de l'équipe, entre ceux qui produisent le contenu (rédacteurs, blogueurs, illustrateurs) et ceux qui le diffusent (community managers, responsables newsletter). Une visibilité sur les contenus éditoriaux à un horizon de deux semaines nous semble le minimum acceptable ; un mois, souhaitable ; trois mois, la configuration idéale.

Penser qu'on va prévoir à trois mois ce qui sera dit ici et là peut vous faire sourire. Pourtant, si vous souhaitez vous assurer de l'efficacité de vos équipes, croyez-nous, c'est impératif. Cela vous permet d'anticiper les périodes de charge, les congés, mais aussi les sujets récurrents (fêtes, jours spéciaux, campagnes promotionnelles, etc.) et de les faire connaître et gérer par tous les acteurs de la communication digitale.

Gestion de projets. À notre connaissance, il n'existe pas d'outil de gestion de projets spécifiquement dédié à la communication digitale. Nous vous recommandons donc de vous reporter sur des outils de gestion de projets traditionnels, comme, par exemple, l'excellent Basecamp[46] adopté par des milliers d'équipes Web de par le monde.

Tous les membres de l'équipe digitale doivent, bien sûr, avoir accès à cet outil. Une formation de quelques heures suffit pour en maîtriser les principaux aspects, n'hésitez-pas à vous assurer que votre équipe en suit une, pour ne laisser personne à la traîne. Une fois l'outil mis en place, attachez-vous à définir les rôles, entre les administrateurs, les gestionnaires de projets et les participants. Idéalement, cet outil est accessible en ligne pour partager plannings, projet, documents (spécifications, cahiers des

---

46 Disponible sur www.basecamp.com

charges, maquettes, cahiers de recettes, etc.). C'est un peu le système nerveux central de votre équipe digitale, ne le négligez pas.

Rapport d'activité. Comme dans d'autres domaines de l'entreprise, le rapport d'activité est d'une importance capitale, et nous consacrons les paragraphes suivants à ce sujet.

3. La mesure

« Il n'y a pas de progression sans mesure ». Cette maxime, énoncée par l'un de nos clients, il y a quelques années, est restée gravée dans nos mémoires. C'est peut-être une évidence, mais une évidence à côté de laquelle passent des milliers de personnes, qui ne se donnent ni le temps, ni les moyens, d'effectuer correctement cette mesure.

Car la véritable question, que doivent se poser les marketeurs, n'est pas « pourquoi mesurer », mais porte plutôt sur « que mesurer » ? S'agit-il du nombre de tweets, de fans ou de vues d'une vidéo ? Qui s'en soucie réellement ? Après tout, cela s'apparente plus à mesurer la température du canon d'un fusil après avoir tiré un coup, alors que ce qui importe vraiment, est d'avoir touché sa cible, n'est ce pas ?

Les habitués de l'emailing ont adopté des outils pour mesurer la qualité d'une campagne : taux d'ouverture, de clic, de NPAI. De la même manière, les professionnels de la publicité en ligne s'accordent sur l'utilisation de mesures standards, comme le nombre d'affichage ou de clics. Mais, en ce qui concerne les médias sociaux, ce n'est pas si simple.

La mesure de données brutes non qualitatives n'a qu'un faible intérêt. Elle permet tout juste de flatter les égos, en se disant qu'on a plus de fans que son concurrent, ou que son community manager diffuse plus de tweets que celui du voisin : en gros, qu'on a un plus gros Klout.

La mesure de données un peu plus élaborées s'impose d'entrée au marketeur qui veut aller plus loin. Mais, que sont ces données élaborées ? Un premier niveau de réponse consiste à considérer la dérivée première, la pente, la vitesse. La vitesse de progression du nombre de fans ou de tweets ? Ne risque-t-on pas, là encore, de se tromper de voie ? La vitesse de diffusion de tweets ou de diffusion d'une vidéo (en nombre de retweets ou de vues à l'heure) est une indication déjà plus intéressante, qui permet de comparer des phénomènes.

Les marketeurs à la recherche d'un sens à donner à Facebook ont élaboré des formules bien plus poussées, en donnant un nom à leurs efforts : le calcul de « l'engagement », c'est-à-dire la propension d'un groupe d'individus à partager, diffuser, commenter un contenu. Et il faut le reconnaître, cela correspond bien au mode de fonctionnement de Facebook. Nous sommes donc parvenus à une formule de calcul de l'engagement de la forme suivante :

engagement = (commentaires + likes + partages) / nombre de fans

Voilà une formule intéressante à plus d'un titre, car elle ouvre la voie à une discussion sans fin sur la signification de ses diverses composantes.

- Le nombre de fans : lequel doit-on considérer, celui dénombré au moment de la diffusion, le nombre de fans actuels ou celui atteint une fois le dernier partage / commentaire réalisé ?
- En cas de ciblage géographique, ne doit-on pas considérer le nombre de fans correspondant au ciblage, plutôt que le nombre de fans total (c'est ce qui explique le faible « niveau d'engagement » des pages multilingues...) ;
- Doit-on calculer l'engagement pour chaque publication ou pour toute la page ? Et si c'est pour toute la page, ne doit-on pas se restreindre à une période de temps limitée ? C'est la voie adoptée par SocialBakers, qui calcule un engagement à 7 ou 30 jours, ce qui provoque un lissage très bluffant de l'engagement, qui peut malheureusement chuter de manière brutale, au grand dam des community managers ;
- Si l'engagement se calcule de cette manière sur Facebook, comment se calcule-t-il sur Twitter ? Sur YouTube ? Sur Google+ ? Sur Instagram ? Les valeurs obtenues sont-elles homogènes, les grandeurs considérées sont-elles comparables ?

On le voit bien, la mesure de l'engagement est une chose délicate, et nous n'avons pas encore vu de mesure vraiment convaincante à ce sujet. Une seule chose est sûre, cependant : si vous choisissez un outil ou une formule, adoptez les mêmes pour toutes les mesures que vous effectuerez lors de vos comparaisons entre deux pages ou deux comptes.

4. Le rapport d'activité

Nous abordons, enfin, l'objectif final de ce chapitre : apporter à son boss les moyens de comprendre ce qui se passe au sein de son organisation digitale. Le rapport d'activité (ou dit aussi « reporting » pour faire chic) se fera donc sous la forme d'un tableau de bord (« dashboard » en anglais)[47]. Ce tableau de bord doit offrir une vue synthétique des principaux indicateurs.

Voici comment produire un tableau de bord personnalisé, dont vous pourrez revendiquer avec fierté la paternité :

1. **Commencez par définir votre univers.** Allez-vous mesurer toutes les plateformes ou seulement certaines ? Allez-vous vous comparer à vos compétiteurs ou vos différents produits entre eux ? À vous de choisir.
2. **Poursuivez, par une définition des indicateurs.** Ce sont les paramètres que vous allez suivre : si la température du fusil vous plait, mesurez le nombre de fans, de tweets, le taux de tweets / retweets, ce que vous souhaitez, mais définissez ces indicateurs **en amont.**
3. **Mettez en place une logique de collecte.** Pour cela, vous devrez vous appuyer sur des outils. Il en existe peu qui soient automatisés, ou qui couvrent

47 *La terminologie anglaise s'est malheureusement imposée dans nombre de nos organisations. Dans ce chapitre, on préfère conserver les termes en français.*

l'ensemble des plateformes, malheureusement. Si SocialBakers peut convenir pour Facebook ou Twitter, la collecte sur YouTube se fera probablement à la main. Idem pour LinkedIn, Instagram, etc. La collecte se fait à un rythme qu'il vous faudra tenir dans le temps : inutile donc de mettre en place une collecte quotidienne si vous ne rencontrez votre boss qu'une fois par mois sur ce sujet.

4. **Intégrez tous ces éléments dans un tableur.** Vous découvrirez par la même occasion les joies d'Excel, les tris, les tableaux croisés dynamiques[48]. Tenez à jour l'ensemble des données en ajoutant une colonne (ou une ligne, c'est selon) à chaque collecte. Disposez vos tableaux sur plusieurs onglets différents, pour ne pas vous retrouver dans une situation de chevauchement. Conservez religieusement l'historique de vos fichiers, en les nommant « collecte-janv-13 », « collecte-fev-13 », etc.
5. **Enfin, traduisez vos tableaux en des graphiques éloquents.** Excel propose un vaste choix de courbes et graphiques qui donnent du sens à vos chiffres : camemberts, courbes, etc. Si Excel vous rebute, vous pouvez aussi essayer des outils comme JoliCharts[49], qui permettent de faire de la « business intelligence » sans le savoir, de manière purement graphique.

Voici ce que peut donner un tableau de bord soigneusement élaboré et réalisé, avec une petite retouche graphique par derrière.

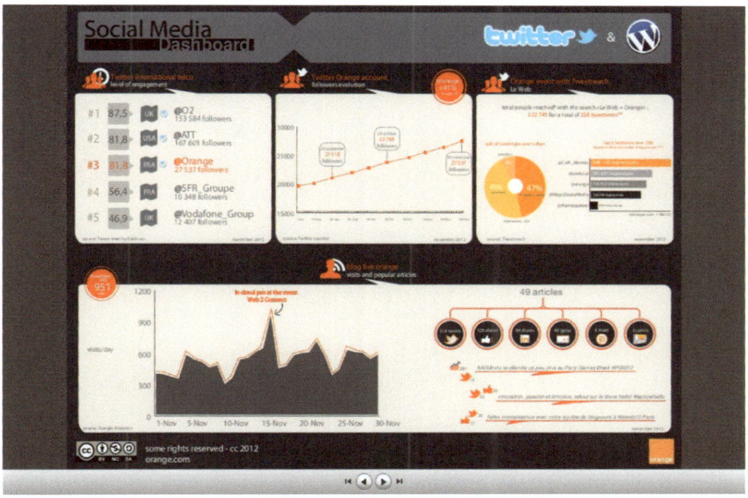

Le tableau de bord partagé au sein de l'équipe Orange Corporate

---

48 *Si vous ne vous êtes jamais encore formé à cette technique, faites-le immédiatement, un bon manager doit être à l'aise avec les chiffres !*

49 *À découvrir sans attendre sur* www.jolicharts.com

Ce tableau de bord, diffusé par Orange chaque mois pendant de nombreux mois de 2011 à 2013 sur son compte SlideShare[50], reflète le positionnement de la marque Orange par rapport à son écosystème (ses concurrents, ses implantations locales dans différents pays)[51].

Dans le cartouche suivant, l'exemple de la Fédération Nationale des Syndicats d'Exploitants Agricoles (FNSEA) vous permettra de bien comprendre l'enjeu réel de la coordination de la communication digitale à l'échelle d'une organisation syndicale de cette ampleur.

Enfin, nous conclurons ce chapitre par la délicate question de la présence du top management sur les médias sociaux. Ce fut l'objet de la conférence Media Aces de juin 2013, et le débat lancé à cette époque n'est pas prêt de cesser.

La communication digitale de la FNSEA[52] : une stratégie « glocale »

Les agriculteurs ne sont pas connectés ? Une image d'Épinal obsolète et un préjugé parfois tenace que la FNSEA et son réseau s'emploient à balayer en appliquant une stratégie digitale d'influence, du local au national. Explications par Cynthia Kari, Social Media Manager de l'organisation syndicale.

Selon une étude récente de BVA/Isagri (2012), « 81 % des agriculteurs utilisent tous les jours Internet, dont 45 % les médias sociaux ». Ils se connectent pour

---

50 *Disponible sur* http://SlideShare.net/orange

51 *Il est toutefois notable que cet outil a été plus tard, début 2013, remplacé par d'autres tableaux de bord plus évolutifs et plus automatisés. De même, la diffusion externe du tableau de bord fut un bon élément de visibilité apporté sur le travail de l'équipe et de la marque, mais la répétitivité de cette publication a fini par remettre en cause l'approche après un an et demi d'exercice.*

52 *Fédération Nationale des Syndicats d'Exploitants Agricoles.*

consulter leurs comptes bancaires, les cours des matières premières, la météo... mais aussi pour s'informer, échanger et dialoguer sur leur métier.

Si rural et local soit-il, le monde paysan n'est donc pas la lanterne rouge du digital. Bien au contraire ! Depuis 2012, la FNSEA met en place une véritable stratégie d'influence qui vise à s'emparer des nouveaux outils de communication pour faire entendre la voix du monde agricole sur la toile. Dans une logique de marque, la FNSEA a donc identifié les acteurs-influenceurs de son secteur, avec pour objectif de multiplier les points de contact et les relais d'information sur l'univers agricole.

Dialoguer, mobiliser et rapprocher

Pour la FNSEA, les outils digitaux constituent un terreau complémentaire pour mobiliser ses adhérents, accroître sa visibilité/notoriété et se rapprocher de tous ses publics, y compris de ses opposants.

Une approche « sociale par nature » pour ainsi dire, puisque l'ADN de la FNSEA est lié à la force de son réseau. Concrètement, il a été question, ni plus ni moins, que de reproduire sur les médias sociaux (tels que Facebook, Twitter, etc.) un maillage déjà bien réel et fortement ancré dans les territoires[53] pour mobiliser et rapprocher les agriculteurs autour des enjeux agricoles de demain.

La reconstitution d'un réseau réel en réseau virtuel

En moins d'1 an, et dans le cadre d'un programme de formation complet, plus de 200 agriculteurs du réseau FNSEA ont été formés à l'utilisation des réseaux sociaux. Une communauté « d'agrinautes » bien active sur la toile a donc été créée. Les occasions sont multiples pour les réunir en IRL, notamment lors de tweetapéros, organisés aussi bien en région que lors d'évènements grand public, comme le Salon International de l'Agriculture par exemple.

La diversification et le partage des supports de communication

Chaque réseau social ayant ses spécificités et ses cibles, la FNSEA s'attache à adapter chacun de ses supports de communication. Cela se traduit par une multiplication des infographies, des vidéos, des campagnes visuelles, etc. pour s'assurer de toucher un public plus large et plus réceptif.

Toujours dans une démarche de synergies national/local, la FNSEA met ainsi à disposition de son réseau de fédérations locales, l'ensemble de ses supports de communication.

Pour illustrer la démonstration, voici deux exemples d'opérations réussies par la FNSEA sur le digital en mode « glocal » :

- À deux reprises, en 2012 et en 2013, la FNSEA a organisé des « live tweets » pendant ses congrès nationaux. Des opérations interactives par excellence qui ont permis aux intervenants, aux congressistes et aux tweetos de tous horizons, de suivre les évènements et de réagir en direct à partir d'un hashtag #fnsea

53 96 FDSEA et 22 FRSEA

L'audience bat des records chaque année, avec en mars 2013, plus de 60 000 personnes touchées sur Twitter.

- Autre exemple de communication tous publics, sur Facebook cette fois : le jeu concours « Les agriculteurs aiment le Tour » organisé en partenariat avec le Tour de France. Depuis 5 ans, la FNSEA propose aux agriculteurs de réaliser un visuel champêtre sur le parcours du Tour. Cette année encore, pour les 100 ans du Tour de France, les internautes pourront voter pour leur visuel favori en participant au jeu concours en ligne sur la page Facebook de la FNSEA. Il remporte un large succès auprès de tous publics, avec près d'un million de personnes touchées dans plus de 80 pays.

À ce jour, ce sont plusieurs milliers d'agriculteurs qui, de manière plus ou moins quotidienne, communiquent sur leur métier et leurs passions sur les réseaux sociaux tels que Facebook et Twitter.

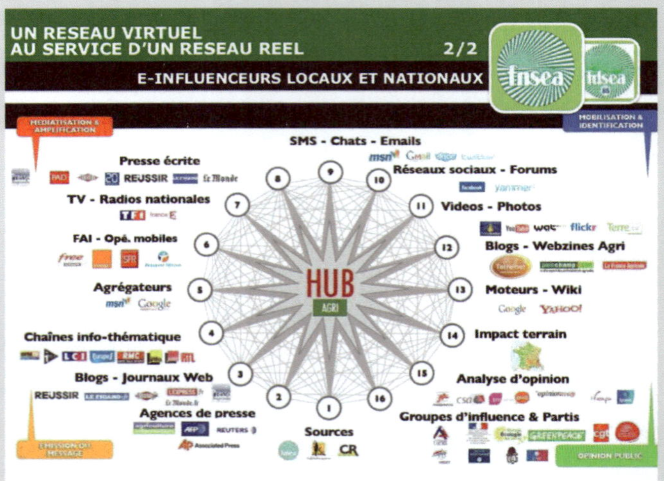

Mon boss doit-il être sur les médias sociaux ?

En juin 2013, nous avons organisé l'une des conférences Media Aces les plus originales[54], en invitant non des professionnels du digital et des médias sociaux à s'exprimer sur leurs métiers et leurs projets, mais... des patrons d'entreprise, qui étaient présents sur Twitter... ou ne l'étaient pas. Mon patron doit-il s'exprimer sur les médias sociaux ? La réponse n'est pas simple...

La question de la présence des patrons sur les médias sociaux ne date pas d'hier. De fait, dès les premières heures de la glorieuse époque des blogs, certains patrons d'entreprises, et non des moindres, se sont livrés au jeu subtil d'une communication en toute transparence ou presque, sur un blog qui leur était entièrement dédié. C'est ainsi que dès les années 2003-2005, on a pu lire la prose de Jonathan Schwartz, dernier patron en date de Sun Microsystems (avant son rachat par Oracle), ou, plus près de nous, celle de Michel-Edouard Leclerc, patron de la chaîne de points de vente éponyme. Tous ne sont pas des férus de technologie et d'informatique comme Jon Schwartz, loin s'en faut. Ainsi, Bill Marriott, CEO de la chaîne d'hôtels Marriott, qui a ouvert son blog en 2008, claironne d'entrée qu'il ne rédige pas ses articles... mais les dicte à son assistante : un enregistrement MP3 est même disponible en téléchargement.

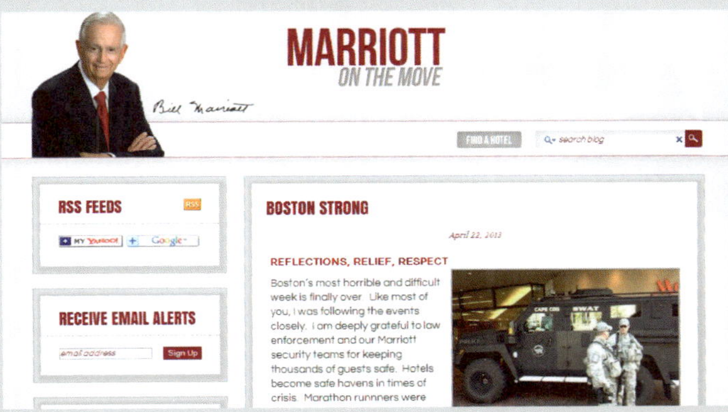

Bill Marriott, un des premiers patrons sur les blogs

54 *Cette conférence débutait par la publication d'une étude qualitative exclusive menée avec IPSOS France, sur la présence des boss sur les médias sociaux, dont vous pouvez retrouver les éléments ici :* http://bit.ly/amonbossdigital-ipsos-2013

Depuis l'ouverture de ces premiers blogs, le nombre de plateformes et de médias sociaux à la disposition des patrons qui souhaitent s'exprimer s'est singulièrement multiplié. Facebook, Twitter ou même YouTube font partie de l'arsenal employé par les boss de tous les pays. Sur Twitter, par exemple, ils sont quelques centaines à gazouiller, même si leur population ne reflète pas vraiment le profil des dirigeants d'entreprises françaises. Les entreprises de communication (agences, médias) sont ainsi largement surreprésentées, tandis que les patrons d'industrie y sont plutôt rares. Comme le rappelle un article paru dans *Le Figaro* rapportant les propos de Stanislas Magniant, directeur de Publicis Consultants Net Intelligenz, seuls 6 patrons du CAC 40 étaient, en avril 2013, présents sur Twitter[55], parmi lesquels Henri Proglio, PDG d'EDF, Jean-Paul Chifflet (Crédit Agricole), Pierre Coppey (VINCI Autoroutes). Ils sont certes présents, mais leurs tweets sont bien rares, et très peu personnels.

En revanche, nous avons trouvé de nombreux dirigeant(e)s de sociétés de taille respectables, très à l'aise sur Twitter : Clara Gaymard (GE France), Nicolas Bompard (FNAC), Françoise Gri (Groupe Pierre & Vacances), Serge Papin (Système U), etc. La plupart d'entre eux sont d'ailleurs recensés sur un compte Twitter, appelé @TweetBosses, créé pour l'occasion, entre autres, à l'initiative de Nicolas Bordas, patron de TBWA Europe, dont la présence et l'engagement sur les médias sociaux pourraient servir de modèle à de nombreux dirigeants à la recherche d'une stratégie de présence sur ces plateformes.

Les boss qui tweetent ont tous leur place sur @TweetBosses

Car la véritable question à se poser, n'est pas celle d'être ou non sur les médias sociaux, mais de l'objectif que cette présence doit servir[56]. Distinguons quelques objectifs simples, comme :

55 *L'article Un patron d'entreprise doit-il se mettre à Twitter* http://bit.ly/amonbossdigitalfigaro2013, *paru peu avant la conférence de Media Aces.*

56 *Lire également le billet sur le site cyroul.com* http://bit.ly/amonbossdigitalcyroul2013

- **S'approprier les outils du grand public pour mieux comprendre la digitalisation de la société.** Cela peut paraître banal, certes, et l'on pourrait penser que des pans entiers de l'organisation d'une entreprise se consacrent à cette tâche. Pourtant, que rêver de mieux qu'un patron qui comprenne naturellement les enjeux du digital, en s'essayant lui-même à leurs outils les plus symboliques. Même s'ils sont capables de comprendre sans s'investir personnellement, les dirigeants d'entreprise gagnent une perception plus intime des enjeux, des risques et des opportunités que présentent ces outils au travers de leurs propres comptes.
- **S'en servir comme un outil de management.** C'est évidemment un objectif qui marche d'autant mieux quand le reste de l'entreprise est sur Twitter, comme c'est le cas, par exemple, pour les entreprises du digital. Pour autant, il ne faudrait pas croire que les tweets du patron ont valeur d'évangile : les salariés d'une entreprise ne sont aucunement obligés de s'abonner au compte Twitter de leur patron, ni de retweeter ses propos.
- **Développer un mode de communication personnel plus jeune et plus dynamique.** C'est peut-être l'objectif le plus simple à atteindre, également le plus risqué. En passant du temps sur Twitter, nombre de ministres se sont fait tancer, au prétexte qu'ils avaient des choses plus sérieuses à faire que raconter leur journée : de tels reproches pourraient fort bien, un jour, être adressés par un conseil d'administration fort mécontent, à un patron dont les résultats laisseraient à désirer, mais qui aurait investi une partie de son temps sur cette plateforme. C'est un risque à ne pas négliger. Mais, observer certains patrons mêler points de vue personnels et propos officiels n'est, en réalité, pas désagréable du tout : bien au contraire, un tel style, adopté par exemple par Alexandre Bompard (PDG de la FNAC) fait ressortir les aspects les plus humains de sa personnalité.

À l'inverse, il est fort regrettable que certains patrons disposent d'un compte Twitter pour n'y diffuser qu'un ou deux tweets par an, sans réellement s'y engager. Si cela reste encore acceptable – et encore - de la part de Xavier Niel, qui s'est servi de cet outil pour alimenter le buzz lors du lancement de son opérateur mobile plus que pour dialoguer, cela paraît vraiment dommage finalement pour des patrons d'entreprises cotées. Tout au plus cela permet-il d'éviter le cybersquatting ou la création d'un compte parodique, comme ce fut le cas pour Anne Lauvergeon ou Bernard Arnault.

Qui doit gérer la présence sur les médias sociaux d'un chef d'entreprise ? C'est une question essentielle, car ne se transforme pas en blogueur impétrant ou en Lucky Luke du tweet qui veut. Se faire aider, surtout durant les premiers jours, permet d'éviter de faire des erreurs de débutant et de devenir la risée d'une partie de la twittosphère, en quête des moindres faux pas dont elle pourrait se gausser.

- Si la rédaction d'articles sur un blog devrait être personnelle autant que possible, rien n'interdit de se faire aider par des personnes plus compétentes sur la mise en forme ou la publication ; c'est d'ailleurs déjà le cas pour la prise de parole lors de discours, cela n'est pas plus honteux sur un blog. Bien entendu, ceux qui sont à l'aise avec l'écrit ont tout à gagner à utiliser eux-mêmes ce type de plateforme. La publication peut être confiée à un tiers, de même que la modération des commentaires. Répondre personnellement à quelques-uns de ces commentaires, quand c'est pertinent, est une idée à retenir.

- La présence sur une page Facebook – non sur une page personnelle, à éviter, mais sur une page officielle – n'est pas très courante. Si elle est envisagée, on repose alors entièrement sur une équipe digitale et médias sociaux, plus entrainée à mettre en forme et à publier correctement les contenus qui, eux, devront être établis sous la houlette du patron concerné.

- Enfin, la présence sur Twitter devrait, dans la mesure du possible, être entièrement personnelle. Cela renforce l'image que donne le patron ainsi connecté à cet outil, surtout quand il y combine propos officiels, liens, hashtags et photos, comme un vrai « ninja ». À l'inverse, rien n'est plus insupportable que de lire les tweets d'une personne dont on sait très bien qu'elle n'est pas en mesure de les diffuser à l'instant où ils apparaissent (durant en discours, pendant un trajet en avion, lors d'une interview, etc.). Attention, cependant, à ne pas réagir trop à chaud sur des réponses un peu violentes ou tranchées aux tweets émis, le risque de dérapage n'est jamais loin.

Enfin, rappelons aux patrons qui souhaiteraient utiliser Twitter discrètement pour être informés de ce que disent leurs concurrents, leurs propres salariés ou la presse, sans réellement y diffuser quoi que ce soit, qu'il reste possible de créer un compte anonyme, doté d'une liste privée, elle-même abonnée aux profils dont on souhaite suivre les propos. Certes, ce n'est pas très glorieux en termes de transparence, mais dans certains cas, cela peut être bien utile.

Les patrons ont-ils leur place sur les médias sociaux ? Oui, fort probablement, mais reconnaissons-le, tous ne sont pas forcés d'utiliser ce mode de communication et tous n'en ont pas les compétences ni les dons.

IV.10 Les nouveaux métiers de la communication digitale

Qui sont les acteurs de la communication digitale au sein de l'entreprise, quelle est leur formation, quels sont leurs rôles ? Nous avons demandé à Philippe Gérard, en charge des formations Web, médias sociaux et digital au sein de CEGOS, membre de Media Aces, de nous donner son point de vue sur les métiers de la communication digitale.

Le digital a impacté de plein fouet les métiers de la communication en entreprise, invitant à repenser la vision même de la fonction. Le point sur ces nouveaux et futurs métiers de la communication digitale.

Si les nouveaux spécialistes, nés avec le digital, sont clairement identifiés au sein des agences de communication (Traffic manager, Media Planner, SEO manager, ... voir encadré) ; en revanche, les services de communication, en entreprise, ont plus de mal à faire évoluer leurs compétences en interne et à définir le rôle les nouveaux professionnels de la communication digitale. Panorama des métiers émergents dans les entreprises.

Le community manager

Premier représentant de cette nouvelle génération de professionnels de la com : le community manager. Opérationnel, tactique, réactif, il prend en charge les aspects pratiques de la communication digitale.

Le métier existe, depuis longtemps, dans le monde des jeux vidéo (pour animer le forum d'une communauté de « gamers »), mais la fonction du community manager a pris aujourd'hui un autre sens. Dans l'univers de la communication, le community manager a pour mission de **fédérer et animer une communauté autour de la marque**. Il est également le garant de l'image de l'entreprise sur le Web et les médias sociaux. Voici donc la définition de poste du community manager en 5 points :

1. **Écouter** : exercer une veille informationnelle et concurrentielle constante ; être à l'écoute des propos tenus sur la marque sur le Web et les médias sociaux ;
2. **Converser** : le community manager réagit, si nécessaire, aux propos observés pour les appuyer, les compléter, les rectifier ou les contredire au besoin (sur des forums ou des blogs,...) ; intervenir par des publications ou des commentaires sur les médias sociaux (dans des groupes Viadeo, LinkedIn, ...) ; saisir les opportunités de conversations pour générer du buzz positif ;
3. **Rédiger** : le contenu est l'atout principal du community management. Le blog d'entreprise sert le plus souvent de plateforme centrale aux contenus du dispositif médias sociaux, le community manager rédige les billets et répond aux commentaires ;
4. **Animer** : le community manager construit et consolide une communauté autour de la marque sur le Web et les médias sociaux ; il alimente pour cela les comptes Facebook, Twitter, Google+ ou Pinterest. Il interagit avec les visiteurs, les fans, sollicite leur contribution et suscite leur engagement au sujet de la marque ;

5. **Mesurer** : le community manager contrôle les effets, subis ou souhaités, de la communication digitale ; il mesure les répercussions des actions menées (notamment par le taux d'engagement) en fonction des objectifs et des critères fixés.

Au-delà de ces missions fondamentales, le community manager pourra également être appelé à exercer des missions qui relèvent davantage des RP ou de l'événementiel classiques. À cette différence près qu'elles sont immergées dans l'univers digital. Il peut s'agir des relations blogueurs : repérer et entrer en contact avec les blogueurs influents sur son secteur d'activité. Pour la veille, bien sûr, mais aussi pour relayer de l'information ou des événements institutionnels. Ensuite, le community manager devra encore rédiger, ou faire rédiger, des billets sponsorisés qui pourront être publiés sur les blogs les plus influents du Web.

L'organisation d'un événement passe désormais par les médias sociaux. Le community manager devra orchestrer la diffusion de cet événement, fut-il dans la « vie réelle », l'annoncer en avant-première sur les réseaux, relayer l'événement par un « live tweet » et mettre à disposition les images de cet événement sur des plateformes vidéo (YouTube, DailyMotion, ...) ou photo (Flickr, Pinterest, ...).

Les qualités du community manager

Les premières formations initiales de community manager commencent à apparaître en France. En attendant les prochaines promotions de l'Éducation nationale, les candidats recrutés par les entreprises ont donc appris sur le tas. L'écrit tient une place primordiale dans le métier. Certains ont même évoqué une « revanche des littéraires ». Un français impeccable et une maîtrise totale de la langue s'imposent comme qualité première d'un community manager : la certification Voltaire[57] paraît le minimum. Par ailleurs, le sens de l'humour s'avère aussi d'un grand secours pour désamorcer les (petites) crises. Le community manager devra également faire preuve de transparence et de réactivité.

Confier le community management à un « jeune » (qui est donc « à l'aise avec les médias sociaux »), est donc une tentation qui ne manque pas d'attrait : les plus jeunes sont en effet les plus accoutumés aux plateformes sociales sur le Web, et les plus prompts à en découvrir les formes nouvelles de communication et d'échange. Certes. Mais, plus aucune marque ne se risquerait à cette erreur. Car pour réagir, correctement, sur le Web et les médias sociaux, il faut, a minima, avoir une bonne connaissance de l'entreprise, de ses valeurs, de son identité, et aussi, de sa stratégie. Une certaine maturité, donc. Un premier niveau d'intervention sur les médias sociaux peut, bien sûr, être confié à un junior :

- Surveiller les contenus concernant la marque sur les réseaux ; observer leur tonalité ;
- Réagir par des interventions de premier niveau ou de « routine » qui n'engagent pas la stratégie de l'entreprise.

57 *Pour plus d'informations sur la certification Voltaire :* http://www.certification-voltaire.fr

Il n'en va pas de même quand il s'agit d'intervenir à un niveau qui relève de la stratégie de l'entreprise :

- Définir des objectifs, un plan d'action, construire une communauté et la développer ;
- Intervenir sur des cas délicats, des zones de commentaires plus sensibles ;
- Gérer un « bad buzz » ou une crise sur les médias sociaux.

Pour répondre, dans son ensemble, à cette problématique, la fonction de community management appelle sans doute une solution par un tandem. Une seule et même personne ne peut agir sur ces mêmes niveaux d'intervention. Parce que la surveillance des réseaux peut prendre un temps incommensurable. Et parce que la réaction – particulièrement en cas de crise – nécessite un avis d'autorité et une responsabilité de décision, convenus avec, ou au nom de la direction de l'entreprise.

En résumé, le community management, c'est un junior pour scruter les réseaux et réagir sur des cas non polémiques... et un senior, pour intervenir sur les thèmes les plus délicats et fédérer une communauté autour de la marque. C'est d'ailleurs pourquoi, après celui de community manager, le métier de « social media strategist » s'impose, peu à peu, comme une nécessité.

Le social media strategist

Le « social media strategist[58] » – aussi appelé social media manager[59] – représente une fonction assez répandue dans le monde anglo-saxon, mais encore rare sous nos horizons. Sa mission est de construire des stratégies sociales sur les médias sociaux. En France, le terme de responsable des médias sociaux est assez fréquemment employé pour qualifier ce poste. Les formations initiales sont rares, mais une formation certifiante à ce métier existe déjà à la CEGOS.

Dans les entreprises, Jeremiah Owyang[60] définit clairement en quoi consiste le métier de « corporate social strategist » :

> *The Corporate Social Strategist is the business decision maker for social media programs – who provides leadership, roadmap definition, and governance; and directly influences the spending on technology vendors and service agencies.*

Le social media strategist prend donc de la hauteur sur la fonction de community manager, en occupant clairement le poste décisionnaire, par la définition d'une stratégie d'influence sur les médias sociaux. Le community manager reste, quant à lui, dans l'opérationnel, avec un profil plutôt junior comme on l'a indiqué. Le social media manager a, de fait, un ou plusieurs community managers sous sa coupe. Ce profil

---

58 *Voir la définition du social media strategist sur Social U :* http://thesocialu.wordpress.com/2011/04/19/social-media-strategist-job-description/

59 *Social Media manager - APEC :* http://annuaire-metiers.cadres.apec.fr/metier/Internet---multimedia/social-media-manager

60 *Corporate social strategist - Jeremiah Owyang :* http://fr.SlideShare.net/jeremiah_owyang/career-social-strategist

senior se rencontre dans les grandes entreprises, ou celles très engagées sur les médias sociaux et l'univers du high tech. Les agences de communication ont-elles aussi, bien sûr, recours à ces stratèges du Web social pour conseiller leurs clients.

En résumé, les points-clés du poste de social media manager :

1. Élaborer et appliquer la stratégie globale de la marque sur les médias sociaux ;
2. Tracer une « feuille de route» stratégique pour tous les départements de l'entreprise afin de les aider à développer des tactiques spécifiques ;
3. Développer les règles d'usage et les bonnes pratiques en interne pour améliorer la présence, l'action et l'engagement des collaborateurs sur les médias sociaux (charte, guidelines, accompagnement, etc.)
4. Définir des indicateurs clés de performance et mettre en œuvre un plan de mesure, d'analyse et de reporting pour évaluer les actions engagées ;
5. Assurer la formation des professionnels de la communication et des managers en interne pour créer, gérer, contrôler et développer du contenu pour les médias sociaux ;
6. Exercer une veille permanente pour repérer les nouvelles techniques du marketing social, repérer les technologies émergentes et partager cette connaissance avec les équipes.

L'équipe de communication digitale

COMMUNICATION	MEDIAS SOCIAUX
Dircom	Social media strategist
Chargé de communication	Community manager

Avec l'arrivée des « responsables des médias sociaux », quelle place reste-t-il aux dircoms et aux rescoms[61] « traditionnels » ? Il s'agit à l'évidence de postes en voie de disparition, ou tout au moins de mutation... vers le digital.

Les « dircoms 1.0 » doivent-ils avoir recours à un social media strategist ? Tout dépend bien sûr des enjeux des médias sociaux pour l'entreprise, de la vision de la direction. Si le binôme dircom/community manager (ou dirmarketing/community manager) fonctionne bien en interne, si le dircom a une bonne culture digitale et une clairvoyance sur ces enjeux ; le recours à un social media strategist n'est sans doute pas nécessaire. D'autant que la mission de social media manager peut également être externalisée. Posture peut-être plus rassurante pour le dircom en place... Le community management peut d'ailleurs, également, être externalisé.

Mais, à long terme, une entreprise peut-elle raisonnablement externaliser la totalité de sa réflexion et de son action digitale ? Même en cas de sous-traitance de la communication digitale, la plupart des professionnels – y compris les agences – s'accordent à dire qu'un community manager doit être présent à l'intérieur de l'entreprise. Une

61 *Directeurs de communication et responsables de communication.*

connaissance interne et approfondie de l'activité est indispensable pour interagir efficacement avec une communauté.

L'entreprise a-t-elle moyen de doubler les effectifs des équipes de com ? Un chargé de com et dircom ? Avec, en plus, un community manager et un social media manager ? Tout dépend là encore, des enjeux et des résultats attendus. C'est un choix opéré par des grandes structures. Ou encore, par des PME innovantes qui misent sur ces nouveaux vecteurs, directs ou indirects, de business.

Pour les autres entreprises, à périmètre RH égal (le temps et les moyens n'étant pas extensibles), il faudra bien soit relâcher l'énergie consacrée à la communication « classique » en faveur de la communication digitale ; soit... prendre le risque de ne pas communiquer de cette façon. Mais, est-ce encore une option ?

Le digital manager

Si le métier de « social media strategist » a sa raison d'être dans les agences et les grandes entreprises (au côté des autres métiers spécialisés, voir encadré), il en va autrement dans les PME où une seule et même personne doit souvent assurer toutes les missions de la communication. La mission du responsable communication digitale étant souvent entendue comme une extension du responsable de communication traditionnel ; et celle de community manager, comme une extension du métier de Webmaster... De fait, le responsable communication digitale accomplit, ou contrôle, toutes les missions des spécialistes en agence (référenceur, traffic manager, media planner, ...) en se faisant généralement aider par un prestataire externe.

Les médias sociaux sont aujourd'hui devenus une partie, certes primordiale, d'une politique de communication on-line, mais plus la seule. Ce serait oublier un peu vite le Web « classique » qui devient lui aussi de plus en plus « social » et surtout le nouveau pan indispensable du digital : la mobilité. Tablettes et Smartphones sont en train de grignoter le territoire grandissant du digital (Web, médias sociaux, mobiles) jusqu'à en devenir probablement bientôt, le principal relais.

De ce fait, le responsable de la communication digitale se mue, peu à peu, en digital manager avec des compétences qui recouvrent à la fois les fondamentaux du métier de la communication, les bases du management de site Web et, bien sûr, la maîtrise de la communication sur les réseaux sociaux. Avec une parfaite compréhension des enjeux et contraintes liés à la mobilité sur tablettes et Smartphones.

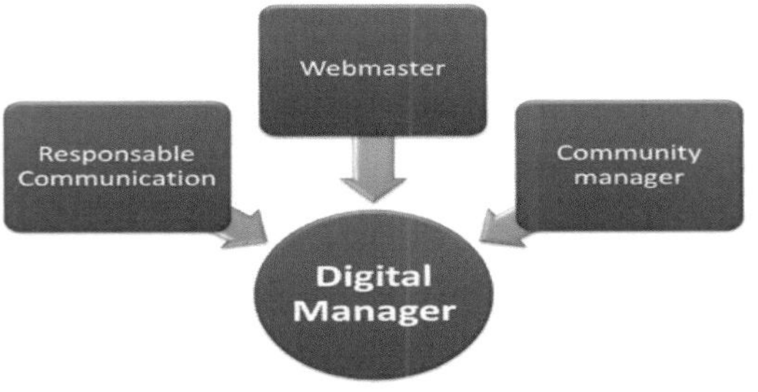

Le directeur digital

En allant plus loin, le métier de responsable de la communication digitale ne peut plus se limiter aux médias sociaux ni à celui de social media strategist ni même... à la communication. Un nouveau métier émerge, qui se trouve à la croisée des enjeux du social media pour l'entreprise : communication, marketing, commercial, relation-client.

Une fonction stratégique qui peut justifier d'un rang hiérarchique de cadre dirigeant, avec une dénomination de directeur digital[62] (ou Head of Digital) ou encore Chief Digital Officer (CDO) dont le premier sommet professionnel s'est tenu en février 2013 à New-York[63]. Une fonction de plus en plus fréquente outre-Atlantique mais que l'on voit arriver peu à peu en France. Car, le véritable enjeu du digital dépasse de loin les métiers de la communication, pour rejoindre les enjeux business de l'entreprise.

Le métier ne se définit non plus en fonction de l'apparition de l'outil - comme ce fut le cas pour le Webmaster ou celui de community manager - mais sur la mutation même de l'entreprise se restructurant, entièrement, en fonction de cette révolution digitale qui brouille les lignes entre des domaines autrefois clairement établies dans l'entreprise. Qui aujourd'hui peut affirmer que les médias sociaux, les applications mobiles, ou le site Web de l'entreprise concerne davantage le dircom que le directeur marketing ? Le directeur commercial plutôt que le directeur de la qualité ? Personne, sinon justement, le directeur digital dont le rôle sera d'établir ce lien et cette cohérence de la politique digitale dans et hors de l'entreprise.

Un intitulé de poste qui n'est pas encore stabilisé, et qui apparaît sous diverses appellations :

- Chief Digital Officer
- Directeur du digital
- Directeur du numérique
- Head of Digital

L'arrivée de ces nouveaux profils bouleverse les schémas établis dans les organisations.

D'après Esmeralda Swartz[64], Gartner prédit qu'en 2015, 25 % des organisations auront un Chief Digital Officer. Le métier de CDO est un métier hybride entre la communication/marketing et l'informatique. Il doit posséder, à la fois, des compétences technologiques, mais aussi de développeur de business. Il met en place la stratégie digitale de l'entreprise avec une vision d'ensemble, incluant le Web, le mobile, les médias sociaux mais aussi les plateformes traditionnelles. Le directeur digital a pour mission d'utiliser les technologies pour façonner l'expérience client multicanal. En étroite collaboration

62 *L'ascension du directeur numérique - Nigel Fenwick :* http://www.cio-online.com/contributions/lire-l-ascension-du-directeur-du-numerique-546-page-1.html

63 *Le CDO Summit :* http://www.cdosummit.com/

64 *Chief digital officer - Esmeralda Swartz :* http://readwrite.com/2013/04/22/chief-digital-officer-cdo-technology-marketing-new-enterprise-leader

avec le marketing, la communication et la DSI, il pourra, à terme, prendre la responsabilité de l'ensemble de ces services réunis par le point nodal du digital.

Nombre de directeurs digitaux proviendront de la DSI, grâce à leur socle de connaissance technique, mais la profession reste très ouverte aux professionnels du marketing et de la communication ; la difficulté étant justement, de réunir cette double compétence. C'est pourquoi ce poste de directeur digital ne sera pas facile à pourvoir, car il devra être capable d'établir une stratégie claire et exercer un fort leadership, pour assurer la collaboration entre les différents services.

Le data scientist

Le Chief Digital Officer devra être capable d'exploiter les informations issues de ce que l'on appelle aujourd'hui le big data[65], pour mieux comprendre les comportements du client et procéder aux ajustements nécessaires en fonction de ces données, tant au niveau des produits (ou services), des offres, des prix que de la manière dont ils sont mis sur le marché et bien sûr, de leur communication.

Le directeur digital pourra s'appuyer, dans son équipe, sur les compétences d'un data analyst ou d'un data scientist, dont les entreprises auront davantage besoin pour comprendre et exploiter cette masse de données non structurées que l'Internet met à la disposition des décideurs. Un métier là encore en pleine émergence qui nécessite une double compétence, à la fois statistique et marketing. Télécom Paris Tech ouvre d'ailleurs à la rentrée 2013 la première formation en Europe préparant au métier de « data scientist ».

Il est probable que les métiers que nous connaissons aujourd'hui (dircom, directeur marketing, directeur des systèmes d'information,...) sont appelés à disparaître pour céder la place à de nouvelles fonctions hybrides promues par l'avènement du digital. Ce nouveau directeur du digital devra d'ailleurs accompagner ces services dans cette mutation numérique et tenir un rôle déterminant dans l'accompagnement du changement et la communication interne.

Quel que soit l'intitulé de son poste, ce responsable du digital devra aussi encadrer de nouveaux venus dans les métiers de la communication : le community manager et le Webmaster bien sûr. Mais aussi le community manager interne (internal community manager) ou le « curateur » (curator).

Le community manager interne

De plus en plus d'entreprises adoptent la technologie du réseau social pour en faire un outil de communication interne. La récente étude Cegos de 2012[66] démontre que près d'un quart des entreprises françaises en sont déjà dotées. De son côté, le Gartner[67]

---

65 *Le Big Data recrute - Les Echos :* http://business.lesechos.fr/directions-financieres/evolution-personnelle/0202659975994-le-big-data-recrute-6263.php

66 *Cf.* http://bit.ly/amonbossdigitaletudecegos2012

67 *Cf.* http://bit.ly/amonbossdigitalrse2015

prévoit que 50 % des grandes organisations auront mis en place des réseaux sociaux d'entreprise (RSE) en 2016 et que 30 % d'entre elles les considéreront comme des outils essentiels tels que le téléphone et le mail aujourd'hui.

Un mouvement de fond conduit les entreprises à se doter de community managers internes pour animer et faire vivre ces communautés corporate. Ces outils amènent à de nouveaux modes de travail, davantage basés sur le collaboratif, face auxquels les salariés expriment encore beaucoup de réticence pour ne pas dire de méfiance. Le rôle d'un community manager interne sera autant d'entretenir ces communautés, d'en attiser le fonctionnement que d'aider à l'accompagnement du changement qui forme, comme souvent, le principal obstacle à l'adoption de ces nouveaux outils.

La spécificité du métier de community manager interne est sans conteste très axée sur cet accompagnement des collaborateurs, pour les aider à s'approprier ces techniques mais aussi et surtout à développer la culture du collaboratif. Une évolution qui passe d'abord une acculturation des salariés aux outils et usages du Web 2.0. Le community manager interne doit apporter une dimension pédagogique à son activité, pour rallier et encourager les utilisateurs, ainsi que tenir un rôle moteur pour inciter à l'échange et au partage d'information.

Le curateur

Le digital manager pourra également être amené à encadrer un « content curator ». Le curateur est un veilleur qui a pour mission de récolter l'information pertinente pour l'entreprise et de la diffuser avec pertinence aux acteurs concernés. Pas vraiment nouvelle, cette fonction était bien connue des documentalistes, sous le terme de DSI : diffusion sélective de l'information, mais, il faut bien reconnaître, assez peu répandue dans les organisations. Aujourd'hui, les outils de curation du Web comme Scoop-it, Netvibes ou Paperli, facilitent ce travail nécessaire aux entreprises alors que l'information devient vitale pour leur survie.

En anglais, le curator est un responsable de collections dans un musée, ou un commissaire d'exposition, qui cherche et sélectionne les meilleures œuvres pour un lieu et un public donné. La transposition au métier de curateur d'information est assez évidente. Mais au-delà de la sélection, le curateur apporte aussi une valeur ajoutée, celle de l'expertise, du point de vue, du commentaire. Il ne s'agit pas seulement de récupérer, trier et sélectionner l'information, mais de la rendre utile pour ses destinataires.

Conclusion

Les métiers de la communication sont parmi les premiers touchés par la digitalisation des **entreprises soit en tant qu'outils soit en tant que media.** Cette évolution est encore récente, ce qui explique l'émergence de nouvelles définitions de postes qui recouvrent parfois des réalités différentes, avec des périmètres variables selon l'organisation et la taille de l'entreprise. Il est certain que le digital est en train de redéfinir les unités structurelles des entreprises, telles que nous les connaissions jusqu'à aujourd'hui : marketing, communication, DSI,... pour aller vers de nouvelles formes d'organisation du travail et des équipes, où plus aucune ne sera séparée des technologies. Une mutation qui offre de formidables opportunités aux professionnels de la communication d'évoluer dans leur fonction.

Les plus perspicaces y verront même l'opportunité d'acquérir des responsabilités qui dépassent le cadre initial de leur activité et de se former à l'un de ces métiers les plus enthousiasmants de ces prochaines années : community manager, social media manager, digital manager ou... directeur digital.

Média planner	Le média planner est en charge de la stratégie de diffusion de la publicité dans les différents médias : presse, affichage, télévision, radio, Web... Il élabore un « plan média », notamment sur les médias sociaux. Ses outils : les statistiques, les études de marché, le prix des supports. Il définit et suit les indicateurs-clés de performance des campagnes afin de mesurer le ROI (Return on investment). Sa fonction peut être très spécialisée : social media planner. On emploie également l'appellation de planneur stratégique. **ATTENTION** : le Planneur stratégique réfléchit au marketing et au positionnement des campagnes vis-à-vis des cibles. Il peut réfléchir à des choix de médias mais ce n'est pas son job principal. En général, les Planneurs stratégiques sont des sociologues, des psys, des ethnologues
Référenceur	**Référencement naturel (SEO)**. Le consultant en référencement naturel (SEO pour Search Engine Optimization) a pour mission d'optimiser la visibilité et l'audience d'un site Web et le faire apparaître dans les premiers résultats des moteurs de recherche (Google, Bing, Yahoo...). **Référencement payant (SEA).** Mission identique mais cette fois-ci au moyen de campagnes publicitaires (Search Engine Advertisement) basées sur l'achat de mots-clés (Google AdWords).
Social Media Optimizer	Le consultant SMO (Social Media Optimization) développe la présence d'une marque sur les médias sociaux pour doper également l'audience et la fréquentation d'un site Internet grâce aux possibilités offertes par le Web social (ou Web 2.0). Son activité est assez proche de celle d'un référenceur et peut aussi être une des missions du community manager.
Traffic manager	Le traffic manager (responsable gestion de trafic Web) a pour mission d'optimiser tous les leviers d'acquisition de trafic sur le Web (référencement, partenariats...) afin de donner de la visibilité au site et de générer le maximum de trafic. Il met en place les outils de collecte des données (durée et nombre de visites, liens visités...) pour analyser le comportement des internautes sur un site Web. Ces analyses lui permettent d'élaborer des prévisions ou des préconisations pour améliorer la performance du site Web.
Webmarketeur	Le Webmarketeur maîtrise les leviers e-marketing pour favoriser la création de trafic et les ventes sur un site Web. Il est force de proposition en matière de marketing stratégique et opérationnel. Il dresse des rapports réguliers sur les résultats des campagnes engagées (mesure de l'audience, du trafic, des ventes)**. Il travaille en liaison** étroite **avec le Planneur Stratégique.**

IV.11 Trouver une business intelligence dans les médias sociaux en utilisant l'analytique (Témoignage de Timo Elliott)

L'analytique et le big data peuvent vous aider à mieux comprendre vos clients à travers les médias sociaux et d'autres sources. Afin d'en savoir plus sur ce sujet, nous avons interrogé Timo Elliott, évangéliste en innovation chez SAP. Celui-ci a passé les 20 dernières années au sein de l'industrie de l'analytique, analysant comment les compagnies peuvent utiliser des données pour améliorer leur façon de faire.

Comment l'utilisation des social media analytics a-t-elle mûri au fil des années ?

Au cours des 20 dernières années, l'analytique s'est concentrée sur l'utilisation optimale des données « structurées », celles que l'on peut trouver dans les bases de données traditionnelles des entreprises, mais il y a aujourd'hui un intérêt prononcé pour une analyse approfondie des sources de données « déstructurées », comme le texte.

L'analyse de texte est présente depuis bien longtemps mais traditionnellement, elle ne concernait que quelques niches comme la police ou les agences gouvernementales réunissant les recherches médicales et les découvertes légales. Au regard de la place de plus en plus prépondérante qu'occupent les médias sociaux dans notre société aujourd'hui, de nombreuses entreprises réalisent qu'elles doivent les inclure dans leur arsenal de techniques d'analytiques.

Le social media analytics a débuté par de petits projets entrepris par des organisations de marketing, souvent un produit du Web analytics. Transformer ces analyses en action implique de rassembler le social data et les mesures traditionnelles de transaction ; les organisations commencent ainsi à intégrer le social media analytics à leurs « data warehouses » (entrepôts de données).

Comment le big data a-t-il changé la façon dont on analyse le social media ?

Le terme « big data » est utilisé pour décrire les nouvelles technologies et les techniques qui ont permis aux entreprises d'utiliser des données **exogènes** jadis ignorées. Ces nouvelles technologies ont nettement contribué à baisser les barrières économiques et techniques liées à la conservation et à l'analyse de grosses quantités de données social media.

Pouvez-vous nous donner des exemples concrets en ce qui concerne le social media analytics ?

L'un des aspects majeurs est que le social media analytics peut être une façon de mesurer une future performance financière. Si l'engouement du public pour votre marque bat de l'aile, il est fort probable que ce sera également le cas pour vos ventes. Plutôt que de se rendre compte de ces pertes à la fin du prochain trimestre en utilisant un outil de mesure financière traditionnelle, le social media analytics permet de gérer ce problème de manière proactive, avant qu'il n'affecte le parcours client.

Les médias sociaux transforment la façon dont les entreprises commercialisent leurs produits. Cela accroît la transparence et stimule le pouvoir du consommateur : de bons produits peuvent grandir rapidement grâce au bouche-à-oreille, tandis que des mauvais produits et les erreurs des marques sont immédiatement stigmatisées. Le social media analytics est essentiel pour une entreprise qui souhaite comprendre ce que pensent vraiment les consommateurs de ses produits et services : il permet d'identifier les leaders d'opinion au sein de leur communauté.

Avec quelle précision le social media analytics permet-il de se faire une idée du ressenti des consommateurs, et comment faites-vous pour obtenir les meilleurs résultats possibles ?

La clé, c'est de réaliser que l'analyse « précise » du ressenti n'est probablement pas un but utile, à cause de toutes les subtilités du langage humain et des divergences concernant ce qui constitue ou non un ressenti positif ou négatif. Il y a beaucoup de « bruit » qui peut faire de l'ombre au « signal », et c'est pourquoi il faut prendre ses précautions lorsque l'on analyse des résultats. Et comme pour tout type d'analyse, les entreprises doivent au préalable déterminer leurs objectifs commerciaux, plutôt que de chercher à « tout analyser ».

Dans quelle mesure l'analytique peut-il prédire le comportement du consommateur ?

L'analyse prévisionnelle (predictive analytics) est utilisée pour décrire l'application de puissants algorithmes statistiques aux données, aussi connue sous le terme « advanced analytics » (analytiques avancées) ou « data mining » (exploration de données). L'histoire nous montre qu'utiliser les données du passé pour prédire l'avenir ne marche que très rarement – les conditions du marché changent trop vite. Mais, l'analytique s'est avérée être une réussite dans le domaine de la segmentation des consommateurs – ex : « compte tenu de ce que je sais sur ce nouveau consommateur, quelle est la probabilité qu'il soit intéressé par tel produit ? » ou « quel produit devrais-je commercialiser en vente croisée à ce consommateur, compte tenu de sa situation démographique et de ses achats précédents ? ».

Comment gérez-vous la barrière de la langue avec l'analytique ?

Nombre d'entreprises d'analyse des médias sociaux ont débuté en utilisant l'anglais, mais les technologies sous-jacentes sont disponibles dans d'autres langues. Au vu des différences culturelles, cela peut être difficile de comparer des notions comme le ressenti à travers plusieurs langues – ou même au sein de pays qui partagent le même dialecte.

Y a-t-il des contraintes organisationnelles dans l'utilisation efficace des social media analytics ?

La plus grande barrière dans l'utilisation efficace de l'information est liée aux gens, aux cultures et aux organisations. Le social media est en train de changer fondamentalement la relation entre les entreprises et les consommateurs. N'importe quel projet de social media analytics sera difficilement dissociable des problématiques liées aux façons de travailler traditionnelles.

Comment faites-vous le lien entre les social media analytics et les bénéfices commerciaux/ ROI/ rentabilité et autre mesures commerciales ?

Avec difficulté ! D'abord, les données doivent être combinées techniquement avec les mesures traditionnelles, pour que le véritable impact puisse être mesuré. Cela implique un mariage entre les nouvelles technologies « big data » et les systèmes traditionnels d'analytique. Ensuite, il peut être très difficile de faire le lien direct entre le social media et les résultats – une approche très scientifique est nécessaire, avec une vérification d'hypothèses rigoureuse, plutôt que de se baser uniquement sur les corrélations (« regarde, les recettes ont augmenté en même temps que notre investissement social media ! »).

Quelles sont les marches à suivre pour tirer profit au maximum des social media analytics ?

Il n'y a pas de solution magique. C'est avant tout une histoire d'apprentissage itératif. Commencez petit à petit en faisant de la veille, pour voir ce qui se passe – analyse descriptive –, puis essayez de comprendre pourquoi cela se passe ainsi – analyse diagnostic – et, au fil du temps, tentez de vous concentrer sur « l'analyse prédictive » (que va-t-il se passer à l'avenir) et « l'analyse prescriptive » (comment peut-on influencer ce qui va se passer à l'avenir).

IV.12 Community manager : un métier déjà dépassé ?

Il en est des métiers comme des pratiques vestimentaires : ils apparaissent, évoluent puis disparaissent au gré des nécessités et des modes. Tel métier, que l'on considérait comme porteur il y a quelques années, perd subitement de son attrait. Tel autre convenait à des pratiques, des savoirs, ou des modes de vie aujourd'hui désuets.

Le métier de community manager est-il appelé à connaître un tel destin ? Fort heureusement non, rassurez-vous, le community management a encore de belles années devant lui. Mais, l'engouement extraordinaire pour ce métier risque assez vraisemblablement de se réduire au fur et à mesure que les entreprises progresseront dans leur compréhension des mécanismes de la communication digitale.

Nous avions d'ailleurs qualifié le community manager de job du futur dans notre précédent ouvrage. Mais, l'extrême versatilité de la définition que chacun veut donner à ce poste en fait un véritable mouton à cinq pattes, pénalisant ainsi ce nouveau métier. Un community manager, de nos jours, doit en effet savoir mener une grande variété de missions… et avec le sourire, s'il vous plait :

- Rédaction de contenus, le plus souvent à destination de blogs ;
- Animation d'une ou plusieurs pages Facebook ;
- Modération des discussions quand cela est nécessaire ;
- Incarnation de la « voix » de l'entreprise sur Twitter ;
- Alimentation des divers comptes sur des sites de partage ;
- Réponse aux sollicitations des internautes sur tout type de sites Web (forums, sites d'avis, etc.) ;

- Sensibilisation des différents départements concernés par le Web social : marketing, RH, support, R&D, direction générale, communication Internet et externe, DSI, etc. ;
- Mise en place et suivi des veilles systématiques sur les sujets liés à son entreprise ;
- Remontée des informations de manière intelligible et synthétique à sa hiérarchie, sous forme de rapports hebdomadaires ou mensuels, le plus souvent ;
- Coordination des prestataires impliqués dans la mise en place ou les évolutions des outils (blogs, jeux Facebook, etc.) ;
- Relations avec les blogueurs, les influenceurs, bref tous ceux qui peuvent aider à acquérir de la visibilité.

L'étude réalisée en 2011 par le cabinet ButterCake[68] illustre bien cette situation difficile qu'occupe le community manager, en plein cœur de l'entonnoir relationnel. Sollicité en permanence, il n'est pas rare de voir les community managers intervenir en dehors des heures d'ouverture, ou même le week-end, et ce, en dépit de tout cadre horaire préalablement défini : bref, une petite une bombe à retardement à la disposition de tout inspecteur du travail à la recherche de sujets originaux…

Plus que gérer, piloter des projets digitaux !

Il est difficile de faire porter la gestion d'autant de projets digitaux sur une seule et même personne. Car il s'agit bien ici de pilotage de projets digitaux, et non simplement de « gestion de communauté », qui d'ailleurs est un terme bien impropre car on ne « gère » pas une communauté : on la construit, on l'anime et on y contribue, plus qu'on ne la développe. L'humilité et la capacité à gérer le stress sont parmi les qualités premières attendues d'un community manager.

En somme, un seul community manager ne suffit pas, et c'est sans doute d'une armée de community managers dont doivent se doter les entreprises, pour que la charge de travail et la présence de la marque sur le Web social ne reposent plus sur un seul individu débordé, donc inefficace, mais soient répartie intelligemment sur les différentes entités opérationnelles, coordonnées par un « social media officer » que nous appelions de nos vœux.

Un problème de formation ?

Il faut dire que jusqu'à il y a peu de temps, il n'existait pas de formation au métier de community management. Le métier existait, sur le papier, sur les nombreux groupes et forums dédiés à cette fonction, et dans les offres d'emploi, mais nulle formation ne menait à ce type de métier. Posant ainsi un vrai problème de recrutement : où aller chercher des community managers qui « connaissent » suffisamment ce métier ?

---

68 *Fonctions et évolutions possibles du community management* http://bit.ly/amonbossdigital-buttercake

Certes, il existe de nombreuses offres de formation continue au métier de community manager. Les différents organismes de formation professionnelle en proposent, avec des programmes s'étalant d'une journée à une semaine, insistant sur tel ou tel aspect de cette profession, et parfois conduite par des community managers expérimentés, capables d'une réelle transmission de leur savoir.

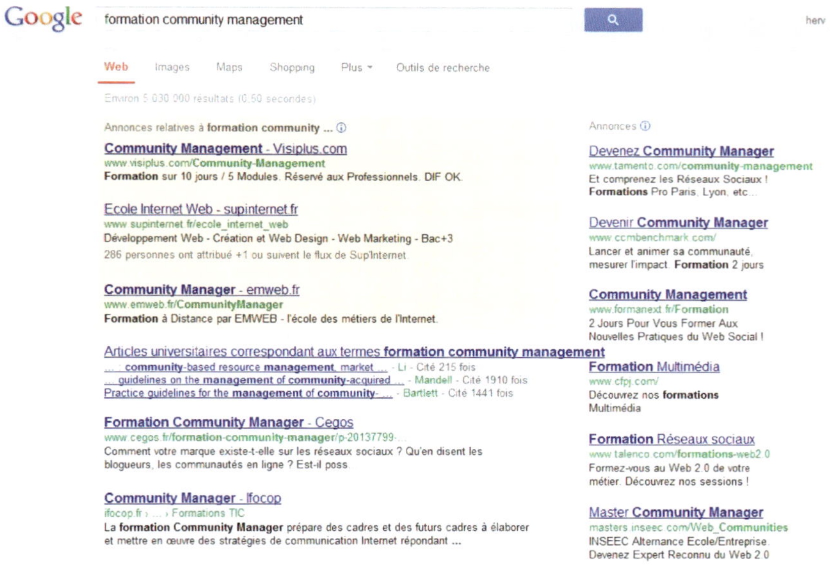

La formation au community management, un métier en plein boom ?

Mais quid des écoles et des universités ? Le magazine *L'Etudiant* évoquait dès 2010, pourtant, la nécessaire création de filières dédiées[69] ! **Ce retard est en fait en train d'être rattrapé, et certaines écoles de commerce ou de communication proposent un cursus s'étalant sur une année pour parfaire les connaissances sur la communication digitale**, en général, et, plus particulièrement, le community management.

L'ESC Toulouse, par exemple, propose, depuis 2012, un Master of Sciences spécialisé « community management », s'adressant aux Bac+4, avec une formation sur trois semestres, soit 450 heures de cours ! Le cursus est particulièrement riche, au travers d'une dizaine d'unités de valeurs : bases managériales, bases technologiques, modèles économiques, écrire pour le Web, être vu sur le Web, animer un réseau, gestion de projet, écosystème des médias sociaux, zooms technologiques ou développement personnel.

Il est encore trop tôt pour juger de la qualité de ces programmes de formation dédiés en université, mais gageons que de telles initiatives se développeront durant les prochaines années.

69 *Community manager, un nouveau métier pour les accros du Web* http://bit.ly/amonbossdigital-formationCM

La pensée unique Facebook au centre d'un malentendu

Il faut dire que l'approche 100 % Facebook suivie par certaines entreprises a corrompu l'approche de la communication digitale. Cette pensée unique, certainement une façon de céder à la facilité et à la mode, est à l'origine d'un gigantesque malentendu et d'une incompréhension de la portée réelle de la communication digitale, qui n'est pas qu'affaire de mode et de suivisme.

Si Facebook est devenu incontournable pour les marques grand public avec son milliard d'utilisateurs, ceci est indéniable, rappelons cependant qu'une présence de marque sur la célèbre plateforme sociale n'est pas une fin en soi. Le jeu, qui finit souvent par consister à payer des community managers à se casser la tête pour publier 3 statuts par semaine et amuser quelques milliers de soi-disant fans, n'est pas une activité satisfaisante ni véritablement utile à l'entreprise ou à ses clients. Le rôle du community manager doit aller au-delà de ce type d'approches, et il s'agit avant tout de servir les clients, au travers d'une relation personnalisée empreinte dont la proximité a été renforcée par la dimension sociale du Web.

Un statut caduc ?

Le débat sur l'internalisation du community manager fait rage depuis quelques années. Soyons clairs là-dessus, il n'y a pas mieux qu'un ou des community managers salariés de l'entreprise, c'est une évidence. De par sa compréhension, sa disponibilité, son réseau professionnel, son aptitude – s'il connaît le métier – à couvrir la plupart des cas de figures qui se présenteront à lui, le community manager en interne doit être préféré à une solution d'externalisation. C'est d'ailleurs le cas dans la plupart des grands groupes.

Bien sûr, les community managers de transition vous diront que le regard d'une personne externe est indispensable pour comprendre les problèmes de certains clients, ou ouvrir les yeux sur les défaillances du mode de communication en ligne, et ils n'auront pas tout à fait tort. Aguerris aux différents outils, formés par l'expérience de plusieurs comptes ou communautés suivis durant plusieurs années, ces ninjas du community management sont sans nul doute plus rapides et prompts, parfois même plus efficaces que les troupes mobilisées en interne.

Le monde n'est pas parfait, et il existe de nombreuses situations où l'on pourra opter pour un community management externalisé, sans pour autant le regretter. Des problèmes de budget, de recrutement bloqué, de manque de compétences en interne, peuvent amener à préférer faire appel à un prestataire pour assurer le community management, et cela peut parfaitement fonctionner pendant quelques années. Il existe même des structures qui font appel à un mix de community managers internes et externes, pour faire monter les salariés en compétence et bénéficier d'une possibilité de renouvellement du vivier de prestataires d'année en année.

La logique économique a son importance. Le salaire d'un community manager de base commence à 2 000 euros bruts mensuels environ, et peut grimper jusqu'à 6 000 ou 7 000 euros pour les plus expérimentés. Le choix du bon prestataire ou du bon salarié peut tout bonnement s'apparenter à un arbitrage budgétaire, comme pour bien des projets...

Le blues du community manager, 2 ans plus tard

Nous avions également évoqué le blues du community manager, exposé à des objectifs contradictoires, à une notoriété pas toujours souhaitable, et parfois même à des attaques de « fans » ulcérés durant certaines périodes de « crise sur les médias sociaux », phénomènes au sujet desquels François Laurent et Hervé Kabla ont rappelé, lors d'une conférence à l'ADETEM début 2013[70], qu'ils disparaissent rapidement pour peu que la marque réagisse à temps, avec le recul nécessaire et que les fondamentaux de l'entreprise ne soient pas menacés. Mais, le community manager a-t-il toujours prise sur ces critères ? C'est en réalité assez rare, tant la communication de crise reste verrouillée par quelques responsables, seuls habilités à répondre durant ces phases. Même s'il n'est pas illogique que la communication de crise soit aux mains de responsables stratégiques, transformer le community manager, dans ces périodes-là, en simple relais d'un discours parfois intenable en face de détracteurs ou de clients mécontents et déchaînés est pour le moins peu motivant, avouons-le.

Et si le community manager ne servait à rien ?

Il faut bien l'avouer, on est en droit de se poser la question, à la vue de ces pages parfois vides de sens, de ces blagues de potache postées à longueur de journée sur les pages des marques les plus en vue : doit-on forcément passer par les « LOL cats » pour être une marque en vue sur les médias sociaux ? N'est-ce pas, au contraire, dévaloriser le contenu de marque et le métier de community manager à la fois ? N'est-ce pas le signe annonciateur de la fin probable de ce métier, appelé à être internalisé et de ce rôle, appelé à être endossé par des professionnels de la relation client, passés par l'accueil en magasin ou la hotline ? Pour les marques qui se contentent de diffuser des chamusants[71] c'est assez probable.

Une mutation à prévoir ...

Est-ce alors la fin du community manager ? Sous sa forme actuelle, nul doute qu'il perdurera encore de nombreuses années, les entreprises ayant du mal à opérer de telles transformations dans des délais raisonnables : il y va de l'autonomie et de la coordination des différents départements, parfois rivales, au sein d'une même entreprise.

Mais à long terme, cette évolution ne fait pas de doute. Faire du community management ne sera alors plus qu'une des nombreuses tâches que certains salariés auront à effectuer dans le cadre de leur mission. La professionnalisation des métiers de la communication digitale passe aussi par ce type de transformation. La question de la compétence et du professionnalisme du community manager reviendra sur la table, et sera, sans doute, gérée avec un peu plus de sérieux et d'enthousiasme par les managers et les responsables RH...

---

70 *Cf.* http://medias-sociaux-accelerateurs-de-crise-ou-opportunites.evenium.net

71 *lolcats en anglais.*

10 raisons pour ne pas être community manager

Tout le monde veut être CM... ou non. Voici 10 bonnes raisons pour ne jamais postuler à un tel poste. Si vous vous reconnaissez dans plus de la moitié des situations évoquées ci-après, passez votre chemin.

1. Pour vous, les clients ne comprennent rien à la dynamique d'une marque : le marketing, c'est une affaire de pro, un point c'est tout ;
2. Le nec plus ultra, pour gérer la réputation d'une marque, c'est le faux profil et le faux commentaire. Ça marche à tous les coups !
3. La dernière fois que je me suis connecté à Facebook, c'était pour fermer mon compte ;
4. Si un client se plaint, il suffit de supprimer ses commentaires ;
5. Je ne supporte pas le stress, c'est impossible de travailler sérieusement sous pression ;
6. Un blogueur mécontent, c'est uniquement une affaire de budget ;
7. Il est toujours possible de développer une gestion de commentaires sur un site en flash. C'est là encore une question de moyens ;
8. Le meilleur investissement fait l'an passé, c'est l'achat de mots-clés sur Google AdWords pour faire grimper l'audience de la page Facebook ;
9. YouTube ne sert qu'à diffuser les pubs télé. C'est d'ailleurs pour cela qu'on a supprimé les commentaires sur les vidéos ;
10. Le blog ouvert l'an passé n'a pas très bien fonctionné. On reprendra les publications dans quelques mois, quand on aura les idées claires sur le budget de l'année suivante.

IV.13 Dans la tête d'un directeur digital...

Dans le livre précédent, nous décrivions « le blues du social média officer »[72], dans lequel nous évoquions la difficulté de ce nouveau métier dans les phases initiales de son existence. Être directeur digital, en effet, n'est pas de tout repos. De l'avis de l'un d'entre eux qui s'exprimait lors d'une conférence sur le marketing B2B, le 12 février 2013, quand « [un directeur du digital] parle aux gens du métier, les oreilles fument ! ». Nous voudrions ici profiter de l'angle particulier donné à cet ouvrage, afin d'une part, de rassurer les professionnels du numérique sur le fait qu'ils ne sont pas seuls et d'autre part, de permettre aux professionnels des métiers de mieux comprendre les enjeux d'un responsable digital.

Assurer la cohérence et éviter la prolifération :

Une des premières missions du directeur digital est d'éviter la prolifération des plateformes des sites et des CMS[73]. C'est une mission bien ingrate. Pour les gens du métier, il est si simple d'appeler une agence et de dupliquer une nouvelle plateforme ; pour le responsable digital qui doit la maintenir, chaque nouvel outil a un coût supplémentaire, à la fois en termes humains et financiers. Sans parler des pertes en termes de référencement naturel, de cohérence de nomenclature, de conformité à la marque, etc. Voilà de quoi ne pas passer pour quelqu'un de très populaire, surtout quand tout un chacun veut un site tout de suite et sans concession. C'est pour cela que nombre de directeurs digitaux s'orientent vers la création de plateformes d'usines à sites qui évitent la prolifération. Mais, chassez le naturel, il revient au galop... Il est si facile de créer de l'entropie et si difficile de la résorber.

Maîtriser les technologies :

Voilà une des missions du responsable digital, qui ne peut se permettre de ne pas les comprendre. Cela n'en fait pas forcément un informaticien asocial pour autant. Or, c'est cela qui pose sans doute le plus de problèmes directeurs digitaux, cette perception toujours un peu condescendante, que pour « faire de l'Internet, on n'est pas forcément exactement comme les autres ». Or, le métier de directeur digital est essentiellement un métier de marketing, certes relevant des TIC, mais bel et bien de marketing. Il s'agit cependant de bien comprendre les techniques à la fois du marketing et les particularités de la technologie, afin d'éviter les mauvais choix. S'il y avait un plaidoyer à mener au titre de ce livre, ce serait celui d'essayer de faire comprendre cette nécessité d'adhérer aux technologies, car elles deviennent essentielles à tous les

72 *Ibid. chapitre 3. 11, page 337.*

73 *Content Management System : la plateforme qui permet de gérer les contenus d'un site Web.*

métiers. Les entreprises qui réussissent dans le digital, que ce soient des start-ups ou de grandes entreprises, comprennent toujours la nécessité de lier un homme métier avec un spécialiste du digital. Malgré la vulgate, cette discipline requiert des compétences particulières et de l'expertise.

Être en veille permanente mais résister aux modes :

Le directeur digital se doit d'être au courant des modes ; certes, il peut prendre un peu de retard sur un point ou sur un autre, mais dans l'ensemble, il se doit d'être informé. En revanche, il doit être aussi capable de faire la mesure entre feu de paille des modes passagères et tendances de fond. L'engouement immédiat et parfois exagéré qui s'est emparé du monde à l'été 2011 à propos de la naissance de Google+, a, par exemple, créé beaucoup de soucis dans les directions des médias sociaux. Que faire en effet ? Demander une ressource supplémentaire qu'on ne vous accordera pas ? Optimiser vos ressources actuelles pour en faire plus... au risque de stresser un peu plus les équipes ? Laisser tomber complètement en passant pour un « has been » ? Le dilemme est cruel. Il est encore plus lorsque la mode est imposée d'en haut comme une obligation à suivre, sans délai... Et bien entendu, sans moyens supplémentaires.

Maîtriser les techniques du e-marketing :

Voilà un point qui nous paraît très important également. Alors qu'on insiste sur l'importance d'utiliser le digital partout, il ne faudrait pas à l'inverse croire que cette discipline est maîtrisée et maîtrisable par tous. Il reste de grandes spécificités au marketing digital, dont les panoplies d'outils marketing sont très larges, très complexes, et évoluent en permanence. Il faut donc être capable de jongler entre SEO, SEM, retargeting, RTB etc. etc. Sans cela, on risque fort de mener de telles opérations en aveugle, sans vraiment être capable d'en mesurer le succès réel.

Le directeur du digital est un animal bicéphale :

Familier des technologies, il est capable de mener une discussion avec des techniciens pointus, sur des techniques qui évoluent en permanence et d'une sophistication de plus en plus grande. En même temps, c'est un homme de marketing capable, non seulement de promouvoir ses sites et ses comptes dans les réseaux sociaux, mais aussi de faire passer des messages marketing, y compris en interne. Certes, le directeur digital travaille avec des agences, qui lorsqu'elles sont bien choisies, l'épaulent par leurs compétences, mais le fait de posséder des connaissances lui-même améliore grandement les résultats et l'efficacité de ses actions.

74

Il est facile de se laisser enfermer par des schémas de pensée.
Vous pouvez remplacer « programmeurs » par n'importe quel mot…
comme « directeur digital par exemple » …

Au directeur digital, voici les conseils que nous pouvons lui donner :

- Évitez de jargonner, traduisez tout ce que vous dites en langage naturel. Une méthode éprouvée est celle qui consiste à laisser toujours une trace écrite, synthétique et didactique, qui évite les incompréhensions ;
- Cet effort de pédagogie peut se réaliser à la fois en positif (ce qu'il faut faire) et en négatif (ce qu'il faut éviter) ;
- N'hésitez pas à dire « non ! », vous n'êtes pas obligé de suivre toutes les modes, surtout si on ne vous en donne pas les moyens. Ceci requiert un peu de doigté, mais nous ne connaissons pas de patron sensé qui ne vous saurait gré de lui avoir évité une erreur ;
- Soyez à la pointe de votre métier à la fois en termes de marketing et technologies. Ne faites pas fi de ce dernier aspect, car une erreur de choix technologique pourrait vous être fatale en termes d'organisation et d'efficacité par la suite ;
- Aiguisez vos compétences en maîtrise d'ouvrage, car bon nombre des projets qui sont menés requièrent à la fois savoir-faire et capacité d'organisation ;
- N'hésitez pas à venir expliquer votre métier dans les équipes, autant de fois que cela vous est demandé, ceci contribuera à l'acceptation et à la compréhension de votre travail par d'autres équipes.

74 *Poursuivez votre lecture sur le blog de Yann Gourvennec, Des « techos » et des hommes… ou la difficulté de communiquer :* http://bit.ly/bossmartiens

Aux patrons responsables des métiers qui ont des rapports avec les directeurs digitaux, nous donnons les conseils suivants :

- Faites un effort de compréhension sur ces domaines digitaux, même si cela vous semble abscons et loin de vos préoccupations. L'impact du digital sur vos métiers est de plus en plus important, ne l'oubliez pas ;
- Ne vous y trompez pas, un choix technologique est stratégique (voir l'exemple sur le raccourcisseur d'URL un peu plus loin) ;
- Intéressez-vous au marketing digital, et n'oubliez pas que sa proportion dans l'apport de votre business est croissant, ni que la vente en ligne n'est plus une option, pour beaucoup de métier ;
- Cessez de croire que l'Internet est un monde à part : tout le monde utilise Internet à commencer par vos clients. Si vous pensez toujours que cela ne vous concerne pas, il est temps de suivre une formation adaptée. De très nombreux séminaires sur ces sujets sont organisés, notamment sur la capitale, et par les chambres de commerce partout en France.

Le raccourcisseur d'URL, déclencheur d'hilarité

L'un des membres de Media Aces, lors d'un comité de direction de la communication, présentait un choix technologique stratégique fondamental : celui d'un raccourcisseur d'URL privé. L'exemple qui avait déclenché l'idée était la décision similaire par Xerox de créer un http://xer.ox pour produire des URL courtes à la manière de Bit.ly, en les personnalisant au nom de la marque. Imaginez ces liens courts, utilisés dans les médias sociaux, en lieu et place du célèbre http://t.co de twitter : quel bénéfice pour la marque ! Or, le dossier à peine évoqué, il provoqua l'hilarité générale. Interloqué par le fait d'avoir déclenché un pareil fou rire au moment de l'exposition de ce nouveau projet, notre directeur digital se vit rétorquer que « ne sachant pas ce qu'est un URL, le fait de proposer de le raccourcir était carrément risible ! ».

Ne nous trompons pas, il n'y a pas de honte à ne pas savoir ce qu'est une URL, même si cela peut paraître bizarre près de 20 ans après l'invention du Web et nous en dit long sur l'inculture informatique parmi les décideurs de nos grands groupes. Mais, il nous paraît étonnant, pour une direction de la communication, de ne pas comprendre l'importance stratégique et marketing d'un tel choix, qui permet un meilleur branding des liens partagés dans l'ensemble des médias sociaux, mais également sur les supports papier (l'utilisation interne de ce service est tout à fait possible).

Répétons-le, il n'y a pas de honte à ne pas comprendre un vocabulaire technique, mais ce n'est pas une bonne idée de faire l'impasse sur de pareilles astuces qui ont un tel poids et une telle importance stratégique. Un an et demi après, ce raccourcisseur d'URL a généré des centaines de milliers de liens et des millions de clics qui sont autant d'exposition à la marque.

IV.14 Les autres métiers de la communication digitale

Deux chapitres plus haut, nous avons passé en revue les principaux métiers de la communication digitale : community manager, directeur digital, etc. Nous avons, volontairement, laissé de côté des métiers qui, à la périphérie de la communication digitale, n'en participent pas moins à l'effort de l'entreprise dans ce domaine. Nous allons maintenant décrire ces nouveaux termes, ces nouveaux postes, qui caractérisent l'émergence de la communication digitale au sein des entreprises, quelle que soit leur taille. Les dénominations peuvent varier d'une société à l'autre, mais les missions restent assez similaires.

Dans une interview réalisée début 2013 par FrenchWeb, le célèbre fondateur du cabinet de recrutement Altaïde, Jacques Froissant, livrait une vision iconoclaste du recrutement dans les métiers du digital[75]. Ainsi, 2013 est un tournant, qui marque une tendance vers la spécialisation à outrance. Un directeur marketing ne peut, aujourd'hui, se contenter d'une bonne compréhension des médias sociaux : il lui faut aller plus loin, et comprendre une vaste palette de talents, parmi lesquels il devra piocher pour composer son équipe. On est passé, selon Jacques Froissant, d'un Web d'artisans ou d'autodidactes, à un Web véritablement entré dans un âge industriel. Voici donc quelques-uns des métiers qui vous aideront à concevoir et exécuter votre plan de communication digitale.

Traffic manager

L'audience d'un site ou d'une page sur les médias sociaux est l'un des indicateurs que l'on est amené à mesurer, surtout durant les premières phases d'un projet de communication digitale. Car, à quoi bon investir des sommes folles à développer un site ou animer une page, si cela se traduit par de faibles répercussions en termes de visibilité, de notoriété ou de transformation ?

Le traffic manager est en charge, comme son nom l'indique, d'acquérir le trafic nécessaire au bon fonctionnement des projets lancés, aussi bien durant les premières phases, qu'en régime permanent, pour assurer un niveau de visibilité convenable, ou accélérer l'audience de certaines parties du site.

Le traffic manager anticipe les besoins des internautes, en identifiant les termes et les expressions qui correspondent à leurs attentes, vis-à-vis de la marque ou de l'entreprise pour laquelle il travaille. Il connaît bien les outils mis à disposition par Google[76],

75 *L'interview est sur le site de FrenchWeb :* http://bit.ly/amonbossmetiersdigital

76 *Comme le fameux Google Keyword Tool* http://bit.ly/amonboss-digital-keywordtool *ou les outils pour Webmaster* https://www.google.com/webmasters/tools

ou les outils de mesure du trafic (Google Analytics, Xiti, etc.). C'est un statisticien dans l'âme, doublé d'un expert des technologies du Web.

Spécialiste SEO

Si le traffic manager a pour objectif d'accroître le trafic d'un site Web, il peut se faire aider d'un spécialiste de l'optimisation du référencement (SEO ou *Search Engine Optimization* en anglais). C'est le prix à payer du quasi monopole de Google sur la recherche sur Internet, du moins en France (c'est largement moins vrai aux États-Unis où il n'obtient que 60 % de part de marché face à Bing). Être bien classé sur les principales recherches effectuées par les internautes est donc une nécessité. Pour cela, et si l'on ne veut pas dépenser une fortune en mots-clés, il faut comprendre comment fonctionnent les moteurs de recherche, et surtout faire en sorte que le site considéré réponde aux attentes de ces moteurs : un soin particulier à apporter au contenu, aux titres, aux images, aux liens, pour que les pages du site apparaissent en bonne position. Sans oublier la dimension sociale et de partage, que Google prétend utiliser de plus en plus, pour calculer le classement d'une page.

Bref, le spécialiste SEO a un rôle clé, et on fera en sorte de répondre à ses demandes pour ne pas dépenser ses efforts en vain.

Intégrateur

La communication digitale ne concerne pas uniquement les **« pure »** players de l'Internet : elle touche surtout ces entreprises qui n'avaient jusqu'à présent qu'une vue très institutionnelle de leur présence en ligne. De fait, les outils nécessaires à la conception de leurs sites ne sont pas les mêmes que pour les pure players. Si ces derniers se doivent de développer des sites sur mesure capables de gérer des milliers de connexions simultanées avec, souvent, une dimension transactionnelle forte, ce n'est pas le cas pour le lot commun. De nos jours, une entreprise « normale » n'a pas besoin de faire développer son site, au contraire d'intégrer des technologies qui lui permettent de disposer d'un site sur pied dans des délais assez courts, sans nécessiter d'évolutions coûteuses à développer.

Il s'agit, la plupart du temps, d'installer, de configurer et d'habiller des outils de gestion de contenu (CMS) développés en Open Source, comme Drupal, Wordpress, Joomla ou EzPublish, qui ne demandent pas des compétences très élaborées en matière de développement, mais plutôt une vision d'ensemble lors de l'installation ou de la déclinaison graphique (cf. le profil de Webdesigner un peu plus loin). Ces profils sont plutôt jeunes, issus d'une de ces multiples filières informatiques en France ou à l'étranger. Ils sont plutôt demandés, et les meilleurs sont rarement disponibles. Certains agissent en freelance, d'autres au sein d'agences, rares sont ceux qui iront s'enfermer au sein d'une entreprise, qui n'aura pas assez de projets digitaux pour alimenter leur soif de connaissance.

Développeur

Ce type de profil intervient chaque fois qu'on est à la limite de l'intégration de technologies existantes, ou lorsqu'il est nécessaire de faire du sur mesure, comme le développement d'extensions (plugins) à un CMS déjà opérationnel, la connexion à des API[77] de plateformes sociales, etc.

Certains développeurs ont une double compétence, reconnue ou prétendue, d'intégrateur. Méfiez-vous cependant, car un profil plus développeur aura tendance à casser la dynamique d'intégration en modifiant le code de la plateforme, rendant inopérantes les évolutions ultérieures. Ne faites intervenir un développeur que dans les cas où il est nécessaire de créer de nouveaux modules ou composants, que les technologies à disposition ne proposent pas de manière native.

Plusieurs langages sont à la mode dans l'univers de la communication digitale. Si PHP est largement le plus représenté, Ruby on rail, Java ou Python ont aussi leurs aficionados et leurs avantages. De toute évidence, un développeur ayant une double ou triple compétence aura, sans doute, une vision plus poussée de ce qui est envisageable et une plus grande culture du développement.

Webdesigner

On l'oublie souvent, mais les intégrateurs ou développeurs ne sont pas forcément des directeurs artistiques. Concevoir des interfaces belles, complètes et pourtant simples à utiliser, c'est un talent qui relève paradoxalement plus d'une vision d'artiste, que d'une vision de technologue. C'est ce qu'on demande à un Webdesigner, cette capacité à faire du beau tout en restant efficace.

Il va de soi, cependant, que les meilleurs d'entre eux ont une connaissance fine et subtile de ce qui est envisageable, en termes de développement, et savent éviter ce qui imposerait des circonvolutions bien difficiles aux plus talentueux des intégrateurs. En fait, les meilleures équipes sont constituées de profils mixtes, de Webdesigner associés à des intégrateurs avec lesquels une parfaite entente s'opère.

Développeur d'applications mobiles

Le développement d'applications mobiles est un art à part entière, très différent du développement ou de l'intégration de sites Web. Il s'en différencie par plusieurs aspects, et les langages utilisés ne sont pas les moindres. Il y a une sorte de spécialisation par plateformes, les interfaces de programmation de l'environnement iOS et d'Android étant différentes.

Cette distinction va au-delà. Alors qu'un site Web n'est que la fenêtre visible permettant d'accéder à un serveur de données distant, une application mobile ne se limite pas qu'à cela : et même quand c'est le cas, les outils et solutions à la disposition du développeur sont bien moins simples à mettre en œuvre que dans le cas d'un site Web.

---

77 *API ou « Application programming interface », norme de programmation permettant d'interfacer plusieurs logiciels entre eux.*

En réalité, une application mobile peut être dotée d'une réelle intelligence, capable d'opérer même en dehors de toute connexion disponible à Internet. Un petit détour par le catalogue d'applications proposées par l'un des principaux opérateurs de téléphonie mobile en France permet de s'en convaincre. On y trouve des applications pour piloter son boîtier d'accès à Internet ou sa télévision (via le réseau local), des applications pour parcourir les programmes de télévision (comme le ferait un site Web dédié à cette fonction), ou une application capable de restituer plusieurs milliers de flux audio provenant d'une multitude de Web radios !

Là encore, le talent du développeur d'applications mobiles s'exprime d'autant mieux qu'il est accompagné d'un Webdesigner spécifiquement formé aux technologies mobiles.

Consultant veille

La gestion de l'e-réputation ne peut se faire sans une analyse fine de la perception qu'en ont les internautes. Cette analyse nécessite de brasser d'importants volumes de données, où sont citées non seulement les différentes dénominations de l'entreprise et de ses produits, mais également celles de ses concurrents. Ceci peut représenter quelques centaines de pages pour les marques les moins visibles, mais peut dépasser quelques dizaines de milliers de pages pour celles dotées d'une forte notoriété, ou sous le feu de l'actualité, que ce soit volontaire ou non... Forums, blogs et réseaux sociaux fournissent en effet de très importants réceptacles persistants, où se font et se défont chaque jour la réputation de certains produits !

Dès lors, l'analyse d'un tel volume, des verbatims qui s'y trouvent, et l'extraction de données ayant un véritable sens, nécessitent une compétence particulière, qui relève plus d'un profil de chargé d'études que d'un spécialiste des technologies du Web : celui un peu particulier de consultant veille. Il s'appuie le plus souvent sur des logiciels de veille spécifiques, (multi plateformes comme AMI Software, Radian 6, Digimind ou Synthesio ; ou spécialisés sur un produit particulier comme Visibrain, dédié à Twitter). La finesse de leur analyse dépend du volume de données, mais également de l'intervalle de temps correspondant à l'échantillon à analyser.

Là encore, il est possible d'internaliser ce savoir, ou de faire appel à des équipes externes, susceptibles d'intervenir en amont d'un projet, au fil de l'eau ou en gestion de crise. À vous de choisir le format qui convient le mieux à votre organisation, et à votre budget !

Concepteur rédacteur

L'alimentation des sites en contenu requiert des compétences éditoriales solides, et c'est ce qu'on demande au concepteur rédacteur. Il aura à charge de rédiger, de mettre en forme ou de remanier les textes qui seront diffusés sur les différents supports digitaux. Souvent, cela demande d'adapter des textes déjà existants, ou rédigés pour d'autres supports : ajouter des liens, découper le texte en plusieurs pages, remettre en forme certains paragraphes pour en faciliter la lecture, choisir des illustrations adaptées, reformuler le titre, insérer un chapeau.

Une connaissance du HTML et des techniques de SEO est bien évidemment un plus pour ce profil. La maîtrise du HTML permettra à notre rédacteur web, entre autres, de devenir complètement autonome lors la publication de ses contenus, pour effectuer les petites retouches finales qui permettent de se distinguer : formatage de listes, passage de morceaux de textes en gras ou en italique, etc. Cela lui permettra également, lors de l'insertion de contenus riches, de jongler avec la syntaxe des objets « embed » ou des iframe, afin d'en changer la dimension, ou de supprimer une barre de défilement peu esthétique.

La connaissance des techniques de SEO, enfin, est un atout essentiel, puisque c'est ce qui permettra, au final, de faire remonter les contenus encore plus haut dans les résultats de recherche sur Google. Ces techniques changent régulièrement, au gré des évolutions des algorithmes de Google, il faut donc sans cesse se tenir à jour.

Bref, voilà un poste idéal pour un profil littéraire passionné de technologie.

Blogueur

Il existe une catégorie particulière de concepteurs rédacteurs, et ce sont les blogueurs que vous serez peut-être amené à identifier et faire travailler, en interne. Nul besoin, pour cela, de partir à la recherche de blogueurs effrénés, ayant déjà acquis une expérience de plusieurs années au travers d'un blog personnel : les meilleurs blogueurs en entreprise ne sont pas forcément des stars du Web. Ce sont, davantage, des experts ayant des choses à dire, des histoires à raconter, en rapport avec l'activité de l'entreprise et l'identité - oserons-nous dire l'ADN ? - de la marque.

Pour les détecter, voici une recette simple : cherchez vos collègues ayant un profil LinkedIn ou Viadeo assez développé, avec de multiples facettes et de nombreux liens. Il y a de fortes chances que se cachent, derrière de tels profils, un futur blogueur avide de partager son expérience auprès de clients et de lecteurs qui le lui rendront bien.

Ces profils se cachent, en général, plutôt au sein des différents départements de l'entreprise, et c'est là qu'il faudra aller les débusquer, plutôt que d'aller les chercher au sein de l'équipe Web ou marketing. Mais attention à ne pas froisser les egos : donner les clés du Web à des profanes peut parfois en vexer quelques uns...

Data analyst

C'est l'un des métiers les plus récents. Son rôle est de collecter, organiser et analyser des données. Peu importe l'origine de ces données, qui peuvent être structurées ou non. Il peut s'agir de données textuelles, de graphiques, enfouies dans des fichiers ou publiées sur les médias sociaux, peu importe. Le véritable challenge, c'est la diversité et la quantité de données à intégrer et à digérer.

Car le « data analyst » est avant tout un expert de la « business intelligence ». Son travail consiste à triturer ces données pour en sortir des corrélations, des informations intelligibles et utiles pour les marketeurs. Par exemple, en analysant les types de monuments européens photographiés par les touristes américains et diffusées sur

Flickr ou Twitter, déduire les principales destinations, et les caractéristiques sociologiques des touristes en les recoupant, par exemple, avec des données issues de l'analyse des profils de ces mêmes touristes... Autant dire que le « data analyst » aime les mathématiques, les statistiques surtout, l'informatique et les bases de données. Un profil assez rare au sein d'équipes de communication ou marketing, mais qui leur apportera un savoir-faire unique en son genre.

Chef de projet digital

On le voit, la communication digitale requiert un pool de compétences très variées, qu'il faut savoir orchestrer. C'est le rôle qui incombe au chef de projet digital. Sa mission est simple : faire en sorte que les projets digitaux aboutissent dans les délais et les budgets impartis. Moins spécialiste que généraliste, il comprend les rouages et les compétences de chacun des intervenants (développeurs, intégrateurs, Webdesigners, community managers, etc.) pour faire en sorte que vos projets réussissent. Vous avez donc grandement intérêt à vous faire entourer des meilleurs profils pour cela...

Webmaster

Nous ne pourrions pas réaliser ce tour de table des métiers de la communication digitale sans évoquer les rôles et missions du Webmaster, qui ont bien évolué en près de quinze ans. Car le Webmaster de la fin des années 90 aurait du mal à s'y retrouver dans cette deuxième décennie du siècle. Autrefois arpenteur de territoires inconnus, doté de compétences avant tout techniques, le voilà poussé vers des missions qui impliquent toujours d'excellentes connaissances techniques, mais également une capacité à dialoguer et une ouverture vers toutes les organisations de l'entreprise.

De compétences techniques, il est toujours question, ne serait-ce que pour ne pas se laisser embarquer par les recommandations des agences et des prestataires avec qui il ou elle – eh oui, ce métier n'est pas exclusivement réservé aux hommes - est amené à travailler : dimensionnement des serveurs, type de CMS ou développement sur mesure (à éviter sauf cas spécifique), gestion des utilisateurs, etc. Mais là où on faisait autrefois appel à lui pour effectuer les mises à jour du site, le Webmaster devra désormais faire le dos rond et permettre aux autres profils susceptibles d'intervenir sur le site Web, de prendre la main : graphistes, illustrateurs, et surtout concepteurs rédacteurs.

IV.15 Comment recruter les profils digitaux dont vous avez besoin

Vous l'avez compris, la communication digitale nécessite de s'entourer d'une équipe de collaborateurs talentueux, experts dans leurs domaines respectifs. Mais, comment identifier ces profils, et surtout, comment les recruter s'ils ne se trouvent pas parmi les effectifs de votre entreprise ? Nous avons demandé à Jacques Froissant, fondateur du cabinet Altaïde[78] *et acteur incontournable du recrutement dans le secteur des nouvelles technologies, ses conseils avisés en la matière.*

Savez-vous vraiment ce que vous cherchez ?

Avant de vous lancer à la recherche de nouveaux collaborateurs experts du digital pour compléter vos équipes, votre priorité doit être de définir très exactement ce que vous cherchez. Trop de recrutements échouent ou finissent mal pour la même raison : la recherche du profil qui n'existe pas, comme par exemple, celui d'un directeur e-commerce, dix ans d'expérience, salaire 60 k€, une telle définition de poste relève de l'oxymore ; un expert du e-commerce avec dix ans d'expérience, cela tourne plutôt autour de 100 k€...

Il faut donc, avant de vous lancer, procéder à une recherche exploratoire pour définir précisément le profil qui vous intéresse, en termes de compétence, d'expérience et de rémunération, en regardant par exemple les offres similaires en cours. Il ne faut pas hésiter, à ce stade, à s'appuyer sur des professionnels du recrutement pour vous faire une idée précise.

Utilisez les outils du digital

Mon deuxième conseil en matière de recrutement de profils digitaux, c'est d'utiliser... les outils du digital pour recruter. Les profils digitaux, en effet, ne se trouvent plus sur Cadremploi ou Monster : ils utilisent et fréquentent les outils du digital dans toutes les phases de leur activité professionnelle, et particulièrement lors des changements de poste. Si vous en êtes à ce stade de la lecture du livre, vous devez déjà avoir une première idée des outils dont je parle: LinkedIn ou Viadeo, Twitter, Facebook, Google+, les blogs, etc. C'est là que vous trouverez les profils les plus intéressants.

En fait, la bonne démarche c'est :

1. de déposer votre offre quelque part, et idéalement sur votre propre site (sans oublier d'y glisser des boutons de partage) ;

---

78 www.altaide.com

2. de la relayer partout, en utilisant les outils précédemment cités, sur les profils LinkedIn, sur le compte Twitter de l'entreprise ou sur sa page Facebook, sur des articles de blog, etc.

Utilisez à fond les réseaux sociaux professionnels

LinkedIn et Viadeo méritent une mention spéciale, puisque ce sont des réseaux sociaux avant tout destinés aux usages professionnels et au recrutement en particulier. Vous avez plusieurs approches possibles.

La première, c'est d'utiliser les fonctionnalités gratuites : partager une offre sur son profil ou la diffuser dans un groupe, c'est le minimum syndical.

Vous pouvez aussi adopter une démarche de recherche active, en utilisant les spécificités du moteur de recherche intégré, en jouant sur les différents critères à votre disposition (entreprise actuelle ou précédente, formation, expérience, secteur, mots-clés, etc.). C'est assez puissant, et nous vous invitons **à y consacrer suffisamment de temps pour en apprécier toutes les finesses.**

Ensuite, vous pouvez passer à la vitesse supérieure, en utilisant le module permettant de diffuser des offres d'emploi sur la section du site qui y est consacrée. Il vous en coûtera 180 euros sur LinkedIn, un peu moins sur Viadeo. Votre offre restera en ligne 3 semaines, puis vous devrez payer un supplément pour la maintenir plus longtemps si vous n'avez pas reçu assez de candidatures.

Enfin, si vous êtes amené à recruter très souvent, il vous faudra probablement envisager de passer par l'environnement dédié aux recruteurs de LinkedIn. Le coût initial est de l'ordre de 10 000 euros, mais votre retour sur investissement sera rapide, en comparant à l'économie réalisée par rapport à un cabinet de recrutement. Toutefois, ne vous lancez pas dans ce type d'approche si vous ne disposez pas d'une équipe dédiée au recrutement en interne, ce qui revient au final à décaler votre budget de l'externe vers l'interne.

Pour finir ce panorama des outils professionnels, je vous invite aussi à faire un tour du côté des plateformes spécialisées, comme:

- Digikaa[79], réseau social des métiers du digital ;
- FrenchWeb[80], dont la section emploi touche de nombreux professionnels du marketing digital ;
- RemixJobs[81], plus spécifiquement dédié aux profils techniques.

Pour recruter des profils à l'international, le point de passage obligatoire reste LinkedIn, sa domination est incontestable en ce domaine. À titre d'exemple, il y a 11 millions de profils LinkedIn au Royaume-Uni (contre 5 en France), et 50 % des cadres néerlandais sont présents sur cette plateforme.

79 www.digikaa.com
80 emploi.frenchweb.fr
81 www.remixjobs.com

Et les cabinets de recrutement dans tout cela?

Bien entendu, si vous vous sentez un peu perdu ou cherchez une efficacité optimale, vous pouvez faire appel à des cabinets de recrutement. Dans ce cas, ne tergiversez pas et adoptez immédiatement la bonne démarche, qui consiste à contacter des cabinets de recrutement dotés d'une expertise dans le digital : leur réseau, leur expérience, font la différence. Altaïde, bien sûr, mais aussi Blue Search[82], Aravati[83], Digital Jobs[84], Mac Allister[85], UrbanLinker[86] ou Ametix[87].

N'allez pas croire qu'il ne faut faire appel à ces professionnels que pour des digitaux au sein de start-ups technologiques. En fait, leur expertise et leurs conseils vous serviront quel que soit le secteur considéré, et notamment s'il ne vous paraît pas si « digital » : le médical, l'immobilier, l'industrie, vont à leur tour connaître leur révolution digitale. En effet, c'est une double compétence qui est le plus souvent requise pour opérer la transformation digitale dont le métier s'ancre dans des pratiques et une histoire qui, elles, ne le sont pas. Un « médecin geek », un avocat présent sur Twitter, sont les passerelles qui permettent plus facilement de faire entrer la communication digitale au sein de leurs organisations. Repérer de tels profils requiert la même approche que le recrutement de profils digitaux pour des start-ups.

Comment évolue le secteur du digital vu du côté du recruteur?

Expert du recrutement de profils « digitaux » depuis près de quinze ans, je constate une évolution qui tend vers toujours plus de spécialisation. Cela se voit dans les CV et les profils, cela se sent dans le descriptif des postes, quand ils sont bien rédigés. Une autre tendance, hélas, se dégage : celle de descriptions de postes mal rédigées...

La filière du marketing digital est celle qui connaît la plus forte croissance, mais les profils dans le mobile sont aussi très demandés, ainsi que les profils e-commerce. Le besoin de formations se fait de plus en plus sentir, car dans 10 ans, il n'y aura pas d'autre marketing que le marketing digital... D'ailleurs, si je dois donner un conseil au directeur digital, c'est de ne pas confier sa veille au stagiaire fraîchement débarqué, mais de lui confier tout le reste... et de se consacrer personnellement à la veille.

Le plus urgent pour les entreprises à la recherche des profils digitaux dont elles ont besoin, de mon point de vue, c'est d'adopter les codes du digital, comme par exemple de partager ou faire partager les offres d'emploi. Et, bien sûr, de se faire convenablement conseiller...

---

82 www.blue-search.com
83 www.aravati.fr
84 www.digitaljobs.fr
85 www.mac-allister.com
86 www.urbanlinker.com
87 www.ametix.com

IV.16 ROI des médias sociaux : 3 méthodes de calcul en phase de maturité des nouveaux médias

Ah ! Le bon vieux sujet du retour sur investissement (ROI). Vous vous souvenez, on espère ! Ce fut même le pivot d'un long chapitre de notre précédent ouvrage, mais que les choses ont changé depuis les premiers jours des médias sociaux. Cette question a hanté jour et nuit bon nombre de responsables digitaux.

Que faire ? Reconnaître le problème et essayer de prouver un business-case, puis « vendre » son initiative en interne ? Combien de managers s'y sont cassé les dents ? Passer outre, montrer les résultats tangibles, puis éluder la question ? Cela était pertinent au début des projets, lorsque le bouche-à-oreille était gratuit et l'outillage fait de versions beta, jamais finies, mais jamais payantes non plus. À l'époque, vers 2008 - 2009, les médias sociaux constituaient encore une innovation. Il fallait donc créer la rupture.

Ce n'est plus le cas aujourd'hui. Le paysage, que d'aucuns ont découvert en 2010 ou 2011, concomitamment avec la sortie de notre premier ouvrage, s'est radicalement transformé depuis lors. La plupart des principales entreprises se sont lancées, hormis quelques rares exceptions qui liront avec intérêt la dernière section du présent ouvrage. Les outils sont devenus payants, les prix ont même parfois atteint des sommets. Les pages se sont multipliées, les moyens décuplés, la publicité s'est développée de façon exponentielle, au point que Facebook a dégagé 4 milliards d'euros de chiffre d'affaires en deux ans seulement.

On le voit, il n'est plus possible de se croire encore dans le monde de Oui-Oui, où nous habitions pourtant il y a encore peu. Cette question du retour sur investissement est devenue inévitable. Il va donc falloir vous pencher sur le sujet du ROI. Voici quelques astuces et quelques recettes que nous vous conseillons, à commencer par une méthode pour prouver le ROI, méthode à laquelle vous n'aviez peut-être pas pensé.

Les innovations n'ont pas de retour sur investissement ... au départ !

Si vous voulez tuer une idée neuve, si vous voulez tuer la recherche, si vous voulez vous assurer de ne prendre aucun risque, alors demandez à un innovateur son retour sur investissement dès le départ. En fait, la plupart des histoires qui sont racontées dans les manuels de management sur la gestion de l'innovation sont purement et simplement erronées, comme l'a fort justement démontré et avec brio Scott Berkun, ancien responsable marketing chez Microsoft, responsable du succès d'Internet Explorer 4, dans son excellent ouvrage, *Les mythes de l'innovation*[88]. À commencer par le déterminisme de l'innovation, avec le moment Eurêka, où l'inventeur va se frapper le front et trouver immédiatement la solution à tous ses problèmes. La réalité est toute autre. Les grandes innovations, y compris celles que vous utilisez tous les jours comme Google[89]

88 *The Myths Of Innovation, Scott Berkun, O'Reilly, 2007* http://bit.ly/bossberkun

89 *Google, comme cela est raconté par Scott Berkun dans son livre, n'était pas à l'origine un moteur de recherche, mais un algorithme, qui cherchait à se vendre à Yahoo! sans succès. Et c'est à ce moment de l'échec, que Larry Page et Sergueï Brin ont eu l'idée de créer leur propre moteur de recherche, pour démontrer la justesse de leurs idées. Comme quoi, il faut éviter d'avoir des idées à l'emporte-pièce lorsqu'on parle d'innovation. Les responsables de Yahoo! ayant accueilli les deux fondateurs de Google à cette époque leur avaient en effet déclaré que : « on ne peut pas faire d'argent avec des moteurs de recherche ». Ça ne s'invente pas.*

par exemple, sont toutes ou presque le résultat d'essais et d'erreurs successifs. Alors, pourquoi voudriez-vous qu'il en soit différemment des médias sociaux et du digital en général ?

Et après...

Certes, mais cela ne peut pas durer toute la vie. Passé un moment, où tout le monde s'est rendu compte de l'utilité et de la pertinence du concept, on en revient bien au problème précédent, qui consiste à mesurer le résultat et à partager cette mesure.

Ce moment-là est arrivé. Le prix des outils pour gérer les médias sociaux est devenu quasi incontrôlable. D'une part, il est impossible de trouver des outils qui fassent le travail correctement sur l'ensemble de la chaîne. D'autre part, lorsqu'on est en charge des médias sociaux pour une entreprise, et que l'on doit équiper l'ensemble du personnel responsable avec ces outils, la démarche finit par être rapidement dispendieuse. Des astuces existent pour éviter le matraquage financier, notamment en refusant systématiquement la tarification à l'utilisateur et à la plateforme, et en mutualisant les prix sous forme de forfait annuel, il n'est pas pour autant évident de s'en sortir sans une note qui finit par devenir salée et qui se monte en centaines de milliers d'euros pour une entreprise. Cela finit par coûter très cher, et l'on doit bien en essayer de montrer l'utilité de la démarche et son résultat. Alors, comment faire ?

La plupart du temps, dès lors que la problématique du retour sur investissement est évoquée, les utilisateurs se sentent bloqués par la nécessité de montrer combien de produits ils ont vendu grâce à leurs initiatives. C'est effectivement une des façons de mesurer un retour sur investissement, mais c'est loin d'être la seule. Si votre problématique relève du commerce en ligne ou de génération de prospects via le marketing digital, alors, vous pouvez dormir sur vos deux oreilles, les moyens de mesurer sont relativement aisés. Et si les résultats ne sont pas bons, vous saurez facilement les corriger en vous comparant à vos concurrents et par rapport aux attentes ou aux frustrations de vos clients. Mais, si votre démarche concerne des dispositifs digitaux plus « liquides » et notamment ceux relatifs aux médias sociaux, il y a fort à parier que, le f-commerce et le social commerce ayant fait long feu, vous n'ayez pas grand-chose à vous mettre sous la dent. Faut-il jeter le manche avec la cognée ? Certainement pas ; attendez un peu, d'autres méthodes existent.

Mesurer « l'engagement »

Si vous n'êtes pas encore familier des médias sociaux, il y a fort à parier que lorsque vous allez rencontrer les consultants et les « experts » du digital, ceux-ci vous annoncent péremptoirement qu'il faut mesurer « l'engagement ». Mais quel est donc cet animal-là ? Tout bêtement, la quantité et la qualité du dialogue que vous arrivez à susciter sur les médias sociaux. Si l'on prend cela comme une évidence, mesurer correctement cette fonction est toutefois une gageure, notamment compte tenu de la myriade d'outils qui existent pour ce faire.

Des outils existent pour mesurer les événementiels (Tweetreach[90] par exemple mais aussi Twitonomy[91] et bien d'autres encore) ; d'autres pour mesurer certaines plateformes mais pas toutes (Socialbakers[92] par exemple, fait des miracles avec Facebook, mais est un peu en deçà avec Twitter), et les outils tout intégrés sont tous intéressants, avec des plus et des moins pour chacun, mais rarement suffisants pour apporter les réponses à toutes vos questions et celles de votre boss.

Tout cela est très bien et donnera cours à de fort intéressantes discussions, mais que mettre derrière ce terme « engagement » ? Si on en comprend plus ou moins les tenants et aboutissants, une véritable définition serait sans doute utile. Que nous dit donc Socialbakers, sur ce sujet ? Voici leur définition, extraite de leur site, dans une grammaire anglaise très approximative[93], parmi les pages d'aide : c'est le « pourcentage de vos fans que vous avez réussi à attirer afin « d'engager » (« liker » ou « commenter ») sur les « posts » de votre mur [NDLR : donc les publications sur votre mur Facebook] ». Tout cela est légèrement tautologique, mais se comprend finalement assez aisément. On pourrait traduire en français courant par « taux d'activité sur votre base de fans », c'est-à-dire parmi ceux qui ont « aimé » votre page, combien sont *réellement* actifs (en bien ou en mal, nous ne précisons pas à ce stade), et commentent ou agissent sur vos publications. Voici d'ailleurs, toujours selon Socialbakers la formule magique du calcul de cet « engagement ».

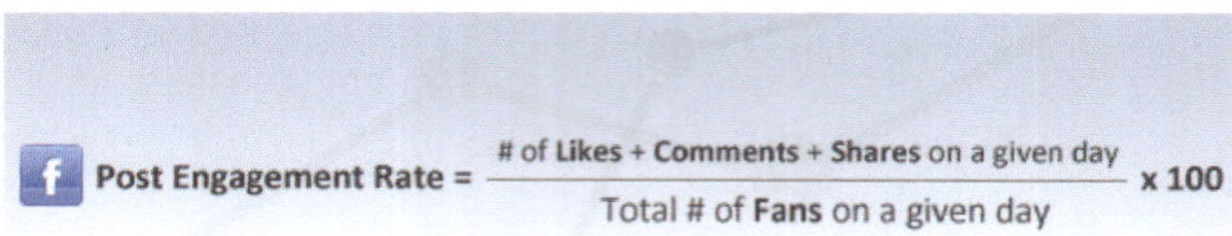

La formule du calcul de l'engagement selon Socialbakers

Dans un sens, c'est une grande avancée par rapport à beaucoup de médias traditionnels, passifs et descendants, où seule la présence en face du médium est mesurée. D'ailleurs, les chaînes de télévision se sont, fort logiquement, récemment emparées des médias interactifs afin de se doter de cet élément « d'engagement » qui leur faisait défaut. C'est sans doute cela d'ailleurs, dans ce mélange habile de médias traditionnels et interactifs qu'il faut chercher la logique de la mesure de l'engagement, là où on aura fusionné masse et interaction.

Pour ce qui est des mesures d'engagement pur, et hormis la difficulté de mesurer ci-dessus, remarquons plusieurs choses :

- D'une part, la forte dégressivité des taux d'engagement, notamment sur Facebook, qui entraîne des résultats fortement anti spectaculaires, les chiffres évoqués fréquemment sont certainement la base de passionnantes discussions d'experts mais ces montants sont rarement impressionnants ;

---

90 http://tweetreach.com
91 http://twitonomy.com
92 http://socialbakers.com
93 *Socialbakers est une société tchèque, la définition est disponible ici :* http://oran.ge/bosserdef

- D'autant plus que, plus votre communauté s'agrandit, plus votre taux d'engagement sera faible. C'est assez déprimant, mais ainsi va la vie ; il vaut mieux restreindre sa communauté dans la durée, même si cela doit coûter en termes de fierté et vous faire passer pour une société moins populaire que celle de votre voisin, la réalité sera probablement et dans les faits, toute autre ;

Trois façons (et une quatrième si on les combine) de mesurer le ROI

- Troisièmement, avouons-le, ce genre de débat ne va pas passionner votre boss... Probablement à juste titre. Après tout, quelle importance que votre taux d'engagement soit de 0,09 % au lieu de 0,08 % ? Sincèrement, la face du monde n'en sera pas changée.

Nombre de « FANS »	Taux d'engagement moyen
0 -10k	0,96 %
10k - 20k	0,29 %
20k - 50k	0,21 %
50k - 100k	0,19 %
100k - 200k	0,16 %
200k - 500k	0,13 %
500k - 1 000 k	0,11 %
1 000 k- ~	0,09 %

Évolution des taux d'engagement en fonction des tailles de communautés[94]

Maintenez donc ces mesures pour vous-même et vos équipes, mais évitez qu'elles viennent polluer les débats de management car cela risque au contraire de vous desservir. Ceci d'autant plus que, paradoxalement, gagner en engagement n'est pas toujours bon signe : dans le cadre des marques dites « fonctionnelles[95] », l'activité

94 *Source socialbakers :* http://oran.ge/bosserdef
95 *Voir le chapitre I.3 sur l'ADN des marques.*

de service client étant prépondérante, celle-ci générera de forts accroissements des taux d'engagement, même si les échanges en question sont... des commentaires d'insultes[96] !

Il est vrai qu'on peut faire dire beaucoup de choses aux chiffres et que plus cela a l'air rationnel et chiffré, plus l'interprétation est importante (pour la mesure des médias sociaux comme pour le reste).

Une autre façon de voir les choses : la mesure par l'économie et/ou de l'équivalence promotionnelle, c'est-à-dire la valeur de l'investissement financier qu'il aurait fallu réaliser pour obtenir cet équivalent de visibilité.

Un troisième apport, c'est l'angle des économies ou de la quantification des équivalences, une manière de valoriser l'activité qui semble assez évidente, même si elle est assez peu utilisée, à tort, par les responsables médias sociaux.

Et pourtant, en ces temps de crise et de réductions budgétaires, cette méthode paraît particulièrement adaptée et évidente. En chiffrant l'économie et/ou l'équivalent publicitaire, non seulement on réalise le rêve de la quantification du bénéfice, mais on met le doigt sur un des problèmes récurrents du marketing du bouche-à-oreille, à savoir l'absence de preuves. C'est en quelque sorte la mesure de l'engagement ramenée à son cœur de sujet, le faire savoir et la quantification de la discussion.

Cette méthode permet donc de mesurer l'effet bouche-à-oreille et d'évaluer son équivalent publicitaire[97]. Comme le fait remarquer fort justement Andy Sernovitz dans son livre *Le marketing du bouche-à-oreille*[98], le marketing viral coûte peu ou pas, ce qui ne permet pas de mesurer son efficacité en termes d'investissement (hélas, c'est souvent la méthode de valorisation des opérations marketing ; non pas ce qu'elles rapportent, mais ce qu'elles coûtent : car si c'est cher, cela doit être important... consternant, mais vrai). Avec cette méthode, vous pourrez montrer combien cela rapporte.

La méthode d'évaluation

Prenons un exemple donc, une véritable opération de relations publiques blogueurs, réalisée fin 2012 par Yann Gourvennec aux États-Unis[99].

Avant toute chose, il y a des précautions à prendre : ce genre d'évaluations peut se révéler fragile. Il s'agit d'une estimation et non d'un calcul précis. La faiblesse des calculs de ROI réside souvent, en effet, dans leur excès de précision, qui amène la suspicion lorsque les chiffres sont trop bons pour être vrais. Comme dans cet exemple,

---

96 *Sur des marques de service, dites « fonctionnelles », dans un cadre défavorable de qualité de service, nous avons observé de grosses proportions de tweets d'insulte, avec des variations importantes en fonction des pays (25 % au Royaume-Uni et 15 % en France, sur l'exemple le plus parlant que nous avons observé).*

97 *Rappelons encore une fois, qu'il n'est pas question de remplacer l'un par l'autre mais de les comparer de les rapprocher. Voir le chapitre III-5, qui traite du bouche-à-oreille et de la publicité.*

98 *Word of Mouth Marketing (http://bit.ly/bowwwom), ou en français, le marketing du bouche-à-oreille (http://bit.ly/bossbao). La version BD est particulièrement recommandée aux lecteurs désireux d'expliquer le livre à leur boss !*

99 *Le blogger bus tour a rassemblé 14 blogueurs de 7 pays différents, lors d'un voyage d'études en Silicon Valley.*

certes un peu ancien, de calcul des gains de productivité de la Web conférence, où l'analyste démontrait un gain total de productivité de 235 %[100]. « Trop beau pour être vrai », entendez-vous dans un cas comme celui-ci. « Cela dépend des personnes », diront d'autres. Ce qui n'est pas faux, d'ailleurs. « Ce n'est pas réaliste » dira un autre...

La bonne approche pour faire taire de telles critiques, consiste à ne pas présenter de chiffres absolus, mais des fourchettes d'estimation, d'arrondir les chiffres, pour éviter de présenter, par exemple, une économie ou un équivalent publicitaire de 25 873 12 euros. Cela est non seulement ridicule, mais certainement faux, un chiffre précis n'est pas toujours un chiffre exact. Alors qu'en introduisant des fourchettes (une hypothèse basse et une haute) à chaque ligne de votre calcul, vous arriverez à une évaluation globale crédible, qui laisse la place à l'interprétation, sans pour autant prêter le flanc aux critiques faciles. Ainsi, en fournissant un chiffre d'économie et/ou et d'équivalent publicitaire de 20 k€ à 30 k€, par exemple, vous coupez court aux critiques, surtout si le chiffre bas est encore significatif. Dans ce cas, ne prenez que ce dernier, introduisant ainsi une marge d'erreur, et comparez cela aux sommes engagées. Bien peu de marketeurs mesurent leurs opérations, mêmes classiques[101], raison de plus pour ne pas faire de même, ce qui donnera d'autant plus de crédibilité à vos actions médias sociaux ; cela mettra fin aux critiques ou aux doutes, plus personne ne vous dira ensuite que le marketing du bouche-à-oreille est invisible ou ne sert à rien.

Sans compter que cette méthode est applicable bien d'autres opérations, y compris les opérations traditionnelles citées précédemment. Prenons pour exemple une opération de relations publiques blogueurs, le type même d'opérations marketing dont vous entendrez « qu'elle ne sert à rien » ...

100 *Voir l'étude Frost & Sullivan « Measuring the True Business Benefits of Web Collaboration » pour le compte de Webex, réalisée en 2005. Elle est une des rares études de ce genre à tenter un calcul de productivité sur le sujet de la collaboration. Elle n'est plus disponible sur les supports officiels mais se retrouve facilement sur les sites tiers via Google (http://bit.ly/bosssearchfrost). Une autre étude plus récente (2010) réalisée par Cisco revient sur ce sujet (http://bit.ly/bossciscoroi). Cette étude de 2005 avait pour mérite de mettre des chiffres derrière l'impression de gain de productivité réalisé grâce aux outils de travail à distance. Hélas, le chiffre à la fois trop précis et trop élevé ne permettait pas de prouver réellement l'impact – pourtant avéré – sur la productivité des cadres.*

101 *Pour cela, nous vous rappelons la présentation d'Alain Thys sur la responsabilité des marketeurs et du marketing en général : http://bit.ly/mkgacc ; selon le Management Centre Europe, cité par Alain Thys, de Futurelab, 80 % des ROI des stratégies marketing sont laissés au hasard.*

Exemple de calcul sur la base d'une opération de RP blogueurs :

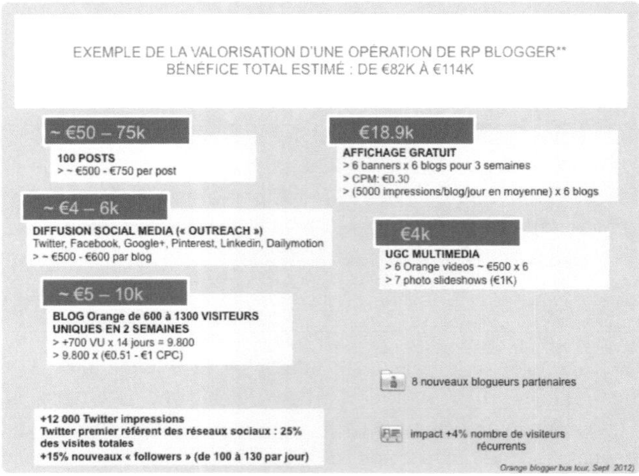

Exemple de calcul des bénéfices d'une opération RP blogueurs (Orange blogger bus tour 2012)

Cette opération était un véritable travail collaboratif orienté contenu, à la fois centré sur la marque dans ce qu'elle pouvait fournir de contenu et d'innovation, mais aussi de tendances, avec des remontées très riches et des visites de tous les ténors du SoLoMo dans la vallée[102].

1. **Valoriser les contenus** (articles de blogs dans ce cas précis) : si vous créez du contenu, vous savez maintenant, depuis que vous avez lu la section 2 de cet ouvrage, que celui-ci a de la valeur. Il est conseillé de proposer aux blogueurs invités du partage de contenu gagnant-gagnant, entre ce que vous retransmettrez sur votre blog d'entreprise, et ce qui sera présent ailleurs, sur les blogs de chaque participant. Si vous n'avez pas de blogs d'entreprise, ce n'est pas forcément grave, même si vous ne pourrez ainsi bénéficier d'échanges aussi riches.

   Il faut considérer qu'un article, avec de grandes variations de qualité et aussi en fonction de la compétence du blogueur et de son aura (nationale, régionale ou internationale), peut valoir un certain prix. Ici, la sélection regroupait 14 blogueurs issus de 7 pays différents. Les organisateurs ont donc évalué la valeur des billets de blogs de 500 à 1 000 euros (la fourchette haute valant pour les célébrités internationales). Toutefois, afin d'ajouter un matelas de sécurité et d'éviter les critiques, il est conseillé de minimiser cette valeur haute. L'évaluation finale retenue ici est donc plus de 500 à 700 euros par article, certains d'entre eux étant plus courts. Plus de 100 articles ayant été écrits dans le cadre de cette opération au moment du décompte, et beaucoup plus à la fin de l'opération, d'autant plus que le représentant chinois a ensuite entrepris de traduire en mandarin chacun des articles de tous les autres blogueurs (donc plus de 200 articles au total, mais

102 Cf. la présentation introductive de l'événement sur SlideShare : http://bit.ly/amonbossdigitalbloggerbus

restons modestes, et notre calcul de ROI n'en sera que plus crédible). Nous sommes bien dans une mesure assez conservatrice ici. Nous avons compté 100 de ces billets, pour garder un chiffre rond et le total économisé a été évalué en génération de contenu de 50 à 75 k€.

> ***Note importante :*** *Au titre de l'obligation de transparence[103], doit être signalé dans les articles, s'ils sont hébergés sur les blogs des participants ou si l'événement est sponsorisé par la marque (ce qui amène un lien supplémentaire en passant).*

2. Importance de **diffusion social media** (« outreach » en anglais) : les médias sociaux créent de la visibilité, beaucoup de visibilité dans le cadre d'un événement comme celui-ci (voir carte ci-après).

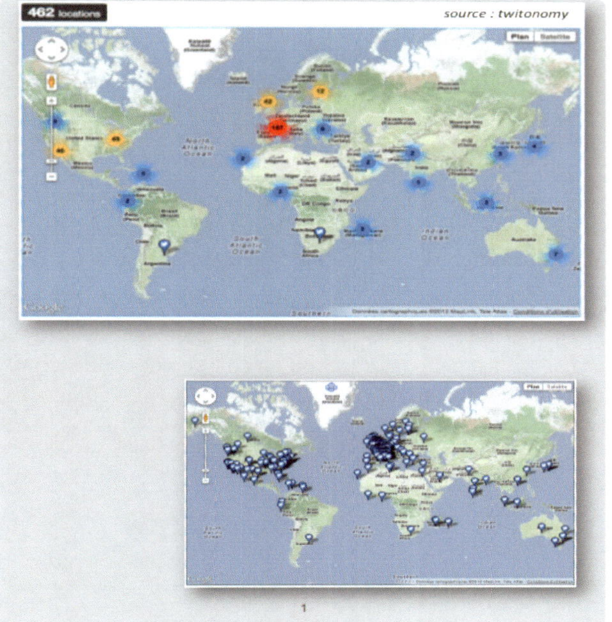

Une visibilité impossible à obtenir autrement, dans le monde entier

L'astuce consiste ici à valoriser sa visibilité sans exagérer les chiffres. Contrairement à la croyance générale, la publicité sur les médias sociaux est chère, beaucoup plus qu'on ne pourrait le penser a priori. Le ticket d'entrée pour une campagne Twitter est par exemple de 20 000 euros, et vous ne pouvez choisir votre agence, car peu d'entre elles sont agréées par Twitter. Ramené à l'abonné Twitter (« follower[104] » dans le jargon consacré), et ceci basé sur l'observation d'une

---

103 *Déjà largement décrite dans le livre précédent et documentée par Socialmedia.org en ligne sur* http://socialmedia.org/disclosure *en anglais et en français. Cette charte a été traduite par nos soins et est reproduite en fin d'ouvrage.*

104 *Utilisateur suivant votre compte sur Twitter.*

campagne de 30 000 euros annuels sur une période d'un an, nous constatons un coût de 1 euro ou plus sur une cible internationale, en moyenne. Facebook permettra, quant à lui, des recrutements beaucoup plus abordables sur les pays émergents, mais si vous visez la France, ou plus difficile, le Royaume-Uni, comptez largement 1 euro par « fan » également.

Valoriser le fait que vous bénéficiez, avec leur consentement, des comptes réseaux sociaux de personnes connues et influentes (au sens des réseaux sociaux), encore plus à l'international, est loin d'être négligeable. Ici, nous avons compté une valeur très conservatrice de 500 à 600 euros par blog, ce qui nous fait un total de 4 000 euros à 6 000 euros, largement en dessous de la vérité.

3. **Augmentation de trafic sur votre blog** : une autre façon de mesurer l'économie réalisée consiste à comptabiliser la variation de visites induites par l'apport de trafic, en le comparant à la moyenne observée sur une longue période. Ici, on compte un accroissement de 700 visiteurs uniques sur 14 jours, soit un total de 9 800 visiteurs uniques. Sachant que le coût par clic moyen[105] (via le référencement payant Google) s'établit entre 0,51 euro et 1 euro en moyenne selon les mots-clés retenus, la fourchette conservée pour le poste sera de 5 à 10 k€ (avec un léger arrondi simplificateur).

4. **Affichage gratuit** : cela fait partie du donnant-donnant. Cette contrepartie normale est toujours, selon notre expérience, acceptée ; si l'on excepte les mauvais coucheurs que nous vous conseillons d'éviter et de sortir de vos opérations. Les blogueurs sont, avec leur accord, les premiers à accepter de relayer votre événement au travers des bannières que vous fournirez. Bien entendu, il ne s'agit pas de bannières publicitaires dans ce cas-là, plutôt de bannières de promotion de l'événement, certes sponsorisées, mais de contenu quand même. Tant que vous restez dans ces limites acceptables, vous ne trouverez que fort peu de blogueurs pour refuser ce partage

Un exemple de bannière verticale à placer dans la colonne de droite d'un blog par exemple ; fournissez un grand nombre de bannières différentes pour maximiser le résultat

Dans ce cas précis, nous allons évaluer l'affichage fourni par les blogueurs au travers de 6 bannières publiées sur 6 blogs pendant trois semaines. Ceci est encore une fois une approximation qui va permettre une marge d'erreur, en évitant de surévaluer l'affichage. Il va de soi que dans le cas précis que nous évoquons, l'affichage obtenu a été beaucoup plus important, avec certains blogs très influents gardant l'habillage complet sur leur site (ils sont donc allés bien au-delà de ce qu'on leur proposait) pendant près de deux mois. Si nous évaluons l'affichage

105 *CPC dans le jargon abscons du e-marketing.*

en coût par mille (CPM[106]) à environ 30 euros[107], et que nous estimons avoir eu 5 000 impressions par blog par jour en moyenne sur six blogs dans une période de 3 semaines, nous arrivons donc un total d'environ 18 900 euros que nous pourrons rajouter.

5. **Production de contenu généré par l'utilisateur (l'UGC) multimédia** : mais ce n'est pas tout, car on peut également récupérer un bon nombre de vidéos, parfois très intéressantes, réalisées chez les gourous du Web dans la Silicon Valley par exemple, ce qui était le cas ici. Comptons 6 vidéos produites en les valorisant à environ 500 euros, ce qui est très conservateur encore une fois (vous pouvez considérer que la moyenne pour une vidéo est d'environ 1 000 euros, si on évite le travail de montage et qu'on travaille avec une seule caméra). Les photos ne sont pas en reste avec 7 diaporamas récoltés sur la durée de l'événement. Une séance photo d'une journée par un professionnel coûte 1 000 euros, on va donc difficilement pouvoir valoriser ces diaporamas au même tarif ; nous avons donc décidé d'une cote mal taillée de 1 000 euros pour l'ensemble des 7 diaporamas proposés, même si dans le cas présent, certains des blogueurs, et des organisateurs, sont des amateurs de photo très éclairés, équipés d'appareils numériques dernière génération, et rompus aux techniques du développement numérique (ce qui n'est pas toujours le cas des professionnels, notons-le).

6. **Autres valorisations** : on peut également compter pêle-mêle, parmi les valorisations plus qualitatives, le nombre de blogueurs recrutés, les impressions obtenues dans Twitter et le nombre d'abonnés à vos comptes Twitter (dans ce cas, il s'agissait d'environ 100 à 130 « followers » Twitter en plus par jour, soit environ 1 k€ euros d'économie supplémentaire).

   Au total, si l'on ajoute tous les chiffres suscités (en dehors de la catégorie 7), nous arrivons à un bénéfice total de 82 000 à 114 000 euros environ, très largement supérieur au budget utilisé pour organiser le voyage, même si celui-ci fut conséquent ; ceci d'autant plus que le voyage a pu être mutualisé avec certaines entités internes de façon à partager les coûts.

   Le but de ces démonstrations est de montrer qu'on peut valoriser quantitativement de façon très significative des événements médias sociaux, sans rentrer dans des calculs hasardeux de retour sur engagement que personne ne comprend, alors que les équivalents publicitaires sont largement compréhensibles de tous.

---

106 *Le CPM est la mesure habituelle de la publicité sur le Web, c'est-à-dire le prix pour toucher 1 000 visiteurs. Voir* http://www.lepoint.fr/html/pdf/tarifs-2013-lepoint.fr.pdf *pour un exemple de tarif sur une publication ayant pignon sur rue (Le Point dans ce cas précis).*

107 *C'est-à-dire largement en-dessous de la véritable moyenne qui s'établit plutôt aux alentours de 45 euros.*

IV.17 Interview d'expert : Michael Tartar, comment calculer le ROI des projets digitaux sans perdre la tête ?

Le calcul du retour sur investissement d'un projet digital n'est, en général, pas ce que le responsable du projet préfère faire. Se plonger dans les chiffres, les mettre en ordre avec plus ou moins de bonheur dans un tableur, essayer d'expliquer le rationnel qui se cache derrière et mettre le tout dans une jolie présentation plus ou moins fumeuse, voilà qui n'a rien d'enthousiasmant. Pourtant, moyennant un peu de méthode, il est possible d'évaluer le retour sur investissement d'un projet digital, sans pour autant perdre la tête.

Les bases du calcul du ROI

Comme tout projet, un projet digital a un coût, et une fois réalisé et mis en production, l'entreprise souhaite qu'il contribue à réduire les coûts récurrents et / ou qu'il permette de générer de nouveaux revenus. Les coûts sont faciles à déterminer et un financier vous dira qu'ils sont certains, ce qui n'est pas le cas des économies ou revenus escomptés. Pour rassurer le financier et offrir une chance à un projet digital de voir le jour, il faudra donc recenser objectivement les coûts, et proposer un modèle d'évaluation des économies et des revenus.

1. Les coûts

De manière générale, les coûts d'un projet se répartissent en six grandes catégories :

- Investissement : la dépense est engagée une seule fois, le plus souvent en début de projet. Pour un projet digital, il peut par exemple s'agir des coûts de développement d'une plateforme ;
- Opérationnel : la dépense est engagée après la mise en production du projet, elle est le plus souvent récurrente, par exemple sur une base mensuelle. Pour un projet digital, il s'agit par exemple des coûts liés à la production des contenus ou à l'animation du service ;
- Direct : la dépense est imputable au projet et à lui seul. En d'autres termes, si la dépense n'est pas engagée, le projet ne peut pas sortir, sauf bien sûr si la dépense n'avait pas lieu d'être ;
- Indirect : la dépense est imputable à un autre projet de l'entreprise dont bénéficie le projet. Pour un projet digital, il peut par exemple s'agir des dépenses de shooting de produit dont le projet récupérera les visuels, pour peu que les droits de diffusion aient été négociés ;
- Interne : la dépense porte sur des ressources propres de l'entreprise. Il peut par exemple s'agir du salaire du community manager de l'entreprise ;
- Externe : la dépense porte sur des achats de produits ou services. Pour un projet digital, on retrouve dans ce type de dépense les prestations des agences digitales par exemple.

Dresser l'inventaire exhaustif des coûts d'un projet revient à visiter ces catégories et se poser simplement la question : quelles dépenses sont engagées et quand ?

2. Les économies de coûts et les revenus

Les économies de coûts et les revenus sont escomptés à partir de la mise en production (ou « Go Live ») du projet. Rien n'est certain dans ce domaine. Il est pourtant permis de rationnaliser l'espoir d'économies et de revenus. Pour cela, il suffit de construire un « diagramme de causalité ». Derrière ce nom barbare se cache un outil d'une simplicité enfantine, qui vise à expliquer comment l'audience d'un service digital se transforme en euros.

Pour illustrer le propos, prenons l'exemple d'un site Web qui propose des fiches descriptives de produits, en expliquant l'usage. Le simple fait qu'une audience visite le site, pourra, par exemple, améliorer la compréhension du consommateur et entraînera une augmentation de l'usage des produits. Si l'usage des produits est facturé, cette augmentation entraîne celle du chiffre d'affaires. Et aussi, un plus grand nombre d'usages représente un plus grand attachement du consommateur aux produits, entraînant une augmentation de la durée de vie client et donc des ventes (par exemple de produits dérivés). Augmentation du chiffre d'affaires et augmentation des ventes sont deux exemples de revenus.

Du côté des économies de coûts, en reprenant le même exemple, on peut imaginer que l'amélioration de la compréhension du consommateur entraînera une diminution des interrogations des clients, et donc des appels au service client. On voit ainsi apparaître une économie des coûts du service client.

Le diagramme de causalité ci-dessous illustre ainsi l'exemple simplifié :

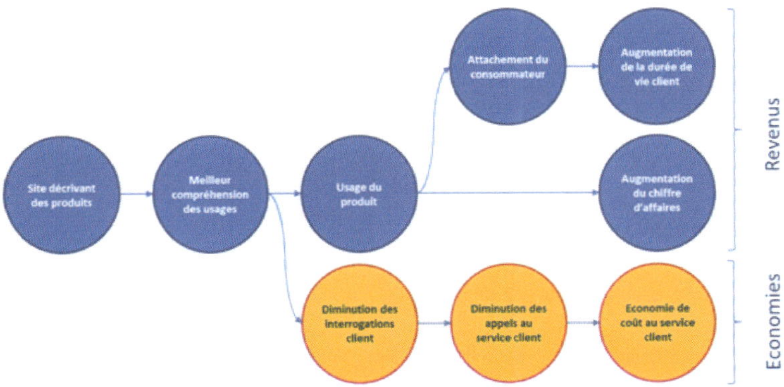

Reste ensuite à chiffrer ces liens de causalité et à évaluer ainsi l'impact du projet une fois mis en place. Qualifier cet impact, c'est émettre des hypothèses, à la fois à un moment donné, et dans la durée. Dans notre exemple simplifié, l'économie de coût du service client peut ainsi être chiffrée dès la mise en production du service à la multiplication des variables suivantes :

- Nombre d'appels au service client concernant des explications des produits : les reporting d'activité du service client doivent être en mesure d'indiquer ce chiffre ;
- Taux de consommateurs visitant désormais le site après un appel au service client : l'audience du site est, dans cette hypothèse, issue d'action de promotion du service en ligne par le service client. La valeur de ce taux pourra être déterminée en s'appuyant sur des études prévisionnelles fournies par des cabinets spécialisés (Forrester par exemple) ;
- Coûts de traitement d'un appel au service client : le contrôle de gestion du service client doit pouvoir indiquer ce coût unitaire de traitement d'un appel. La donnée est souvent sensible et nécessitera d'être manipulée avec précaution, en toute confidentialité.

Émettons ensuite l'hypothèse d'une évolution dans le temps de chacun de ces indicateurs. Par exemple, compte-tenu de l'évolution prévisionnelle de la base client, on pourra considérer que le nombre d'appels au service client augmente de 5 % par mois. D'autres événements tels que le lancement à venir de nouveaux produits, la conquête d'un nouveau marché ou encore le changement de politique tarifaire devront être pris en considération.

Les coûts, les économies et les revenus, sont ainsi valorisés en les projetant dans le temps, sur une période d'analyse à convenir le plus souvent avec la direction financière de l'entreprise. Les formules de calcul combinent les différents indicateurs retenus pour quantifier le diagramme de causalité. Des documents complémentaires pourront être nécessaires pour justifier des hypothèses retenues et surtout éviter de retenir des hypothèses trop optimistes qui gonfleraient artificiellement la rentabilité du projet.

3. Le tableau magique

En synthèse, les coûts, les économies et les revenus ayant été évalués et positionnés dans le temps, il ne suffit plus que de construire un joli tableau : les colonnes sont les périodes de temps (par exemple la semaine, le mois ou le trimestre), les lignes sont les postes de coûts, d'économies et de revenus. Dans une colonne donnée, l'addition des trois types de postes donne le bénéfice de la période, le premier étant plutôt un déficit dans la mesure où il supporte souvent la majeure partie des investissements. L'addition successive des bénéfices donne le bénéfice cumulé. Lorsque ce dernier est positif, le projet devient rentable. Ainsi, apparaît comme par magie, le retour sur investissement du projet.

4. Exemple de ROI chiffré

Pour illustrer le propos, chiffrons ensemble le ROI de notre exemple simplifié. Les chiffres fictifs repris ici, sont ceux d'un exemple réel plus complet d'un site de fiches descriptives de manipulations de terminaux mobiles d'un opérateur télécom, simplifié pour des raisons de pédagogie et légèrement modifié pour protéger la confidentialité.

Nous retiendrons deux postes de coûts :

- Les coûts de développement composés de :
  - 76 000 euros de prestation externe pour la rédaction des fiches ;
  - 35 000 euros de prestation externe pour la mise en page des fiches selon une charte graphique ;
  - Les coûts d'hébergement et de développement techniques de la plateforme sont considérés ici comme nuls (ils ont par exemple pu être déjà absorbés dans un projet précédent), seuls les contenus étant valorisés ;
  - Ces investissements sont considérés comme étant réglés lors du lancement du site. Dans la réalité, il conviendra bien sûr de prendre en compte l'échéancier de paiement.
- Les coûts d'administration liés à la mise en ligne de nouvelles fiches :
  - 23 000 euros, six mois après le lancement ;
  - 15 000 euros, onze mois après le lancement.

Du côté des économies, comment allons-nous valoriser celles du service client ? Pour cela, considérerons trois hypothèses :

- Le nombre d'appels au service client pour une demande d'assistante à la manipulation d'un terminal. Pour le mois du lancement, imaginons que le service client estime que ce nombre est de 22 000 ;
- Le pourcentage de clients allant sur le Web suite à un appel au service client, ce qui détermine le trafic renvoyé par le service client. D'autres projets de digitalisation pourront par exemple avoir montré que ce pourcentage peut être considéré de 5 % ;
- Le coût d'un appel au service client, indiqué dans notre exemple par le contrôle de gestion du service client à 6,35 euros.

Chaque mois, la multiplication de ces trois hypothèses indique l'économie réalisée grâce au site. En effet, les clients qui ont été renvoyés par le service client vers le site, n'appellent plus le service client pour une assistance à la manipulation, c'est autant de gagné (ou plutôt de non dépensé).

Pour complexifier un tant soit peu, nous pouvons considérer que le nombre d'appels au service client est variable d'un mois sur l'autre, en fonction d'une saisonnalité, de temps forts de communication de la marque par exemple. Une quatrième hypothèse de pourcentage d'évolution du nombre d'appels par rapport au mois précédent devra donc être considérée. Le service client pourra estimer l'évolution de cette hypothèse sur l'année qui suit le lancement du site.

Du côté des revenus, nous avons à valoriser l'augmentation de chiffre d'affaires et l'augmentation de durée de vie client. Considérons que les fiches contenues dans le site permettent au client de comprendre comment envoyer des SMS. Pour valoriser le chiffre d'affaires de chaque mois d'exploitation du site, nous allons considérer quatre hypothèses :

- La marge nette pour l'entreprise, liée à l'envoi d'un SMS. Cette marge, indiquée par le contrôle de gestion est pour l'exemple valorisée à 0,135 euros. En d'autres termes et pour faire simple, c'est ce qu'empoche l'entreprise à chaque fois qu'un SMS est envoyé par un de ses clients ;
- La consommation moyenne de SMS, constatée sur le parc installé et dont les analystes indiquent une évolution d'usage pour l'année qui suit le lancement du site ;
- Le nombre de visiteurs mensuels de la rubrique de description des manipulations de terminaux expliquant comment envoyer un SMS. Ce nombre est constaté par les outils d'analyse d'audience du site. Nous considérons pour l'exercice, qu'au lancement du site, il est de 400 ;
- Le taux de transformation des visiteurs, à savoir le pourcentage de visiteurs qui ont envoyé un SMS après avoir lu comment le faire avec leur terminal. Ce taux est évalué en tirant expérience de services similaires à 50 %.

Chaque mois, la multiplication de ces quatre hypothèses donne ainsi le chiffre d'affaires réalisé grâce aux explications fournies par leur site. Mais ce n'est pas tout ! En effet, le site peut légitimement revendiquer une part de chiffre d'affaires réalisé dans les mois suivants par les clients qui ont appris, grâce à lui, à envoyer des SMS. Histoire de rester raisonnables, nous considérerons arbitrairement que cette part légitime est imputable au site dans les trois mois qui suivent la première visite.

L'évaluation du nombre de visiteurs mensuels de la rubrique évolue aussi dans le temps. Afin de prendre en compte la croissance de l'audience du site, nous considérerons (et dans un cas réel, il faudra expliquer pourquoi) que le pourcentage d'évolution par rapport au mois précédent est de 20 % les six premiers mois d'exploitation, et de 10 % les six mois suivants.

Quant à l'augmentation de la durée de vie client, considérons pour cet exemple que les visites sur le site fidélisent une partie des clients ravis de mieux utiliser leur terminal désormais. Ces clients fidélisés achetant d'autres services ou produits. Pour évaluer l'impact de ces ventes, prenons en compte trois hypothèses :

- Le nombre de visiteurs mensuels que nous avons déjà déterminé plus haut ;
- Le pourcentage de visiteurs achetant des services additionnels que nous estimerons à 10 % ;
- Le montant du panier moyen d'achat, qui aura pu être indiqué par le contrôle de gestion de l'entreprise et que nous valoriserons à 20 euros.

La multiplication de ces trois hypothèses permet d'estimer le revenu additionnel mensuel généré grâce aux visites sur le site.

Le tableau magique évoqué au paragraphe précédent reprend ainsi l'ensemble des évaluations :

Type	M1	M2	M3	M4	M5	M6	M7	M8	M9	M10	M11	M12	Total
Coûts de développement	-111 000 €	0 €	0 €	0 €	0 €	0 €	0 €	0 €	0 €	0 €	0 €	0 €	-111 000 €
Coûts d'administration	0 €	0 €	0 €	0 €	0 €	-23 000 €	0 €	0 €	0 €	0 €	-15 000 €	0 €	-38 000 €
Coûts mensuels	-111 000 €	0 €	0 €	0 €	0 €	-23 000 €	0 €	0 €	0 €	0 €	-15 000 €	0 €	-149 000 €
Productivité du service client	7 425 €	7 574 €	7 725 €	7 802 €	7 490 €	7 715 €	8 872 €	10 203 €	8 672 €	7 372 €	7 593 €	7 441 €	95 883 €
Economies de coûts mensuelles	7 425 €	7 574 €	7 725 €	7 802 €	7 490 €	7 715 €	8 872 €	10 203 €	8 672 €	7 372 €	7 593 €	7 441 €	95 883 €
Chiffre d'affaires	827 €	1 397 €	2 487 €	4 345 €	5 914 €	7 936 €	10 326 €	12 467 €	13 714 €	15 085 €	16 593 €	18 253 €	109 344 €
Ventes additionnelles	800 €	960 €	1 152 €	1 382 €	1 659 €	1 991 €	2 190 €	2 409 €	2 650 €	2 915 €	3 206 €	3 527 €	24 839 €
Revenus mensuels	1 627 €	2 357 €	3 639 €	5 727 €	7 573 €	9 927 €	12 516 €	14 876 €	16 363 €	17 999 €	19 799 €	21 779 €	134 183 €
Bénéfices mensuels	-101 948 €	9 931 €	11 364 €	13 530 €	15 063 €	-5 358 €	21 388 €	25 078 €	25 036 €	25 371 €	12 392 €	29 220 €	81 066 €
Bénéfices cumulés	-101 948 €	-92 017 €	-80 653 €	-67 124 €	-52 061 €	-57 419 €	-36 031 €	-10 953 €	14 083 €	39 454 €	51 846 €	81 066 €	

Plus intéressant pour communiquer le business case à un décideur, la représentation graphique de ce tableau met en évidence que le projet devient rentable au bout de neuf mois d'exploitation, moment à partir duquel les bénéfices cumulés dépassent la barre fatidique de 0 euro :

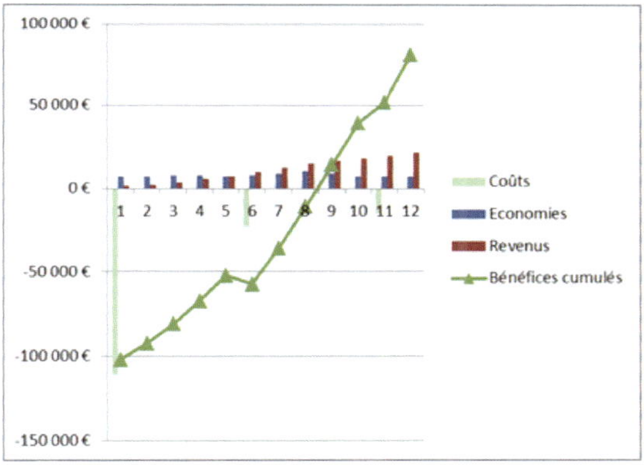

5. Quelques précautions d'usage

L'approche proposée a le mérite d'expliquer simplement le lien entre audience et argent. Elle permet de réunir deux mondes : le monde digital, avec sa logique d'audience, de plateformes, de contenus, etc., et celui de la finance, avec sa logique chiffrée. Elle favorise le travail collaboratif entre ces deux mondes et contribue à fiabiliser les projets digitaux.

Il convient cependant de revisiter le modèle régulièrement, de vérifier que les hypothèses retenues se vérifient avec le temps. L'entreprise dispose ainsi d'un outil lui permettant de corriger ses hypothèses d'évaluation de la rentabilité financière des projets.

Le chiffrage des hypothèses est la partie la plus délicate. Il pourra être tentant de vouloir aller vite en faisant confiance à son intuition. Ce serait une erreur. De rares projets d'innovation pure nécessitent de faire des évaluations à la louche. Cependant, la plupart du temps, d'autres projets similaires ont déjà été réalisés et des études de ces projets ont été publiées. En combinant avec plusieurs sources, on limite les risques d'erreurs sur les hypothèses.

Enfin pour simplifier et compte tenu de la rapidité d'obsolescence des projets digitaux, les taux d'actualisation n'ont pas ici été pris en compte. Il conviendra pour ce faire de se rapprocher d'un expert en finance d'entreprise. L'expert appréciera d'ailleurs l'effort de pédagogie que vous aurez fait en lui proposant, grâce au diagramme de causalité, une meilleure compréhension de votre projet.

Chapitre V
Pour ceux qui auraient raté la révolution digitale…

Ce livre touche à sa fin. Nous espérons vous avoir convaincu de la nécessaire prise en compte du digital dans l'ensemble de vos dispositifs de communication.

Vous avez, au sein des chapitres précédents, découvert les multiples aspects de la communication digitale, depuis son importance économique, ses aspects stratégiques jusqu'aux tactiques d'outils en passant par les nombreux dispositifs dédiés à la création de contenus numériques. Vous avez ainsi constaté que la communication digitale requiert du travail et de l'application, du temps et du savoir-faire.

Certes, le digital a irrigué, et irriguera davantage chacun des métiers de l'entreprise, et le fait que tous les employés de l'entreprise soient concernés, du haut en bas de la hiérarchie, rend nécessaire de comprendre le domaine digital et de s'adapter à son environnement. « Que tout cela est compliqué ! » pourriez-vous dire. Nous ne nous en cachons pas : le domaine digital est un environnement mouvant et complexe, qui demande de l'apprentissage et de patience ; en quelque sorte, ni plus ni moins que la comptabilité générale et le contrôle de gestion.

Le marketing, et a fortiori le marketing digital, est une véritable discipline, qui demande effort et discipline, bien loin de cette image d'Épinal parfois véhiculée par quelques médias, où internet et le commerce en ligne apparaissent comme une manière facile de gagner de l'argent rapidement et sans trop d'efforts.

À ce stade de l'ouvrage, nous sentons bien que certains d'entre vous se sont un peu perdus, et qu'ils se disent, résignés, « ce n'est pas pour moi ! » ce qui serait bien entendu une erreur stratégique capitale. À tous ceux-là, et aux autres qui essaient encore à juste titre de les convaincre, nous envoyons le message qu'il ne faut jamais se décourager. Dans les pages qui suivent, nous nous attacherons donc à vous montrer les raisons pour lesquelles « vous ne pouvez plus échapper au digital[1] », pour paraphraser un de nos interviewés dans la première section de ce livre.

Vous remarquerez en cela que notre approche est radicalement différente de celle adoptée dans le premier opus de notre série, car il n'est plus question de faire ici une section

1 *Cf. l'interview d'Arnaud Bouchard de Capgemini Consulting sur notre chaîne YouTube :* http://bit.ly/bossvideocg

pour donner des recettes de conduite du changement afin de démarrer une initiative digitale, qui est déjà largement entamée, et depuis longtemps, dans la plupart des pays d'Europe et même par les plus ouvertes de nos entreprises françaises. La communication digitale est un passage obligé, il faut le comprendre, et nous allons étayer cette thèse dans les pages qui vont suivre ; et ce d'autant plus que des pans entiers de l'économie locale se sont endormis et qu'il est temps de les réveiller.

Aux souris, citoyens !

V.1 Qui est concerné par la communication digitale ?

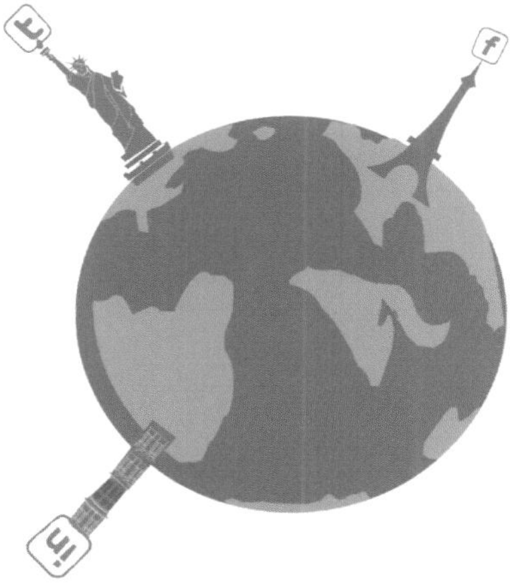

Il se peut que malgré nos efforts, vous soyez resté insensible aux exemples et aux arguments exposés jusqu'à présent, sous prétexte que cela ne vous concernerait pas. En êtes-vous vraiment certain ?...

La communication digitale n'est pas une affaire de secteur

Les plus réticents à la communication digitale mettront probablement cela sur le dos de leur activité : « ces choses là ne me concernent pas ou très peu », « mon entreprise évolue dans un secteur qui n'est pas concerné par le digital ». Pourtant, un rapide survol de quelques secteurs industriels vous convaincra que nulle activité n'est épargnée :

- **Alimentation** : c'est peut-être l'un des secteurs où l'écart entre les niveaux de maturité est le plus élevé. Si certaines marques grand public comme Ferrero, Nestlé ou Michel et Augustin surfent sur la vague de leurs produits les plus réputés et appréciés, des marques grand public établies comme Findus ont montré, lors de récentes crises, leur très faible connaissance des enjeux et des arcanes de la communication digitale[2]. L'engouement des internautes pour les sites de recette et les émissions du type Top-Chef devrait pourtant pousser ces entreprises à prolonger naturellement leur relation client vers le digital. Témoin de cela, l'association Media Aces a organisé une conférence *Les médias sociaux dans votre assiette* en février 2013, dans le cadre de la *Social Media Week*, qui a connu un grand succès sur la toile, prouvant ainsi l'enthousiasme pour ce thème. Les présentations des différents intervenants, de McDonald's à la FNSEA en passant par des start-ups comme Cookening, sont disponibles en

2 *Sur la gestion de la crise des surgelés à base de cheval par Findus, voir l'excellent article de Christophe Ginisty déjà cité :* http://bit.ly/amonbossfindus2013

scannant le QR code ci-joint ou en tapant l'URL raccourcie associée dans votre navigateur ;

Les médias sociaux
dans mon assiette
(Février 2013)

http://bit.ly/msassiette

- **Assurances et banques** : elles ont toutes, ou presque, ouvert des espaces de discussion sur les médias sociaux ; MMA, Société Générale, Allianz, pour ne citer que celles ayant rejoint Media Aces. Presque toutes ces entreprises se sont positionnées sur le mobile, avec des applications permettant la gestion de comptes bancaires ou la déclaration de sinistres. De la relation client de base au rétablissement de la confiance des internautes dans les institutions financières, il y a de quoi pousser ces entreprises à aller encore plus loin dans leur expérience digitale ;
- **Chimie et pharmacie :** secteurs ô combien sensibles, les secteurs de la chimie et des produits pharmaceutiques peinent à faire un usage professionnel de la communication digitale. Quelques acteurs, principalement américains, se sont pourtant lancés, comme Johnson & Johnson, prouvant qu'il n'y a pas que des coups à prendre ;
- **Grande distribution** : tous les acteurs de la grande distribution se sont lancés, avec des stratégies différentes, sur la communication digitale. Certaines marques comme Cora[3] (à l'exemple de Wal-Mart) n'ont pas hésité à ouvrir une page Facebook par hypermarché, là où d'autres (Carrefour, Auchan) sont restées sur une stratégie centralisée. Mais en la matière, l'exemple le plus original vient probablement des centres Leclerc, avec le blog de leur président ouvert dès 2005, et montrant ainsi une parfaite maîtrise des supports digitaux, ou une

3 *Voir ici la page de Cora Bruay en Artois, dans le Pas-de-Calais :* https://www.facebook.com/corabruay

application mobile qui se veut une véritable aide pour les consommateurs à la recherche des produits les moins chers ;

- **Ingénierie et études :** si les premières expériences collaboratives menées par les grands noms du logiciel ou du consulting (Oracle, SAP, Dassault Systèmes, IBM, Capgemini...) ont déjà près d'une dizaine d'années, on constate une certaine inertie en bas de classement. Les plus petites structures semblent hésiter à se lancer, alors que ce sont celles-là même qui profiteraient vraisemblablement encore plus d'une dynamique basée sur une communication plus digitale ;
- **Loisirs** : là encore, on constate d'assez grandes disparités, même si l'adoption de Facebook est quasi unanime. Les distributeurs de cinéma comme Gaumont[4], par exemple, font preuve d'une certaine maturité avec une présence sur plusieurs supports, notamment autour de la vidéo, et la mise en place de solutions de paiement et de réservation sur mobiles, alors qu'une très faible proportion de musées a pris le virage de Facebook ;
- **Santé** : ce secteur est probablement le parent pauvre, celui où il y a probablement encore de grandes choses à faire, même s'il recouvre un spectre assez large d'organisations très disparates, et aux contraintes différentes : établissements publics ou privés, laboratoires, praticiens ou groupement de pharmacies. Dans ce domaine, il n'y a pas de standard, et les acteurs les plus audacieux ont expérimenté des approches parfois très distinctes, allant du blog du président de la Fédération de l'Hospitalisation Privée, branche MCO[5], aux applications mobiles proposées par certains laboratoires pour assister les patients atteints de pathologies comme le diabète[6];
- **Télécommunications** : à l'exception de Free[7], qui persiste à prendre assez peu la parole sur les médias sociaux et à laisser les internautes organiser le buzz pour eux, tous les opérateurs de télécommunications se sont lancés avec des moyens souvent colossaux sur les plateformes digitales. C'est bien la moindre des choses : ces entreprises ayant pour mission, entre autres, de nous rendre possible leur utilisation en tout temps et en tout lieu ! ;
- **Tourisme** : la communication digitale autour des entreprises de ce secteur s'est, dans un premier temps, développée un peu contre leur gré, favorisant ainsi l'émergence d'un acteur de poids, TripAdvisor[8]. De fait, la plupart des acteurs du tourisme cherchent désormais à reprendre la main, soit au travers d'une veille endiablée sur leur e-réputation, soit plus simplement en ouvrant des espaces de communication qui leur permettent de toucher leurs cibles

4 http://www.facebook.com/lescinemasgaumontetpathe
5 *Toujours accessible ici :* http://leblogdupresident.fhpmco.fr/
6 *Comme l'application iPhone proposée par Sanofi-Aventis US :* http://bit.ly/amonbossdigital-diabete
7 *Et encore, il semblerait, mi 2013, qu'il y ait un regain d'activité sur leur page Facebook :* https://www.facebook.com/pages/Free-Officiel/350443398302522 *ainsi que leur compte Twitter* (https://twitter.com/freemobile *et il en existe d'autres, dédiés à la Freebox, par exemple).*
8 http://tripadvisor.com

autrement que lors des processus d'achats. La maturité de ce secteur nous semble, cependant, encore faible, et la marge de progression importante ;

- **Transport** : compagnies aériennes et transports en commun ont commencé à développer leur présence digitale, avec plus ou moins de succès. Si une compagnie comme Air France a développé sa communication digitale avec talent (malgré des premiers essais infructueux autour d'une plateforme collaborative appelée Bluenity[9]), la RATP a, de son côté, connu quelques déboires, certes anecdotiques, notamment lors de l'ouverture des comptes Twitter associés aux lignes parisiennes.

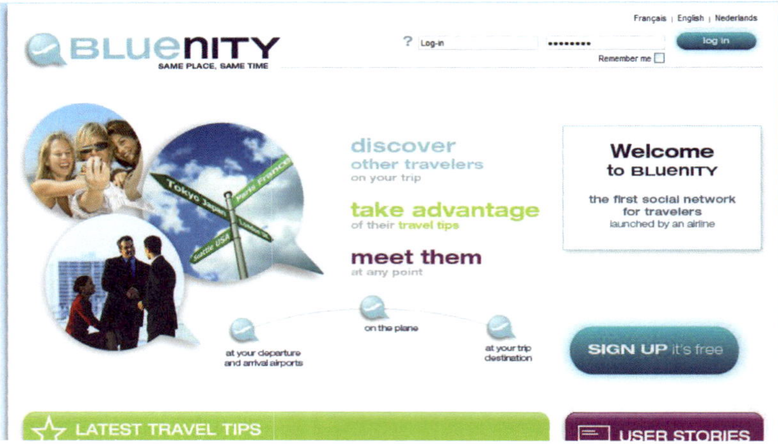

Qui se souvient de Bluenity ?

La communication digitale n'est pas affaire de taille

Nous l'avons suffisamment répété tout au long de cet ouvrage, la présence sur le digital n'est pas liée à la taille de l'entreprise. Certains mastodontes comme la SNCF ou Air France[10] sont de véritables virtuoses de la communication digitale (malgré quelques couacs, mais personne n'est parfait), alors que d'autres ne s'y retrouvent pas encore, hésitant à adresser le sujet convenablement en termes d'organisation et de moyens.

Du côté des PME, certaines, très agiles sont capables de réaliser des choses remarquables, comme Michel et Augustin, entreprise d'une cinquantaine de collaborateurs du secteur de l'alimentation, présente sur les médias sociaux aussi bien que le mobile. Pendant ce temps, des milliers d'autres hésitent à s'engager, faute de moyens ou d'investissements, dans ce domaine.

9 *Lancée en 2008 et abandonnée en 2012, Bluenity n'a pas réussi à s'imposer face à Facebook et consorts* http://bit.ly/amonbossbluenity

10 *Voir notamment le superbe compte Twitter de la compagnie aérienne nationale,* https://twitter.com/airfrancefr, *un modèle non seulement dans le domaine de la relation client, mais aussi un bon outil de promotion. Voir également l'interview d'Arnaud Bourges, commentée sur le blog de Yann Gourvennec : Air France survole les médias sociaux* http://bit.ly/bossairfr

Michel et Augustin, l'exemple d'une PME qui communique à 200 % digital.

La communication digitale est affaire de management

En réalité, comme dans de nombreux domaines, la présence sur le digital est avant tout un choix de management. Il est difficile de s'y positionner en avançant à reculons, sur la base d'initiatives personnelles qui ne seraient pas reconnues officiellement. Quelle que soit la taille de l'entreprise, l'ouverture offerte par une présence digitale est telle, que des moyens correctement dimensionnés doivent rapidement être mis en place, de manière à faire face à tous les types d'interactions que ces initiatives permettent.

C'est là que les manageurs doivent intervenir, en indiquant une vision, en conduisant le changement, en dégageant les moyens, en désignant les hommes et les structures responsables, en réalisant les arbitrages entre d'éventuels conflits d'intérêt (il y en aura), en motivant les équipes, en allant au-delà des premiers échecs, en suivant l'évolution des projets, en réalisant la transformation digitale de l'entreprise ou de l'organisation dont ils ont la responsabilité.

La communication digitale est affaire d'organisation

Qu'on ne s'y méprenne pas : cet engagement du management est une condition nécessaire, mais nullement suffisante. Il faudra bien entendu nommer les équipes, former les personnels, établir des processus, mesurer ce qui doit l'être, bref, organiser la présence digitale de l'entreprise. Cela ne se fera pas en deux jours, ni en deux semaines. Une telle transformation s'établit sur plusieurs mois.

C'est là où le conseil et l'accompagnement d'entreprises externes (cabinets de conseil, agence en stratégie digitale et médias sociaux) permettent parfois d'accélérer la transformation et d'éviter de tomber dans les pièges, innombrables, qui se dresseront sur la route de la digitalisation de l'entreprise. Car ne nous leurrons pas, seule une faible fraction des collaborateurs sera à même de mener cette transformation de ses propres moyens. Certains font partie de la génération Y, mais pas tous : c'est avant tout une question de volonté de transformer l'organisation, et quelques-uns des jeunes collaborateurs issus de cette génération risquent d'assez vite y perdre leurs moyens et leur motivation.

La communication digitale est nécessaire parce que les clients sont digitaux

Enfin, nous aimerions finir sur cette donnée essentielle, la communication digitale est devenue incontournable pour une raison très simple : vos clients sont devenus digitaux, leurs interactions sont elles aussi digitales. Si vous voulez rencontrer vos clients, vous savez donc ce qu'il vous reste à faire.

D'une part, le taux d'équipement en moyens de communication digitaux n'a fait que progresser ces 15 dernières années : équipement ADSL, communication sur mobile, Smartphones... Les révolutions technologiques ont concerné des millions d'individus et de consommateurs, ne laissant que de très rares pans de notre société en friche (même les enfants de moins de 3 ans savent utiliser une tablette...).

D'autre part, l'univers dans lequel les consommateurs évoluent est devenu digital, parce que vos concurrents, ou nombre d'entreprises avec lesquelles ils sont en contact, leur proposent des interfaces digitales : factures électroniques, SAV en ligne, réservations de billets de transport via des mobiles, etc. L'interaction digitale est en passe de devenir un lien commun, et les consommateurs la préfèrent de loin à l'interaction physique pour de nombreux produits, allant de la billetterie à l'achat de produits électroniques.

Il va donc falloir vous lancer, et si ce n'est déjà fait, redoubler d'efforts pour insérer intelligemment vos produits et vos services dans cette expérience utilisateur globalement digitale. Ce n'est pas une mince affaire, car nous n'avons pas de réponse tout faite pour cela. C'est à vous, et à vous seul d'y remédier, mais vous avez le droit de demander conseil à vos clients, et/ou à des cabinets spécialisés, ainsi que de vous mettre « dans la peau » du consommateur (ou de vos clients B2B). Ceci devrait être facile, car vous êtes, vous-même, consommateur (ou client B2B). Il suffit de vous projeter dans cet univers qui est aussi le vôtre et d'imaginer que vous êtes de l'autre côté de la barrière.

Enfin et surtout, vous n'oublierez pas que l'ADN de votre marque, fortement influencé par votre secteur[11], orientera clairement votre stratégie digitale, et que si votre métier consiste à vendre des produits ou des services numériques, vos consommateurs en attendront probablement plus de votre part, que d'autres entreprises évoluant dans des métiers plus anciens ou moins digitaux.

---

11 *Pour ceci, lisez ou relisez le chapitre I.3 intitulé Maturité et ADN des marques sur le Web (précisions et approfondissements).*

V.2 10 conseils aux PME qui n'ont « pas le temps de se lancer dans le digital »

Votre esprit bouillonne de nouvelles idées et de nouvelles approches à mettre en œuvre dans la vie de tous les jours. Cependant, un doute vous taraude. Si vous travaillez dans une PME, ou dans une petite entité au sein d'un grand groupe, votre unité n'est-elle pas sous-dimensionnée pour mettre en œuvre des idées et des processus aussi riches ? N'est-ce pas un peu ambitieux pour une start-up ou une PME (ou cette petite entité), de déclencher un tel projet ? Ne vaudrait-il pas mieux patienter ou faire profil bas ? Voici quelques idées clés pour bien effectuer votre choix.

1. La communication digitale est à la portée de tous

N'allez pas croire que la communication digitale est uniquement l'affaire d'experts du digital, et que cela sera beaucoup plus difficile pour vous que pour eux. Les « experts » de la communication digitale sont en réalité des professionnels comme les autres, à ceci près qu'ils ont pratiqué un peu plus les différents canaux digitaux que les autres. Leur expertise est avant tout le fruit d'une expérience du terrain – et si vous ne trouvez trace de cette expérience dans le passé de « l'expert », ou que celle-ci est encore toute fraîche, il y a fort à parier qu'elle soit illusoire.

De la même manière, vous pouvez vous aussi vous lancer dès à présent, la barrière à l'usage n'est pas si élevée. Ouvrir un compte sur un réseau social, mettre en place un blog, sont des tâches d'une complexité quasi nulle, à la portée de tout collaborateur qui décide de s'y consacrer sérieusement. Les premiers pas sont, paradoxalement, les plus faciles à entreprendre. C'est plutôt lors des étapes suivantes qu'il vous faudra sans doute vous faire aider.

Et si vous ne vous sentez vraiment pas assez solide sur ce sujet, pourquoi ne pas vous former ? Après tout, la formation professionnelle est un des enjeux du rapport Gallois[12], il nous concerne tous ![13]

2. Toute entreprise a une histoire à raconter !

L'un des obstacles que nous rencontrons le plus souvent, c'est ce sentiment si souvent exprimé de ne pas savoir quoi dire, de ne pas savoir de quoi parler. L'angoisse de la feuille blanche ne concerne pas que les étudiants ou les écrivains à court d'idées.

---

12 *Le rapport Gallois est relaté ici* http://bit.ly/amnobossdigitalgallois

13 *Voir à ce sujet le chapitre sur les métiers de la communication digitale, section IV-10.*

Pourtant, toute entreprise a une histoire à raconter, il suffit d'y réfléchir un peu : l'histoire de ses fondateurs, de ses clients, de ses produits, de ses paris tentés, de ses réussites mais aussi de ses échecs, de ses concurrents, de son secteur... Prenez n'importe quel collaborateur de l'entreprise, et demandez-lui de vous raconter son parcours depuis son embauche, vous en tirerez facilement une demi-douzaine d'histoires qu'il vous suffira d'étoffer.

Bien entendu, il vous faudra quand même comparer les attentes de votre public (vos clients, principalement) et les thèmes que vous aurez identifiés. Cela demande un peu de travail. Mais, la difficulté n'est certainement pas là où vous pensez la trouver.

3. La communication digitale est une affaire d'équipe, et non d'individualités

Ne vous surchargez pas de travail inutilement : développer la communication digitale d'une entreprise n'est pas l'affaire d'un seul individu, tout simplement parce que cette forme de communication concerne tous les postes de l'entreprise, tous les départements, et que rares, très rares sont ceux capables de porter la communication de chacun de ces départements (en réalité, seul un directeur général en aurait la capacité, mais en a-t-il le temps ?).

Il vous faudra donc très vite monter une équipe sur laquelle vous appuyer : des talents techniques, rédactionnels, humains, sociaux, relationnels, qui aspireront tous à apporter leur pierre à l'édifice. Ces champions de la communication digitale sont une des richesses de l'entreprise, à vous de savoir l'entretenir... et la conserver.

4. Toute communication devrait être digitale, en réalité

Le grand bouleversement de ce siècle vient justement du fait que la plupart des canaux sont devenus digitaux. Convergence numérique ou non, le consommateur a désormais tendance à consulter les différents médias sur des supports entièrement numériques : la presse papier s'effondre (sans disparaître pour autant), la télévision et l'Internet convergent notoirement, les grands médias sont avant tout des canaux de diffusion numérique[14].

Dès lors, pourquoi utiliser d'autres supports que les digitaux ? Pour atteindre vos blogueurs préférés, pensez-vous qu'il soit plus judicieux de leur envoyer un courrier avec vos meilleurs articles ou témoignages ? Avez-vous les moyens de diffuser une newsletter à des millions de prospects autrement que par voie numérique ? Soyons réalistes, les supports deviennent tous digitaux. Les contenus doivent être conçus, pensés, construits, de manière à être diffusés par ces supports, dans un format qui conviendra à tous les destinataires que vous aurez identifiés : internautes mobiles, seniors connectés, génération Y, etc.

5. Regardez ce que font vos concurrents

Si malgré tout, vous continuez à sécher et à ne pas savoir comment démarrer, voici un bon conseil : regardez par la fenêtre, chez vos concurrents. Il y a de fortes chances

14 *À ce sujet, pour ce qui est de la presse, lire le chapitre III-14.1 La presse décline : Info ou Intox ?*

qu'ils se soient déjà lancés, et que leur exemple vous serve de modèle. Bien sûr, il ne s'agira pas de copier stupidement, mais de s'inspirer de ce que vous observerez pour l'adapter à votre contexte - car deux entreprises concurrentes ne se ressemblent pas forcément : leurs structures de coûts, leurs parts de marché, leurs stratégies diffèrent, et les moyens mis en œuvre doivent forcément être correctement dimensionnés.

Autre source d'inspiration, les concurrents qui n'en sont pas encore, pour des raisons de taille ou de secteur géographique. Vous ne les avez pas encore identifiés comme vos concurrents directs, c'est une raison supplémentaire pour vous en inspirer sans risque de plagiat excessif. Les acteurs de votre secteur aux États-Unis, pour ne citer que ceux-là, vous donneront sans doute un excellent aperçu de l'orientation à suivre...

6. Si vous se sautez pas le pas, qui le fera pour vous ?

C'est peut-être une évidence, mais il est bon de la rappeler : personne ne connaît mieux votre métier que vous-même. Certes, des intervenants extérieurs pourront vous aider à élargir votre champ de vision et percevoir ce que vous avez du mal à cerner, mais il ne s'agit là que de situations exceptionnelles. En temps normal, vous êtes seul à décider, et vos choix construisent votre expérience.

Dites-vous bien que rien n'est gratuit, et que personne ne viendra sonner à votre porte pour réaliser ce que vous n'avez pas encore eu l'audace de mettre en œuvre. Un jour ou l'autre, il faudra vous y mettre, alors autant démarrer votre réflexion dès maintenant, n'est-ce pas ?

7. Vos clients n'attendent que cela

Nous sommes tous les clients indirects de milliers d'entreprises. Chaque matin en vous levant, vous faites travailler plusieurs secteurs : hygiène (en vous lavant), alimentation (en prenant votre petit déjeuner), cosmétique et pharmaceutique (en vous maquillant ou vous brossant les dents), transport (en allant travailler), énergie (en vous éclairant), services (en relevant le courrier), télécommunications (en vous connectant à Internet), etc. Et que faites-vous lorsque l'une de ces entreprises est défaillante : vous cherchez à faire entendre votre point de vue, par mail, par courrier ou sur Internet.

Vos clients sont comme vous. Que vous travailliez dans une entreprise de grande consommation ou dans le B2B, ils veulent vous parler. Rarement pour vous dire qu'ils vous aiment, certes. Mais, la moindre des choses, c'est d'être là pour leur répondre : c'est exactement là où la communication digitale va vous être utile.

8. Vous êtes déjà prêts !

Honnêtement, vous êtes déjà prêt, il n'y a pas de doute. Vos collaborateurs, votre « dreamteam » sont déjà prêts à vous soutenir, ils vous ont peut-être même déjà contacté, ou alors ils vous ont déjà parlé de ce grand projet de communication digitale qu'ils aimeraient mettre en place, avec votre accord. Le sujet est sur le bout des lèvres dans nombre d'entreprises, la vôtre ferait-elle exception ?

9. Allez chercher de l'aide

Vous pouvez, nous le concèderons volontiers, manquer de temps. C'est même la seule excuse acceptable. Quand nous écrivons « vous », c'est bien d'un pluriel qu'il s'agit : vous et votre équipe. Si votre entreprise est sur un secteur très porteur – même au beau milieu d'une crise intense, il y a toujours des secteurs en pointe ou en développement – vous êtes déjà sûrement au-delà du nombre d'heures supplémentaires acceptables. Vous, et vos collaborateurs...

Alors que faire ? Embaucher ? Oui, si c'est envisageable. Faire appel à des prestataires? C'est envisageable aussi. Dans les deux cas, vous pourrez vous reposer sur des compétences déjà acquises lors de projets similaires, qui vous permettront d'être rapidement opérationnels. La seconde option présente l'avantage d'offrir une variable d'ajustement des charges, absente de la première, il faut savoir l'exploiter. En fait, tout est affaire d'équilibre entre les deux, et cet équilibre est amené à bouger dans le temps en fonction de la maturation de votre projet.

10. Apprenez à donner pour mieux recevoir

La communication digitale est souvent, très souvent, bidirectionnelle. L'information que vous transmettez revient vers vous considérablement enrichie et fortifiée. Contrairement à une campagne de pub dans la presse ou à la télévision, la publicité digitale par exemple, peut vous en apprendre énormément sur les habitudes de consommation de votre public. La diffusion de contenus sur des blogs ou des espaces collaboratifs vous permet aussi d'établir un dialogue, et de récupérer des « insights[15] » souvent très utiles.

L'économie du don

Mais cela ne fonctionne qu'à une condition : il faut savoir donner, au sens large du terme. Vous ne pourrez pas communiquer efficacement si la teneur de vos contenus, de vos messages, reste la même, et s'étiole au fil du temps. Pour que vos clients vous répondent, il va falloir apprendre à leur en donner plus. Il ne s'agit pas nécessairement de cadeaux (encore que certaines entreprises en aient fait leur principal cheval de bataille), mais de diffuser une information riche, susceptible de perpétuer l'interaction avec le public.

Si cela peut encore vous paraître anecdotique aujourd'hui, c'est avec le temps, et le recul nécessaire, que vous apprécierez sans aucun doute la portée de ces différents conseils.

---

15 *« Une opinion ou attente dominante présente et détectée chez les consommateurs d'un produit qui sert à orienter les discours publicitaires et la politique de commercialisation » in Définitions Marketing* http://bit.ly/bossinsights

V.3 Interview d'expert : Serge-Henri Saint-Michel « ma PME doit-elle recourir à la communication digitale ? »

Nombre de PME se posent évidemment la question de la pertinence de développer, ou non, une présence digitale. Nous avons demandé son point de vue et ses conseils à Serge-Henri Saint-Michel, fondateur de Marketing PME[16].

Selon une étude de 2011, seules 43% des sociétés françaises seraient présentes sur Internet[17]...

Une autre étude, plus encourageante, estime cependant que 67% de ces mêmes PME évoluent sur Internet : 37% disposent d'un site Web ; 16% échangent sur les réseaux sociaux et que 5% ont même un blog[18]. Dans le même temps, 77% des internautes français utilisent quotidiennement, et en moyenne, 2,8 réseaux sociaux[19]... créant un décalage entre les pratiques des individus et celles des PME.

Bon nombre de PME observent, hésitent à sauter le pas du digital, bien qu'elles en aient compris l'intérêt et son aspect essentiel. Elles sont demandeuses de précisions sur ce qui compose le digital aujourd'hui, ce qui peut être pertinent pour elles, ce qu'elles peuvent réaliser seules... ou sous-traiter.

Les PME : une utilisation *a minima* du Web

En bonne logique, les PME utilisent le Web en-dessous de ses opportunités : selon Email-Brokers, 51% des TPE ont recours à Internet pour communiquer avec leurs clients et fournisseurs, 42% pour rechercher des fournisseurs, notamment via l'envoi d'emails, et 39% pour acheter des produits et des services en ligne. Nous observons de plus :

- que les PME cherchent souvent plus à « pousser » des contenus qu'à créer des échanges ;

---

16 www.marketing-pme.fr

17 Étude Email- Brokers, nov. 2011 http://bit.ly/bossetudepme

18 Chiffres cités par Laurent Pontégnier, Délégué Général d'ATN+ (Association Transition Numérique Plus) dans http://www.marketing-professionnel.fr/parole-expert/profession-marketing-pme-digital-comment-3-201303.html, *mars 2013. Le baromètre EBP-Opinionway est une enquête téléphonique réalisée auprès de 601 dirigeants d'entreprises de plus de 2 ans d'existence, de 0 à 19 salariés. Terrain entre le 18 juin et le 2 juillet 2012.*

19 Observatoire IFOP des réseaux sociaux, nov. 2011.

- que de nombreux sites n'apportent aucune valeur aux cibles. Pire, 73% des sites Web français ne seraient jamais mis à jour ![20] ;
- que la logique commerciale (tunnel de conversion) et / ou communicationnelle est sous-optimisée.

Tout ceci amène à des approches en ligne parfois sous-productives, générant logiquement des doutes chez certains responsables de PME, quant à l'efficacité et l'utilité de l'Internet pour leur secteur. Poursuivant plus avant, nous notons un clivage entre les PME « digital immigrants » et celles « digital natives [21]», matures dans leur approche du digital, plus expertes, et qui se lancent dans le « brand content[22] », « le m-marketing », le « m-commerce[23] »... De vrais pionniers qui ont su déterminer leur stratégie digitale.

Rien sans stratégie digitale

Les PME investissent parfois le Web sans objectifs et sont alors influencées par une instrumentalisation dans leurs demandes : « être présent sur Facebook », « être sur Twitter », sans qu'elles soient capables de se projeter au-delà de cette injonction de présence. Or, comment, aborder le digital dans le cadre d'une utilisation pensée et raisonnée ?

Ne pas « y être pour y être »

Les PME solides sur Internet poursuivent souvent trois objectifs croissants (à chiffrer bien entendu !) qui permettent d'optimiser le lien entre communication, marketing et ventes :

Développer la notoriété et la visibilité

- Émerger et développer sa visibilité. Exposées à des sources d'information de plus en plus variées et nombreuses, les cibles ont besoin de signaux plus nombreux, et souvent réorganisés, pour former leur opinion ;
- Valoriser son expertise métier au-delà de son offre, développer son score d'attribution (en évitant le clonage éditorial), l'estime des cibles, puis son « autorité » et son e-réputation[24].

Générer les contacts

- Créer des liens avec les prospects et les clients, ouvrant à des échanges plus riches, interactifs et affectifs ; aller chercher des retours utilisateurs, des suggestions, des évaluations...

---

20 *Étude Email-Brokers, nov. 2011, op. cit.*

21 *Selon la fameuse nomenclature imaginée par Marc Prensky,* http://bit.ly/amonboss-digital-marc-prensky

22 *NDLR : brand content ou contenu de marque, voir la section II entièrement dédiée aux contenus et l'ouvrage de Daniel Bô et Matthieu Guével Brand Content, chez Dunod en 2009.*

23 *NDLR : m pour mobile.*

24 *Voir dossier spécial consacré à ce sujet et destiné aussi aux PME :* http://www.marketing-professionnel.fr/pratique-pro/dossier-veille-e-reputation-201209.html

- Partager des connaissances liées au marché sur lequel elles évoluent et améliorer les processus collaboratifs avec les partenaires.

Accroître les ventes

- Démultiplier sa zone de chalandise et optimiser les conversions est un vrai soutien commercial !

Cibles et communautés

Créer des communautés autour de thématiques en lien avec le marché et le métier de la PME est souvent un objectif premier. Les cibles adressées englobent les journalistes, les analystes, les clubs d'entreprises et de corps de métiers, les « communautés verticales », les influenceurs (blogueurs, personnalités…), etc. Il peut s'agir d'organisations ou d'individus, eux-mêmes articulés en « mass mavens » et « mass connectors »[25].

Digital et « vision » de la PME

Une présence en ligne efficace reflète évidemment l'identité[26] de l'entreprise, en particulier ses valeurs, sa culture, son territoire d'expression et de légitimité.

Brand content et PME

Selon Fabrice Frossard[27], « le contenu est le cœur du réacteur du marketing client et de la communication online ». Pourtant, le brand content est surtout utilisé par les PME « digital natives », avancées dans leur utilisation du Web car, selon Laurent Pontégnier[28], celui-ci « [requiert] une stratégie ciblée nécessitant la maîtrise des outils et logiques numériques ».

Mais pourquoi créer des contenus engageants ?

Les PME poursuivent des objectifs de notoriété, de confiance, de connaissance et d'affirmation de leur légitimité sur leur secteur (renforcement du positionnement concurrentiel) pour mettre en avant leur expertise en direction de leurs publics sur des marchés souvent saturés. Le « brand content » est donc un outil de différenciation fortement apporteur de valeur.

---

25 *Distinction de l'institut Forrester :* http://blogs.forrester.com/category/mass_connectors *; le terme de « maven » signifiant « expert », à peu de choses près, (*http://www.answers.com/topic/maven*), celui de « connector » fait référence à la capacité de mettre des gens en relations, de « réseauter » comme on dit au Québec.*

26 *Voir sur Marketing Professionnel une application de cette notion d'identité, posée par JN Kapferer :* http://www.marketing-professionnel.fr/secteur/marketing-de-la-provenance-et-identite-selon-jn-kapferer-et-mc-sicard.html

27 *Fabrice Frossard, Directeur du pôle NetInfluence & Content de Wellcom, interviewé sur Marketing Professionnel, mars 2013,* http://www.marketing-professionnel.fr/parole-expert/profession-marketing-pme-digital-comment-1-201303.html

28 *Laurent Pontégnier, op. cit.*

Brand content et PME : par quoi commencer ?

Nous conseillons aux PME de passer par quatre points :

- Écouter avant d'agir : « Participer à des conversations, en lancer et enfin fidéliser » selon Cindy Mouchard[29] ;
- Structurer les contenus dont la PME dispose déjà. Bonne nouvelle, toutes les PME ont une matière communicationnelle riche... souvent en friche, inexploitée ;
- Déterminer qui s'exprime : identifier au sein même de la PME des experts pouvant prendre la parole et répondre le cas échéant. Cela nécessite de déterminer le périmètre d'intervention des structures conseil ;
- Déterminer les objectifs du brand content en relation avec la stratégie (cf. supra) et les KPI (cf. infra).

Les outils du brand content utilisés par les PME

Nous distinguerons tout d'abord les **formes de brand content** utilisées par les PME : baromètre, étude, tribune libre, livre blanc, création de vidéo, mise en ligne de photos, d'informations professionnelles, de livres, organisation de *master classes* destinées aux partenaires (cf. Message Business)... Les contenus peuvent être factuels (des chiffres, des données professionnelles...) ou expérientiels. Le sérieux semble primer, probablement parce que les PME cherchent à se positionner en référents...

La diffusion du brand content par les PME

Ces contenus sont diffusés en priorité sur des supports « maîtrisés » par la PME : tout d'abord sur son propre site et sur son blog, mais aussi par mail, statut et article sur Facebook, Twitter, voire Pinterest, document à télécharger sur SlideShare, vidéo à consulter sur la chaine vidéo de l'entreprise...

La diffusion du brand content par les PME s'effectue également par des plateformes relais comme des blogs métiers, des sites participatifs, des réseaux sociaux professionnels. La couverture peut être amplifiée par une agence de RP, qui cherchera à travailler la longue traîne communicationnelle.

En somme, avec le brand content, comme le rappelle Fabrice Frossard, il s'agit pour les PME de « créer un maillage pertinent pour bénéficier d'une empreinte numérique cohérente, tant pour l'humain que pour les moteurs de recherche » (le contenu, rappelons-le, est créé pour être lu, mais aussi pour être utile en SEO) ; cela demande de « créer des interactions avec les différentes typologies de publics présentes sur chacun de ces canaux de diffusion ».

---

29 *Cindy Mouchard, Consultante en Relations Publiques à l'agence Quatrième Jour, interviewée par Marketing Professionnel, mars 2013,* http://www.marketing-professionnel.fr/parole-expert/profession-marketing-pme-digital-comment-4-201303.html

Brand content et PME, parlons KPI, ROI et coûts

Les indicateurs clé de performance, KPI

Les PME, utilisant efficacement le brand content, mesurent des aspects tangibles et intangibles.

Les aspects tangibles concernent le nombre de visites sur le site / le blog, le reach d'un post sur Facebook, les interactions avec la marque, le nombre de suiveurs sur Twitter, le nombre de citations de la marque ou de partages, la visibilité, la conversion (contacts, ventes...), etc.

Les aspects intangibles portent sur la notoriété, l'opinion, l'engagement, la confiance des publics envers l'entreprise, l'influence (ex. : reprise des messages diffusés)... Ils développent la valeur de l'entreprise, son capital marque à moyen et long terme et optimisent son Earned[30].

Le retour sur investissement (ROI)

Le ROI peut être direct (nombre de « leads[31] » générés par exemple) et indirect : richesse apportée par les échanges avec les publics, crowdsourcing, amélioration d'un produit, SAV, équivalent publicité, formalisation des connaissances que l'entreprise possède (expertise, knowledge management, capacité à veiller et à organiser la curation...).

Le brand content, un investissement à portée des PME ?

L'investissement semble moins élevé lorsque la montée en puissance se fait progressivement. Les exemples souvent cités de « success stories » sont rarement applicables à toutes les PME... puisque chacune développe une stratégie différente. Plutôt que cloner ou benchmarker systématiquement, l'essentiel est de commencer dans le bon ordre puis d'ajuster en fonction des retours (d'où l'intérêt d'être très précis dans les objectifs et les contraintes de coûts afférant à chacun et de mettre en place des tableaux de bord simples). Une approche itérative et agile, voire en beta version, est donc conseillée. Elle permettra de plus une optimisation budgétaire.

Enfin, la PME n'oubliera pas que la présence en ligne cache souvent :

- de gros investissements temps dans la gestion des communautés et conversations ;
- un ticket d'entrée minimum qu'il faut évaluer ;
- la nécessité de procéder à une veille principalement orientée contenus et e-réputation ;
- un engagement à moyen et long terme dans la production de contenus ;
- une réflexion sur le développement de contenus multilingues (cf. Textmaster).

---

30 *Earned recouvre approximativement les « retombées » d'un message et sa socialisation. Notion popularisée par l'institut Forrester :* http://blogs.forrester.com/interactive_marketing/2009/12/defining-earned-owned-and-paid-media.html

31 *NDLR : prospects en anglais, un terme très fréquent en e-marketing B2B. On parle souvent de « lead generation » pour la prospection en ligne.*

Ainsi, en matière de « brand content », comme pour tout outil marketing, il convient donc d'être précis dans les objectifs, cohérent dans leur énonciation et clair dans les moyens mis en œuvre et les résultats attendus... mais aussi envisager une optimisation des processus internes pour gagner en réactivité et en organisation.

V.4 Comment faire pour rattraper le retard ?

Cette fois, c'est bon : vous êtes enfin convaincu de la nécessité de vous lancer, peu importe la taille de votre entreprise, le secteur dans lequel vous opérez et ce qu'on en pensera autour de vous. C'est bien, mais par quoi commencer ? Comment rattraper le retard ? Voici quelques conseils pour devenir, si ce n'est un ninja, du moins un professionnel averti de la communication digitale.

Formez-vous

S'il est certain que la lecture de cet ouvrage vous donnera énormément d'idées, il ne faut cependant pas vous leurrer : il ne s'agit que d'un livre, et les conseilleurs ne sont pas les payeurs. Autrement dit, il va falloir vous y mettre personnellement, et commencer par le début, à savoir acquérir les compétences de base pour analyser, collecter, développer, et mettre en place une démarche de communication digitale.

Fort heureusement, les formations spécialisées ne manquent pas dans ce secteur, et la plupart des organismes de formation présents en France en proposent dans leur catalogue. Faites-donc une petite recherche sur Google, vous trouverez surement ce qui conviendra le mieux à votre budget et à votre agenda.

Il faut tenir compte de l'extrême évolutivité de ce secteur : si vous vous étiez formé il y a quatre ans au Web 2.0, il y a de fortes chances pour que vous deviez suivre de nouvelles sessions, consacrées à des outils plus récents, à des pratiques qui ont évolué, à des standards qui se sont imposés.

Participez aux multiples conférences sur le digital et les médias sociaux : il en existe des dizaines, comme celles trimestrielles organisées par Media Aces[32] depuis 2009, ou encore « les Assises des médias sociaux »[33], les « Erepday »[34], celles du « LabCom »[35], etc. Elles vous permettront de découvrir et de mieux comprendre, au travers des témoi-

32 http://media-aces.evenium.net
33 http://innovation.hotelnapoleon.com/
34 http://www.erepday.fr/
35 http://www.tikimee.com/labcom

gnages de celles et ceux qui les ont mises en œuvre, les stratégies de communication digitale des entreprises.

Inscrivez-vous aux conférences Media Aces, via http://media-aces.evenium.net

Bien entendu, ce qui vaut pour vous s'adresse également à vos équipes, qui doivent se tenir à jour. Community managers, chefs de projets digitaux, développeurs de sites mobiles, ne vous laissez pas et ne les laissez pas se faire dépasser par la technologie et par vos concurrents !

Créez un environnement de travail digital

Deuxième étape sur le chemin qui vous mènera lentement mais sûrement vers le nirvana de la communication digitale, créez-vous un environnement qui vous facilitera la perception de ce que représente la communication digitale. En un mot, mettez-vous dans la peau de l'internaute qui va s'adresser à votre entreprise par le biais de canaux digitaux : faites l'acquisition d'un Smartphone, d'une tablette, visitez des blogs, surfez, lancez des recherches, bref, passez de l'autre côté de la barrière.

Ce faisant, installez de votre côté les premiers outils qui vous aideront à élaborer vos premiers plans. Mettez en place les premiers éléments d'une veille stratégique, des alertes Google a minima, pour suivre et écouter ce qui se dit sur votre marque ou votre entreprise. Configurez-vous un lecteur de flux RSS et abonnez-vous aux principaux blogs qui parlent de vos produits, de votre domaine, de vos concurrents. Devenez fan des pages de vos concurrents, abonnez-vous à leurs flux RSS, soyez au courant de ce qui se dit et de ce qui se fait dans votre secteur.

Formez une équipe projet digitale

Vous l'avez compris, si vous avez lu les chapitres précédents, la communication digitale n'est pas l'affaire d'une seule organisation ou d'un seul individu, fût-il un super-héros, mais de toute une entreprise. Faites en sorte que cette entreprise, la vôtre, développe sa culture digitale au sein des différentes organisations susceptibles de participer : marketing, service après-vente, recherche et développement, ressources humaines, et bien entendu, communication et communication Web.

Identifiez les candidats avant de les inciter à rejoindre l'équipe projet. Allez les chercher sur les réseaux sociaux : le RSE interne, si votre entreprise en a déployé, ou sur les incontournables Viadeo et LinkedIn dans le cas contraire. Choisissez ceux qui ont déjà pris le temps de développer et de cultiver leur réseau : ils formeront d'excellents candidats, sans doute plus expérimentés que des débutants, et seront les premiers relais de diffusion de vos campagnes et de vos projets.

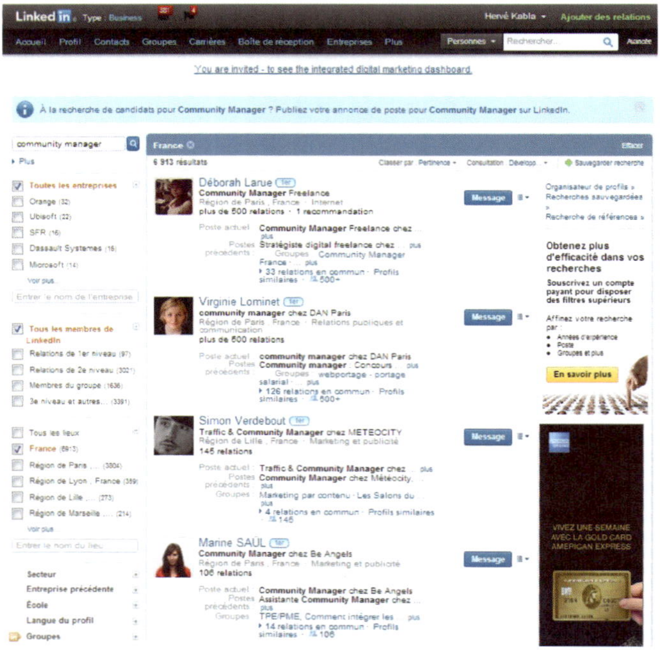

Il y a plus de 6 000 community managers sur LinkedIn, le prochain est peut-être déjà chez vous !

Mettez en place des outils de communication et de partage au sein de cette équipe. A minima, un forum, ou un blog collaboratif, qui serviront à partager bonnes idées, benchmarks, données numériques. Si vous vous sentez d'aller plus loin, mettez en place Yammer, ce sera peut-être même encore plus simple.

Lancez les premiers projets digitaux

Cette équipe que vous venez de former, il va très vite falloir la nourrir, l'alimenter pour qu'elle ne se lasse pas, ou ne cherche pas à voler de ses propres aux ailes. Nous l'avions évoqué dans le précédent ouvrage, ne cherchez pas à construire une cathédrale dès les premiers jours : soyez raisonnables, visez petit, mais juste. Progressez par petites touches, par petites victoires successives. Les petites transformations sont les plus faciles à réussir.

Par quel projet commencer ? Nous n'en savons rien : tout dépend de votre secteur, de sa maturité, du type de relation client. Si vous traversez une grave crise de confiance de la part de vos clients, Facebook n'est probablement pas l'endroit idéal pour expérimenter : vous ne prendriez que des coups, et seriez assez vite dégoûté des échanges qui s'y dérouleraient. Un blog est souvent le moyen le plus simple, le plus économique. Si vous vous sentez l'âme à chatter, Twitter est un bon moyen de vous lancer également. Mais de toute façon, vous devrez commencer par identifier les meilleurs canaux et définir la stratégie éditoriale qui convient le mieux à vos objectifs.

Mesurez, mesurez, et puis enfin, mesurez

C'est assez rébarbatif, nous en convenons tout à fait, mais il n'y a pas de progression sans mesure, et Dieu merci, vous disposez d'un remarquable arsenal d'outils à votre portée, gratuits ou payants, pour mesurer les efforts investis, et les résultats obtenus.

Ne vous contentez pas de ce qui est évident : on n'améliore pas la précision d'un canon en mesurant sa température après chaque tir. Si l'objectif principal de votre présence digitale, c'est qu'on parle de vous, alors mesurez précisément les occurrences dans lesquelles vous apparaissez, les locuteurs qui font référence à votre marque et la tonalité de ces prises de parole : le nombre de fans ou d'abonnés sur Twitter ne sont que des données secondaires, après tout. Une dizaine d'abonnés bien choisis peuvent faire autant de bruit que quelques centaines de milliers de fans passifs.

Apprenez de vos erreurs et de celles de vos pairs

Pour rattraper le retard et progresser à grande vitesse, rien de tel que d'analyser les erreurs – ainsi que les réussites, bien évidemment – de vos voisins, concurrents ou non. Regardez ce que font d'autres entreprises dans votre secteur ou dans des domaines connexes. Rejoignez des groupes et des associations, comme Media Aces ou Vendée RS, au sein desquelles vous rencontrerez d'autres apprentis sorciers de la communication digitale, parmi quelques prétendus experts du Web social : ils sauront vous écouter, vous conseiller, gratuitement, et parfois même vous aideront à mettre en place vos propre projets !

Il n'est jamais trop tard pour vous lancer. Mais, cela ne veut pas dire qu'il faut se lancer en faisant n'importe quoi.

V.5 Nous sommes tous des geeks !

Lorsque nous avons interviewé Arnaud Bouchard de Capgemini Consulting[36]*, celui-ci, à un moment crucial de l'interview, a annoncé : « personne ne peut y échapper ! » Est-ce justifié ? S'agit-il d'un diktat de la modernité destiné à nous perturber dans nos bonnes vieilles habitudes, ou est-ce la révélation d'une tendance de fond ? Au cas où nous ne vous aurions encore convaincu de ce fait dans les quelques chapitres ouvrant cette section, pourtant chargés d'exemples concrets, comment vous montrer que personne - ni aucune industrie, ni profession - ne peut échapper à la vague de fond du numérique ?*

Le digital nous a envahis ; hormis la France déconnectée[37], et en dépit des mouvements de rejet, voire de tempérance, qui se sont faits ici et là[38]. Chaque foyer ou presque, chaque artisan, chaque employé sont branchés sur la toile. Même au détour d'une rue, il est impossible d'y échapper ; car c'est jusqu'aux balayeurs des rues de Paris qui surfent sur la toile grâce leur Smartphone[39]. Alors, pourquoi nous posons-nous encore la question de savoir si on peut y échapper ? C'est que le digital est encore, surtout dans notre Europe conservatrice, et notamment dans la France traditionnaliste et résistante, perçu comme un corps étranger, un exercice supplémentaire, une cerise sur le gâteau. Ce n'est pourtant plus le cas, et ce depuis longtemps déjà. Ce ne *peut* plus être le cas. Il est temps de se réveiller !

1. Les économies occidentales sont devenues comme le prévoyait Charles Handy[40] dès 1995, des analystes symboliques ; notre valeur ajoutée s'est déplacée vers le service, vers la production de signifiant et non plus de biens. L'Internet est la colonne vertébrale de ces échanges. Les tâches quotidiennes de nos employés et de nos cadres sont aujourd'hui rythmées par ces échanges virtuels ; bien que cette épithète soit bien impropre, tant le virtuel a pénétré le réel et vice versa. À défaut, on pourra toujours regretter le temps où l'on fabriquait des moulinettes et des marinières, mais c'est la vérité, plus de 70% de notre PIB est issu d'activités de services ;

---

36 *Voir la vidéo sur notre chaîne YouTube* http://bit.ly/bossvideocg

37 *Cf. l'étude d'Havas, la France des déconnectés, résumée sur le blog de Yann Gourvennec à l'adresse* http://bit.ly/bossdeconnectes

38 *Cf. Les digital detox de Dagobert, étude qui montre bien que les adeptes des cures de désintoxication digitale y reviendront quand même, voir à la fin de la présentation.*

39 *Phénomène souvent observé à Paris, non illustré ici par une photo, pour des raisons de protection de la vie privée. Vous en serez quittes à croire la bonne foi des auteurs.*

40 *Charles Handy, Trust and the Virtual Organisation, 1995, HBR* http://bit.ly/bosshandy

Bien que la nostalgie familiale d'un des deux auteurs de ce livre prévalait[41], il resterait difficile de faire coïncider la réalité de l'économie avec une mythologie anecdotique qui ne serait pas reniée par Roland Barthes[42]

2. Les logiciels sont rapidement passés dans le nuage ; Microsoft i365[43], la version en ligne de Microsoft Office, est le signe avant-coureur de cette dématérialisation totale. Aujourd'hui, un nouveau niveau de virtualisation s'amorce, voire même s'industrialise : celui de l'infrastructure informatique, des serveurs, et aussi des logiciels et des postes de travail. Tout cela est en train, voire déjà, parti sur le réseau des réseaux. Vous n'avez pas fini d'en entendre parler, cela se généralise très vite ;

3. La littérature devient digitale : d'abord technique, puis en son ensemble. Ne soyez pas sceptique, il faudra du temps (et quelques bagarres) aux éditeurs et aux clients, pour s'aligner et s'habituer à ce nouveau mode de lecture, pas encore complètement pratique, mais qui s'améliore très vite. Qui de nos jours cherche encore sur un manuel d'utilisation papier avant de le faire sur Internet ? Il en sera de même pour le reste des livres[44], et plus rapidement que vous ne le pensez ;

4. Le commerce, nous l'avons déjà vu[45], est digitalisé à son tour ; son avenir est hybride. Prenons un exemple, par le petit bout de la lorgnette. Les QR codes, dont ce livre est également parsemé, en dépit des sceptiques qui vous diront que « ça ne

41 *Yann Gourvennec est, comme on s'en doute, breton et même léonard, et garde un souvenir ému de ses premières marinières bien qu'il ait cessé d'en porter depuis au moins 35 ans.*

42 *Cf. Mythologies, Roland Barthes, 1954-1956 : http://bit.ly/bossmythes pour le décryptage.*

43 *Témoin cette annonce de Vinci en avril 2013, http://bit.ly/bossi365 : 30 000 collaborateurs de l'entreprise seront migrés en ligne.*

44 *Yann Gourvennec, gros lecteur de tout ce qui s'écrit ou presque, et pourfendeur des livres électroniques jusqu'à il y a peu, vient de s'y convertir et il n'est pas près de revenir au papier ; de toute façon, sa bibliothèque était pleine !*

45 *Voir le chapitre I.10 dédié au e-commerce : Du s-commerce au u-commerce.*

marchera jamais », ont également fait une entrée fracassante dans le domaine de la distribution. Ils remplaceront les étiquettes et fournissent déjà des informations plus riches aux consommateurs. Les grincheux vous diront que cela ne vous permet d'afficher qu'un site Web ou une appli mobile... et nous ne voyons pas en quoi les technologies simples et efficaces ne peuvent faire avancer les usages ; surtout que tout un chacun peut l'imprimer soi-même, le faire apparaître sur un écran... tout ceci est imbattable de simplicité et d'efficacité ;

Même pour informer les usagers de la SNCF,
le QR code (personnalisé, s'il vous plaît) est utilisé

Une grande marque de sushis s'empare du QR code, emblème du numérique

5. Les mobiles et les tablettes sont présents partout : présentations, commandes, partages Web, applis métier, créations de contenus, accès aux fichiers, contrôle d'applications distantes... ! Et tout cela synchronisé dans le nuage ;

6. Même les utilisateurs les plus rétrogrades, connaissent tous l'email, ce dinosaure de l'Internet. Il est à l'origine de révolutions dans les échanges entre professionnels et consommateurs. Prenons par exemple une profession aussi conservatrice que celle des notaires, entièrement numérisée, comme celle des médecins. Vous trouverez peut-être ici et là des professionnels qui y échappent, ou des employés, au bas de l'échelle hiérarchique, qui se voient refuser l'accès au numérique pendant leurs heures de travail. Ces derniers, n'en doutez pas, dès qu'ils sont rentrés à la maison, se précipitent sur leur ordinateur ou leur tablette ;

Inutile de continuer la liste, qui pourrait être encore longue. L'Internet et le digital dans son ensemble recouvrent l'ensemble de l'économie. Hormis les adeptes de la décroissance et du retour à la nature, qu'il faut d'ailleurs aussi savoir écouter pour leur sagesse et leurs avertissements, le monde entier se digitalise. Vous non plus, même si vous êtes français, surtout si vous êtes français car notre tradition informatique est meilleure que ce que vous pensez, n'y échapperez pas. Apprenez donc à faire de ces outils vos alliés et vos compagnons de travail ; plus vous les maîtriserez, plus vous saurez aussi les remettre à leur juste place, sans cesser de profiter de la vie et des relations humaines.

Conclusion
La communication digitale, un sujet incontournable qui impose apprentissage et professionnalisme

Il n'est pas dans nos habitudes de hurler avec les loups, ni de conseiller aux moutons de suivre le troupeau, sans réfléchir. Au contraire, que ce soit sur nos blogs, dans nos livres, dans les conférences Media Aces ou dans celles auxquelles nous participons, nous croisons les informations, apportons des nuances, vérifions nos faits, testons les modes, inlassablement. Et encore une fois, c'est ce que nous venons de tenter de faire dans cet ouvrage : un décryptage, une analyse, des faits, des chiffres, des bonnes et mauvaises pratiques, anecdotes à l'appui, et sur la base de notre expérience du terrain. Il est pas question pour nous, de répéter à l'envi qu'« on ne peut échapper » à la communication digitale sans avoir au préalable vérifié que c'était justifié.

C'est donc en s'appuyant sur ces recherches approfondies (une des plus grosses difficultés rencontrées lors du bouclage de ce livre a consisté à trouver l'espace nécessaire aux nombreuses notes et références dont le texte est parsemé) et notre expérience terrain de la communication digitale pendant de nombreuses années, que nous en sommes arrivés aux mêmes conclusions que celles de Capgemini Consulting dans son rapport sur l'importance du numérique[1]. De nombreuses démonstrations économiques et chiffrées, sectorielles mais aussi basées sur de réels exemples d'entreprises, vous ont montré l'importance du digital. C'est établi. Il y aura bien peut-être encore quelques lecteurs qui essaieront de se rassurer eux-mêmes sur l'immuabilité du monde. Nous ne sommes pas sûrs qu'il s'agisse d'une bonne approche, car il serait faux de croire que les conversations sur les marques puissent s'établir en dehors de cet univers digital qui prend une importance croissante et fondamentale.

Si tous les secteurs, tous les métiers, tous les pays doivent se lancer dans cette course au digital, où l'économie s'est largement déplacée, s'il est donc inéluctable que tout le monde est concerné, cela n'empêche pourtant pas que ce domaine possède sa technicité propre, nécessite patience et longueur de temps, ainsi qu'un apprentissage, à recycler sans cesse, du terrain.

1 *Rappel : voir l'interview d'Arnaud Bouchard sur la chaîne YouTube de l'association à l'adresse :* http://bit.ly/bossvideocg

C'est tout cela que nous avons voulu montrer : si le digital est et doit être accessible à tous et non pas rester l'apanage de quelques-uns, à la tête d'une tour d'ivoire digitale, il faut néanmoins faire ses gammes et surtout… embaucher des gens compétents qui vivent et respirent le digital, plus que des gens dont le seul but est de rassurer leurs boss, par la faiblesse de leur professionnalisme, sur le bien-fondé de leurs angoisses ou de leurs préjugés.

La conférence de Media Aces, du 11 juin 2013 à MINES ParisTech, sur le sujet des *boss qui tweetent et des boss qui ne tweetent pas* a été également une preuve par neuf de ce que nous exposons dans ce livre ; tout ce que nous avons eu à faire, en tant qu'organisateurs de l'événement, fut de laisser la parole à quatre chefs d'entreprise, dont Françoise Gri et Nicolas Bordas[2], et de nous apercevoir que même les deux patrons absents de Twitter reconnaissaient unanimement le fait que les médias sociaux avaient changé la donne[3].

« *straight from the horse's mouth* » l'importance du digital pour les boss, par les boss eux-mêmes

Par dessus tout, s'il y avait une chose pour laquelle nous aimerions lancer un plaidoyer au travers de ce livre, et en particulier de cette conclusion, ce serait de cesser, une bonne fois pour toutes, de traiter avec condescendance les responsables du numérique, au seul prétexte qu'ils sont des « geeks[4] » incompréhensibles. Dans ce monde digitalisé, informatisé, où l'information est industrialisée, il n'y a plus de « geeks », il n'y a plus d'informaticiens, il n'y a plus que des manipulateurs de données (de big data, même), soit pour les utiliser, soit pour les livrer à leurs utilisateurs. Nous sommes donc, tous des « geeks », ou à tout le moins, nous devrions tous le devenir un jour.

2 *Respectivement à la tête de Pierre & Vacances et de TBWA Being.*

3 *Voir d'ailleurs, l'article du même nom sur le blog de Yann, qui comprend en outre le compte-rendu exhaustif (par Thierry Moussu) et le lien vers les photos de l'événement du 11 juin 2013 (http://bit.ly/bossdaccord pour l'article et http://bit.ly/bossphotos pour les photos).*

4 *En français, nous dirions « techos », terme peu élogieux et assez peu digne de figurer dans cet ouvrage.*

En filigrane, c'est une vision du monde que nous voudrions vous présenter, celle où il n'y a plus de blanc ni de noir, de stratèges et d'exécutants, d'analystes symboliques d'une part, et de gens qui font « des choses sérieuses » comme le businessman du *Petit Prince*. Le digital est une affaire sérieuse, elle aussi car les *hautes technologies* (on remarquera le qualificatif élogieux de cette belle expression) se sont immiscées partout.

C'est en cela, à notre avis, plus que dans les aspects technologiques proprement dits, qu'il faut voir les échecs de bon nombre de tentatives de digitalisation au sein des entreprises. Les innombrables conflits entre canaux, entre cœur de métier et numérique, non seulement sont stériles, mais également dangereux pour l'entreprise, car ils la détournent du seul objet de ses préoccupations : le client. Si cela paraît une évidence, elle est pourtant souvent oubliée : le client, *homo digitalus* lui-même, à qui il n'est nul besoin d'expliquer l'importance d'un outil qu'il utilise déjà partout et en tout lieu, hormis une population de déconnectés que nous avons déjà évoquée. Il s'agit d'oppositions, stériles, caricaturales et puériles, qui handicapent les entreprises les moins agiles et les moins promptes à se transformer.

La preuve inversée en est cette myriade d'entrepreneurs du Web qui forment, en dehors de quelques grands groupes qui représentent l'essentiel de la bande passante et des commentaires, l'immense majorité des entreprises vendant en ligne, et qui démontrent tous les jours, que l'on peut créer de nouveaux « business models » et même parfois quelques géants économiques. Leur secret ? Il est simple et nous a été confié par notre ami François Deltour, patron d'Effiliation[5] et lui aussi pionnier du Web dès la première heure : ce secret tient simplement dans l'alliance d'un expert du métier et d'un expert du digital, voire de fondateurs bicéphales. C'est tout ! La seule recette est là : la bonne entente et la compétence, il n'y a besoin d'aucune formule magique. Prenons l'exemple de Vente-Privée pour n'en citer qu'un, mais il en existe des milliers qui se rencontrent chaque année à la conférence *E-commerce One to One* de Monaco.

Les grands groupes, les entreprises établies, et même les PME enfoncées dans leurs habitudes et les stéréotypes, passent quant à elles à côté de cette transformation, parfois sans trop d'encombre, parfois au point d'en disparaître pour n'avoir pu anticiper l'avenir : la disparition du Virgin Megastore en cette année 2013 devrait en faire réfléchir plus d'un... Alors, apprenez de ces échecs et ne les recopiez pas.

Si vous êtes un boss, apprenez, ou entourez-vous des bonnes personnes, voire même les deux. Le monde est plein de ces entrepreneurs qui se passionnent pour le numérique et qui l'utilisent également pour motiver leurs troupes, ce sont eux qui montrent l'exemple. Inspirez-vous d'eux.

Si au contraire, vous êtes en charge du digital ou aimeriez le devenir, alors, armé de ces conseils, de ces chiffres, de ces données, de ses analyses, et de nos planches explicatives sur http://amonboss.com/slides et http://amonboss.com/slides2, tendez ce livre à votre boss ; grâce à lui, vous pourrez être initiateur de changement, et ainsi, l'aider à réussir dans l'ère digitale.

Paris, juin 2013

---

5 http://www.effiliation.com

Postface

La modification des outils de production transforme progressivement mais durablement la façon de travailler. Elle modifie également les modes d'acquisition des connaissances. L'arrivée de l'Internet, du mail, des réseaux sociaux, de la mobilité, des apps mobiles et aujourd'hui la prise en compte de l'impact radical des big data apportent chaque fois son lot de bouleversement au sein des organisations. Face à ces nouveaux outils, la pression du changement secoue les entreprises dans tous les sens.

L'interne tout d'abord par les forces vives que représentent les « digital native ». Sûre d'elle, baignant dans le numérique depuis son plus jeune âge, cette génération en maitrise les codes et les fonctions. Elle est la génération du « partage » et de l'altérité. Convaincue des vertus du « bottom-up », elle découvre avec circonspection les structures rigides et les hiérarchies de l'entreprise. Ces nouveaux entrants bouleversent les schémas de formation interne, les notions même d'apprentissage, maîtrisant mieux que les managers chargés de les encadrer ce que ces nouvelles plateformes sociales impliquent. Une vraie pyramide inversée de la connaissance digitale. Faute d'être compris et stimulés dans un projet d'entreprise valorisant les micro-communautés, la responsabilisation et les échanges « peer-to-peer », ces jeunes collaborateurs se lassent, déconnectent et finalement laissent derrière eux ces conservatismes pour tenter une nouvelle aventure. Il y aura un avant ou un après Génération C. Tel un fluide, le digital irrigue toute l'organisation, son offre de service comme ses valeurs. Difficile de devenir une « Great Place to Work » sans saisir ces nouvelles aspirations et tourner le dos au monde analogique. Le digital imprime au top management une pression similaire : la tyrannie du temps réel et de l'accélération. Pas moyen de freiner le tempo et prendre le temps. Faute de disposer de la bonne grille de lecture, la peur de ne pas saisir les mutations profondes de la société est constante : 3D Printing, Wearable Computing, réalité augmentée... les innovations technologiques se bousculent, chacune représentant autant de menaces que d'opportunités.

Face à cette double pression : des jeunes employés « sachant » mais volatiles et d' « anciens sachants » luttant pour comprendre ce nouveau paradigme, on assiste à une nouvelle pratique très révélatrice. Aujourd'hui, pour gagner du temps, on multiplie la croissance par « acqui-hiring » (acquisition hiring), très populaire dans la Silicon Valley ce qui signifie littéralement acquisition-recrutement. À défaut de convaincre ces nouveaux talents de rejoindre le monde corporate et ses lourdeurs, on rachète d'un coup leur start-up en essayant de préserver l'intégrité et la dynamique interne des ces jeunes sociétés.

Autre transformation radicale imposée par le digital, celle qui concerne le monde extérieur et la communauté. L'externe prend tout d'abord la forme d'un client, notre dénominateur commun. La course est partagée et le plus souvent il s'agit d'un relais. Nos clients nous font avancer, nous poussent à la faveur de leurs problématiques, chaque jour, plus complexes. Ils doutent, hésitent, sont parfois radicaux dans leur choix, mais leur détermination est farouche. Le business n'attend pas et chacun désormais suit les performances et initiatives de ses concurrents directs sur le réseau et dans les courbes de ventes. Le pilotage commercial et budgétaire de sociétés mondiales comme les conglomérats coréens de Samsung ou LG se fait à la semaine ! Real Time Strategy, Data-Driven Marketing, là encore, le temps s'est ajusté à l'époque ; nous mobilisons des médailles Fields pour créer des algorithmes qui feraient frétiller le boson de Higgs. Les modes de collaboration évoluent, les taux ne suffisent plus à délimiter le cadre d'un partenariat, nous devenons partenaires en business, à créer des joint-ventures sur des nouvelles technologies digitales, à inventer et co-investir avec nos clients dans de nouveaux services.

L'externe, c'est aussi l'écosystème académique. Ces grandes universités internationales telles le LIFL de Lille, le Technion à Haifa, USC Annenberg à Los Angeles, Todai à Tokyo ou l'EPFL de Lausanne, 1er centre de recherche continental qui pilote actuellement le Human Brain Project et son milliard d'euros de financement européen, qui collaborent étroitement avec nous sur le numérique et l'analytique. À l'heure où notre environnement se complexifie, devenant parfois instable voire chaotique, la recherche fondamentale ou appliquée retrouve ses lettres de noblesse dans le monde des entreprises de service. Nous développons des modèles d'engagement sur les plateformes sociales au sein desquelles convergent l'ensemble des méthodologies de pointe comme l' « Agent-Base Modeling ». Et nous puisons dans leur vivier d'étudiants thésards pour piquer au vif les pratiques de nos équipes commerciales et d'études.

Là encore, l'apport des start-ups, historiquement et géographiquement proches des pôles universitaires est indiscutable. Dans ce monde ouvert, ces jeunes sociétés technologiques doivent devenir les nouveaux partenaires des agences qui ont mis au cœur de leur stratégie numérique, l'Excellence. Incubateurs, Villages, Pépinières, toutes les structures ont la même finalité : faire éclore le talent. Aux entreprises de s'en inspirer et, à défaut de croissance externe, de saisir ce que ces jeunes sociétés peuvent apporter à leurs ainées. Les agences peuvent se révéler être des partenaires étroits de structures encore fragiles, proposant un terreau de plusieurs centaines de clients. Les start-ups, elles, accélèrent le changement des organisations, car elles intègrent la dimension risque en repoussant les limites exploratoires et évitant la sclérose née de structures en silos ou de business-units n'ayant que le résultat à court terme comme finalité.

Le numérique chahute depuis vingt ans les sociétés les plus innovantes. Il rebat sans cesse les cartes, inclinant les opérationnels et tout manager à une stature obligée, l'humilité. Avec la nécessité évidente d'ouverture, de flexibilité face au flot continu de remises en question, ce « test and learn » qui nous rend enfin humain à la faveur du doute. Jamais le sentiment de vivre le futur n'aura été aussi intense. Alors justement, de quoi celui-ci sera-t-il fait ? Aurons-nous toujours des êtres humains entre nos murs ou bien notre énergie sera-t-elle confinée au sens littéral dans des fermes de serveurs et des cerveaux robots ?

Soyons confiants : jamais l'innovation n'a remisé l'Homme, qu'il soit travailleur ou consommateur. Et s'il est, en revanche, impératif de faire preuve de curiosité et de gourmandise... la vigilance doit être de mise. Car « The Scale », c'est-à-dire la masse critique, cette taille confortable qui nous prémunissait d'une quelconque remise en question, n'est plus un avantage concurrentiel à l'heure digitale. Telle une courbe qui stresse l'écran d'un oscilloscope, les agences doivent être focalisées à créer les conditions d'une innovation digitale sans cesse renouvelée, intelligible et intégrée de façon opérationnelle. Cette innovation ne se décrète pas, elle est motivée par la stratégie du top management et confortée par une assise opérationnelle sans faille. Elle ne peut être un alibi de communication, elle est la transformation effective de l'organisation et le gage de ses futurs succès.

Merci aux auteurs de ce livre de faciliter avec pugnacité ce difficile et indispensable transfert de connaissance. Vous l'avez compris, le digital, c'est l'air que l'on respire, omniprésent et indispensable. Je ne doute pas que cet ouvrage vous ait apporté une vraie bouffée d'oxygène et d'optimisme. C'est pour ma part ce que j'essaie de transmettre dans toutes les organisations que j'ai dirigées, auprès des journalistes de M6, de mes camarades start-uppers de Streampower ou du millier de salariés de Havas Média France que je prends plaisir, comme Yann Gourvennec et Hervé Kabla dans leurs travaux, à accompagner chaque jour depuis 7 années vers ces nouveaux horizons.

Dominique Delport

Global Managing Director Havas Média Group

Président Havas Média France

Pierre-Philippe Cormeraie, Directeur de l'Innovation BPCE, Blogueur depuis 2006, @PPC sur Twitter

« **Si vous avez acheté ce livre, vous devriez vous le faire rembourser !** »

« Non par les auteurs ou l'éditeur de cet ouvrage, mais par votre entreprise. Pourquoi ? Parce que vous avez entre les mains l'ouvrage qui va vous permettre, de manière très concrète, de contribuer significativement à la réussite de votre entreprise en matière de communication digitale ».

Dominique Delport, Global Managing Director de Havas Média Group et Président Havas Média France

« Merci aux auteurs de ce livre de faciliter avec pugnacité ce difficile et indispensable transfert de connaissance. Vous l'avez compris, le digital, c'est l'air que l'on respire, omniprésent et indispensable. Je ne doute pas que cet ouvrage vous ait apporté une vraie bouffée d'oxygène et d'optimisme. C'est pour ma part ce que j'essaie de transmettre dans toutes les organisations que j'ai dirigées, comme Yann Gourvennec et Hervé Kabla dans leurs travaux ».

Bibliographie

Une littérature abondante existe sur la communication digitale. Vous trouverez ici de nombreux ouvrages de références, parmi lesquels nous avons parfois puisé des références ou des points de vue originaux.

Aux éditions Kawa

« Internet a tout changé », Henri Kaufman, Éditions Kawa, 2010

« Les médias sociaux expliqués à mon boss », Hervé Kabla et Yann Gourvennec, Éditions Kawa, 2011

« Facebook, Twitter et le Web social : les nouvelles opportunités de business », Emmanuel Fraysse, Éditions Kawa, 2010

« Les médias sociaux sans blabla », François Laurent et Alain Beauvieux, Éditions Kawa, 2012

« Médias sociaux et B2B : un mariage d'amour ? », Hervé Kabla et François Laurent, Éditions Kawa, 2013

Chez d'autres éditeurs en français

« Au-delà du marché : quand le lien importe plus que le bien », Bernard Cova, Éditions L'Harmattan, 1995

« Storytelling, la machine à fabriquer des histoires et formater les esprits », Christian Salmon, La Découverte, 2007

« Le community management – Stratégies et bonnes pratiques pour réussir avec vos communautés », Catherine Ertzscheid, Benoit Favérial, Syvie Guégen, Éditions Diateino, 2010

« Le guide de l'influence. Communication, Média, Internet, Opinion », Vincent Ducrey, Eyrolles, 2010

« La boite à outils du Web en entreprise », Philippe Gérard, Jacques Hellard, DUNOD, 2011

« Réseaux sociaux et entreprises, les bonnes pratiques », David Fayon et Christine Balagué, Pearson, 2011

« Réussir avec les médias sociaux », Jean-François Ruiz, L'express Roularta Editions, 2011

« Communication de crise et médias sociaux : anticiper et prévenir les risques d'opinion », Emmanuel Bloch, DUNOD, 2012

« La boite à outils des réseaux sociaux », Cyril Bladier, Dunod, 2012

« Twitter 101 », Emilie Ogez et Jean-Noël Chaintreuil, Éditions Diateino, 2012

« Le marketing digital », François Sheid, Grégoire de Montaigu, Renaud Vaillant, Eyrolles, 2012

« La condition numérique », Jean-François Fogel et Bruno Patino, Grasset, 2013

« Génération pigeons », Jean-David Chamborédon, Olivier Jay, Michalon, 2013

Chez d'autres éditeurs en anglais

« The cluetrain manifesto », Rick Levine, Doc Searls, David Weinberger, Christopher Locke, Perseus Publishing, 2000

« Growing Up Digital », Don Tapscott, McGraw-Hill, 2007

« World of Mouth Marketing : how smart companies get people talking », Andy Sernovitz, Greenleaf, 2007

« Digital Marketing: Strategy, Implementation and Practice », David Chaffey, Fiona Ellis-Chadwick, Pearson, 2012

« The viral video manifesto », Stephen Voltz, Fritz Grobe, McGraw-Hill, 2012

Annexe
L'association Media Aces

Media Aces est une association à but non lucratif, fondée en 2009 par Yann Gourvennec et Hervé Kabla. Elle est dédiée à la promotion de l'utilisation des médias sociaux en entreprise.

Pourquoi Media Aces ?

Media Aces - les As des médias en anglais - tend à regrouper les entreprises petites ou grandes qui promeuvent les usages des médias sociaux en entreprise. Pourquoi « Aces » ? Parce qu'il ne s'agit pas seulement d'une association de personnes qui viennent se renseigner sur les médias du futur, mais plus exactement d'un ensemble de professionnels du domaine, montrant de véritables compétences sur le sujet et qui ont réalisé des choses sur le terrain. Une véritable association d'acteurs en somme, pas de spectateurs.

Media Aces a pour buts :

1. de fédérer les entreprises françaises de toute taille et de tous secteurs, qui utilisent les médias sociaux ;
2. de permettre aux responsables de stratégie « médias sociaux » de partager expertise et savoir-faire ;
3. de devenir l'association de référence dans le secteur des médias sociaux professionnels.

Ressources

Fidèle à ses principes de transparence et d'utilisation éclairée des médias sociaux, l'association met gratuitement à disposition de tout un chacun les articles de son blog, les conférences de ses intervenants. Ceux-ci sont accessibles sur les principaux médias sociaux.

- Blog : http://media-aces.org
- Twitter : http://twitter.com/MediaAces
- Facebook : http://facebook.com/MediaAces
- Slideshare : http://slideshare.net/MediaAces
- YouTube : http://youtube.com/MediaAces

Pour rejoindre l'association, il vous suffit de télécharger le formulaire d'inscription et de le renvoyer renseigné, accompagné de la cotisation de la première année. Le formulaire est accessible en ligne :

http://media-aces.org/comment-rejoindre-media-aces/

Ou découper et renvoyer le formulaire page suivante

Formulaire d'inscription

Nous vous remercions de l'intérêt que vous portez à Media Aces, et serions heureux de vous compter parmi nos membres. À cette fin, nous prions de remplir soigneusement le formulaire qui suit, et de nous le renvoyer à :

Media Aces

52 rue de Bellefeuille - 92100 Boulogne

Accompagné du règlement de votre cotisation
(ou de la mention : règlement par virement).

Nom :..

Prénom : ....

Entreprise : ....

Titre : ....

Adresse : ....

....

Téléphone : ....

Email : ....

Souhaite adhérer à l'association Media Aces, et joint au présent formulaire un règlement au titre de l'année ...., d'un montant de (cocher la case adéquate) :

❒ 150 euros (entreprise de moins de 2 000 salariés)

❒ 750 euros (entreprise ou filiale d'une entreprise de 2 000 salariés ou plus)

Le règlement est effectué par:

❒ Chèque à l'ordre de MEDIA ACES

❒ Virement bancaire sur le compte IBAN FR76 3000 3034 6000 0507 0208 180

À .... Le ....

Signature

EDITIONS
kawa
www.editions-kawa.com

Directeur de publication : Xavier WARGNIER
Retrouvez moi sur :
www.facebook.com/xavierwargnier
http://twitter.com/xavierwargnier
http://fr.linkedin.com/in/xavierwargnier

Suivez la chaîne vidéo YouTube des Editions Kawa :
http://www.youtube.com/user/KawaEditions

Couverture : Christophe Dussoliet
Illustration couverture : Mathias Bergeaud de Be angels
Contrôle éditorial : Ferréole Lespinasse - www.ferreole.fr

Imprimé en France par SOBOOK, 45 rue Rollin 59100 ROUBAIX - Octobre 2013
ISBN : 978-2-918866-78-7
Dépôt légal : Octobre 2013

Editions Kawa
88, Chemin des Perrières - 74290 Bluffy - France
www.editions-kawa.com

Conception graphique et réalisation : Christophe Dussoliet
www.dussoliet-creation.com

N° d'impression : 299454